IMPORTANT

HERE IS YOUR REGISTRATION CODE TO ACCESS MCGRAW-HILL PREMIUM CONTENT AND MCGRAW-HILL ONLINE RESOURCES

For key premium online resources you need THIS CODE to gain access. Once the code is entered, you will be able to use the web resources for the length of your course.

Access is provided only if you have purchased a new book.

If the registration code is missing from this book, the registration screen on our website, and within your WebCT or Blackboard course will tell you how to obtain your new code. Your registration code can be used only once to establish access. It is not transferable

To gain access to these online resources

1. **USE** your web browser to go to: www.mhhe.com/ingiro2

2. **CLICK** on "First Time User"

3. **ENTER** the Registration Code printed on the tear-off bookmark on the right

4. After you have entered your registration code, click on "Register"

5. **FOLLOW** the instructions to setup your personal UserID and Password

6. **WRITE** your UserID and Password down for future reference. Keep it in a safe place.

If your course is using WebCT or Blackboard, you'll be able to use this code to access the McGraw-Hill content within your instructor's online course.

To gain access to the McGraw-Hill content in your instructor's WebCT or Blackboard course simply log into the course with the user ID and Password provided by your instructor. Enter the registration code exactly as it appears to the right when prompted by the system. You will only need to use this code the first time you click on McGraw-Hill content.

These instructions are specifically for student access. Instructors are not required to register via the above instructions.

The McGraw·Hill Companies

Mc Graw Hill **Higher Education**

Thank you, and welcome to your McGraw-Hill Online Resources.

ISBN-13:978-0-07-319252-9
ISBN-10:0-07-319252-X   t/a
Lazzarino
In Giro Per l'Italia, 2/e

In giro per l'Italia

A Brief Introduction to Italian

Graziana Lazzarino
University of Colorado, Boulder

Maria Cristina Peccianti
Università per Stranieri, Siena, Italy

Andrea Dini
Montclair State University

With contributions by:
Pamela Marcantonio
University of Colorado, Boulder

Loredana Anderson-Tirro
New York University

Giuseppe Faustini
Skidmore College

Maria Mann
Nassau Community College

Boston   Burr Ridge, IL   Dubuque, IA   Madison, WI   New York   San Francisco   St. Louis
Bangkok   Bogotá   Caracas   Kuala Lumpur   Lisbon   London   Madrid   Mexico City
Milan   Montreal   New Delhi   Santiago   Seoul   Singapore   Sydney   Taipei   Toronto

Higher Education

Published by McGraw-Hill, an imprint of The McGraw-Hill Companies, Inc., 1221 Avenue of the Americas, New York, NY 10020.

This book is printed on acid-free paper.
Printed in China

4 5 6 7 8 9 0 C T P / C T P 0 9 8

ISBN-13:978-0-07-299741-5/ISBN-10: 0-07-299741-9 (Student Edition)
ISBN-13:978-0-07-319229-1/ISBN-10: 0-07-319229-5 (Instructor's Edition)

Editor in Chief: *Emily Barrosse;* Publisher: *William R. Glass;* Sponsoring Editor: *Christa Harris;* Marketing Manager: *Nick Agnew;* Director of Development: *Susan Blatty;* Developmental Editor: *Misha MacLaird;* Project Manager: *Christina Gimlin;* Design Manager: *Violeta Diaz;* Text Designer: *Andrew Ogus;* Cover Designer: *Lisa Buckley;* Art Editor: *Emma Ghiselli;* Photo Research: *Alexandra Ambrose;* Print Supplement Producer: *Louis Swaim;* Media Supplement Producer: *Kate Boylan;* Production Supervisor: *Randy Hurst*

Composition: 10/12 Palatino by The GTS Companies / York, PA
Printing: 45# Pub Matte,CTPS

Cover: Gianni Benvenuti, *Harlequin,* 1995. Oil and mixed media on canvas, 42 × 32 in. Courtesy of the artist, www.harrisbenvenuti.com.

Credits: All cartoons appear by permission of E'unidea s.r.l., Milan. *Page 1:* © Digital Vision; *2 top:* Jeanne Porterfield/Lisa Pickering/Words & Pictures; *2 middle:* © Stephen Studd/Getty Images/Stone; *2 bottom:* © Elsa Peterson/Stock Boston; *10, 16, 23:* © Digital Vision; Poster of the film IO NON HO PAURA reprinted by kind permission of Colorado Film Production C.F.P. S.r.l., Cattleya S.p.A., Medusa Film S.p.A., Saatchi & Saatchi and Mr. Phillippe Antonello; *31:* © Royalty-Free/Corbis; *32 left:* © Digital Vision; *32 middle:* © Melissa Gerr; *32 right:* © Digital Vision; *35:* © Melissa Gerr; *38:* Courtesy, Gianfranco Marcantonio; *44:* © Melissa Gerr; *50:* © PhotoDisc/Getty Images; *51 top:* © Royalty-Free/Corbis; *51 bottom:* © PhotoDisc/Getty Images; *54, 63:* © Melissa Gerr; *71:* Courtesy, Gianfranco Marcantonio *72:* © Melissa Gerr; *73 bottom:* Arte & Immagini srl/Corbis; *77:* © Stefano Rellandini/Reuters; *86:* © AFP/Getty; *92:* © PhotoDisc/Getty Images; *94:* © 2002 Graziano Arici/GEO/Montagna/Grazia Neri; *95:* © Royalty-Free/Corbis; *99, 110:* © Melissa Gerr; *113 left and right:* © PhotoDisc/Getty Images; *118:* © Royalty-Free/Corbis; *119:* © Roger Ressmeyer/Corbis; *123, 132:* © Melissa Gerr; *140:* © Royalty-Free/Corbis; *141:* © Melissa Gerr; *145:* © Luca Bruno/AP/Wide World Photos; *153:* © Melissa Gerr; *160:* © Mike Yamashita/Corbis; *161:* © Giuseppe Mastrullo/Grazia Neri; *164:* © LaPresse/Globe Photos; *174:* © Melissa Gerr; *180:* © Royalty-Free/Corbis; *181:* © Roberto Arakaki/ImageState; *184, 192:* © Melissa Gerr; *199:* Courtesy, Gianfranco Marcantonio; *200:* Lanciotti Maurizio/OnRequest Images/Danita Delimont, Agent; *203:* © Pictures Colour Library/Alamy; *211:* Gary Braasch; *217:* Courtesy, Gianfranco Marcantonio; *218:* © ML Sinabaldi/Corbis; *221, 229:* © Melissa Gerr; *238:* © PhotoDisc/Getty Images; *239:* © Bo Zaunders/Corbis; *242:* © Royalty-Free/Corbis; *249:* © Ponti/Grazia Neri; *256:* © Melissa Gerr; *257:* © Graziano Arici/Grazia Neri; *260:* © Nik Wheeler/Corbis; *268:* © Melissa Gerr; *275:* Courtesy, Gianfranco Marcantonio; *276:* © Franca Speranza/Peter Arnold, Inc.; *279:* © Mendarini/Grazia Neri; *287:* © Luca Bruno/AP/Wide World; *293:* © Melissa Gerr; *294:* Courtesy, Gianfranco Marcantonio; *297:* Walker Art Gallery, Liverpool, Merseyside, UK; *301:* © Scala/Art Resource; *307:* © The Tate Gallery, London/Art Resource, NY; *311:* © Royalty-Free/Corbis; *315:* Casasoli/A3/Contrasto; *325:* James Hill; *331:* Courtesy, Gianfranco Marcantonio; *332:* © Melissa Gerr

Library of Congress Cataloging-in-Publication Data

In giro per l'Italia : a brief introduction to Italian / Graziana Lazzarino … [et al.].—2nd ed.
    p. cm.
  Includes index.
  ISBN 0-07-299741-9
    1. Italian language—Textbooks for foreign speakers—English. I. Lazzarino, Graziana.

PC1129.E5 I54 2005
458.2'421—dc22   2005049102

www.mhhe.com

Contents

Capitolo preliminare

Appendix

Vocabularies

Preface

Welcome to *In giro per l'Italia: A Brief Introduction to Italian*. This beginning Italian text is a brief version of the best-selling *Prego!*, perfectly designed for those programs that are interested in this successful four-skills and communicative introduction to Italian language and culture but whose curriculum necessitates a briefer text. In addition, the communicative activities and even more streamlined vocabulary and grammar presentation have been re-organized into a four-part chapter structure including a beautiful new end-of-chapter cultural spread.

Features of the Text

Instructors will find in *In giro per l'Italia* those fundamental features of *Prego!* that they have come to know and trust over the years:

- grammar, vocabulary, and culture that work together as interactive units
- practice materials, ranging from form-focused to communicative
- stimulating and contemporary themes to introduce language and Italian culture
- numerous supplementary materials that are carefully integrated with the core text

At the same time, this text includes its own distinct and exciting features. Here are several key highlights:

- *In giro per l'Italia* is a four-skills (reading, writing, listening, speaking) text that offers a wealth of teaching material for instructors of elementary Italian, and emphasizes skills development rather than grammatical knowledge alone.
- *In giro per l'Italia* is easy to use! The text is structured according to a unique chapter organization that divides the sixteen regular chapters into four distinct parts.
- A wide range of thematic diversity coupled with a focus on modern vocabulary, grammatical structures, and language functions helps students develop language proficiency.
- Communicative exercises and activities, with each set of exercises progressing systematically from recognition to mechanical to open-ended discussion, help students further develop their language skills.
- Interesting dialogues and readings provide cultural information and highlight the people of contemporary Italy.

New to This Edition

In response to feedback from our many *Prego!* and *In giro per l'Italia* adopters, we have significantly revised the text and the supplements package to make it even stronger than the previous edition. Here are the key changes.

- The new edition of *In giro per l'Italia* is truly a briefer version of *Prego!* It is two chapters shorter than the previous edition and includes a **Capitolo preliminare** and 16 regular chapters.
- We have retained the same four-part structure of the text but have renamed the chapter sections as follows: **Parte 1: Vocabolario; Parte 2: Grammatica; Parte 3: Grammatica; Parte 4: Un po' di cultura.**
- Chapter vocabularies have been simplified and revised to include words and expressions more closely correlated with the chapter themes and to focus on contemporary vocabulary.
- The grammar presentations have been revised and streamlined, and include more charts and visuals to provide concise and student-friendly explanations.
- Grammar Appendix 1 from the first edition, which contains supplementary grammar points, has been moved to the *In giro per l'Italia* website. The grammar points from Chapters 17 and 18, with the exception of the **Congiuntivo o infinito?** presentation, which has been moved to Chapter 16, are now included in this appendix on the website.
- The **Nota culturale** sections have been updated to focus on everyday Italian life.
- A new feature, **Sapevate che... ?,** introduces students to the subtleties and nuances of the Italian language and culture.
- The last section of the chapter has been completely revised and renamed **Parte 4: Un po' di cultura.** This section includes an exciting, new e-mail correspondence feature, **C'è posta per te!,** between Roberto, one of the main characters in the new video, and his friends and family. In addition, there is a new regional reading in every chapter; related to the chapter theme, that presents the richness of Italian culture and the diversity of contemporary Italy. This section also includes a completely new **Videoteca** feature with comprehension and paired activities to accompany the new video.
- The all-new video program was shot on location in Italy for the sixth edition of *Prego!* In the video, students follow the adventures of Roberto, an Italian-American journalist from Boston, and his Florentine friend, Giuliana, who is helping him with his research for a series of online articles about Italy and Italian life. Each segment includes a functional conversation and beautiful theme-related cultural footage which bring the sounds and sights of modern Italian and Italy to life. Because the video was intended for use with *Prego!,* it has two additional chapters which students may wish to view to see the end of the story.

Please turn the page for a fully illustrated Guided Tour through *In giro per l'Italia.*

A Guided Tour through In giro per l'Italia

In giro per l'Italia features a clear, user-friendly organization. The text contains a preliminary chapter and sixteen regular chapters. The preliminary chapter offers students a stimulating introduction to the study of Italian and to the basic tools they need to express themselves on a variety of daily topics. The sixteen regular chapters are divided into four parts, each easily located through a color-coded tabbing system. Along with the end-of-chapter cultural section, vocabulary, grammar, and skill-building activities are grouped into distinct and regular lessons for optimum ease of use.

Chapters 1 through 16 are organized as follows:

Chapter opener

Each chapter opens with a photo and caption to launch the chapter theme. *In breve,* a brief outline, summarizes the chapter's vocabulary, grammar, and cultural sections.

Parte 1: Vocabolario

This section introduces and practices the thematic vocabulary that students will use for self-expression and activities throughout the chapter. The *Dialogo-Lampo* that begins this section is a brief and often humorous dialogue, accompanied by a visual, that sets the context for the vocabulary and exercises that follow.

In ascolto

This integrated listening comprehension feature appears at the end of every **Vocabolario** section and consists of a series of audio activities relating to the theme and vocabulary for each chapter. The audio recording and activities can be found on the *Online Learning Center.* The printed activities can also be found in the *Workbook / Laboratory Manual* and the audio recording is included on a separate audio CD as part of the *Audio Program.*

In ascolto

For listening comprehension activities related to the theme of this chapter, see the Workbook/Laboratory Manual or visit the *In giro per l'Italia* website. www.mhhe.com/ingiro2

La classe e i compagni *classmates*

CAPITOLO 2

IN BREVE

GRAMMATICA
A. Aggettivi
B. Presente di essere
C. Articolo determinativo e bello

NOTA CULTURALE
La scuola italiana

UN PO' DI CULTURA
C'è posta per te!
Le città d'Italia

Una classe in una scuola elementare di Roma

Pratica
Practice the skills you learned in this chapter and learn more about the Italian-speaking world through the *In giro per l'Italia* supplements. www.mhhe.com/ingiro2

Capitolo 2 — Vocabolario — *Parte 1*

Dialogo-Lampo

Andrea ha una foto di un'amica...

ANDREA: Ecco la foto di una mia amica, Paola. Lei è di Palermo, in Sicilia.
VALERIA: È davvero[1] bella...
ANDREA: Oh sì, Paola è straordinaria: è simpatica, divertente, sensibile ed è anche molto[2] gentile...
VALERIA: Sono sicura che[3] Paola ha una grande pazienza, perché[4] tu sei sempre[5] stressato e nervoso!

1. Com'è[6] Paola, secondo[7] Andrea?
2. Com'è Andrea, secondo Valeria?
3. Di dov'è[8] Paola?

[1]*truly, really* [2]*anche... also (very* [3]*sicura... sure that* [4]*be... is very patient, because* [5]*always* [6]*What is ... like?* [7]*according to* [8]*Di... Where is ... from?*

Un aggettivo per tutti (An adjective for everyone)

PER DESCRIVERE CARATTERISTICHE FISICHE

alto tall
basso short (*in height*)
bello beautiful, handsome (*person*); nice (*thing or experience*)
biondo blond
bruno dark (*hair*)
brutto ugly; unpleasant
corto short (*in length*)
giovane young
grande big; great
grasso fat
liscio (*masculine plural, m. pl. lisci*) straight (*hair*)
lungo (*m. pl. lunghi*) long
magro thin
piccolo small, little

riccio (*m. pl. ricci*) curly
vecchio (*m. pl. vecchi*) old

PER DESCRIVERE CARATTERISTICHE PSICOLOGICHE

allegro cheerful
antipatico unlikeable, unfriendly
bravo good; able, capable
cattivo bad, naughty, mean
energico energetic
gentile kind
(in)sensibile (in)sensitive
(ir)responsabile (ir)responsible
nervoso nervous
noioso boring, dull
onesto honest
simpatico likeable, nice
sportivo athletic

36 CAPITOLO 2 La classe e i compagni

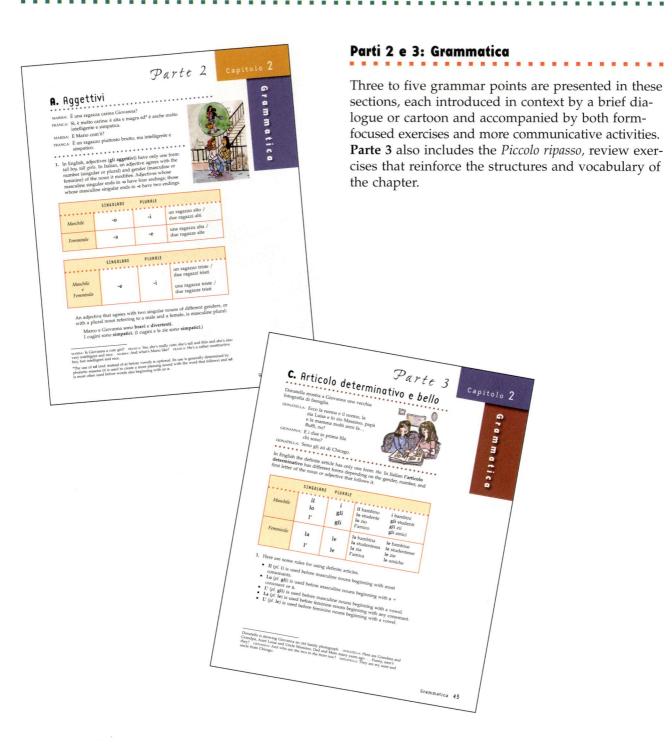

Three to five grammar points are presented in these sections, each introduced in context by a brief dialogue or cartoon and accompanied by both form-focused exercises and more communicative activities. **Parte 3** also includes the *Piccolo ripasso*, review exercises that reinforce the structures and vocabulary of the chapter.

Parte 4: Un po' di cultura

This section integrates the vocabulary and grammar from the first three **Parti** in rich and stimulating skill-building activities. The *C'è posta per te!* section is a lively new approach to the familiar e-mail feature. These e-mails are exchanged by Roberto, the main character from the video, and his friends and family. The messages integrate the grammar and vocabulary of the chapter with the chapter's cultural and regional themes. The regional reading explores the chapter's theme in the context of the regions of Italy. Each chapter presents students with one or two regions and is accompanied by a beautiful photograph and a map of the region or regions in focus. The all-new *Videoteca* section includes images and dialogues from the video, followed by comprehension questions and a partner activity.

Nota culturale
La scuola italiana

The Italian government recently passed a reform of the school system, and beginning with the 2003–2004 academic year, the Italian school system was reorganized as follows.

Children can now enter **la scuola dell'infanzia** (*nursery school*) at two-and-a-half years of age and **la scuola primaria** (*elementary school*) at five-and-a-half years old. They previously entered each school at three years old and six years old, respectively.

Elementary school lasts for five years, then the students go on to the first level of **la scuola secondaria** (*secondary school*), which is divided into two levels. The first level lasts for three years and corresponds to the American middle school. The second level of **la scuola secondaria**, **il liceo** (*high school*), lasts for five years. All of the schools are divided into two-year examination periods, and the final evaluation to determine if a student can pass on to the next class takes place every two years.

At the end of the first level of **la scuola secondaria**, at thirteen-and-a-half years of age, students can choose from one of two paths: to continue studying through the second level of **la scuola secondaria**, or to attend a **corso professionale**, or vocational school. At the second level of **la scuola secondaria**, students can choose from eight different kinds of high schools. Which **liceo** they select depends upon what course of study they intend to follow: science, humanities, linguistics, art, and so on. Students that have finished **il liceo** and passed the final examination can go on to college.

Studenti liceali a Bologna

Sapevate che... ?°
Did you know that . . . ?

Many Italian words are commonly used in English. Most musical terms, for instance, are of Italian derivation. Some examples are **adagio** (*slowly*), **allegro, concerto, crescendo, maestro, orchestra, piano, presto** (*fast*), **prima donna,** and **staccato.**

The vocabulary of art and architecture is also full of Italian words, including **basilica, cornice, cupola, graffiti, portico, studio, terra cotta,** and **torso.**

You probably already know dozens of food-related Italian words, su as **broccoli, fettuccine, lasagne, minestrone, mozzarella, pizza, ravioli, ricotta, spaghetti, tortellini,** and **zucchini.**

Can you think of other Italian words used in English?

Si dice così°
Ecco v. c'è / ci sono
This is how you say it

Ecco is used when pointing out something or someone. It means *Here it is!, Here they are!* or *There it is!, There they are!*

C'è (*There is*) and **ci sono** (*there are*) are used to indicate the existence of something or someone.

C'è un supermercato qui vicino. *There is a supermarket near here.*
Ci sono 15 studenti in classe. *There are 15 students in class.*

Nota bene:
Words ending in **-io**

Words that end in **-io** retain the **i** in the plural if the **i** is stressed. If not, the **i** is dropped. (Stress is emphasis placed on a particular syllable when a word is spoken. For example, in English we say OFfice, not ofFICE.)

-i STRESSED
ZIo *uncle* → zii *uncles*
inVIo *mailing* → invii *mailings*

-i UNSTRESSED
neGOzio *store* → negozi *stores*
*uf*FIcio *office* → uffici *offices*

Additional Features

- **Nota culturale**
  Brief cultural notes, accompanied by a photograph, offer students a glimpse into everyday Italian life and cover topics ranging from how Italians greet each other to coffee bars to recycling.

- **Sapevate che... ?**
  These boxes further introduce students to the subtleties of the Italian language and culture.

- **Si dice così**
  These boxes highlight idioms and colloquial expressions to help students understand nuances in Italian.

- **Nota bene**
  These grammar boxes expand on important points in **Parti 2** and **3.**

Video and Interactive Multimedia

Video to accompany *In giro per l'Italia*

Funzione: Greetings

New to the second edition of *In giro per l'Italia* is an integrated video program filmed on location in Italy. Originally filmed to accompany *Prego!*, the video presents the vocabulary and grammar of each chapter in a series of real-life situations. Students follow the adventures of Roberto, an Italian-American journalist from Boston. Roberto is in Florence to write a series of articles on Italy and Italians for an online newspaper. He has enlisted Giuliana, an old family friend who now works for the **Ufficio Informazioni Turistiche,** to help him while he is in Italy. Each segment includes a functional conversation and beautiful theme-related cultural footage. Because the video was shot for *Prego!*, it includes two additional chapters that students may wish to watch to see the end of the story.

The video is accompanied by pre- and post-viewing activities in the **Videoteca** section of the main text. Additional information on using the video in the classroom and a complete videoscript are included in the *Instructor's Manual*, on the *Instructor's Resource CD-ROM*, and as part of the Instructor Edition of the *Online Learning Center* to accompany *In giro per l'Italia* (**www.mhhe.com/ingiro2**).

The *In giro per l'Italia* CD-ROM

New to this edition, the *In giro per l'Italia* Interactive CD-ROM offers a wide variety of exciting activities in both Windows and Macintosh formats. The CD-ROM's innovative activities correlate to the content of each chapter of the main text. Students are given the opportunity to practice vocabulary and grammar in context and exercise critical-thinking skills. The cultural video segments from the **Videoteca** are included with additional comprehension exercises. Speaking and writing activities make the CD-ROM a true four-skills supplement. The CD-ROM also includes a link to the *In giro per l'Italia Online Learning Center*, a "talking" dictionary, and helpful verb charts.

In giro per l'Italia and the Internet

The *In giro per l'Italia Online Learning Center* offers a multitude of additional practice activities and additional resources for both students and instructors. Here are just a few of the features you will find on the site.

For Students

FREE CONTENT

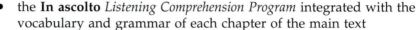

- vocabulary and grammar practice quizzes for each chapter of the main text
- cultural activities correlated to each chapter of the main text, with links to culturally authentic websites
- the **In ascolto** *Listening Comprehension Program* integrated with the vocabulary and grammar of each chapter of the main text

PREMIUM CONTENT (see below)

- a recording of the **Vocabolario** for each chapter
- the complete *Audio Program* for use with the *Workbook/Laboratory Manual*
- a set of vocabulary Flashcards for each chapter

For Instructors

- electronic versions of many of the teaching resources from the *Instructor's Manual*
- the complete *Audioscript* for the *In giro per l'Italia Audio Program*
- digital overhead transparencies featuring thematic chapter art and beautiful maps of Italy
- a link to PageOut, an exclusive McGraw-Hill web-based course management system
- professional links to a variety of professional resources, organizations, and national language resource centers

Visit the site at **www.mhhe.com/ingiro2**.

Premium Content on the *In giro per l'Italia* Online Learning Center

If you have purchased a *new copy* of *In giro per l'Italia*, you have access free of charge to premium content on the *Online Learning Center* at **www.mhhe.com/ingiro2**. This includes the complete audio program that supports the accompanying *Workbook/Laboratory Manual*. The card bound inside the front cover of this book provides a registration code to access the premium content. *This code is unique to each individual user.* Other study resources may be added to the premium content during the life of this edition of the book.

If you have purchased a used copy of *In giro per l'Italia* but would like to also have access to the premium content, you may purchase a registration code for a nominal fee. Please visit the *Online Learning Center* for more information.

If you are an instructor, you do not need a special registration code for premium content. Instructors have full access to all levels of content via the Instructor Edition link on the homepage of the *Online Learning Center*. Please contact your local McGraw-Hill sales representative for your password to the Instructor Edition.

Supplements

As a full-service publisher of quality educational materials, McGraw-Hill does much more than just sell textbooks to your students; we create and publish an extensive array of print, video, and digital supplements to support instruction on your campus. Orders of new (versus used) textbooks help us to defray the cost of developing such supplements, which is substantial. Please consult your local McGraw-Hill sales representative to learn about the availability of the supplements that accompany *In giro per l'Italia: A Brief Introduction to Italian.*

For the Student

The *Workbook/Laboratory Manual,* by Graziana Lazzarino and Andrea Dini, provides additional practice with vocabulary and structures through a variety of written exercises and provides listening and speaking practice outside the classroom. Many of the *Workbook* exercises have been revised or completely rewritten to add context and to correspond to changes made in the main text. The realia-based cultural activities have been heavily revised and at times completely rewritten to include the most up-to-date and interesting information for students. Answers to the *Workbook* exercises appear in the *Instructor's Manual* and on the *Instructor's Resource CD-ROM.* The *Laboratory Manual* includes pronunciation practice, vocabulary and grammar exercises, dictations, and listening-comprehension sections that simulate authentic interaction. The printed activities of the **In ascolto** *Listening Comprehension Program,* which appeared in the main text of the previous edition, now appear as part of the *Workbook/Laboratory Manual.*

- The *Online Workbook/Laboratory Manual,* developed in collaboration with Quia™, is the enhanced, interactive version of the printed product. It includes instant feedback, the complete audio program, automatic grading and scoring, and a gradebook feature.
- The *Audio Program,* available for purchase on audio CDs, coordinates with the *Workbook/Laboratory Manual.* The **In ascolto** *Listening Comprehension Program* is now included on a separate audio CD as part of the complete *Audio Program.* Both audio programs are also available on the *Online Learning Center.*
- An *Interactive CD-ROM* offers a variety of innovative exercises and activities focusing on the theme of each chapter. This supplement is complemented with a "talking" dictionary and verb charts.
- A text-specific website, the *Online Learning Center,* provides links to other culturally authentic sites and offers additional activities for each chapter of the text. The **In ascolto** *Listening Comprehension Program* is also included as part of the *Online Learning Center.*

For the Instructor

- The *Instructor's Edition* of the text, with annotations by Maria Mann of Nassau Community College, includes a wide variety of on-page annotations, including suggestions for presenting the grammar material, ideas for recycling vocabulary and grammar, variations and expansion exercises, and follow-up questions for the minidialogues that introduce many grammar points.
- The *Instructor's Manual and Testing Program* (with *Testing Audio Program*) includes suggestions for planning a course syllabus, chapter-by-chapter teaching notes, expanded information on testing, sample oral interviews devised in accordance with ACTFL proficiency guidelines, answers to exercises in the main text, the complete videoscript, and discussions about interaction in the classroom, the use of authentic materials, and using *In giro per l'Italia* in the proficiency-oriented classroom. The complete *Testing Program* has been revised to include quarter and semester exams, and also includes a *Testing Audio Program* which provides recordings of the listening comprehension and dictation portions of each test.
- The *Instructor's Resource CD-ROM* contains the *Instructor's Manual and Testing Program* in an electronic format, providing you the flexibility of modifying or adapting these teaching materials to suit the needs of your class. It is also accompanied by the *Testing Audio Program.*
- The *Audio Program* for the *Workbook/Laboratory Manual,* available on audio CDs and recorded by native speakers of Italian, includes exercises and listening passages to guide your students in

speaking practice and listening comprehension (free of charge to adopting institutions). An *Audioscript* is also available. The **In ascolto** *Listening Comprehension Program* is also included as part of the complete *Audio Program.*

- The *Video Program* includes all new video footage, shot on location in Italy, which is integrated with the main text through the **Videoteca** section of each chapter.

- A set of full-color *Overhead Transparencies* is useful for presenting and practicing vocabulary and grammar.

Acknowledgments

The authors and publishers would like to thank the instructors who participated in the various surveys and reviews that proved invaluable in the development of the sixth edition of *Prego!* and this edition of *In giro per l'Italia*. In addition, the publishers would like to acknowledge the many valuable suggestions of the following instructors, whose input was enormously useful. (Inclusion of their names here does not necessarily constitute an endorsement of the *In giro per l'Italia* program or its methodology.)

Fabian Roberto Alfie, University of Arizona
Marilyn Anania, Long Beach City College
Silvana Andrew, Wesleyan College
Celestino Basile, Northern Essex Community College
Viktor Ilir Berberi, University of Minnesota, Morris
Maria Rita Francia Biasin, Diablo Valley College
Lucia Buttaro, Kingsborough Community College
Stephanie Domenici Cabonargi, Kingsborough Community College
Anna B. Caflisch, Rice University
Romana Capek-Habekovic, University of Michigan, Ann Arbor
Linda L. Carroll, Tulane University
Lucinda Cassamassino, University of Massachusetts, Amherst
Pamela Chew, Tulsa Community College
Carlo Chiarenza, California State University, Long Beach
Maria Adele Cicconetti, College of Eastern Utah
Deborah L. Contrada, University of Iowa

Pedro J. Cordova, Jr., Gustavus Adolphus College
Priscilla Call Craven, University of Colorado, Boulder
Max G. Creech, Duke University
Chiara Dal Martello Lage, Arizona State University
Antonietta D'Amelio, Baruch College of the City University of New York
Marina de Fazio, University of Kansas
Jonathan Druker, Illinois State University
Jacqualine Juliet Dyess, University of North Texas
Emily Evans, Santa Rosa Junior College
Charles Emanuel Fantazzi, East Carolina University
Giuseppe Faustini, Skidmore College
Carmen Grace, University of Colorado, Boulder
Giulia Guarnieri, Monmouth University
Donatella Marchetti Hunter, University of Colorado, Boulder
Caterina Labriola, College of Marin – Santa Rosa Junior College
Hilary Landwehr, Northern Kentucky University
Rosemarie LaValva, Binghamton University, State University of New York
Giuseppe Leporace, University of Washington
Teresa M. Lubrano, Cameron University
Domenico Maceri, Allan Hancock College
Franco Manca, University of Nevada, Reno
Monica Marchi, Texas Christian University
John Mastrogianakos, Louisiana State University
Simonetta May, Pasadena City College
Claudio Mazzola, University of Washington
Garrett McCutchan, Louisiana State University
Silvia A. Metzger, University of California, San Diego
Albert Mogavero, Salem State College
Judith Raggi Moore, Emory University
Rosa M. Motta-Bischof, Old Dominion University
Luisa Talpo O'Keefe, University of Rochester
Julia Ombres, Duquesne University
Lucille Izzo Pallotta, Onondaga Community College
Ian Pallini, Piedmont Virginia Community College
Mary Beth Ricci, Johnson County Community College
Roberta Ricci, Seton Hall University
Leslie B. Richardson, The University of the South
Nancy I. Rubino, University of Washington
Camilla Presti Russell, University of Maryland, College Park

Anna Lisa Russo, Camden County College
Ronald M. Russo, Western Michigan University
Maria G. Simonelli, Monmouth University
Roberta Sinyor, York University
Risa Sodi, Yale University
Josephine Spina, William Paterson University
June N. Stubbs, Virginia Tech
Pina Swenson, Cornell University
Susan M. Taylor, The University of Tampa
Chiara Torriani, University of Colorado, Boulder
Angela A. Toscano, Kingsborough Community
    College
Remo J. Trivelli, University of Rhode Island
Janice L. Vairo, Duquesne University
Patricia Vilches, Lawrence University
Laura Walker, Tulsa Community College
Mary Watt, University of Florida

The authors would like to express their special
thanks to Pamela Marcantonio, of the University
of Colorado, Boulder, for her very valuable
contributions to this edition, which reflect her
dedication to the teaching and learning of Italian
and her hands-on experience using *In giro per
l'Italia* in the classroom. The authors would also
like to thank Mirella Lazzarino Ravera for her
most valuable cultural and linguistic contributions
to this edition.

   Many people at McGraw-Hill deserve thanks
and recognition for their excellent contributions to
the second edition of *In giro per l'Italia*. Thanks in
particular to Misha MacLaird, our Development
Editor, who worked tirelessly on developing and
carefully editing several drafts of manuscript.
Thank you also to the wonderful production and
manufacturing team, especially Christina Gimlin,
the Senior Project Manager, Louis Swaim, the
Senior Supplements Producer, Randy Hurst, the
Lead Production Supervisor, Emma Ghiselli, the
Art Editor, Alex Ambrose, the Senior Photo
Researcher, and Allison Hawco, Senior Media
Producer, for guiding the final manuscript of the
text and all supplementary materials through the
entire production and manufacturing process.
We are very excited about the new elegant and
distinctively Italian interior and cover design, and
we want to thank Violeta Diaz, the Senior Design
Manager, Andrew Ogus, the interior designer, and
Lisa Buckley, the cover designer, for creating such
a beautiful design for the second edition. The
authors would like to thank Christa Harris, our
Sponsoring Editor, and Susan Blatty, our Director
of Development, for their valuable contributions
to this revision of the text and for their support of
the many people involved in this edition. Thanks
to William R. Glass, Publisher, for his strong
leadership of the *In giro per l'Italia* program and
for his continued guidance and enthusiasm. We
express our sincere gratitude to Nick Agnew, our
Executive Marketing Manager, and the entire
McGraw-Hill sales team for their unwavering
support.

Le città d'Italia

Le regioni d'Italia

L'Europa

Benvenuti a tutti!°

Benvenuti… *Welcome, everyone!*

Roma, capitale d'Italia

IN BREVE

A. Saluti e espressioni di cortesia

B. In classe

C. Alfabeto e suoni

D. Numeri da uno a cento

E. Calendario

NOTA CULTURALE
Parole simili

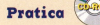 **Pratica**

Practice the skills you learned in this chapter and learn more about the Italian-speaking world through the *In giro per l'Italia* supplements.
www.mhhe.com/ingiro2

Perché l'italiano?°

Perché… Why Italian?

Una studentessa d'arte restaura un dipinto (*restores a painting*) a Venezia.

Sapevate che... ?°

Sapevate… Did you know that . . . ?

Many Italian words are commonly used in English. Most musical terms, for instance, are of Italian derivation. Some examples are **adagio** (*slowly*), **allegro, concerto, crescendo, maestro, orchestra, piano, presto** (*fast*), **prima donna,** and **staccato.**

The vocabulary of art and architecture is also full of Italian words, including **basilica, cornice, cupola, graffiti, portico, studio, terra cotta,** and **torso.**

You probably already know dozens of food-related Italian words, such as **broccoli, fettuccine, lasagne, minestrone, mozzarella, pizza, ravioli, ricotta, spaghetti, tortellini,** and **zucchini.**

Can you think of other Italian words used in English?

*W*ant to know what Andrea Bocelli is singing about? Interested in watching a Roberto Benigni film without having to read the subtitles? Like to impress a dinner date by correctly pronouncing **gnocchi** or **bruschetta**? Maybe you have Italian-speaking family or friends. Perhaps you plan to study or travel in Italy. Could be you just need to satisfy your school's foreign-language requirement. **Chissà!** (*Who knows!*) Whatever your reasons, you'll find the study of Italian fun and rewarding.

Italian, with over 60 million native speakers worldwide, is a language of vital cultural, commercial, and political importance. While Italian has a history as rich and varied as that of any language on earth, it is—like Italy itself—alive, dynamic, and modern. And Italy, while justifiably celebrated for its history, is very much a part of the modern world. A member of both the European Union and the Group of Eight (the world's eight richest industrialized nations), Italy has, since World War II, become one of the world's biggest consumer markets and industrial producers. Economic success, a national flair for design and style, and careful stewardship of some of the West's most precious cultural treasures make Italy at once unique and universally appealing.

La Galleria Vittorio Emanuele a Milano

Ma, ancora una volta, perché l'italiano? (*But, once again, why Italian?*) Well, you may prefer sweats and Nikes to Armani suits and Ferragamo shoes. A trusty pickup may be more your style than a sporty Alfa Romeo. You may never make it through all three parts of Dante's great medieval epic *La Divina Commedia* (*The Divine Comedy*). You may never even develop a taste for **caffè espresso.** But whatever your preferences in fashion, art, food, design, business, or history, by learning Italian you are giving yourself the opportunity to get to know and appreciate a culture of unmatched complexity and beauty. **Buon lavoro!** (*Enjoy your work!*)

La regione del Chianti in Toscana

A. Saluti e espressioni di cortesia°

Presentazioni° e saluti

Listen to two students introduce themselves.

Saluti... *Greetings and expressions of politeness*
Introductions

—Ciao e buona fortuna°!

°buona... *good luck*

Buon giorno!	Buon giorno!
Sono Marco Villoresi.	Sono Alessandra Stefanin.
Sono studente.	Sono studentessa.
Sono di Firenze.	Sono di Venezia.

buon giorno	*good morning, good afternoon* (*used until midafternoon**)
buona sera	*good afternoon, good evening* (*late afternoon, evening, and night*)
buona notte	*good night* (*when parting in the evening*)
ciao	*hi, hello, bye* (*informal*)
salve	*hi, hello* (*more formal than* ciao)
arrivederci	*good-bye* arrivederLa
ci vediamo	*see you later*
a presto	*see you soon*
a domani	*see you tomorrow*

Esercizi

Presentazioni. Introduce yourself to the class and to your instructor, using the greetings you consider appropriate.

> ESEMPIO: S1: Buon giorno! Sono David Warren. Sono studente di italiano. Sono di Denver.
>   S2: Salve! Sono Suzanna Ward. Sono studentessa di italiano. Sono di Sacramento.

---

*Buon giorno** is used only until midday in some parts of Italy.

Espressioni di cortesia

piacere	*pleased to meet you*
grazie	*thank you, thanks*
prego	*you're welcome*
Come?	*I beg your pardon?, what?*
scusi	*excuse me* (formal)
scusa	*excuse me* (informal)
per favore, per piacere	*please*

The Italian language expresses the differing degrees of familiarity that exist between people. Italians tend to behave more formally than Americans in social exchanges, and they typically use formal address for everyone except family, close friends, classmates, and young children.

Compare the dialogues that follow.

INFORMAL

Laura meets Roberto on campus.

FORMAL

Mrs. Martini sees her neighbor, Mr. Rossi, at the bank.

LAURA: Ciao, Roberto, come stai?

ROBERTO: Bene, grazie, e tu?

LAURA: Non c'è male,
Abbastanza bene, } grazie.
Così, così,

ROBERTO: Ciao, Laura! Ci vediamo!

LAURA: Ciao, a domani!

SIGNORA MARTINI: Buon giorno, signor Rossi, come sta?

SIGNOR ROSSI: Bene, grazie, e Lei?

SIGNORA MARTINI: Non c'è male,
Abbastanza bene, } grazie.
Così, così,

SIGNOR ROSSI: Arrivederci, signora!

SIGNORA MARTINI: Arrivederci!

Come va? (*How's it going?*) is a useful and polite expression similar to **Come stai?** (*How are you?, informal*) and **Come sta?** (*How are you?, formal*). Responses can vary from **bene** (*well*) to **abbastanza bene** (*pretty good*) to **così così** (*so-so*) to **non c'è male** (*not bad*) and, of course, **male** (*bad*).

A student runs into his professor.

STUDENTE: Buona sera, professor Villoresi. Come va?

PROF. VILLORESI: Abbastanza bene, grazie. E Lei?

STUDENTE: Non c'è male.

PROF. VILLORESI: Arrivederci.

STUDENTE: Arrivederci.

In Italy, students address professors with the **Lei** (*formal "you"*) form. Professors are never called by their first names.

Esercizi

A. Per strada. (*On the street.*) As Marco walks around town, he meets several people. Play the role of Marco, greeting people formally or informally, as appropriate.

ESEMPI: Marisa, a classmate → Ciao, Marisa!

Carlo Barsanti, a professor, late afternoon →
Buona sera, professore!

1. Paolo, one of Marco's closest friends
2. Miss Bennett, Marco's English teacher
3. Professor Musatti, Marco's psychology instructor
4. Mrs. Bianchi, a friend of the family, 4 P.M.

B. Situazioni. What would you say in the following situations?

ESEMPIO: It is morning. You meet one of your instructors. How do you greet her? →
Buon giorno, professoressa.

1. You meet Gina, an Italian classmate. How do you greet her?
2. A man drops a ticket. You pick it up and give it to him. He thanks you. How do you respond?
3. You want to get a stranger's attention. What do you say?
4. You're going to bed. What do you say to your roommate?
5. You walk into a store. What do you say to the clerk?
6. After talking to a friend, you tell him or her "See you later!".

C. Dialoghi. (*Dialogues.*) The following people meet in the street and stop to chat. Working with a partner, create short dialogues for each encounter.

ESEMPIO: Alberto, a student, meets his cousin Silvia. They've both had the flu. →
ALBERTO: Ciao, Silvia, come va?
SILVIA: Così così. E tu?
ALBERTO: Abbastanza bene oggi (*today*)!

1. Mr. Tozzi meets Ms. Andreotti; they are barely acquainted.
2. Clara meets Antonella; they went to high school together.
3. A student passes his/her professor on campus.

In ascolto

For listening comprehension activities related to the theme of this chapter, see the Workbook/ Laboratory Manual or visit the *In giro per l'Italia* website.
www.mhhe.com/ingiro2

B. In classe

In italiano! There are several useful expressions you should memorize right away to communicate with your instructor and classmates.

Per lo studente / la studentessa

Come?	*I beg your pardon?, what?*
Come si dice… ?	*How do you say . . . ?*
Come si scrive… ?	*How do you spell . . . ?*
Come si pronuncia… ?	*How do you pronounce . . . ?*
Cosa vuol dire… ?	*What does . . . mean?*
Ripeta, per favore!	*Repeat, please!*
Capisco. (Sì, capisco.)	*I understand. (Yes, I understand.)*
Non capisco. (No, non capisco.)	*I don't understand. (No, I don't understand.)*
Una domanda, per favore.	*A question, please.*

Ho capito (handwritten annotation)

Per il professore / la professoressa

Aprite il libro!	*Open the book.*	Ascoltate!	*Listen.*
Chiudete il libro!	*Close the book.*	Ripetete!	*Repeat.*
Alla lavagna!	*Go to the board.*	Rispondete!	*Answer.*
A posto!	*Go back to your seat.*	Scrivete!	*Write.*
Guardate!	*Look.*	Capite?	*Do you understand?*
Parlate!	*Speak. / Talk.*		

Esercizi

A. Come si dice… ? What would you say in the following situations? (Sometimes more than one answer is possible.)

1. You do not understand what your instructor has said.
2. You did not hear clearly what your instructor said.
3. You want to know what something means.
4. You do not know how to spell a word.
5. You want to know how to pronounce a word.
6. You want to ask how to say *book* in Italian.

B. Capite? Your instructor is asking you to perform some actions. What would you do or say in the following situations?

1. Ripetete **buon giorno,** per favore!
2. Scrivete **buona notte,** per favore!
3. Alla lavagna!
4. A posto!
5. Capite? Rispondete **sì** o **no**…
6. Aprite il libro!

C. Alfabeto e suoni°

Alfabeto... *Alphabet and sounds*

Like other Romance languages (French, Spanish, Portuguese, and Romanian), Italian derives from Latin. The language of the ancient Romans was spoken throughout the Roman Empire.

Italian is a phonetic language, which means that it is pronounced as it is written. Italian and English share the Latin alphabet, but the sounds represented by the letters often differ considerably in the two languages.

The Italian alphabet has 21 letters, but it uses 5 additional letters in words of foreign origin. Here is the complete alphabet, with a key to Italian pronunciation.

Alfabeto

LETTERA	PRONUNCIA	NOMI MASCHILI	NOMI FEMMINILI
a	a	Alessandro	Antonella
b	bi	Bernardo	Beatrice
c	ci	Claudio	Chiara
d	di	Daniele	Daniela
e	e	Enrico	Enrica
f	effe	Francesco	Francesca
g	gi	Giovanni	Gina
h	acca	—	—
i	i	Italo	Irene
l	elle	Luigi	Laura
m	emme	Massimo	Marina
n	enne	Nicola	Nora
o	o	Osvaldo	Ottavia
p	pi	Pietro	Paola
q	cu	Quinto	Quintina
r	erre	Roberto	Roberta
s	esse	Simone	Simona
t	ti	Tommaso	Tosca
u	u	Umberto	Umbertina
v	vu	Vittorio	Vittoria
z	zeta	Zeno	Zita
j	i lunga		
k	cappa		
w	doppia vu		
x	ics		
y	ipsilon		

Every letter is pronounced in Italian except **h.** Pronunciation of the five additional letters will vary according to the language of origin of the word in which those letters appear.

You will learn the sounds of Italian and acquire good pronunciation by listening closely to and imitating your instructor and the native speakers on the Workbook/Laboratory Manual audio program.

Vocali°

Vowels

Italian vowels are represented by the five letters **a, e, i, o,** and **u.** Vowels are always articulated sharply and clearly in Italian. They are never pronounced weakly (as in the English word *other*), and there is no vowel glide (like the rise from *a* to *e* in the English word *crazy*).

a	*father*	patata	banana	sala	casa
e (*closed* **e**)	*late*	seta	e	sera	verde
(*open* **e**)	*quest*	setta	è	bello	testa
i	*marine*	pizza	Africa	vino	birra
o (*closed* **o**)	*cozy*	nome	dove	volere	ora
(*open* **o**)	*cost*	posta	corda	porta	cosa
u	*rude*	rude	luna	uno	cubo

Listen as your instructor pronounces the following words in English and Italian, and notice the differences in pronunciation.

marina	Coca-Cola
gusto	aroma
saliva	propaganda
camera	piano
formula	opera
replica	gala
Riviera	Elvira
trombone	alibi
malaria	coma

Consonanti°

Consonants

Most Italian consonants do not differ greatly from their counterparts in English, but there are some exceptions and a few special combinations.

1. Before **a, o,** or **u,** the consonants **c** and **g,** and the consonant combination **sc,** have a hard sound. **C** is pronounced as in *cat,* and **g** is pronounced as in *go.*

casa	colore	curioso
gatto	gonna	gusto
scatola	scodella	scusi

2. Before **e** or **i,** the consonants **c** and **g,** as well as the combination **sc,** have a soft sound: **c** is pronounced as in *church,* **g** is pronounced as in *gem,* and **sc** is pronounced as in *show.*

cena	cinema
gelato	giro
scena	sci

3. The combinations **ch, gh,** and **sch** have a hard sound, as in *cat, go,* and *scheme.*

Michele	Chianti
lunghe	laghi
schema	tedeschi

4. Before a final **i** and before **i** + *vowel*, the combination **gl** is pronounced like **ll** in *million*.

gli   glielo   figli   foglio

5. The combination **gn** is pronounced like the *ny* in *canyon*.

signore   ignorante   sogno

Consonanti doppie°

Consonanti… *Double consonants*

All Italian consonants except **q** have a corresponding double consonant, whose pronunciation is distinct from that of the single consonant. Ignoring this distinction will result in miscommunication.

Contrast the pronunciation of the following words.

sete / sette	moto / motto
pala / palla	dona / donna
papa / pappa	fato / fatto

Listen as your instructor compares the English and Italian pronunciation of these words.

ballerina	spaghetti	confetti	villa
antenna	zucchini	Anna	Amaretto
mamma	piccolo	motto	idea

Accento tonico°

Accento… *Stress*

Most Italian words are pronounced with the stress on the next-to-last syllable.

minestrone (mi ne STRO ne)
Maria (ma RI a)
cominciamo (co min CIA mo)

Some words are stressed on the last syllable; these words are always written with an accent on the final vowel of that syllable.

città (cit TA)
caffè (caf FE)
così (co SI)
però (pe RO)
virtù (vir TU)

Some words are stressed on a different syllable. As an aid to the student, this text indicates irregular stress with a dot below the stressed vowel in vocabulary lists and parts of the grammar explanations.

camera (CA me ra)
credere (CRE de re)
Mario (MA ri o)
numero (NU me ro)
telefono (te LE fo no)

A few one-syllable words carry a written accent, often to distinguish them from words that are spelled and pronounced identically but have different meanings. Compare **si** (*oneself*) with **sì** (*yes*), and **la** (*the*) with **là** (*there*).

There are two written accents in Italian, ` and ´. The former, used in this book with all the vowels, indicates an open pronunciation, as in **cioè** (*that is*). The latter, used in this book only with the letter **e**, indicates a closed pronunciation of **e**, as in **perché** (*why, because*).

La Basilica di San Marco a Venezia

Nota culturale
Parole simili°

Parole... *Cognates*

Many Italian words resemble English words and have identical or similar meanings. These words are called *cognates* or **parole simili.** There are only minor differences in spelling between English and Italian cognates.

basilica	*basilica*
geloso	*jealous*
intelligente	*intelligent*
museo	*museum*
possibile	*possible*
professore	*professor*
stazione	*station*

Once you learn a few patterns, you will be able to recognize new words. For example:

-zione → *-tion*	inflazione	*inflation*
-tà → *-ty*	università	*university*
-oso → *-ous*	famoso	*famous*
-za → *-ce*	apparenza	*appearance*
-ismo → *-ism*	turismo	*tourism*
-ssione → *-ssion*	impressione	*impression*

ATTENZIONE! Words that look alike in the two languages sometimes have different meanings. These are called *false cognates* or **falsi amici.**

parente = *relative* (not *parent*)
libreria = *bookstore* (not *library*)

D. Numeri da uno a cento°

Numeri... (*Cardinal*) *Numbers from one to one hundred*

Numbers are a useful tool to learn right away. With just the numbers from one to ten, you can tell classmates your phone number and street address.

0	zero	6	sei
1	uno	7	sette
2	due	8	otto
3	tre	9	nove
4	quattro	10	dieci
5	cinque		

Your instructor will show you how Italians write the figures 1, 4, and 7.

11	undici	21	ventuno	31	trentuno
12	dodici	22	ventidue	32	trentadue
13	tredici	23	ventitré	33	trentatré
14	quattordici	24	ventiquattro	40	quaranta
15	quindici	25	venticinque	50	cinquanta
16	sedici	26	ventisei	60	sessanta
17	diciassette	27	ventisette	70	settanta
18	diciotto	28	ventotto	80	ottanta
19	diciannove	29	ventinove	90	novanta
20	venti	30	trenta	100	cento

When **-tre** is the final digit of a larger number, it takes an accent: **ventitré, trentatré,** and so on. The numbers **venti, trenta,** and so on drop the final vowel before adding **-uno** or **-otto: ventuno, ventotto,** etc.

—Uno, due, tre... uno, due, tre, ... pronto,[a] pronto... prova microfono...[b]

[a]*ready* [b]prova... *testing microphone*

Esercizi

A. Numeri di telefono. (*Telephone numbers.*) Italian phone numbers and area codes (**prefissi**) vary in length. For example, Rome's **prefisso** is 06 and Reggio Calabria's is 0965. Italians usually phrase the **prefisso** in single digits and the local number in sets of two digits. Practice reading aloud the following numbers.

ESEMPIO: (0574) 46-07-87 →
Prefisso: zero-cinque-sette-quattro. Numero di telefono: quarantasei, zero sette, ottantasette *or* quattro-sei-zero-sette-otto-sette.

1. (02) 48-31-56
2. (010) 66-43-27
3. (06) 36-25-81-48
4. (0571) 61-11-50
5. (055) 23-97-08
6. (0573) 62-91-78

In ascolto

For listening comprehension activities related to the theme of this chapter, see the Workbook/Laboratory Manual or visit the *In giro per l'Italia* website.
www.mhhe.com/ingiro2

B. Indirizzi. (*Addresses.*) Italian building numbers are seldom longer than three digits. The number always follows the name of the street. For example: **Via Roma 56 (cinquantasei).** Read these street addresses aloud.

1. Via San Martino 17 *diciassette*
2. Via Verdi 89
3. Via Vittorio Emanuele 100
4. Via Tuscolana 65
5. Via Giulio Cesare 33
6. Via Mazzini 41

E. Calendario°

Calendar

Giorni della settimana°

Giorni... Days of the week

lunedì
martedì
mercoledì
giovedì
venerdì
sabato
domenica

ESPRESSIONI UTILI (*USEFUL EXPRESSIONS*)

Che giorno è… ?	*What day is . . . ?*
oggi	*today*
domani	*tomorrow*
Che giorno è oggi?	*What day is it today?*
Oggi è giovedì.	*Today is Thursday.*
Domani è venerdì.	*Tomorrow is Friday.*

quanti ne
abbiamo oggi

The days of the week are not capitalized in Italian. The week begins on Monday.

Mesi°

gennaio	maggio	settembre
febbraio	giugno	ottobre
marzo	luglio	novembre
aprile	agosto	dicembre

—Che mese è (In che mese siamo [*are we*])?
—È settembre (Siamo in settembre).

Like the days of the week, the names of months are not capitalized in Italian. To say the date, begin with **il** or **l'** (before vowels), then the date, then the month. Cardinal numbers are used in dates with the exception of the first day of the month which is expressed using **primo** (*first*), as in **il primo gennaio.**

Oggi è il quindici settembre.
Domani è l'otto giugno.

Esercizi

A. Date. (*Dates.*) Read aloud the following dates.

1. il 25 dicembre/il 16 giugno/il 26 marzo
2. il 31 ottobre/il 14 luglio/il 2 aprile
3. il 12 febbraio/il 5 maggio/il 25 novembre
4. il 30 settembre/il 6 agosto/il 22 gennaio

B. Oggi e domani. Put your knowledge of the calendar to the test.

1. Che giorno è oggi?
2. Che giorno è domani?
3. Che mese è?
4. Data di oggi:

Piccolo ripasso° *Piccolo… Little review*

A. Cominciamo! (*Let's begin!*) Now you're ready to begin speaking Italian. You already know the basics. Review what you know how to say.

Sono…
Sono di…
Numero di telefono:
Sono studente/studentessa di italiano.
Oggi è…
Data di oggi:

B. Presentazioni. Choose a partner you haven't yet met. Take turns introducing yourself to your partner and asking how he or she is today.

Videoteca

Amici di famiglia

Roberto, an Italian-American journalist, has just arrived in Florence on assignment for an online newspaper. He is on his way to meet Giuliana, an old friend of the family who now works for the Tourist Board.

ESPRESSIONI UTILI

un giornale in rete an online newspaper
l'Ufficio Informazioni Turistiche Tourist Board
amica di famiglia family friend (*feminine*)
gentilissima very kind
un regalo a gift

una piantina a small map
le tue passeggiate your walks
Dimmi! Tell me!
Dunque... Well . . .

Funzione: Greetings

PREPARAZIONE

GIULIANA: Ciao, Roberto!
ROBERTO: Ciao, Giuliana, come stai?
GIULIANA: Io sto bene, e tu?
ROBERTO: Anch'io sto bene! Grazie!

VERIFICA

Decide whether the following statements are **vero** (*true*) or **falso** (*false*).

	V	F
1. Roberto addresses Giuliana formally.	☐	☐
2. Giuliana wants to show Roberto a nearby park.	☐	☐
3. The **articolo** Giuliana refers to is an article of clothing.	☐	☐

COMPRENSIONE

Answer the following questions.

1. Does Giuliana tell Roberto he is very handsome? What does she tell him?
2. What does Roberto receive from Giuliana?
3. Is the park nearby or far away?

ATTIVITÀ

At the airport in Florence you bump into an old classmate from high school. You recognize each other but can't remember each other's name. After a few seconds of pause, you start asking each other questions. Use the vocabulary at the end of the chapter to act out your scene. Be creative!

Parole da ricordare°

Parole... *Words to remember*

VERBI *(VERBS)*

sono	I am
sono di...	I'm from . . .
è	is

NOMI *(NOUNS)*

domani	tomorrow
giorni	days
lunedì	Monday
martedì	Tuesday
mercoledì	Wednesday
giovedì	Thursday
venerdì	Friday
sabato	Saturday
domenica	Sunday
Che giorno è?	What day is it?
il primo	the first (*day of the month*)
il primo gennaio	January 1st
mesi	months
gennaio	January
febbraio	February
marzo	March
aprile	April
maggio	May
giugno	June
luglio	July
agosto	August
settembre	September
ottobre	October
novembre	November
dicembre	December
oggi	today
professore	professor (*masculine*)
professoressa	professor (*feminine*)
settimana	week
signora	Mrs.
signore	Mr.
signorina	Miss
studente	student (*masculine*)
studentessa	student (*feminine*)

ALTRE PAROLE *(OTHER WORDS)* **E ESPRESSIONI**

buon giorno	good morning, good afternoon
buona sera	good afternoon, good evening
buona notte	good night
ciao	hi, hello, bye (*informal*)
salve	hi, hello
Come sta?	How are you? (*formal*)
Come stai?	How are you? (*informal*)
Come va?	How's it going?
E Lei?	And you? (*formal*)
E tu?	And you? (*informal*)
non c'è male	not bad
male	bad
abbastanza bene	pretty good
così così	so-so
bene	well
arrivederci	good-bye
ci vediamo	see you later
a domani	see you tomorrow
a presto	see you soon
Come?	I beg your pardon?, What?
Come si dice... ?	How do you say . . . ?
Cosa vuol dire... ?	What does . . . mean?
grazie	thank you, thanks
per favore, per piacere	please
piacere	pleased to meet you
prego	you're welcome
scusa	excuse me (*informal*)
scusi	excuse me (*formal*)
sì	yes
no	no
e	and
o	or

Finalmente in Italia!

La stazione Termini a Roma

Pratica

Practice the skills you learned in this chapter and learn more about the Italian-speaking world through the *In giro per l'Italia* supplements.
www.mhhe.com/ingiro2

Parte 1

Dialogo-Lampo

La stazione di Roma

CLIENTE: Buon giorno! Un biglietto per Venezia, per favore.

IMPIEGATO:[1] Ecco! Sono cinquantasette euro.

CLIENTE: Ah, scusi, un'informazione. C'è un ufficio cambio qui in stazione?

IMPIEGATO: No, ma[2] c'è una banca qui vicino, in Piazza Garibaldi.

CLIENTE: Grazie e arrivederci!

IMPIEGATO: Prego! Buona giornata![3]

1. Destinazione?
2. C'è un ufficio cambio in stazione?
3. Dov'è[4] una banca?

[1]*Clerk* [2]*but* [3]**Buona giornata!** is a variant of **Buon giorno!** It corresponds to the expression *Have a good day!*
[4]*Where is*

Una città italiana (*An Italian city*)

LUOGHI (*PLACES*)

un aeroporto airport
un albergo hotel
una banca bank
un bar bar; café
un caffè coffee (strong Italian coffee); café
una chiesa church
un cinema movie theater
una città city
una farmacia pharmacy
un museo museum
un negozio shop
un ospedale hospital
una piazza town square
un ristorante restaurant
una scuola school
uno stadio stadium
una stazione train station
un supermercato supermarket
un teatro theater

un ufficio postale (cambio, informazioni) post office (currency exchange, tourist information office)
un'università university
una via street
un viale avenue
uno zoo zoo

MEZZI DI TRASPORTO (*MEANS OF TRANSPORTATION*)

un aeroplano, un aereo airplane, plane
un autobus, un bus bus
un'automobile (*feminine*)**, un'auto, una macchina** car
una bicicletta, una bici bicycle, bike
una motocicletta, una moto motorcycle

un motorino, uno scooter moped, motorscooter
un treno train

INDICAZIONI (DIRECTIONS)

a destra to the right, on the right
a sinistra to the left, on the left
dritto straight
   sempre dritto straight ahead
lì, là there
lontano far, distant
qui, qua here
vicino near
   qui vicino nearby

IN VIAGGIO (ON A TRIP)

un biglietto ticket
una borsa bag

un'informazione (*feminine*) piece of information
un passaporto passport
una valigia (*plural* **valige**) suitcase
un viaggio trip
uno zaino backpack

ALTRE ESPRESSIONI

c'è... , c'è... ? there is . . . , is there . . . ?
ci sono... , ci sono... ? there are . . . , are there . . . ?
dov'è... ? where is . . . ?
ecco here (it) is, here (they) are; there (it) is, there (they) are

Esercizi

A. Luoghi, cose e persone (*things and people*). Which things and people in list B would you associate with the places in list A?

A	B
1. _____ un ristorante	a. una lettera
2. _____ un ospedale	b. un animale
3. _____ una scuola	c. un cappuccino
4. _____ una stazione	d. un dottore
5. _____ un aeroporto	e. una studentessa
6. _____ un bar	f. un aereo
7. _____ un ufficio postale	g. una pizza
8. _____ un supermercato	h. una banana
9. _____ una via	i. un motorino
10. _____ uno zoo	j. un treno

B. Dov'è? You are new in the area. Ask a local if a particular building is on a given street. Work with a partner and use the map on the next page.

ESEMPIO: un museo / Via Mazzini →
    S1: Scusi, c'è un museo in Via Mazzini?
    S2: Sì, c'è un museo in Via Mazzini.

1. un albergo / Via Dante
2. un ufficio postale / Via Canova
3. una scuola elementare / Via Gramsci
4. un cinema / Via Botticelli
5. una banca / Piazza Verdi
6. uno zoo / Via Giulio Cesare

C. Sempre dritto, a destra, a sinistra… You're at the train station and need to ask for directions. Use the map and work in pairs. Your directions will start from the intersection of Via Giulio Cesare and Via Dante. Don't forget to be polite and thank your partner for the information.

ESEMPIO: una banca →
  S1: Scusi, un'informazione… C'è una banca qui vicino?
  S2: Sì, è in Piazza Verdi. Sempre dritto per (*through*) Via Giulio Cesare, poi (*then*) a destra.
  S1: Grazie!
  S2: Prego!

1. un ospedale   3. una chiesa   5. una farmacia
2. un'università   4. un ristorante   6. uno stadio

In ascolto

For listening comprehension activities related to the theme of this chapter, see the Workbook/Laboratory Manual or visit the *In giro per l'Italia* website.
www.mhhe.com/ingiro2

Parte 2

A. Nomi: genere e numero

VENDITORE:	Panini, banane, gelati, vino, caffè, aranciata, birra…
TURISTA AMERICANA:	Due panini e una birra, per favore!
VENDITORE:	Ecco, signorina! Nove euro.
TURISTA AMERICANA:	Ecco nove dollari. Va bene?

1. Most Italian nouns (**nomi**) end in a vowel. Nouns that end in a consonant are of foreign origin. All nouns in Italian have a gender (**genere**); that is, they are either masculine or feminine, even those that refer to things, qualities, or ideas.

   a. Usually, nouns ending in **-o** are masculine. Nouns ending in **-a** are usually feminine.

      MASCULINE: amico (*friend*), treno, dollaro, panino
      FEMININE: amica (*friend*), bicicletta, studentessa

   b. Nouns ending in **-e** may be masculine or feminine. The gender of most of these nouns must be memorized, but nouns ending in **-zione** are always feminine.

      MASCULINE: studente, ristorante, caffè
      FEMININE: automobile, notte, lezione (*class, lesson*), stazione, situazione

   c. Nouns ending in a consonant are usually masculine.

      bar, autobus, film, sport

   d. Abbreviated nouns retain the gender of the words from which they derive.

      auto *feminine* (*from* automobile)
      bici *feminine* (*from* bicicletta)
      cinema *masculine* (*from* cinematografo)
      foto *feminine* (*from* fotografia)
      moto *feminine* (*from* motocicletta)
      video *feminine* (*from* videocassetta)
      euro *masculine* (*from* eurodollaro)

Si dice così°
Ecco e c'è / ci sono
Si… *This is how you say it*

Ecco is used when pointing out something or someone. It means *Here it is!, Here they are!* or *There it is!, There they are!*

C'è (*There is*) and **ci sono** (*there are*) are used to indicate the existence of something or someone.

C'è un supermercato qui vicino. *There is a supermarket near here.*

Ci sono 15 studenti in classe. *There are 15 students in class.*

VENDOR: Sandwiches, bananas, ice cream, wine, coffee, orange soda, beer . . .
AMERICAN TOURIST: Two sandwiches and a beer, please! VENDOR: Here you are, miss. Nine euros.
AMERICAN TOURIST: Here are nine dollars. Is that OK?

2. Italian nouns change their endings to indicate a change in number.

	SINGOLARE	PLURALE	
Maschile	**-o**	**-i**	treno → treni
Femminile	**-a**	**-e**	piazza → piazze
Maschile e femminile	**-e**	**-i**	ospedale (*masculine*) → ospedali stazione (*feminine*) → stazioni

a. Nouns ending in **-ca** or **-ga** and most nouns ending in **-go** maintain the hard sound of the **c** or **g** in the plural. This sound is represented in writing by adding an **h**. (Nouns ending in **-co** will be presented in **Capitolo 2**.)

SINGOLARE	PLURALE	
-ca	**-che**	amica *friend* → amiche *friends*
-ga	**-ghe**	targa *license plate* → targhe *license plates*
-go	**-ghi**	albergo *hotel* → alberghi *hotels*

b. Nouns ending with an accented vowel or a consonant do not change in the plural, nor do abbreviated words.

un caffè → due caffè   una città → due città
un film → due film   una foto → due foto
un cinema → due cinema   un euro → due euro

Esercizi

A. Plurali. Give the plural of the following nouns.

1. treno
2. lezione
3. tè (*tea*)
4. piazza
5. banca
6. professore
7. bar
8. nome (*first name*)
9. cognome (*last name*)
10. zio
11. autobus
12. negozio

B. Due, per favore! Working with a partner, imagine that you are in a café. The waiter underestimates your appetite and offers you one of each of the following items, but you want two! Be polite and add **per piacere** or **per favore** to your request.

ESEMPIO: un cappuccino →
　　　　　S1: Un cappuccino, signore/signora?
　　　　　S2: No, due cappuccini, per favore!

1. un gelato
2. un'aranciata
3. un caffè
4. una pizza
5. un panino
6. un tè
7. uno spumone (*spumoni ice cream*)
8. una birra
9. un bicchiere (*glass*) di vino
10. un bicchiere di latte (*milk*)

C. Una città immaginaria. Your partner will ask you if the imaginary city of Trentezia has one of each of the following places. Respond that it has more than one. Remember that **ci sono** (*there are*) is used to indicate more than one of something. Compare **Ci sono due chiese** (*There are two churches*) with **C'è una chiesa** (*There is one church*).

ESEMPIO: un supermercato →
     S1: C'è un supermercato a Trentezia?
     S2: No, ci sono quattro supermercati.

1. una scuola
2. un ospedale
3. una banca
4. un bar

5. un ufficio postale
6. un'università
7. un albergo
8. uno stadio

9. un museo
10. un cinema
11. una farmacia
12. una stazione

B. Articolo indeterminativo e *buono*

Che (*What*) differenze ci sono tra il disegno (*between the drawing*) e questa (*this*) descrizione?

In questo disegno, ci sono tre professori. Un professore ha (*has*) due valige e un biglietto e l'altro (*the other*) professore ha uno zaino, una borsa e una valigia. La professoressa ha una borsa e due valige.

1. The Italian indefinite article (**l'articolo indeterminativo**) corresponds to English *a/an* and is used with singular nouns. It also corresponds to the number *one*. The form of the article changes depending on the word that follows it. **Un** is used with most masculine nouns, but **uno** is used with masculine words beginning with **z** or **s** + *consonant*. **Una** is used with feminine nouns beginning with any consonant, and **un'** is used before feminine nouns beginning with a vowel.

MASCHILE	FEMMINILE
un treno (*a train, one train*)	**una** farmacia
un aeroplano	**un'**amica
uno zio	**una** zia
uno stadio	**una** scuola

2. The adjective **buono** (*good*) follows the same pattern as the indefinite article. It too has four forms in the singular: **buon, buono, buona,** and **buon'.** The form used depends on the word that follows it. (You will learn the plural forms of **buono** and more about how adjectives function in Italian in **Capitolo 2.**)

MASCHILE	FEMMINILE
un buo**n** treno	una buo**na** farmacia
un buo**n** aeroplano	una buo**n'**amica
un buo**no** zio	una buo**na** zia
un buo**no** stadio	una buo**na** scuola

Esercizi

A. In un caffè. You are at an Italian **caffè**. Catch the attention of the server and order each of the following items.

ESEMPIO: tè → Scusi! Un tè, per favore!

1. caffè
2. bicchiere di vino
3. birra
4. aranciata
5. bicchiere di latte
6. cappuccino

B. Tutto buono. Supply the correct form of **buono** or an appropriate noun.

ESEMPIO: un *buon* viaggio
una buona *macchina*

1. un _buono_ zaino
2. un _buon_ dottore
3. una _buona_ farmacia
4. una _buon'_ amica
5. una buon'_auto_
6. un buon _____
7. una buona _____
8. un buono _____

C. La mia (*My*) **città.** Describe your hometown to your partner.

ESEMPIO: Nella mia (*In my*) città c'è un buon museo, ci sono 10 supermercati…

Nota culturale

Saluti e titoli: buon giorno, dottore!

As you already learned in the **Capitolo preliminare,** Italians greet each other with **buon giorno** until mid-afternoon and **buona sera** from then until late evening. **Buona notte** is used as a final farewell at the end of the evening. Friends and family who have not seen each other for a while typically hug and kiss each other on both cheeks or at least shake hands.

It is customary to address someone by his or her academic title. You will often hear **Buon giorno, professore! Benvenuta** (*Welcome*), **dottoressa! Auguri** (*Best wishes*), **dottore!**

The title **dottore** (*masculine*) or **dottoressa** (*feminine*) is used for anyone who has earned a university degree (**la laurea**), whether in medicine or other academic fields. Other titles, used for men and women alike, include **architetto, avvocato, direttore, ingegnere,** and **ministro.**

Buon giorno, dottore! Buon giorno, dottoressa!

Parte 3

C. Presente di *avere* e pronomi soggetto

MASSIMO: E Lei, signora, ha parenti in America?

SIGNORA PARODI: No, Massimo, non ho parenti, solo amici. E tu, hai qualcuno?

MASSIMO: Sì, ho uno zio in California e una zia in Florida.

1. **Avere** (*to have*) is an irregular verb (**un verbo irregolare**); it does not follow a predictable pattern of conjugation. The present tense (**il presente**) of **avere** is as follows:

SINGOLARE			PLURALE		
(io)	**ho**	*I have*	(noi)	**abbiamo**	*we have*
(tu)	**hai**	*you have (informal)*	(voi)	**avete**	*you have (informal)*
(Lei)	**ha**	*you have (formal)*	(Loro)	**hanno**	*you have (formal)*
(lui) (lei)	**ha**	*he has* *she has*	(loro)	**hanno**	*they have*

The following rules apply to **avere** and to all Italian verbs.

a. To make a verb negative (*I have* → *I don't have*), place the word **non** (*not*) directly before it.

Mario non ha soldi.
Qui non hanno birra, hanno solo vino.

Mario doesn't have money.
They don't have beer here, they only have wine.

MASSIMO: And you, signora, do you have relatives in America? SIGNORA PARODI: No, Massimo, I don't have relatives, only friends. And you, do you have someone? MASSIMO: Yes, I have an uncle in California and an aunt in Florida.

b. To make a verb interrogative (*I have* → *do I have?*) in writing, simply add a question mark to the end of the sentence. In speaking, the pitch of the voice rises at the end of the sentence.

—Non avete altro?

Avete un buon lavoro.   *You have a good job.*

Avete un buon lavoro?   *Do you have a good job?*

In an interrogative sentence, the subject (noun or pronoun) can appear

- at the beginning of the sentence, before the verb
- at the end of the sentence

Mario ha una bicicletta? }
Ha una bicicletta Mario? }   *Does Mario have a bicycle?*

2. The subject pronouns (**i pronomi soggetto**) are as follows:

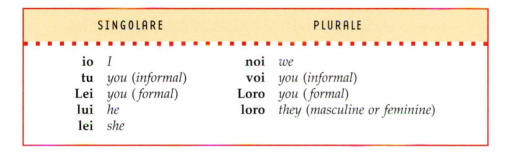

SINGOLARE		PLURALE	
io	*I*	**noi**	*we*
tu	*you* (informal)	**voi**	*you* (informal)
Lei	*you* (formal)	**Loro**	*you* (formal)
lui	*he*	**loro**	*they* (masculine or feminine)
lei	*she*		

a. In English, subject pronouns are always used with verb forms: *I have, you go, he is,* and so on. In Italian, the verb form itself identifies the subject. For this reason, subject pronouns are usually not expressed.

Ho una FIAT; ha quattro porte.   *I have a FIAT; it has four doors.*
Hai buon gusto!   *You do have good taste!*
Abbiamo parenti in Italia.   *We have relatives in Italy.*

Subject pronouns *are* used, however, to emphasize the subject (**I** *have a job;* that is, **I'm** *the one who has a job*) or to contrast one subject with another (**I** *have this,* **you** *have that*).

Io ho un lavoro.   **I** *have a job.*
Lui ha un gatto; lei ha un cane. **He** *has a cat;* **she** *has a dog.*

b. **Io** (*I*) is not capitalized unless it begins a sentence.

c. There are four ways of saying *you* in Italian: **tu, voi, Lei,** and **Loro. Tu** (for one person) and **voi** (for two or more people) are the informal forms, used only with family members, children, and close friends.

Tu, mamma.   Voi, ragazzi (*boys*).

Lei (for one person, male or female) and its plural **Loro** are used in formal situations to address strangers, acquaintances, older people, and people in authority. **Lei** and **Loro** are often capitalized to distinguish them from **lei** (*she*) and **loro** (*they*).

Lei, professore, ha una valigia?	*You, professor, do you have a suitcase?*
Lei, professoressa, ha uno zaino?	*You, professor, do you have a backpack?*
Loro, signore e signori, hanno bagagli?	*You, ladies and gentlemen, do you have luggage?*

Lei takes the third-person singular verb form; **Loro** takes the third-person plural form.

Lei, signora, ha un buon cane!	*You have a good dog, ma'am!*
Loro, signori, hanno amici qui?	*Do you have friends here, gentlemen?*

Loro is very formal. It is often replaced by the more casual **voi.**

d. There are rarely used forms for *it* and *they* to refer to animals or things; generally, the verb form alone is used.

È una buon'idea.	*It is a good idea.*

Esercizi

A. Bene, grazie! The following people have asked you how you are: **Come sta?** or **Come stai?** Answer, then ask how they are, using the appropriate equivalent for *you.*

ESEMPIO: your Aunt Teresa → Bene, grazie, e tu?

1. your cousin Anna
2. your friends \
3. the server   Lei
4. your instructor, Mrs. Rossini   Lei
5. Mr. and Mrs. Cicero   Loro
6. your father   tu

B. Come siamo fortunati! (*How lucky we are!*) Tell why you are fortunate by filling in the blanks with the correct subject pronoun.

1. _io_ ho una buona bicicletta, _voi_ avete una moto Guzzi.
2. _noi_ abbiamo un ristorante, _loro_ hanno due alberghi.
3. _io_ ho parenti a Milano, _lei_ ha amici a Roma.
4. _noi_ abbiamo un cane, _tu_ hai tre gatti.

C. Avere o non avere… Complete with the correct form of **avere**.

1. Voi _avete_ un appartamento, ma io _ho_ solo una stanza.[a] Loro _hanno_ due macchine, ma io _ho_ una bici. Tu e Paolo non _avete_ lezioni domani, ma io _ho_ cinque lezioni! Lui _ha_ una valigia e io _ho_ solo uno zaino. Che sfortuna![b]

   [a]*room*   [b]*Che… What bad luck!*

2. Tu _hai_ un cane intelligente, ma noi _abbiamo_ un cane stupido! Tu _hai_ una buona macchina, ma Carla _ha_ solo una bicicletta. Tu _hai_ molti soldi;[a] Cinzia e Daniele non _hanno_ nemmeno un lavoro![b] Come sei fortunato![c]

   [a]*molti… lots of money*   [b]*non… don't even have a job*   [c]*Come… How lucky you are!*

D. Espressioni idiomatiche[*] con *avere*

ANGELO: Oh, che caldo! Ho proprio sete adesso. Hai voglia di una birra?

SILVIA: No, grazie, ho fame.

ANGELO: Chissà se c'è un bar in questa stazione.

SILVIA: Sì, c'è, ma non abbiamo tempo, solo cinque minuti.

ANGELO: È vero, non è una buon'idea. Oh, c'è un venditore… Qui, per favore!

ANGELO: Oh, it's so hot. I'm really thirsty now. Do you feel like having a beer? SILVIA: No, thanks, I'm hungry.   ANGELO: Who knows if there is a café in this station.   SILVIA: Yes, there is, but we don't have time, only five minutes.   ANGELO: It's true, it's not a good idea. Oh, there's a vendor . . . Here, please!

[*]An idiom is an expression peculiar to a particular language. Idioms often appear to make no sense when interpreted literally by speakers of another language. Some commonplace English idioms are *to fall asleep, to take charge, to go easy,* and *to make time.*

1. Many idiomatic expressions (**espressioni idiomatiche**) that describe feelings or physical sensations are formed with **avere** + *noun*. The equivalent English expressions are usually formed with *to be* + *adjective*.

NOMI		ESPRESSIONI	
caldo	*heat*	avere caldo	*to be (feel) warm (hot)*
fame (*feminine*)	*hunger*	avere fame	*to be hungry*
freddo	*cold*	avere freddo	*to be (feel) cold*
fretta	*hurry, haste*	avere fretta	*to be in a hurry*
paura	*fear*	avere paura	*to be afraid*
sete (*feminine*)	*thirst*	avere sete	*to be thirsty*
sonno	*sleep*	avere sonno	*to be sleepy*
bisogno	*need*	avere bisogno di	*to need, have need of*
voglia	*desire*	avere voglia di	*to want, feel like*

—Mamma, ho sete!

Simona non ha sonno, ha fame!	*Simona isn't sleepy, she's hungry!*
—Avete bisogno di una bici?	*—Do you need a bike?*
—No, abbiamo bisogno di una macchina!	*—No, we need a car!*
Hai sete? Ecco un'aranciata!	*Are you thirsty? Here's an orange soda!*
Ho caldo: ho voglia di una Coca-Cola.	*I'm hot. I want (feel like having) a Coke.*

2. The verb **avere** is also used to indicate age.

avere + *number* + **anni**	*to be . . . years old*

—Quanti anni hai?

—Ho diciotto anni.
—E Daniela, quanti anni ha?
—Lei ha ventidue anni.

—*How old are you?* (*How many years do you have?*)

—*I'm eighteen.*
—*And Daniela, how old is she?*
—*She's twenty-two.*

Esercizi

A. Ho... Complete the following sentences with the appropriate word.

1. Brrr! Non avete _freddo_?
2. Non hanno tempo (*time*), hanno _fretta_!
3. Due aranciate, per favore! Abbiamo _sete_.
4. Maurizio ha _fame_: ecco una pizza!
5. Hai diciotto o diciannove _anni_?
6. Avete _paura_ di Dracula?
7. Ho caldo. Ho _bisogno_ di un gelato.

B. Quanti anni hanno? Give the age of each family member, using a complete sentence.

Giuseppe: 50   Isabella: 46   Carol: 25   Marta: 32   Maurizio: 17

Now ask several classmates how old they are.

C. Trova una persona che... (*Find a person who . . .*) Circulate around the room asking classmates if they are hungry, thirsty, sleepy, and so on. Refer to the idiomatic expressions presented in this section.

ESEMPIO: s1: Hai fame?
           s2: Sì, ho fame. (No, non ho fame.)

—Perché hai paura? Lo tengo al guinzaglio.[a]

[a]Lo... *I'm keeping him on the leash*

Piccolo ripasso

A. Avere, non avere. Ask a classmate whether he/she has one of the following items. The classmate will answer that he/she has one, two or more, or none.

ESEMPIO: bicicletta →
S1: Tu hai una bicicletta?
S2: Sì, ho una bicicletta. (Ho due, tre biciclette.) *o* No, non ho biciclette.

1. borsa
2. biglietto
3. lezione
4. gatto
5. foto
6. zio
7. amico
8. dollaro

B. Solo uno! Working with a partner, answer each question by stating that you have only one of the things mentioned, but that it is a good one!

ESEMPIO: amici →
S1: Hai amici?
S2: Ho solo un amico, ma è un buon amico!

1. amiche
2. zii
3. gatti
4. lavori
5. bici
6. valige
7. zaini
8. macchine

C. Intervista. Interview a classmate. Find out the following information and report what you learn to another pair of students or to the class. Invent three additional questions to ask.

name
if he/she has a bike
if he/she needs a car
if he/she is thirsty, hungry or sleepy
if he/she has a dog or cat
if he/she feels like having a cappuccino or coffee

Parte 4:
Un po' di cultura

C'è posta per te!

Posta in arrivo Rispondi Elimina Opzioni Guida Aiuto

DA: robertoafirenze@tin.it   2 settembre – 15.06

À...   delia.venturini@yahoo.it

Cc...

Oggetto: Ciao!

Ciao, Mamma!

Sono a Roma finalmente! Ho un buon albergo in una piazza vicino alla stazione. C'è anche un buon ristorante. La mozzarella qui a Roma è fantastica! Domani... Firenze!

Saluti e baci.
Roberto

Fontana in Piazza Navona a Roma

Una famosa montagna delle Alpi:
il Monte Cervino, in Valle d'Aosta

Una piccola città medievale:
Civita di Bagnoregio in Umbria

L'isola di Capri in Campania

Le regioni d'Italia

L'Italia è una penisola[1] nel Sud d'Europa, circondata dal mare[2] e dalle Alpi, con la caratteristica forma di uno stivale.[3]

È divisa in tre parti e venti regioni: l'Italia del Nord (settentrionale): Valle d'Aosta, Piemonte, Liguria, Lombardia, Trentino-Alto Adige, Veneto, Friuli-Venezia Giulia, Emilia-Romagna; l'Italia centrale: Toscana, Marche, Umbria, Lazio, Abruzzi, Molise; l'Italia del Sud (meridionale): Campania, Puglia, Basilicata, Calabria con le isole[4] Sicilia e Sardegna.

Questa è una divisione amministrativa; c'è anche un'altra divisione, una divisione gastronomica:

l'Italia del Nord: burro[5]

l'Italia centrale: burro/olio[6]

l'Italia del Sud: olio

o anche

l'Italia del Nord: riso[7]

l'Italia del centro-Sud: pasta

Le differenze tra[8] una regione e un'altra non sono solo amministrative e di cucina, ma anche di storia, clima, cultura, tradizioni, arte e abitudini.[9]

[1]peninsula [2]circondata… *surrounded by the sea* [3]boot [4]islands [5]butter [6]oil [7]rice [8]between [9]customs

COMPRENSIONE

Answer the following questions.

1. What is the characteristic shape of Italy?
2. In which of the three parts of Italy do we find the islands of Sicily and Sardinia?
3. In which part of Italy are butter and rice used most often in cooking?

Videoteca

● ●

Indicazioni un po' confuse

Roberto, map in hand, is searching for a restaurant. He stops to ask for directions and is waylaid by a chatty older gentleman.

■ ■

ESPRESSIONI UTILI

cerco un piccolo ristorante I am looking for a small restaurant
è proprio lì it is right there
sono a piedi I'm on foot

da quanto tempo è in Italia? how long have you been in Italy?
mi dispiace I'm sorry

■ ■

PREPARAZIONE

ROBERTO: Scusi, ma cerco un piccolo ristorante, si chiama «Ristorante Benci». Ho un appuntamento lì fra cinque minuti.

SIGNORE: Ah, sì. È un ristorante molto buono! Allora ecco a destra, poi ancora a destra e sempre dritto in Via della Vigna Nuova. Via dei Palchetti è proprio lì, dietro Via della Vigna Nuova.

VERIFICA

Number the following statements chronologically according to what you heard in this episode.

___4___ È una bella passeggiata, quindici minuti a piedi.
___1___ Ho bisogno di un'informazione. Dov'è Via dei Palchetti?
___3___ Dunque, prima a destra, poi ancora a destra, poi dritto?
___2___ Ah, sì! È un ristorante molto buono!

COMPRENSIONE

Answer the following questions.

1. How long has Roberto been in Italy?
2. Is Roberto on foot or in his car?
3. Whom does the man know in Boston?

ATTIVITÀ

With a partner, practice giving each other directions. Have your partner close his/her eyes. Place three or four objects on the ground. Give your partner the directions to successfully negotiate around each object without stepping on it. Switch roles and repeat the activity.

Funzione: Giving directions

Parole da ricordare

VERBI

avere	to have
avere... anni	to be . . . years old
avere bisogno (di)	to need
avere caldo	to be warm, hot
avere fame	to be hungry
avere freddo	to be cold
avere fretta	to be in a hurry
avere paura (di)	to be afraid (of)
avere sete	to be thirsty
avere sonno	to be sleepy
avere voglia (di)	to want, feel like

NOMI

un aeroplano, un aereo	airplane
un aeroporto	airport
un albergo	hotel
un'amica	friend
un amico	friend
un'aranciata	orange soda
un autobus, un bus	bus
un'automobile, un'auto	car
una banca	bank
un bar	bar; café
un bicchiere	drinking glass
una bicicletta, una bici	bicycle, bike
un biglietto	ticket
una birra	beer
una borsa	bag
un caffè	coffee (strong Italian coffee); café
un cane	dog
una chiesa	church
un cinema (*invariable*)	movie theater
una città	city
un cognome	last name
un cugino / una cugina	cousin
un documento	document
un euro	euro (*shared European currency*)
una farmacia	pharmacy
una fotografia, una foto	photograph
un gatto	cat
un gelato	ice cream
un impiegato	clerk
un'informazione	piece of information
un lavoro	job; work
una lezione	lesson; class
un luogo	place
una macchina	car
mezzi (*m. pl.*) di trasporto	means of transportation
una motocicletta, una moto	motorcycle
un motorino	moped; motorscooter
un museo	museum
un negozio	shop, store

un nome	first name; noun
un ospedale	hospital
un panino	sandwich; hard roll
un parente	relative
un passaporto	passport
una piazza	town square
un ristorante	restaurant
una scuola	school
uno stadio	stadium
una stazione	train station
un supermercato	supermarket
un tè	tea
un teatro	theater
un treno	train
un ufficio cambio	currency exchange
un ufficio informazioni	tourist information office
un ufficio postale	post office
un'università	university
una valigia	suitcase
una via	street
un viaggio	trip
un vino	wine
uno zaino	backpack
una zia	aunt
uno zio	uncle
uno zoo	zoo

AGGETTIVI

buono	good

ALTRE PAROLE E ESPRESSIONI

a destra	to the right, on the right
a sinistra	to the left, on the left
c'è... , c'è... ?	there is . . . , is there . . . ?
che...	what . . . , what a . . .
ci sono... , ci sono... ?	there are . . . , are there . . . ?
dove	where
dov'è... ?	where is . . . ?
dritto	straight
sempre dritto	straight ahead
ecco	here (it) is, here (they) are; there (it) is, there (they) are
lì, là	there
lontano	far, distant
ma	but
non	not
poi	then
proprio	really; just
qui, qua	here
solo	only
va bene?	is that OK?
vicino	near
qui vicino	nearby

La classe e i compagni classmates

Una classe in una scuola elementare di Roma

IN BREVE

GRAMMATICA

A. Aggettivi
B. Presente di **essere**
C. Articolo determinativo e **bello**

NOTA CULTURALE
La scuola italiana

UN PO' DI CULTURA
C'è posta per te!
Le città d'Italia

 Pratica

Practice the skills you learned in this chapter and learn more about the Italian-speaking world through the *In giro per l'Italia* supplements.
www.mhhe.com/ingiro2

Vocabolario

Parte 1

Dialogo-Lampo

Andrea ha una foto di un'amica...

ANDREA: Ecco la foto di una mia amica, Paola. Lei è di Palermo, in Sicilia.

VALERIA: È davvero[1] bella…

ANDREA: Oh sì, Paola è straordinaria: è simpatica, divertente, sensibile ed è anche molto[2] gentile…

VALERIA: Sono sicura che[3] Paola ha una grande pazienza, perché[4] tu sei sempre[5] stressato e nervoso!

1. Com'è[6] Paola, secondo[7] Andrea?
2. Com'è Andrea, secondo Valeria?
3. Di dov'è[8] Paola?

[1]*truly, really* [2]*anche… also very* [3]*sicura… sure that* [4]*ha… is very patient, because* [5]*always* [6]*What is . . . like?* [7]*according to* [8]*Di… Where is . . . from?*

Un aggettivo per tutti (*An adjective for everyone*)

PER DESCRIVERE CARATTERISTICHE FISICHE

alto tall
basso short (*in height*)
bello beautiful, handsome (*person*); nice (*thing or experience*)
biondo blond
bruno dark (*hair*)
brutto ugly; unpleasant
corto short (*in length*)
giovane young
grande big; great
grasso fat
liscio (*masculine plural, m. pl.* **lisci**) straight (*hair*)
lungo (*m. pl.* **lunghi**) long
magro thin
piccolo small, little

riccio (*m. pl.* **ricci**) curly
vecchio (*m. pl.* **vecchi**) old

PER DESCRIVERE CARATTERISTICHE PSICOLOGICHE

allegro cheerful
antipatico unlikeable, unfriendly
bravo good; able, capable
cattivo bad, naughty; mean
energico energetic
gentile kind
(in)sensibile (in)sensitive
(ir)responsabile (ir)responsible
nervoso nervous
noioso boring, dull
onesto honest
simpatico likeable, nice
sportivo athletic

stanco tired
stressato stressed
tranquillo calm
triste sad

messicano Mexican
russo Russian
spagnolo Spanish
tedesco German

AGGETTIVI DI NAZIONALITÀ*

americano American
canadese Canadian
cinese Chinese
francese French
giapponese Japanese
inglese English
irlandese Irish
italiano Italian

COLORI

azzurro (sky) blue
bianco (*m. pl.* bianchi) white
castano brown (*hair, eyes*)
giallo yellow
grigio (*pl.* grigi) gray
nero black
rosso red
verde green

Esercizi

A. Autoritratto. (*Self-portrait.*) Use expressions from the **Vocabolario** to describe your appearance and character. Write a short paragraph using some of the following suggestions.

Io sono… / Ho i capelli (*m. pl., hair*)… e gli occhi (*eyes*)… / Sono molto… / Non sono abbastanza (*enough*)… [†] / Secondo gli amici, sono… / Secondo me, sono troppo (*too*)…

Aggettivi: aggressivo, ambizioso, curioso, disordinato (*messy*), (in)sicuro, orgoglioso, sincero, timido

Your instructor will shuffle the **autoritratti** and pass them out at random to the class. Read aloud the description you receive, and the class will try to guess whose it is.

B. Come sono i compagni? In Italian, interview a classmate to find out where he/she is from. Report what you learn to the class. Include a brief description of your classmate, using expressions from the **Vocabolario**.

ESEMPIO: Ecco Giovanni! È canadese; è di Montreal. Giovanni è biondo, gentile e molto intelligente.

Now introduce yourself, telling where you are from and what you are like.

ESEMPIO: Io sono Jim; sono di Detroit. Sono nervoso e stressato ma simpatico.

—Non sono superstizioso, ma…

---

*Note that adjectives of nationality are not capitalized in Italian.
[†]Note that **abbastanza** precedes the adjective, in contrast to *enough* in English: **Lui è abbastanza magro.** *He is thin enough.*

In una classe

un compito
uno studente
una lavagna
un gesso
un voto
un professore
un quaderno
un banco
una matita
una penna
un foglio di carta

una mappa
una porta
una professoressa
un dizionario
una studentessa
un libro
una sedia

Esercizi

A. Che cos'è? (*What is it?*) Ask your instructor to name various classroom objects shown in the illustration. He or she may answer correctly or incorrectly. Correct the wrong answers.

> ESEMPIO: S1: Che cos'è?
> INSTRUCTOR: Una sedia?
> S1: No, una penna. / Sì, una sedia.

B. Dov'è? Ecco! Your partner will ask you to find in the classroom at least five items shown in the illustration. Then exchange roles.

> ESEMPIO: S1: Dov'è una penna?
> S2: Ecco una penna!

In ascolto

For listening comprehension activities related to the theme of this chapter, see the Workbook/Laboratory Manual or visit the *In giro per l'Italia* website.
www.mhhe.com/ingiro2

A. Aggettivi

MARISA: È una ragazza carina Giovanna?

FRANCA: Sì, è molto carina: è alta e magra ed* è anche molto intelligente e simpatica.

MARISA: E Mario com'è?

FRANCA: È un ragazzo piuttosto brutto, ma intelligente e simpatico.

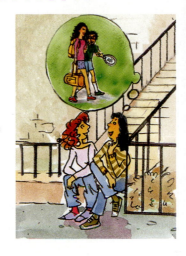

1. In English, adjectives (**gli aggettivi**) have only one form: *tall boy, tall girls.* In Italian, an adjective agrees with the number (singular or plural) and gender (masculine or feminine) of the noun it modifies. Adjectives whose masculine singular ends in **-o** have four endings; those whose masculine singular ends in **-e** have two endings.

	SINGOLARE	PLURALE	
Maschile	**-o**	**-i**	un ragazzo alto / due ragazzi alti
Femminile	**-a**	**-e**	una ragazza alta / due ragazze alte

	SINGOLARE	PLURALE	
Maschile e Femminile	**-e**	**-i**	un ragazzo triste / due ragazzi tristi una ragazza triste / due ragazze tristi

An adjective that agrees with two singular nouns of different genders, or with a plural noun referring to a male and a female, is masculine plural:

Marco e Giovanna sono **bravi** e **intelligenti.**
I cugini sono **simpatici.** (I cugini e le zie sono **simpatici.**)

MARISA: Is Giovanna a cute girl? FRANCA: Yes, she's really cute; she's tall and thin and she's also very intelligent and nice. MARISA: And what's Mario like? FRANCA: He's a rather unattractive boy, but intelligent and nice.

*The use of **ed** (*and;* instead of **e**) before vowels is optional. Its use is generally determined by phonetic reasons (it is used to create a more pleasing sound with the word that follows) and **ed** is most often used before words also beginning with an **e.**

a. Adjectives ending in **-ca, -ga,** and **-go** maintain the hard **c** or **g** sound in the plural, just as nouns do. This sound is represented in writing by adding an **h.**

SINGOLARE	PLURALE	
-ca	-che	bian**ca** → bian**che**
-ga	-ghe	lun**ga** → lun**ghe**
-go	-ghi	lar**go** → lar**ghi**

b. Most adjectives ending in **-io** have only one **i** in the masculine plural: **vecchio → vecchi, grigio → grigi.**

c. Notice that the endings of nouns and the adjectives that agree with them are not always identical.

una ragaz**za** frances**e** →
  due ragaz**ze** frances**i**   *two French girls*
un'universit**à** famos**a** →
  due universit**à** famos**e**   *two famous universities*
una bic**i** ross**a** →
  due bic**i** ross**e**   *two red bikes*
un'automobil**e** italian**a** →
  due automobil**i** italian**e**   *two Italian cars*

2. To ask what someone is like, use the expression **Com'è?** (= **come è**) (*What is he/she like?*) or **Come sono?** (*What are they like?*).

—**Com'è** Martino?   *—What's Martino like?*
—Lui è intelligente   *—He's intelligent and*
  e estroverso.   *outgoing.*
—**Come sono** Lidia   *—What are Lidia and*
  e Maddalena?   *Maddalena like?*
—Loro sono attive e sportive.   *—They are active and athletic.*

3. Most Italian adjectives follow the noun they modify. However, several adjectives always precede the noun, including **altro** (*other*), **stesso** (*same*), and **molto** (*much, many, a lot of*).

Avete un'**altra** penna.   *You have another pen.*
Abbiamo lo **stesso** biglietto.   *We have the same ticket.*
Ho **molti** soldi e **molte**   *I have a lot of money and*
  macchine.   *many cars.*

Some common adjectives, such as **bello, buono, bravo, brutto, nuovo,** and **vecchio,** usually precede the noun. You have already used the forms of **buono.** The forms of **bello** are presented later in this chapter.

Silvia ha un **buon** orologio.   *Silvia has a good watch.*
Cristiano è un **bravo** bambino. *Cristiano is a great kid.*
Mirella è una **bella** ragazza.   *Mirella is a pretty girl.*

4. When **molto** precedes a noun, it means *much / many / a lot of* and agrees in gender and number with the noun. **Molto** can also precede an adjective; in this position, it is an adverb meaning *very* and its ending does not change. Note that when **molto** precedes an adjective, both follow the noun.

molto (*much, many, a lot of*)
Ho **molti** amici.	*I have many friends.*
Hanno **molte** biciclette.	*They have many bikes.*
Ho bisogno di **molta** acqua.	*I need a lot of water.*
Ecco **molto** prosciutto.	*Here is a lot of ham.*

molto (*very*)
Maria è una ragazza **molto** bella.	*Maria is a very pretty girl.*
Gino e Filippo sono studenti **molto** intelligenti.	*Gino and Filippo are very intelligent students.*
Luigi è **molto** triste.	*Luigi is very sad.*
Tina e Enrica sono due studentesse **molto** brave.	*Tina and Enrica are two very capable students.*

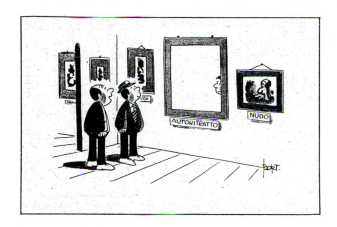

—E un pittore molto timido!...

Esercizi

A. Due amici. Describe Patrizia and Giorgio. Complete the following passages by supplying the correct endings to the incomplete words.

1. Patrizia è una ragazza molt*o* simpatic*a*. È generos*a* e gentil*e* ed è sempre allegr*a*. Ha molt*e* amiche: amiche italian*e*, american*e*, frances*i*, ingles*i* e tedesc*he*.
2. Giorgio ha un lavoro molt*o* buon*o* in un negozio di motociclette molt*o* grand*e*. Ha un appartamento molt*o* bell*o* e una moto molt*o* bell*a*, ma è molt*o* stressat*o*!

B. Il contrario. You and your friend Carlo do not see eye to eye today. Give the opposite of everything Carlo says.

ESEMPIO: Che (*What a*) brutta stazione! → Che bella stazione!

1. Che cane nervoso! *tranquilo*
2. Che bella bicicletta! *brutto*
3. Che capelli lunghi! *piccolo*
4. Che ragazzi allegri! *cattivo*
5. Che professore simpatico! *piccolo*
6. Che chiese grandi!
7. Che ragazzo sensibile! *stupido*
8. Che bambini buoni! *male*

C. **Una bella coppia** (*couple*). Complete the following description of Carlos and Marie with the correct endings of the nouns and adjectives.

Carlos è un ragazz*o*¹ spagnol*o*.² Lui è meccanic*o*³ a Madrid. Carlos è alt*o*⁴ e bell*o*.⁵ Ha un appartament*o*⁶ grand*e*⁷ e una macchin*a*⁸ sportiv*a*.⁹ Carlos ha una ragazz*a*¹⁰ frances*e*,¹¹ Marie. Marie è bass*a*,¹² biond*a*¹³ e intelligent*e*.¹⁴ È sempre allegr*a*¹⁵ e ha molt*i*¹⁶ amic*he*:¹⁷ amic*he*¹⁸ frances*i*,¹⁹ italian*i*,²⁰ american*i*,²¹ ingles*i*²² e tedesc*he*.²³

B. Presente di *essere*

. . . .

Sono Roberto. Sono italiano, di Milano. Ho vent'anni e sono studente all'università. Ho due compagni di casa, Luigi e Marco. Luigi ha diciannove anni ed è molto sportivo ed energico. Marco ha diciotto anni. Lui è molto simpatico. Noi abbiamo due animali domestici, un gatto e un cane. Il gatto, Rodolfo, è un po' pazzo, ma è carino. Il cane, Fido, ha quindici anni—è molto vecchio. Marco, Luigi ed io siamo contenti della casa e degli amici Rodolfo e Fido.

Voi avete compagni di casa? Siete contenti della casa? Avete animali domestici? Come sono?

. . . .

1. Like the verb **avere, essere** (*to be*) is irregular in the present tense.

SINGOLARE		PLURALE	
(io) **sono** *I am*		(noi) **siamo** *we are*	
(tu) **sei** *you are (informal, inform.)*		(voi) **siete** *you are (inform.)*	
(Lei) **è** *you are (formal, form.)*		(Loro) **sono** *you are (form.)*	
(lui) }	*he is*	(loro) }	
(lei) } **è**	*she is*	(—) } **sono**	*they are*
(—) }	*it is*		

I'm Roberto. I'm Italian, from Milan. I'm twenty years old and I'm a student at the university. I have two roommates (housemates), Luigi and Marco. Luigi is nineteen and he's very athletic and energetic. Marco is eighteen. He's very nice. We have two pets, a cat and a dog. The cat, Rodolfo, is a bit crazy but he's cute. The dog, Fido, is fifteen—he's very old. Marco, Luigi, and I are happy with the house and with our friends Rodolfo and Fido.

Do you have roommates (housemates)? Are you happy with the house? Do you have pets? What are they like?

È un esercizio facile.	*It's an easy exercise.*
Noi siamo stanchi; voi siete stanchi?	*We are tired; are you tired?*

Note that the form **sono** is used with both **io** and **loro.**

Sono un ragazzo italiano.	*I am an Italian boy.*
Non sono canadesi.	*They are not Canadian.*

2. **Essere** is used with **di** + *name of a city* to indicate city of origin (hometown). To indicate country of origin, an adjective of nationality is generally used: *He is from France. = He is French.* = **È francese.**

—Io sono americano, sono di Chicago; tu di dove sei?	*—I'm American, I'm from Chicago; where are you from?*
—Sono irlandese, sono di Dublino.	*—I'm Irish, I'm from Dublin.*

3. **Essere** + **di** + *proper name* is used to indicate possession.

La chitarra è di Francesco.	*The guitar is Francesco's.*
I libri sono di Anna.	*The books are Anna's.*

To find out who owns something, ask: **Di chi è** + *singular* or **Di chi sono** + *plural.*

Di chi è il cane? Di chi sono i cani?	*Whose dog is it? Whose dogs are they?*

4. You already know that **c'è** (from **ci è**) and **ci sono** correspond to the English *there is* and *there are.* They state the existence or presence of something or someone.

C'è tempo; non c'è fretta.	*There's time; there is no hurry.*
Ci sono molti italiani a New York.	*There are many Italians in New York.*

C'è and **ci sono** also express the idea of *being in* or *being here/there.*

—Scusi, c'è Maria?	*—Excuse me, is Maria in?*
—No, non c'è.	*—No, she isn't.*
—Ci sei sabato?	*—Are you here Saturday?*
—Sì, ci sono.	*—Yes, I am.*

5. You also know that **come** is used with **essere** in questions to inquire what people or things are like.

Come sei?	*What are you like?*
Com'è il Palazzo Pitti?	*What is the Pitti Palace like?*

Esercizi

A. Trasformazioni. Replace the subject of each sentence with each subject in parentheses and change the verb form accordingly.

1. Rosaria e Alberto sono in Italia. (noi / io / voi / tu / Massimo)
2. Mark non è di Firenze. (loro / Annamaria e io / tu e Stefano / Lei / Loro)

B. **Dopo** (*After*) **una festa.** You're straightening up your apartment after a party. Alternating with a partner, ask who owns the following items.

ESEMPI: la radio (Antonio) →
    S1: Di chi è la radio?
    S2: È di Antonio.

    le foto (Luisa) →
    S2: Di chi sono le foto?
    S1: Sono di Luisa.

1. il Cd (Patrizia)
2. le penne (Luciano)
3. i bicchieri (Anna)
4. i biglietti (Luigi)
5. l'orologio (Giulia)
6. la bicicletta (Marco)

—Sei molto gentile, Carlo!

Nota culturale
La scuola italiana

Studenti liceali a Bologna

The Italian government recently passed a reform of the school system, and beginning with the 2003–2004 academic year, the Italian school system was reorganized as follows.

Children can now enter **la scuola dell'infanzia** (*nursery school*) at two-and-a-half years of age and **la scuola primaria** (*elementary school*) at five-and-a-half years old. They previously entered each school at three years old and six years old, respectively.

Elementary school lasts for five years, then the students go on to the first level of **la scuola secondaria** (*secondary school*), which is divided into two levels. The first level lasts for three years and corresponds to the American middle school. The second level of **la scuola secondaria, il liceo** (*high school*), lasts for five years. All of the schools are divided into two-year examination periods, and the final evaluation to determine if a student can pass on to the next class takes place every two years.

At the end of the first level of **la scuola secondaria,** at thirteen-and-a-half years of age, students can choose from one of two paths: to continue studying through the second level of **la scuola secondaria,** or to attend a **corso professionale,** or vocational school. At the second level of **la scuola secondaria,** students can choose from eight different kinds of high schools. Which **liceo** they select depends upon what course of study they intend to follow: science, humanities, linguistics, art, and so on. Students that have finished **il liceo** and passed the final examination can go on to college.

C. Articolo determinativo e *bello*

Donatella mostra a Giovanna una vecchia fotografia di famiglia.

DONATELLA: Ecco la nonna e il nonno, la zia Luisa e lo zio Massimo, papà e la mamma molti anni fa… Buffi, no?

GIOVANNA: E i due in prima fila chi sono?

DONATELLA: Sono gli zii di Chicago.

In English the definite article has only one form: *the.* In Italian **l'articolo determinativo** has different forms depending on the gender, number, and first letter of the noun or adjective that follows it.

	SINGOLARE	PLURALE		
Maschile	**il** **lo** **l'**	**i** **gli** **gli**	**il** bambino **lo** studente **lo** zio **l'**amico	**i** bambini **gli** studenti **gli** zii **gli** amici
Femminile	**la** **l'**	**le** **le**	**la** bambina **la** studentessa **la** zia **l'**amica	**le** bambine **le** studentesse **le** zie **le** amiche

1. Here are some rules for using definite articles.

    - **Il** (*pl.* **i**) is used before masculine nouns beginning with most consonants.
    - **Lo** (*pl.* **gli**) is used before masculine nouns beginning with **s** + *consonant* or **z**.
    - **L'** (*pl.* **gli**) is used before masculine nouns beginning with a vowel.
    - **La** (*pl.* **le**) is used before feminine nouns beginning with any consonant.
    - **L'** (*pl.* **le**) is used before feminine nouns beginning with a vowel.

Donatella is showing Giovanna an old family photograph. DONATELLA: Here are Grandma and Grandpa, Aunt Luisa and Uncle Massimo, Dad and Mom many years ago . . . Funny, aren't they? GIOVANNA: And who are the two in the front row? DONATELLA: They are my aunt and uncle from Chicago.

2. The article agrees in gender and number with the noun it modifies and is repeated before each noun.

la Coca-Cola e **l'**aranciata	*the Coke and orange soda*
gli italiani e **i** giapponesi	*the Italians and Japanese*
le zie e **gli** zii	*the aunts and uncles*

3. The first letter of the word immediately after the article determines the article's form. Compare the following.

il giorno / **l'**altro giorno	*the day / the other day*
lo zio / **il** vecchio zio	*the uncle / the old uncle*
l'amica / **la** nuova amica	*the friend / the new friend*

4. In contrast to English, the definite article is required in Italian in the following situations:

a. before nouns used to express a concept or a category of thing in its entirety.

La generosità è una virtù.	*Generosity is a virtue.*
Le matite non sono care.	*Pencils are not expensive.*

b. before names of languages, unless directly preceded by a form of **parlare** (*to speak*) or **studiare.**

Lo spagnolo è bello.	*Spanish is beautiful.*
La signora Javier parla spagnolo e tedesco.	*Mrs. Javier speaks Spanish and German.*

c. before titles when talking *about* people, but omitted when talking *to* people. Observe the following.

La signora Piazza ha fame?	*Is Mrs. Piazza hungry?*
Signora Piazza, ha fame?	*Mrs. Piazza, are you hungry?*

d. before the days of the week to indicate a repeated, habitual activity. Compare the following.

Marco non studia mai **la** domenica.	*Marco never studies on Sundays.*
Domenica studio.	*I'm studying on Sunday.*

e. before names of countries, states, regions, large islands, mountains, and rivers. Cities, towns, and small islands do not require the article.

Visito **l'**Italia e **la** Francia.	*I visit Italy and France.*
Il Colorado e **l'**Arizona sono belli.	*Colorado and Arizona are beautiful.*
La Sardegna è un'isola.	*Sardinia is an island.*
Roma è una bella città.	*Rome is a beautiful city.*

5. In **Capitolo 1,** you saw that **buono,** before a noun, has the same endings as the indefinite article. Similarly, the adjective **bello** (*beautiful, handsome, pretty, nice*) before a noun has the same endings as the definite article (**il**).

	SINGOLARE	PLURALE	
Maschile	**bel** bambino **bell'**amico **bello** studente **bello** zio	**bei** bambini **begli** amici **begli** studenti **begli** zii	before most consonants before vowels before **s** + *consonant* or **z**
Femminile	**bella** bambina **bella** studentessa **bella** zia **bell'**amica	**belle** bambine **belle** studentesse **belle** zie **belle** amiche	before all consonants before vowels

Maria ha **bei** capelli e **begli** occhi.
Salvatore è un **bel** ragazzo.
Che **bella** macchina!

Maria has pretty hair and pretty eyes.
Salvatore is a handsome guy.
What a nice car!

Esercizi

A. Cosa c'è? Identify the items you might find in each of the following locations.

ESEMPIO: l'aula → Ci sono gli studenti, la lavagna e il gesso.

LOCATION	**ITEMS**	
1. il cinema	la fontana	i libri
2. la biblioteca (*library*)	gli studenti	il latte
3. il bar	i dottori	i film
4. il ristorante	il vino	il farmacista
5. l'ufficio postale	i biglietti	la brioche (*croissant*)
6. la piazza	gli aeroplani	lo zaino
7. l'ospedale	le lettere	i banchi
8. la farmacia	i treni	le medicine
9. l'aeroporto	il caffè	
10. la stazione	le lasagne	

Nota bene:
ancora buono e bello

Before a plural noun, **buono** takes the full forms **buoni** and **buone.**

Gino e Maria sono due **buoni** ragazzi. *Gino and Maria are two nice kids.*

Laura e Maria sono due **buone** studentesse. *Laura and Maria are two good students.*

After a noun or the verb **essere,** however, **buono** and **bello** maintain their full forms: **buono, buona, buoni, buone / bello, bella, belli, belle.**

Un ristorante **bello** non è sempre **buono.** *An attractive restaurant is not always good.*

I dolci sono **belli** ma non sono **buoni.** *The desserts are pretty but they are not good.*

B. **Complimenti.** Pay compliments to a classmate, using the appropriate form of **bello.** Here are some words you may need to use.

Parole utili: capelli, felpa (*sweatshirt*), giacca (*jacket*), golf (*m., sweater*), gonna (*skirt*), maglietta (*t-shirt*), occhi, orologio (*watch*), pantaloni (*m. pl., pants*) scarpe (*f. pl., shoes*), stivali (*m. pl., boots*), vestito (*dress, suit*)

ESEMPIO: S1: Che bella maglietta e che bei pantaloni!
S2: Grazie! La maglietta è nuova ma i pantaloni sono vecchi!

C. **Com'è / Come sono?** At a party, you meet a student who has just moved to town. The new student asks you what various people and places in town are like. Work with a partner.

ESEMPIO: il professore / la professoressa di italiano →
S1: Com'è il professore / la professoressa di italiano?
S2: Il professore / La professoressa di italiano è…

1. gli studenti della classe di italiano
2. i professori
3. l'università
4. i negozi
5. la biblioteca
6. lo stadio
7. i ristoranti
8. i cinema

L'Università degli Studi di Bologna

Piccolo ripasso

▪▪▪▪▪▪▪▪▪▪▪▪▪▪▪▪▪▪▪▪▪▪▪▪▪▪▪▪▪▪▪▪▪▪▪▪▪▪

A. Ecco! You are pointing out people and things to a new classmate. Give the correct indefinite article in the first blank and the correct definite article in the second blank.

ESEMPIO: Ecco <u>una</u> bicicletta; è <u>la</u> bicicletta di Roberto.

1. Ecco ___una___ ragazza simpatica e intelligente; è ___la___ amica di Vincenzo.
2. Ecco ___un'___ automobile giapponese; è ___la___ automobile di Laura.
3. Ecco ___uno___ bravo studente; è ___lo___ studente canadese.
4. Ecco ___uno___ signore gentile; è ___lo___ zio di Adriano.
5. Ecco ___una___ ragazza allegra; è ___l'___ altra cugina di Giulia.
6. Ecco ___una___ studentessa intelligente; è ___la___ ragazza di Claudio.

B. L'aula. Take turns with a partner describing the classroom.

ESEMPIO: S1: C'è una lavagna.
          S2: Ci sono trenta banchi...

C. Avere o essere? Alternating with a partner, ask questions using either **avere** or **essere,** according to the example.

ESEMPIO: voi / un cane (un gatto) →
          S1: Voi avete un cane?
          S2: No, non abbiamo un cane; abbiamo un gatto.

1. lui / caffè (tè)
2. voi / di Milano (di Bologna)
3. Lei / ventidue anni (ventitré anni)
4. tu / fame (sete)
5. Paola / bionda (bruna)
6. i bambini / un insegnante (*teacher*) spagnolo (un insegnante tedesco)

D. Una festa (*party*). Complete the dialogue between Sandro and Luca with the correct forms of **avere** or **essere.**

LUCA: Sandro, c'___è___[1] una festa stasera[a] a casa mia.
SANDRO: Ah sì, chi c'___è___[2]?
LUCA: Conosci[b] Marta, Maria, Luigi e Marco?
SANDRO: No, non bene. Solo di vista.[c] Come ___sono___[3]?
LUCA: ___Sono___[4] ragazzi simpatici. Marta e Maria ___sono___[5] sorelle gemelle.[d] ___Hanno___[6] diciannove anni. ___Hanno___[7] un appartamento in Via Trastevere. Luigi e Marco ___sono___[8] molto gentili. Loro ___hanno___[9] molti amici.
SANDRO: Va bene, vengo.[e] Grazie per l'invito[f]!

[a]*tonight*   [b]*Do you know*   [c]*Solo... Only by sight*   [d]*sorelle... twin sisters*   [e]*Va... Ok, I'll come*   [f]*the invitation*

Parte 4: Un po' di cultura

C'è posta per te!

DA: robertoafirenze@tin.it   5 settembre – 10.40

À...   amiciRV@list.aol.com

Cc...

Oggetto: Da Firenze

Ciao a tutti!

Sono a Firenze, una città incredibile! Musei, chiese, monumenti… Ho lezione di italiano all'università (corso avanzato) da lunedì a venerdì con professori bravi e compagni simpatici.
Tutto bene a Boston?

A presto!
Roberto

Santa Maria del Fiore, il Duomo di Firenze

Le città d'Italia

Il numero di città grandi e piccole è veramente[1] straordinario per un paese[2] piccolo come l'Italia: ci sono città molto grandi, come Roma, Napoli, Milano e Torino (con un milione o più di abitanti[3]); città grandi, come Genova e Palermo (da cinquecentomila [500,000] a un milione di abitanti); città più piccole, come Venezia, Bologna, Firenze, Perugia, Bari, Messina, Cagliari (da centomila [100,000] a cinquecentomila [500,000] abitanti) e numerose città minori con meno di centomila [100,000] abitanti, come Assisi, Orvieto, Benevento, Tropea.

Le città italiane non sono distribuite con uniformità: le città grandi, per esempio, sono concentrate nell'Italia settentrionale; l'Italia centrale ha solo una grande città, Roma, e l'Italia meridionale ha Napoli.

Molte città, come Genova, Napoli, Ancona e Taranto, sono sul mare e hanno un porto;[4] le città situate all'interno sono quasi tutte nella pianura padana,[5] zona di prospera agricoltura, di industria progredita[6] e di facili comunicazioni.

Tutte le città italiane, anche le minori, sono ricche di monumenti, attrattive,[7] bellezze[8] naturali e artistiche e meritano[9] una visita. L'Italia, con tante[10] belle città e opere d'arte,[11] è come un museo vivente,[12] meta[13] di turisti di tutto il mondo.[14]

Un canale pittoresco a Venezia

Piazza del Duomo a Milano

[1]*truly* [2]*country* [3]*inhabitants* [4]*seaport* [5]*valley surrounding the Po River, in northern Italy* [6]*well-developed* [7]*attractions* [8]*beauty* [9]*deserve* [10]*so many* [11]*opere… works of art* [12]*museo… living museum* [13]*destination* [14]*di… from around the world*

COMPRENSIONE

Based on the reading, decide if the following statements are true (**vero**) or false (**falso**).

		V	F
1.	Venice and Florence are smaller cities than Milan.	☒	☐
2.	Northern Italy has a greater number of large cities than southern Italy.	☒	☐
3.	Agriculture and industry are highly developed in southern Italy.	☐	☒
4.	Naples is a large city and seaport in southern Italy.	☒	☐

Videoteca

Com'è? È bella?

Roberto arrives at the restaurant and asks the waiter if Giuliana has arrived. While he is describing Giuliana to the waiter (**il cameriere**) she walks in behind him.

ESPRESSIONI UTILI

i capelli lunghi e mossi long, wavy hair

Funzione: Describing people

PREPARAZIONE

CAMERIERE: È bella?
ROBERTO: È molto bella. È anche simpatica, allegra e molto energica.
CAMERIERE: È la Sua ragazza?
ROBERTO: No, è un'amica!

VERIFICA

Choose the most appropriate response.

1. What type of man is the waiter?
   a. grumpy   **b.** playful   **c.** sarcastic
2. How does Roberto describe Giuliana?
   a. blonde and short   **b.** lazy and annoying   **c.** tall and pretty
3. What nationality is the second woman that the waiter points out?
   a. Japanese   **b.** American   **c.** French

COMPRENSIONE

Answer the following questions.

1. What color are Giuliana's eyes?
2. Does the waiter think that Roberto likes Giuliana?
3. How does Roberto respond to the waiter's "helpfulness"?

ATTIVITÀ

In groups of two or three, describe a student in your class (not one of the students in your group). What does he/she look like? What type of personality does he/she have? Put together a description that accurately portrays this person. Present your description to the class and see if they can guess which student you have described.

Parole da ricordare

VERBI

essere	to be

NOMI

l'aula	classroom
il bambino / la bambina	child; little boy / little girl
il banco	desk
la biblioteca	library
la bugia	lie
i capelli (*m. pl.*)	hair
il compagno / la compagna	classmate
il compagno / la compagna di stanza (di casa)	roommate (housemate)
il compito	homework assignment
il divertimento	fun, entertainment
il dizionario	dictionary
la domanda	question
il foglio di carta	sheet of paper
il gesso	piece of chalk
la lavagna	chalkboard
il libro	book
la mappa	map
la matita	pencil
l'occhio (*pl.* gli occhi)	eye
la parola	word
la penna	pen
la porta	door
il quaderno	notebook
il ragazzo / la ragazza	boy/girl; young man / young woman
la sedia	chair
i soldi (*pl.*)	money
il voto	grade

AGGETTIVI

allegro	cheerful
alto	tall
altro	other
americano	American
antipatico (*m. pl.* antipatici)	unlikeable, unfriendly
azzurro	(sky) blue
basso	short (*in height*)
bello	beautiful, handsome (*person*); nice (*thing*)
bianco (*m. pl.* bianchi)	white
biondo	blond
bravo	good; able, capable
bruno	dark (*hair*)
brutto	ugly, unpleasant
canadese	Canadian
castano	brown (*hair, eyes*)
cattivo	bad, naughty; mean
cinese	Chinese

corto	short (*in length*)
energico (*m. pl.* energici)	energetic
francese	French
gentile	kind
giallo	yellow
giapponese	Japanese
giovane	young
grande	big; great
grasso	fat
grigio (*m. pl.* grigi)	gray
inglese	English
(in)sensibile	(in)sensitive
(in)sicuro	(in)secure
irlandese	Irish
(ir)responsabile	(ir)responsible
italiano	Italian
liscio (*m. pl.* lisci)	straight (*hair*)
lungo (*m. pl.* lunghi)	long
magro	thin
messicano	Mexican
molto	much, many, a lot of
nero	black
nervoso	nervous
noioso	boring, dull
nuovo	new
onesto	honest
piccolo	small, little
riccio (*m. pl.* ricci)	curly
rosso	red
russo	Russian
simpatico (*m. pl.* simpatici)	likeable, nice
spagnolo	Spanish
sportivo	athletic
stanco (*m. pl.* stanchi)	tired
stesso	same
stressato	stressed
tedesco (*m. pl.* tedeschi)	German
tranquillo	calm
triste	sad
vecchio (*m. pl.* vecchi)	old
verde	green

ALTRE PAROLE E ESPRESSIONI

abbastanza	enough
anche	also, too
chi?	who?, whom?
che?, che cosa?, cosa?	what?
che cos'è?, cos'è?	what is it?
molto (*adverb*)	very, a lot
perché	because
secondo	according to
sempre	always
un po' (di)	a little bit (of)
va bene	OK

Mia sorella studia all'università

IN BREVE

GRAMMATICA

A. Presente dei verbi in **-are**

B. **Dare, stare, andare** e **fare**

C. Aggettivi possessivi

D. Possessivi con termini di parentela

E. **Questo** e **quello**

NOTA CULTURALE
L'università italiana

UN PO' DI CULTURA
C'è posta per te!
In Umbria

Una famiglia italiana in Umbria

Pratica

Practice the skills you learned in this chapter and learn more about the Italian-speaking world through the *In giro per l'Italia* supplements.
www.mhhe.com/ingiro2

Dialogo-Lampo

Il primo giorno dell'anno accademico

STEFANO: Ciao, sono Stefano, e tu?

PRISCILLA: Sono Priscilla, sono americana.

STEFANO: Sei in Italia per studiare?

PRISCILLA: Sì, la lingua e la letteratura italiana...

STEFANO: Oh, parli bene l'italiano!

PRISCILLA: Studio anche la storia dell'arte. E tu, che cosa studi?

STEFANO: Studio storia e filosofia, ma l'arte è la mia passione!

1. Perché[1] Priscilla è in Italia?
2. Che cosa studia Priscilla?
3. Che cosa studia Stefano?
4. Stefano e Priscilla hanno una cosa[2] in comune. Che cosa?

[1]Why [2]una... one thing

La famiglia (*family*) e l'università

LA FAMIGLIA

il cugino / la cugina cousin
la figlia daughter
il figlio son
il fratello brother
i genitori parents
la madre (la mamma) mother (mom)
il marito husband
la moglie wife
il/la nipote nephew/niece; grandson/granddaughter
la nonna grandmother
il nonno grandfather
il padre (il papà, il babbo) father (dad)
la sorella sister
la zia aunt
lo zio uncle

L'UNIVERSITÀ

l'anno accademico academic year
la classe class (*group of students*)
il corso class (*course of study*)
l'esame (*m.*) exam, test
la facoltà school (*within a university*)
l'insegnante (*m./f.*) teacher
la laurea university degree
la materia (di studio) subject matter
gli orali (gli esami orali) oral exams
gli scritti (gli esami scritti) written exams
la specializzazione (in) major (in)
gli studi studies

LE MATERIE DI STUDIO

l'architettura architecture
la biologia biology
la chimica chemistry
l'economia e commercio business administration
la filosofia philosophy
la fisica physics
il giornalismo journalism
la giurisprudenza, la legge law
l'informatica computer science
l'ingegneria engineering

la letteratura literature
le lettere liberal arts
le lingue e le letterature straniere foreign languages and literatures
la matematica mathematics
la medicina medicine
la psicologia psychology
la scienza science
  le scienze politiche political science
la sociologia sociology
la storia history
  la storia dell'arte art history

Esercizi

A. In una libreria. (*In a bookstore.*) Now imagine you work in the campus bookstore. Match the books with the appropriate departments.

A		B
1. ___f___ *Il codice criminale*		a. l'informatica
2. ___a___ *La struttura cellulare*		b. la biologia
3. ___e___ *La trigonometria*		c. la sociologia
4. ___a___ *L'intelligenza artificiale*		d. la chimica
5. ___d___ *I gas nobili* (noble)		e. la matematica
6. ___c___ *La società post-industriale*		f. la giurisprudenza
7. ___h___ *I media di oggi*		g. l'italiano
8. ___g___ *In giro per l'Italia*		h. il giornalismo

B. Io studio... (*I'm studying . . .*) Tell your classmates about your academic interests by completing these sentences.

1. Io studio _____, ma non studio _____.
2. Devo studiare (*I must study*) _____.
3. Sono bravo/brava in (*good at*) _____ ma non sono bravo/brava in _____.
4. La mia materia preferita (*favorite*) è _____.
5. Una materia noiosa è _____.

C. La mia (*My*) **famiglia.** Complete these sentences with the appropriate family terms.

1. Il padre di mio padre è mio __nonno__.
2. La sorella di mia madre è mia __zia__.
3. Mio __cugino__ è il figlio di mio zio e mia zia.
4. Le due figlie di mio nonno sono mia __madre__ e mia __zia__.
5. Mia mamma e mio papà sono i miei __genitori__.

In ascolto

For listening comprehension activities related to the theme of this chapter, see the Workbook/Laboratory Manual or visit the *In giro per l'Italia* website.
www.mhhe.com/ingiro2

A. Presente dei verbi in *-are*

LUCIANO: Noi siamo una famiglia d'insegnanti e di studenti: la mamma è professoressa di matematica, papà insegna francese in una scuola media, Gigi e Daniela frequentano le elementari ed io frequento l'università (studio medicina). Tutti studiamo e lavoriamo molto. Solo il gatto non studia e non lavora. Beato lui!

1. The infinitives of all regular verbs in Italian end in **-are, -ere,** or **-ire.** (In English the infinitive [**l'infinito**] consists of *to + verb.*)

   lavor**are** (*to work*)   ved**ere** (*to see*)   dormire (*to sleep*)

2. Verbs with infinitives ending in **-are** are called first-conjugation, or **-are,** verbs. The present tense of a regular **-are** verb is formed by dropping the infinitive ending **-are** and adding the appropriate endings to the remaining stem. The ending is different for each person.

lavorare (*to work*) infinitive stem: **lavor-**	
SINGOLARE	**PLURALE**
lavor**o** *I work, am working* lavor**i** *you (inform.) work, are working* lavor**a** *you (form.) work, are working* lavor**a** he / she / it } *works, is working*	lavor**iamo** *we work, are working* lavor**ate** *you (inform.) work, are working* lavor**ano** *you (form.) work, are working* lavor**ano** *they work, are working*

Note that in the third-person plural the stress falls on the same syllable as in the third-person singular.

LUCIANO: We are a family of teachers and students: Mom is a math professor, Dad teaches French in a junior high school, Gigi and Daniela go to elementary school, and I attend the university (I study medicine). We all study and work a lot. Only the cat doesn't study or work. Lucky him!

Nota bene

There are verbs that in Italian are never followed by a preposition. Their English equivalent, however, does require a preposition. Some of these verbs include:

ascoltare *to listen to*
aspettare *to wait for*
cercare *to look for*
guardare *to look at*

Ascolto la radio. *I listen to the radio.*
Aspetto l'autobus. *I wait for the bus.*
Cerco le chiavi. *I look for the keys.*
Guardo il professore. *I look at the professor.*

3. The present tense in Italian corresponds to three English present-tense forms.

Lavoro in una libreria.
$\begin{cases} \textit{I work in a bookstore.} \\ \textit{I am working in a bookstore.} \\ \textit{I do work in a bookstore.} \end{cases}$

—Dove lavori?   *Where do you work?*
—Non lavoro.   *I do not (don't) work.*

4. Other **-are** verbs conjugated like **lavorare** are

abitare *to live (in a place)*
amare *to love*
arrivare *to arrive*
ascoltare *to listen to*
aspettare *to wait, wait for*
ballare *to dance*
cantare *to sing*
cercare *to look for*
comprare *to buy*
frequentare *to attend; to go to*
giocare (a) *to play (a sport, a game)*
guardare *to watch, look at*

imparare *to learn*
insegnare *to teach*
nuotare *to swim*
parlare *to talk, speak*
portare *to carry, bring; to take*
ricordare *to remember*
ritornare *to return (to a place)*
salutare *to greet*
sciare *to ski*
suonare *to play (an instrument)*
telefonare (a) *to telephone, call*
trovare *to find*

—Il nuovo professore di storia insegna in maniera davvero entusiasmante!

5. Verbs whose stem ends in **i-,** such as **cominciare, mangiare,** and **studiare,** drop the **i** of the stem before adding the **-i** ending of the second-person singular and the **-iamo** ending of the first-person plural.

COMINCIARE (*to begin*)	MANGIARE (*to eat*)	STUDIARE (*to study*)
comincio	mangio	studio
cominc**i**	mang**i**	stud**i**
comincia	mangia	studia
cominc**iamo**	mang**iamo**	stud**iamo**
cominciate	mangiate	studiate
cominciano	mangiano	studiano

6. Verbs whose stem ends in **c-** or **g-**, such as **dimenticare** and **spiegare**, insert an **h** between the stem and the endings **-i** and **-iamo** to preserve the hard **c** and **g** sounds of the stem.

DIMENTICARE (*to forget*)	SPIEGARE (*to explain*)
dimentico	spiego
dimen**chi**	spie**ghi**
dimentica	spiega
noi dimenti**chiamo**	spie**ghiamo**
dimenticate	spiegate
dimenticano	spiegano

7. Common adverbs of time, such as **spesso** (*often*) and **sempre** (*always, all the time*), usually follow immediately after the verb.

Parliamo sempre l'italiano in classe.   *We always speak Italian in class.*

Never is expressed by placing **non** before the verb and **mai** after it.

Luigi **non** lavora **mai** il sabato.   *Luigi never works on Saturdays.*

Esercizi

A. Trasformazioni. Replace the subject of each sentence with each subject in parentheses and change the verb form accordingly.

1. Io studio medicina. (noi / loro / Lisa / tu)
2. Tu ami sciare? (loro / voi / Lei, signora / Fabio e Elena)
3. Aspettiamo l'insegnante. (io / gli studenti / Paola / voi due)
4. Cominciamo gli studi in agosto. (tu / Marco / voi due / io)
5. Dimentico sempre i verbi! (noi / tu / Gino / gli altri)
6. Paola balla bene. (io / loro / tu / noi)

B. Preparativi per una festa. (*Preparations for a party.*) Complete each sentence with the correct verb endings.

1. Io compr__o__ i dolci.[a] Cinzia e Francesca port__ano__ il vino e la birra. Franco suon__a__ la chitarra[b] e tu, Carlo, cant__i__. E noi salut__iamo__ gli amici e ball__iamo__!

   [a]*desserts*   [b]*guitar*

2. Franco, ricord_____ Maria, la cugina di Francesca? È una ragazza molto intelligente: studi_____ informatica e matematica. Lei e un'amica arriv__ano__ stasera alle[a] otto. Tu e Francesca lavor__ate__ domani?

   [a]stasera... *this evening at*

C. Trova le persone che... Interview your classmates and make a list of those who do the following activities. Present your answers to the class.

ESEMPIO: S1: Parli russo?
S2: Sì, parlo russo.
(No, non parlo russo.)

Trova le persone che...

1. mangiano la pizza a colazione (*breakfast*)
2. parlano spagnolo
3. ascoltano la musica classica
4. suonano uno strumento
5. giocano a tennis
6. lavorano la domenica
7. cercano un lavoro
8. non studiano mai in biblioteca

B. *Dare, stare, andare e fare*

SERGIO: Che fai per le vacanze?

GIACOMO: Cristina e io andiamo a Perugia.

SERGIO: Andate in macchina o in treno?

GIACOMO: Andiamo in treno perché abbiamo pochi soldi. E tu, che fai?

SERGIO: Sto a casa e studio. Mercoledì do l'esame di chimica.

Many important Italian verbs are irregular: they do not follow the regular pattern of conjugation (infinitive stem + endings). They may have a different stem or different endings. You have already learned two irregular Italian verbs: **avere** and **essere**. There are only four irregular verbs ending in -*are*:

dare (*to give*), **stare** (*to stay*), **andare** (*to go*), **fare** (*to do; to make*)

SERGIO: What are you doing for vacation?   GIACOMO: Cristina and I are going to Perugia.
SERGIO: Are you going by car or by train?   GIACOMO: We're going by train because we don't have a lot of money (we have little money). And you, what are you doing?   SERGIO: I'll stay home and study. Wednesday I'm taking a chemistry exam.

1. **Dare** and **stare** are conjugated as follows.

DARE (*to give*)	STARE (*to stay*)
do	sto
dai	stai
dà	sta
diamo	stiamo
date	state
danno	stanno

—Ecco, adesso fai come faccio io...

a. Here is one important idiom with **dare.**

dare un esame	*to take an exam*
Do l'esame in giugno. E tu?	*I'm taking the test in June. And you?*

b. The verb **stare** is used in many idiomatic expressions. Its English equivalents vary.

stare attento/a/i/e	*to pay attention; to be careful*
stare bene/male	*to be well/unwell*
stare zitto/a/i/e	*to be/keep quiet*

—Ciao, zio, come stai?	*—Hi, uncle, how are you?*
—Sto bene, grazie.	*—I'm fine, thanks.*

Molti studenti non stanno attenti.	*Many students don't pay attention.*

2. **Andare** and **fare** are conjugated as follows.

ANDARE (*to go*)	FARE (*to do; to make*)
vado	faccio
vai	fai
va	fa
andiamo	facciamo
andate	fate
vanno	fanno

a. If **andare** is followed by another verb (*to go dancing, to go eat*), the sequence **andare** + **a** + *infinitive* is used.* **Andare** is conjugated, but the second verb is used in the infinitive. Note that it is necessary to use **a** even if the infinitive is separated from the form of **andare.**

Quando **andiamo a sciare?**	*When are we going skiing?*
Chi **va** in Italia **a studiare?**	*Who's going to Italy to study?*

*****Andare** + **a** + *infinitive* is *not* equivalent to the English *going to,* used to express an intention to do something in the future; instead, it conveys the idea of *going somewhere* to do something.

b. A means of transportation used with **andare** is preceded by **in**.

andare **in** aereo	*to fly, go by plane*
andare **in** autobus	*to go by bus*
andare **in** bicicletta	*to ride a bicycle, go by bicycle*
andare **in** macchina	*to drive, go by car*
andare **in** treno	*to go by train*

but

andare **a** piedi	*to walk, go on foot*

c. As a general rule, when **andare** is followed by the name of a country, the preposition **in** is used; when it is followed by the name of a city, **a** is used.

Vado **in** Italia, **a** Perugia.	*I'm going to Italy, to Perugia.*

d. **Fare** expresses the actions of doing or making, as in **fare gli esercizi** and **fare il letto** (*to make the bed*), but it is also used in many idioms and weather expressions.

fare colazione	*to have breakfast*
fare una domanda	*to ask a question*
fare una fotografia	*to take a picture*
Che tempo fa?	*How's the weather? / What's the weather like?*
Fa bello (brutto).	*It's nice (bad) weather.*
Fa caldo (freddo).	*It's hot (cold).*
Fa fresco.	*It's cool.*

Esercizi

A. Sandra. Match the sentences about Sandra in a logical manner.

A	**B**
Sandra…	Lei…
1. non ha la macchina. ___	**a.** ha un album molto piccolo.
2. va in palestra (*gym*). ___	**b.** fa sempre i compiti.
3. fa poche (*few*) foto. ___	**c.** fa il jogging.
4. è diligente. ___	**d.** va in Europa in vacanza (*on vacation*).
5. va a Roma. ___	**e.** sta male.
6. va a letto presto. ___	**f.** va in città a piedi.

B. Trasformazioni. Replace the subject of each sentence with each subject in parentheses and change the verb form accordingly.

1. Marcella dà l'esame domani. (loro / tu / voi / io)
2. Stiamo a casa stasera. (il dottor Brighenti / voi / tu / Laura e Roberto)
3. Vanno a letto presto. (Lei, professore / io / noi / voi)
4. Il bambino fa molti errori. (tu / voi / noi / questi studenti)

C. Buon viaggio! A classmate tells you what city he/she is going to visit. Express your enthusiasm about the choice of country, following the example.

I paesi (*countries*)**:** Canada, Francia, Germania, Messico, Inghilterra (*England*), Irlanda, Italia, Spagna (*Spain*)

ESEMPIO: Roma →
   s1: Vado a Roma.
   s2: Oh, vai in Italia! Beato/Beata te! (*Lucky you!*)

1. Toronto
2. Madrid
3. Cancun
4. Berlino
5. Parigi
6. Dublino
7. Londra
8. Firenze

D. Conversazione.

1. Che tempo fa oggi?
2. Stai a casa quando fa bello?
3. Stai a letto volentieri (*gladly*) quando fa freddo?
4. Fai molte domande in classe?
5. Stai sempre attento/attenta quando il professore / la professoressa spiega?
6. Fai molte foto?
7. Vai a ballare il sabato?

Nota culturale
L'università italiana

Italian students typically enter **l'università** at age nineteen. The university system is public, and tuition (**le tasse**) is very low. Ordinarily, students enroll in a particular **facoltà di studio,** to concentrate on languages and literature, science, medicine, law, political science, business, architecture, or engineering and similar specialties. The Italian university system has recently become more similar to the systems of other European countries. Due to the educational reforms instituted in the beginning of this new century, students need to study for three years to earn the basic degree, **la laurea,** and for five years to obtain **una laurea specialistica.** After earning the specialized degree students can begin working in their chosen profession or continue their studies for **il dottorato di ricerca,** a graduate-level research degree.

Studenti all'Università di Bologna

Parte 3

C. Aggettivi possessivi

GIANNI: Hai professori bravi
quest'anno?

ROBERTO: Veramente ho due
professori bravi: il
professore di biologia e
la professoressa di storia.

GIANNI: Davvero?

ROBERTO: Sì, il professore di biologia è molto famoso per i suoi libri. La
professoressa di storia è molto simpatica; apprezzo la sua pazienza
e il suo senso dell'umorismo.

As you already know, one way to indicate possession in Italian is to use the
preposition **di: il professore di Marco è simpatico.** Another way to express
possession is to use possessive adjectives (**gli aggettivi possessivi**), which
correspond to English *my, your, his/her/its, our,* and *their.*

	SINGOLARE		PLURALE	
	Maschile	*Femminile*	*Maschile*	*Femminile*
my	il mio	la mia	i miei	le mie
your (**tu**)	il tuo	la tua	i tuoi	le tue
your (**Lei**)	il Suo	la Sua	i Suoi	le Sue
his, her, its	il suo	la sua	i suoi	le sue
our	il nostro	la nostra	i nostri	le nostre
your (**voi**)	il vostro	la vostra	i vostri	le vostre
your (**Loro**)*	il Loro	la Loro	i Loro	le Loro
their	il loro	la loro	i loro	le loro

In Italian, possessive adjectives precede the noun and agree in gender
and number with the noun possessed (not with the possessor). **Loro** is
invariable.

GIANNI: Do you have good professors this year?   ROBERTO: Actually I have two good professors:
the biology professor and the history professor.   GIANNI: Really?   ROBERTO: Yes, the biology
professor is very famous for his books. The history professor is very pleasant; I appreciate her
patience and her sense of humor.

*The **voi** possessive adjective forms are often substituted for the **Loro** forms, which are extremely
formal.

a. Unlike in English, the possessive adjective is almost always preceded by the definite article: **il mio amico** (*literally, the my friend*).

Il mio amico è sportivo.	*My friend (m.) is athletic.*
La tua amica è simpatica.	*Your friend (f.) is nice.*
Le sue zie sono vecchie.	*His/Her aunts are old.*
La nostra professoressa è intelligente.	*Our professor is intelligent.*
I vostri libri sono interessanti.	*Your (pl.) books are interesting.*
La loro macchina è rossa.	*Their car is red.*

b. **Suo/sua/suoi/sue** can mean either *his* or *her*. When a distinction is necessary, the **di** construction is used: **le zie di lui, le zie di lei.**

Esercizi

—Le nostre lezioni di geometria sono le più monotone.[a]

[a]le... *the most monotonous*

A. Trasformazioni. Replace the italicized word in each sentence with each word in parentheses. Make any necessary changes to the rest of the sentence.

1. Ecco il nostro *amico*! (professore / professoressa / amici / amiche)
2. Ricorda il suo *nome*? (parole / albergo / domanda / materie)
3. Parlano con i loro *amici*. (bambini / bambine / dottore / dottoressa)
4. Dov'è la vostra *università*? (esame / aeroporto / stazione / corso)

B. Molte domande. Complete each response using the correct form of the possessive.

ESEMPIO: —È il professore di Carlo?
          —Sì, è <u>il suo</u> professore.

1. —Cerchi la casa di Colombo?
   —Sì, cerco _____ casa.
2. —È la compagna di Michele e di Beatrice?
   —Sì, è _____ compagna.
3. —Tu hai i Cd di Marcella?
   —Sì, ho _____ Cd.
4. —Sono le amiche di Daniela?
   —No, non sono _____ amiche.
5. —Invitate i bambini di Laura e di Giacomo?
   —No, non invitiamo _____ bambini.
6. —Ricordi il cognome di Gino?
   —Sì, ricordo _____ cognome. È Giordano.

C. Informazioni personali. Ask your partner what the following people and things are like. Report your findings to another pair or to the class.

ESEMPIO: la macchina →
S1: Com'è la tua macchina?
S2: La mia macchina è verde, bella e veloce (*fast*).
S1: La sua macchina è verde, bella e veloce.

Parole utili: sportivo, disordinato, italiano, lento (*slow*), simpatico, veloce

1. la famiglia
2. gli amici *tuoi*
3. la casa
4. i corsi
5. le amiche
6. la bicicletta
7. la camera
8. il compagno / la compagna di casa

D. Possessivi con termini di parentela

Sono Carla. Ecco la mia famiglia! Io sono la ragazza bionda, bassa e un po' cicciotta. Mio padre è medico. Lavora all'ospedale in centro. Mia madre è infermiera e lavora con mio padre. Il mio fratellino, Tonino, è cattivo e antipatico. Non andiamo d'accordo. Noi abbiamo un cane. Il suo nome è Macchia perché è bianco e nero.

1. The possessive adjective is used *without* the article when referring to family members in the singular. **Loro,** however, always retains the article, as do possessive adjectives that refer to relatives in the plural.

mio zio	*but*	**i miei** zii
tuo cugino		**i tuoi** cugini
sua sorella		**le sue** sorelle
nostra cugina		**le nostre** cugine
vostra madre		**le vostre** madri
il loro fratello		**i loro** fratelli

I'm Carla. Here's my family. I'm the blonde girl, short and a bit plump. My father is a doctor. He works at the hospital downtown. My mother is a nurse and she works with my father. My little brother, Tonino, is naughty and unpleasant. We don't get along. We have a dog. His name is Spot because he's white and black.

a. If the noun referring to a family member is modified by an adjective or a suffix, the article is retained.

mia sorella   *but*   **la mia** cara sorella; **la mia** sorellina (*little sister*)

—Mio figlio è più piccolo del^a normale.

^apiù… *smaller than*

E s e r c i z i

A. Trasformazioni. Replace the italicized word in each sentence with each word in parentheses. Make any necessary changes to the rest of the sentence.

1. Mia *moglie* arriva oggi. (padre / zii / zie / sorella)
2. Ecco i tuoi *genitori!* (fratello / sorellina / bravo nipote / figlie)
3. Dove abita Sua *zia?* (nonni / cugina / figlio / nipoti italiane)

B. La famiglia di Carla. Read the description of Carla's family on the previous page and decide whether the following statements are **vero** or **falso.**

		V	F
1.	Carla è alta e bruna.	☐	☑
2.	Il suo fratellino è molto simpatico.	☐	☑
3.	I suoi genitori lavorano in ufficio.	☐	☐
4.	Suo padre è un manager.	☐	☑
5.	Sua madre è ingegnere.	☐	☑
6.	Carla va d'accordo con suo fratello.	☐	☑
7.	Il loro cane, Macchia, è nero.	☐	☑

C. Com'è la tua famiglia? Bring to class a photo of your real family or an imaginary family (using a magazine photo). Describe your real or imaginary family to your partner. Report what you learn about your partner's family to another pair or to the class.

ESEMPIO: Ho una famiglia numerosa (*big*). Mio padre è ingegnere. Lavora a Chicago. Lui è alto, magro…

E. *Questo e quello*

MIRELLA: Quale compri, questo golf rosso o quel golf giallo e verde?

SARA: Compro quel golf giallo e verde. E tu, cosa compri? Questa maglietta blu è molto bella, ma è bella anche quella maglietta grigia.

MIRELLA: Non lo so. Tutt'e due sono belle.

Questo (*This*) and **quello** (*that*) are demonstrative words that indicate a particular person, place, or thing: *This house is pretty. Who is that student?*

The demonstrative adjectives (**aggettivi dimostrativi**) **questo** and **quello** precede the noun as they do in English.

a. **Questo** indicates things that are near the speaker. It has four forms: **questo, questa, questi, queste.** The contraction **quest'** is common before singular nouns beginning with a vowel.

Questi pantaloni sono molto belli.	*These pants are very pretty.*
Questa domanda è facile.	*This question is easy.*
Quest'orologio non funziona.	*This watch doesn't work.*

b. **Quello** indicates things that are far from the speaker. Like the adjective **bello, quello** resembles the forms of the definite article **il.**

	SINGOLARE	PLURALE	
Maschile	**quel** ragazzo **quello** zaino **quell'**albergo	**quei** ragazzi **quegli** zaini **quegli** alberghi	before most consonants before **s** + *consonant* or **z** before vowels
Femminile	**quella** giornata **quell'**università	**quelle** giornate **quelle** università	before all consonants before vowels

Chi è **quell'**uomo?	*Who is that man?*
Quella ragazza scia bene.	*That girl skis well.*
Quei libri sono cari.	*Those books are expensive.*

MIRELLA: Which one are you buying, this red sweater or that yellow and green sweater?
SARA: I'll buy that yellow and green sweater. And you, what are you getting? This blue t-shirt is very pretty, but so is that gray t-shirt. MIRELLA: I don't know. Both of them are nice.

Esercizi

A. La forma giusta. (*The correct form.*) Choose the correct forms of **questo** and **quello** to complete the sentences.

1. (Questa/Quest'/Questo) chiesa è famosa.
2. (Quelle/Quei/Quegli) bicchieri sono belli.
3. (Questo/Questi/Questa) foto è vecchia.
4. Insegna spagnolo in (quella/quel/quell') aula.
5. (Quel/Quella/Quell') amica non è simpatica.
6. Compriamo i libri in (quello/quel/quei) negozio.
7. Parlate con (quel/quegli/quei) ragazzi.
8. Nuotiamo in (quel/quella/quello) piscina (*swimming pool*).

B. Proprio quelli. Give the correct form of **quello.**

ESEMPIO: Quei ragazzi sono tedeschi.

1. _quella_ foto è vecchia.
2. _quella_ automobile verde è una Volvo.
3. Sono molto giovani _quelle_ madri!
4. È irlandese _quello_ studente?
5. È buono _quello_ corso?
6. _quei_ bambini hanno i capelli rossi.
7. _quell'_ ospedale è grande.
8. _quella_ foto è molto bella!

—È sua questa bottiglia?

Piccolo ripasso

A. Mini-dialoghi. Working with a partner, fill in the blanks with the correct verb forms.

1. S1: La professoressa Vanoli _è_ (essere) brava! _spiega_ (spiegare) tutto molto bene e _dà_ (dare) molti esempi. E i tuoi professori, come _sono_ (essere)?

   S2: Non bravi come lei! Loro _danno_ (dare) molti compiti e non _sono_ (essere) mai a scuola quando noi _abbiamo_ (avere) bisogno di aiuto (*help*).

2. S1: Ciao, Paola! Come _stai_ (stare)?

   S2: Ciao, Daniele! Oggi _sto_ (stare) male.

   S1: Allora, perché non _ritorni_ (ritornare) a casa e _vai_ (andare) a letto?

   S2: Ora _compro_ (comprare) un po' di succo di arancia (*orange juice*) e poi _vado_ (andare) a casa.

3. S1: Giorgio, cosa _fate_ (fare) tu e Michele alla festa di Giulia stasera?

   S2: Noi _cantiamo_ (cantare) e _suoniamo_ (suonare) la chitarra. E tu _vai_ (andare) alla festa?

   S1: No, stasera _sto_ (stare) a casa e _faccio_ (fare) gli esercizi di informatica.

   S2: Come _va_ (andare) il corso?

   S1: Abbastanza bene. Noi _abbiamo_ (avere) un sacco di (*tons of*) compiti, ma non _sono_ (essere) molto difficili.

B. Manuela ed io. Manuela has only one of everything (friends, courses, and so on); you have several. Respond to her statements as in the example, making all necessary changes.

ESEMPIO: Il mio insegnante è bravo. (noioso) →
   I miei insegnanti sono noiosi.

1. Mio fratello arriva oggi. (domani)
2. Il mio corso è difficile. (facile)
3. Mia sorella va in Francia. (Italia)
4. Il mio amico compra sempre libri usati (*used*). (nuovo)
5. Mia cugina frequenta l'università di Pisa. (Napoli)
6. Il mio professore è canadese. (spagnolo)

C. Che cosa fai e quando? Ask when your partner performs the following activities.

ESEMPIO: nuotare →
   S1: Quando nuoti?
   S2: Non nuoto mai. / Nuoto il venerdì. / Nuoto ogni pomeriggio (*afternoon*).

Espressioni: stamattina (*this morning*), stasera, ogni mattina (*morning*), ogni pomeriggio, ogni sera, non… mai

1. andare a ballare
2. fare i compiti
3. salutare gli amici
4. telefonare in Italia
5. giocare a football
6. guardare la televisione
7. ascoltare la musica
8. fare colazione

D. Intervista. Ask another student the following questions or questions of your own; then present your findings to the class.

ESEMPIO: Roberto studia informatica, lavora in una banca e quando ha tempo va a ballare.

1. Quante materie studi questo trimestre/semestre? Che facoltà frequenti?
2. Hai un lavoro? Dove lavori?
3. Parli inglese a casa o un'altra lingua?
4. I tuoi genitori abitano in questa città?
5. Vai a molte feste?
6. Quando vai a una festa, balli?
7. Hai molti parenti?
8. Vai a piedi volentieri?

La Basilica di San Francesco ad Assisi

C'è posta per te!

Posta in arrivo   Rispondi   Elimina   Opzioni   Guida   Aiuto

DA: siventurini@unipg.it   11 ottobre – 14.13

À...	robertoafirenze@tin.it
Cc...	
Oggetto:	Saluti da Perugia

Caro Roberto,

sono tua cugina Simona e mando questa e-mail da Perugia
dove frequento l'università. Come vanno le cose a Firenze?
Quando hai un week-end libero, vieni[1] a Perugia! Tutti i
miei amici sono curiosi e hanno voglia di conoscere[2] il mio
famoso cugino americano…

Allora aspetto una tua visita!

Un abbraccio.[3]
Simona

[1]come [2]meet [3]hug

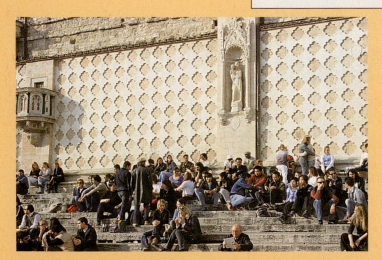

Studenti in Piazza 4 Novembre a Perugia

In Umbria

Siamo in Umbria, una piccola regione proprio in mezzo[1] all'Italia. L'Umbria è chiamata il «cuore[2] verde» d'Italia. Perché? Perché ci sono tanti boschi.[3]

I milioni di turisti che visitano ogni anno questa regione, però, tipicamente non hanno voglia di andare nei boschi, ma nelle piccole città, ricche di storia e di arte: Perugia, capoluogo[4] di regione, Assisi, la famosa città di San Francesco, Todi, Gubbio, Spoleto, Spello, Bevagna.

Vuoi conoscere[5] la semplicità e la pace[6] francescana? È preferibile visitare l'Umbria in inverno.[7] Nella brutta stagione,[8] per le strette strade[9] di Assisi, c'è quasi sempre un freddo vento di tramontana.[10] Ma nella chiesa di San Francesco, restaurata dopo il grave terremoto[11] del 1997, i turisti sono rari ed è possibile ammirare in silenzio gli splendidi affreschi[12] di grandi artisti italiani come Cimabue, Giotto, Lorenzetti e Simone Martini.

Vuoi anche imparare l'italiano? Bene, sei nella regione giusta. A Perugia c'è infatti una famosa Università per Stranieri.[13] Qui, ogni anno, studiano la lingua e la cultura italiana più di 6.000[14] studenti. Sono giovani universitari, professionisti, insegnanti, operatori turistici. Vengono da oltre[15] cento paesi diversi: Stati Uniti, Grecia, Australia, Paesi Arabi, Svizzera, Germania, Francia, Inghilterra, Spagna, Paesi Latino-Americani.

[1]*in… in the middle* [2]*heart* [3]*woods* [4]*capital* [5]*Vuoi… Do you want to get to know* [6]*peace* [7]*winter* [8]*season* [9]*strette… narrow streets* [10]*freddo… cold north wind* [11]*restaurata… restored after the serious earthquake* [12]*frescoes* [13]*Foreigners* [14]*six thousand* [15]*Vengono… They come from more than*

COMPRENSIONE

Based on the reading, decide if the following statements are **vero** or **falso**.

		V	F
1.	In Umbria ci sono molti boschi.	☐	☐
2.	L'Umbria è una regione grande.	☐	☐
3.	Ad Assisi c'è la chiesa di San Francesco.	☐	☐
4.	Nella chiesa di San Francesco ci sono affreschi.	☐	☐
5.	A Perugia c'è un'università per solo americani.	☐	☐

San Francesco, simbolo della semplicità, della pace e dell'amore per la natura

Videoteca

Corsi universitari

Roberto and Giuliana are looking out over Florence and talking about art and education in Italy. She tells him about the Italian university system.

ESPRESSIONI UTILI

economia aziendale business economics
un'azienda a firm, company
posso scrivere I can write

la donna d'affari businesswoman
un'autodidatta (*f.*) a self-taught person

Funzione: Talking about the university

PREPARAZIONE

ROBERTO: Qual è la scuola d'arte più importante?

GIULIANA: L'Istituto di Restauro. Mia sorella studia là, frequenta un corso di specializzazione. È un istituto privato. È possibile studiare arte anche all'università, che costa meno.

ROBERTO: Com'è l'università in Italia?

GIULIANA: Le lezioni cominciano a novembre…

VERIFICA

Choose the best definition for each word or phrase on the left from the choices on the right.

1. una specializzazione
2. un'azienda
3. dare un esame

a. a place where a lot of people work together
b. a particular course of study
c. what Italian students do to pass a course

COMPRENSIONE

Answer the following questions.

1. What type of exams do students normally take at an Italian university?
2. In what subject is Roberto's degree?
3. Why does Giuliana want a business degree?

ATTIVITÀ

Working with a partner, think of two family members each who you think might benefit from some extra study. Imagine the people you have chosen are enrolled at your school and decide what they are studying. Present their schedules to your class, and explain why they are in these classes.

ESEMPI: Mio fratello studia francese perché va in Francia.
Mia nonna studia l'informatica per trovare informazioni in Internet.

Parole da ricordare

VERBI

abitare	to live (*in a place*)
amare	to love
andare	to go
andare (a + *inf.*)	to go (*to do something*)
andare a piedi	to walk, go on foot
andare d'accordo	to get along
andare in aereo	to fly, go by plane
andare in autobus	to go by bus
andare in bicicletta	to ride a bicycle, go by bicycle
andare in macchina	to drive, go by car
andare in treno	to go by train
arrivare	to arrive
ascoltare	to listen, listen to
aspettare	to wait, wait for
ballare	to dance
cantare	to sing
cercare	to look for
cominciare	to begin, start
comprare	to buy
dare	to give
dare un esame	to take a test
dimenticare	to forget
fare	to do; to make
giocare (a)	to play (*a sport, a game*)
guardare	to watch, look at
imparare	to learn
insegnare	to teach
lavorare	to work
mangiare	to eat
nuotare	to swim
parlare	to speak, talk
portare	to carry; to bring; to lead
ricordare	to remember
ritornare	to return (*to a place*)
salutare	to greet
sciare	to ski
spiegare	to explain
stare	to stay
studiare	to study
suonare	to play (*a musical instrument*)
telefonare (a)	to telephone, call
tornare (a)	to return (*to a place*)
trovare	to find

NOMI

l'anno accademico	academic year
l'architettura	architecture
la biologia	biology
la casa	house, home
la chimica	chemistry
la classe	class (*group of students*)
il corso	class (*course of study*)
il cugino / la cugina	cousin
l'economia e commercio	business administration
l'esame (*m.*)	exam, test
la facoltà	school (*within a university*)
la famiglia	family
la festa	party
il figlio / la figlia	son/daughter
la filosofia	philosophy
la fisica	physics
il fratello	brother
i genitori	parents
il giornalismo	journalism
la giurisprudenza	law
il golf	sweater
l'informatica	computer science
l'ingegneria	engineering
la laurea	university degree
la legge	law
la letteratura	literature
le lettere	liberal arts
il letto	bed
la libreria	bookstore
la lingua	language
le lingue e le letterature straniere	foreign languages and literature
la madre (la mamma)	mother (mom)
il marito	husband
la matematica	mathematics
la materia (di studio)	subject matter
la mattina	morning
la medicina	medicine
la moglie (*pl.* le mogli)	wife
il/la nipote	nephew/niece; grandson/ granddaughter
il nonno / la nonna	grandfather/grandmother
il padre (il papà, il babbo)	father (dad)
la piscina	swimming pool
il pomeriggio	afternoon
la psicologia	psychology
la scienza	science
le scienze politiche	political science
la sera	evening
la sociologia	sociology
la sorella	sister
la storia (dell'arte)	(art) history
gli studi	studies
il tempo	weather

AGGETTIVI

bravo in	good at (*a subject of study*)
difficile	difficult, hard
facile	easy
ogni (*inv.*)	every, each
poco (*m. pl.* **pochi**)	little, few
puntuale	on time
quello	that
questo	this
straniero	foreign

ALTRE PAROLE E ESPRESSIONI

dopo	after
meno	less
non... mai	never
perché	why
presto	early
sempre	always, all the time
spesso	often
stamattina	this morning
stasera	tonight, this evening
volentieri	gladly, willingly

Forza, Azzurri!°

*Forza... Come on, Blues! (The Italian national soccer team is often called **gli azzurri** because their uniforms are sky blue [**azzurro**]).*

Giocatori di due squadre famose di Milano: il Milan e l'Inter

IN BREVE

GRAMMATICA

A. Presente dei verbi in **-ere** e **-ire**

B. **Dovere, potere** e **volere; dire, uscire** e **venire**

C. Pronomi di oggetto diretto

D. L'ora

NOTA CULTURALE

Le nuove passioni sportive degli italiani

UN PO' DI CULTURA

C'è posta per te!
In Trentino–Alto Adige e in Valle d'Aosta

Pratica

Practice the skills you learned in this chapter and learn more about the Italian-speaking world through the *In giro per l'Italia* supplements.
www.mhhe.com/ingiro2

Parte 1

Dialogo-Lampo

I programmi della giornata

LORENZO: Ciao, Rita! Ciao, Alessandro! Che cosa fate oggi?

ALESSANDRO: Vado a giocare a tennis con Marcello e poi a casa: c'è un bel film alla TV.

RITA: Io invece[1] vado a fare aerobica con Valeria, poi abbiamo un appuntamento[2] con Vittoria per studiare. C'è un esame di matematica domani!

ALESSANDRO: E tu, Lorenzo, che programmi hai?

LORENZO: Mah, oggi non ho voglia di fare niente[3]…

RITA: Che novità,[4] è il tuo passatempo preferito!

1. Che programmi ha Alessandro?
2. Cosa fanno Rita e Valeria?
3. Chi ha un esame domani?
4. Che programmi ha Lorenzo?

[1]*instead* [2]*appointment* [3]*non… I don't feel like doing anything* [4]*Che… What a novelty*

I passatempi e il tempo libero (Pastimes and free time)

LO SPORT E ALTRI PASSATEMPI

la gara competition, match
il giocatore / la giocatrice player
il nuoto swimming
la palla ball
la partita game, match
il pattinaggio skating
il programma plan
lo sci skiing
la squadra team

andare al cinema (al ristorante, a teatro, a un concerto) to go to a movie (to a restaurant, to the theater, to a concert)
andare in barca a vela to go sailing

andare in palestra to go to the gym
andare in vacanza to go on vacation
ascoltare la musica to listen to music
correre to run
cucinare to cook
dipingere to paint
disegnare to draw
dormire to sleep
fare aerobica to do aerobics
fare sollevamento pesi to lift weights
fare un giro in bici (in macchina, a piedi) to go for a bike ride (car ride, walk)
fare una passeggiata to take a walk
fare un programma to plan, make plans

fare/praticare uno sport to play a
   sport
fare lo sci acquatico/nautico to
   water-ski
fare lo sci di fondo to go cross-
   country skiing
**giocare a calcio (a tennis, a
   pallacanestro)** to play soccer
   (tennis, basketball)
giocare con il computer to play on
   the computer
guardare la televisione (la TV) to
   watch television (TV)
**leggere il giornale (un libro, una
   rivista)** to read the newspaper
   (a book, a magazine)
pattinare to skate
perdere to lose
**prendere lezioni di ballo (di
   musica, di fotografia)** to take
   dancing lessons (music lessons,
   photography lessons)
pulire la casa to clean the house
**scrivere una lettera (racconti,
   poesie)** to write a letter (short
   stories, poems)

**suonare uno strumento (la chitarra,
   il piano)** to play an instrument
   (the guitar, the piano)
uscire con gli amici to go out with
   friends
viaggiare to travel
vincere to win

IL TEMPO E LE STAGIONI

la nebbia fog
la neve snow
la pioggia rain
il vento wind

la primavera spring
l'estate summer
l'autunno fall
l'inverno winter

essere nebbioso to be foggy
essere sereno to be clear weather
nevicare to snow
piovere to rain
tirare vento to be windy

Esercizi

A. Di che sport parliamo? Read the following descriptions and guess what
sport each refers to. More than one answer may be possible.

1. I giocatori fanno questo sport in acqua (*water*).
2. Per questo sport è necessaria la musica.
3. La squadra è composta da 11 giocatori e c'è una palla.
4. La squadra è composta da 5 giocatori.
5. Questo è uno sport tipico dell'inverno.
6. Per questo sport di solito la gente va in palestra.

B. Preferisco... (*I prefer . . .*) Create complete sentences using one element
from each list. Begin each sentence with **Preferisco...**

leggere	gli spaghetti	da solo/sola (*alone*)
ascoltare	fotografia	con gli amici
andare	a piedi	con la famiglia
prendere lezioni di	in Italia	in estate
scrivere	la musica	in autunno
cucinare	il giornale	in inverno
viaggiare	in vacanza	in primavera
fare un giro	una lettera	

—Ventiquattro gradi sotto zero:[a] finalmente l'estate...

[a]gradi... *degrees below zero*

C. Gusti personali. Secondo te, come sono questi sport?

Parole utili: aggressivo, costoso (*expensive*), difficile, divertente (*fun*), di squadra, elegante, intenso, lento (*slow*), noioso, pericoloso (*dangerous*), rilassante, solitario, veloce (*fast*)

1. il basket (la pallacanestro)
2. lo sci
3. il calcio
4. il football americano
5. il baseball
6. il ciclismo

In ascolto

For listening comprehension activities related to the theme of this chapter, see the Workbook/Laboratory Manual or visit the *In giro per l'Italia* website.
www.mhhe.com/ingiro2

—Non ha un televisore che non trasmetta[a] partite di calcio?

[a]*broadcast*

A. Presente dei verbi in *-ere* e *-ire*

È una serata come tutte le altre in casa Bianchi: Franco e Sergio guardano la televisione, la mamma legge una rivista e papà legge il giornale (loro non guardano mai la televisione, preferiscono leggere). La nonna scrive una lettera ai parenti in America.

1. The present tense of regular verbs ending in **-ere** (second-conjugation verbs) and of several verbs ending in **-ire** (third-conjugation verbs) is formed by adding the appropriate endings to the infinitive stem.

-ere VERBS		**-ire** VERBS (FIRST GROUP)	
scrivere (*to write*)		**dormire** (*to sleep*)	
scriv**o**	scriv**iamo**	dorm**o**	dorm**iamo**
scriv**i**	scriv**ete**	dorm**i**	dorm**ite**
scriv**e**	scriv**ono**	dorm**e**	dorm**ono**

Note that the endings are the same for both conjugations except in the second-person plural: **-ete** for **-ere** verbs, **-ite** for **-ire** verbs.

Scrivete molte e-mail? — *Do you write many e-mails (e-mail messages)?*

Dormite bene? — *Do you sleep well?*

2. Other **-ere** verbs conjugated like **scrivere** are

chiudere *to close*	Chiudo la finestra (*window*).
correre	Perché correte ogni giorno?
dipingere	Raffaella dipinge bene.
leggere	Carlo legge il giornale.
mettere *to put, place*	Mettiamo le valige in macchina.
perdere	Perdi sempre la chiave (*key*)!
prendere	Noi prendiamo lezioni di ballo.

It's an evening like all others at the Bianchis': Franco and Sergio are watching TV, Mom is reading a magazine and Dad is reading the newspaper (they never watch television, they prefer to read). Grandma is writing a letter to relatives in America.

—No, grazie; leggo solo il giornale.

ricevere *to receive*	Chi riceve molte riviste?
rispondere *to answer, reply*	Perché non rispondi in italiano?
vedere *to see*	Vedono un film.

a. Note that most verbs ending in **-ere** are stressed on the verb stem: **PRENdere, PERdere.** A few verbs are stressed on the **-ere** ending: **aVEre, veDEre.**

b. The verb **bere** (*to drink*) derives from the Latin *bevere* and retains the **bev-** stem: **bevo, bevi, beve, beviamo, bevete, bevono.**

3. Some **-ire** verbs conjugated like **dormire** are

aprire *to open*	Apriamo la finestra.
offrire *to offer*	Offro un caffè a tutti.
partire *to leave; to depart*	—Quando partite?
	—Partiamo domani.
seguire *to follow; to take a course*	La spia (*spy*) segue la ragazza.
	Seguiamo un corso di filosofia.
sentire *to hear*	Sentite la voce (*voice*) di Mario?
servire *to serve*	Servi vino bianco?

4. Not all verbs ending in **-ire** are conjugated like **dormire** in the present. Most **-ire** verbs follow this pattern:

-ire VERBS (SECOND GROUP)	
capire (*to understand*)	
capisco	capiamo
capisci	capite
capisce	capiscono

The endings are the same as for **dormire,** but **-isc-** is inserted between the stem and the ending in all forms but the first- and second-person plural. Pronunciation of **-sc-** changes with the vowel that follows it: before **o** it is pronounced like *sk* in *sky;* before **e** and **i** it is pronounced like *sh* in *shy.*

The following **-ire** verbs are conjugated like **capire*.**

finire *to finish, end*	I ragazzi finiscono gli esercizi.
preferire *to prefer*	Preferite leggere o scrivere?
pulire *to clean*	Quando pulisci la casa?

5. Note: often a conjugated verb is followed by a second verb in the infinitive.

Preferisco leggere racconti.	*I prefer to read short stories.*

In many cases a preposition will precede the infinitive.

Vado a studiare in biblioteca.	*I am going to study in the library.*

---

*The infinitives of verbs conjugated like **capire** are followed by **(isc)** in vocabulary lists and in the end vocabulary.

Esercizi

A. **Trasformazioni.** Replace the subject of each sentence with each subject in parentheses, and change the verb form accordingly.

1. Tu leggi il giornale. (la nonna / io e Carlo / voi / gli italiani)
2. Noi apriamo la porta. (voi / il cugino di Marco / loro / io)
3. Marco pulisce il frigo (*refrigerator*). (noi / i ragazzi / io / voi)
4. I bambini non rispondono. (io / il professore / voi / tu)
5. Laura beve solo acqua minerale. (i miei amici / voi due / noi / tu)

B. **Il week-end di Laura.** Complete Laura's story by adding the appropriate verb endings.

Laura è una ragazza occupata[a]! Il venerdì sera segu_e_[1] un corso di recitazione.[b] Il sabato mattina corr_e_[2] e pul_isce_[3] la camera da letto;[c] nel pomeriggio diping_e_[4] e fin_isce_[5] i compiti. Il sabato sera prefer_isce_[6] il suo solito[d] passatempo: andare in discoteca con gli amici. E cosa fa la domenica? Dorm_e_[7]!

[a]*busy* [b]*acting* [c]*camera… bedroom* [d]*usual*

Now change the first sentence of the paragraph to **Laura e Maria sono due ragazze occupate** and complete the story.

C. **Cosa preferiscono?** Explain why the following people don't do certain things: they prefer to do something else.

ESEMPIO: Marco non legge: preferisce scrivere.

1. Daniela non gioca a tennis: _Preferisce giocare_
2. Le bambine non dormono: _____. _mangiare_
3. Mio padre non nuota: _____. _correre_
4. Lo zio di Gino non prende l'aereo: _____.
5. Questi studenti non vanno in barca a vela: _____.
6. Luciano non suona la chitarra: _____.

Now name three things you don't do, and what you prefer to do instead.

D. **Conversazione.**

1. Corri volentieri? Vai in bicicletta? Quale mezzo di trasporto preferisci?
2. Preferisci guardare la televisione o leggere? Perché?
3. Pulisci la casa ogni giorno? È pulita (*clean*) e ordinata (*tidy*) la tua camera?
4. Quante volte (*How many times*) la settimana mangi a casa? Quante volte vai al ristorante o alla mensa? Perché?
5. Preferisci stare zitto/zitta o parlare quando ci sono molte persone?
6. Quando ricevi un'e-mail rispondi subito? Scrivi molte e-mail o preferisci telefonare? Perché?

B. *Dovere, potere e volere; dire, uscire e venire*

SIMONE: Vuoi uscire stasera, Daniela? C'è un bel film al cinema Diana.

DANIELA: No, non posso. Devo studiare.

SIMONE: Domani sera allora?

DANIELA: No, devo andare a una riunione…

SIMONE: Tu non hai mai tempo per me. Devo cercare un'altra ragazza!

1. Some commonly used **-ere** and **-ire** verbs are irregular in the present tense.

DOVERE (to have to, must)	POTERE (to be able to, can, may)	VOLERE (to want)	DIRE (to say, to tell)	USCIRE (to go out; to exit)	VENIRE (to come)
devo	posso	voglio	dico	esco	vengo
devi	puoi	vuoi	dici	esci	vieni
deve	può	vuole	dice	esce	viene
dobbiamo	possiamo	vogliamo	diciamo	usciamo	veniamo
dovete	potete	volete	dite	uscite	venite
devono	possono	vogliono	dicono	escono	vengono

Nota bene

Do not confuse the verb **volere** with the expression learned in **Capitolo 1, avere voglia di,** where **voglia** is a noun meaning *desire.*

Avere voglia di can mean *to want,* but with the meaning *to feel like having* or *to feel like doing something.*

Ho voglia di un caffè. *I feel like having a coffee.*

Hai voglia di uscire stasera? *Do you feel like going out tonight?*

Voglia un caffè. *I want a cup of coffee.*

Vuoi uscire stasera? *Do you want to go out tonight?*

Dovete partire subito.
—Possono venire?
—No, non possono.
Chi vuole guardare la TV?

Diciamo «Buon giorno!»
Perché non esci con Sergio?

Vengo a lezione domani.

You must leave right away.
—Can they come?
—No, they can't.
Who wants to watch TV?

We say, "Good morning!"
Why don't you go out with Sergio?

I'm coming to class tomorrow.

SIMONE: Do you want to go out tonight, Daniela? There's a good movie at the Diana theater. DANIELA: No, I can't. I have to study. SIMONE: Tomorrow night, then? DANIELA: No, I have to go to a meeting . . . SIMONE: You never have time for me. I have to look for another girlfriend!

2. a. As with **preferire**, if a verb follows **dovere, potere,** or **volere**, it is always in the infinitive form.

Dovete pulire la casa oggi.   *You have to clean the house today.*

No, non possiamo venire alla partita.   *No, we can't come to the game.*

Vuoi andare in vacanza?   *Do you want to go on vacation?*

b. Dire means *to say*. It is often followed by **che,** a conjunction meaning *that.*

Perché non dite mai la verità?   *Why don't you ever tell the truth?*

Mario dice **che** vuole venire alla festa.   *Mario says that he wants to come to the party.*

—Posso andare più vicino?

È festa, usciamo! Ma dove andiamo?

A. Trasformazioni. Replace the subject of each sentence with each subject in parentheses, and change the verb form accordingly.

1. Potete venire stasera? (tu / Lei / loro / il professore)
2. La signora vuole le chiavi. (io / noi / loro / voi)
3. Devi prendere il treno. (noi / Carlo / voi / loro)
4. Esco con gli amici. (voi / Lei / la nonna / gli zii)
5. Vengo in motocicletta. (Paola / voi / anche tu / le mie amiche)
6. Dici sempre la verità? (loro / Mirella / noi / voi)

Nota bene

All expressions used with **andare** are also used with **venire.**

Chi va a studiare in Italia? *Who is going to study in Italy?*

Chi viene a studiare in Italia? *Who is coming to study in Italy?*

Andiamo a casa in bici. *We are going home by bike.*

Veniamo a casa in bici. *We are coming home by bike.*

B. **Da completare.** Complete each sentence with the correct form of the verb given in parentheses.

1. Carlo, _____ (uscire) stasera?
2. Signora, dove _____ (dovere) andare?
3. Bambini, _____ (venire) in bicicletta o a piedi?
4. Io non _____ (potere) partire domani.
5. Che cosa _____ (dire) quei ragazzi?
6. Mia zia non _____ (volere) prendere l'aereo.

C. **La mia giornata.** Tell your partner three things you have to do today, three things you want to do today, and three things you cannot do today. Your partner will take notes and report the answers to another pair or to the class.

Luna rossa vince la gara, davanti ad *America One*.

Nota culturale
Le nuove passioni sportive degli italiani

Who said Italians only love soccer? Italians love all sports, even those less popular and less well known, as demonstrated by their passion for sailing which became a true mania during the America's Cup race of 2000. The Italians' love for sailing began to get serious in 1983 when the twelve-meter Italian boat, *Azzurra*, reached the semifinals in Newport. Then, in San Diego in 1992, *Moro di Venezia* competed in the finals against *America 3*.

But it has been, above all, *Luna Rossa* in recent years that has made the Italians dream and has brought its team of sailors so close to victory.

Many Italians follow the competitions faithfully, even when they are broadcast live on television when it is very late at night in Italy. At home and in cafés, everyone talks about sailing. They use technical terms, they critique the team's errors, they imagine themselves in the helmsman's place, and they dream of winning.

C. Pronomi di oggetto diretto

ANNAMARIA: Mi inviti alla festa?

CLARA: Certo che ti invito!

ANNAMARIA: Inviti anche Marco?

CLARA: Certo che lo invito!

ANNAMARIA: E Maria?

CLARA: Certo che la invito!

ANNAMARIA: Compri le pizze e le bibite?

CLARA: Certo che le compro!

ANNAMARIA: Prepari panini per tutti?

CLARA: Certo che li preparo. Così mangiamo bene e passiamo una bella serata!

1. A direct object is the direct recipient of the action of a verb.

   I *invite the boys.* Whom do I *invite? The boys.*
   He *reads the newspaper.* What does he *read? The newspaper.*

   The nouns *boys* and *newspaper* are direct objects. They indicate *whom* or *what.* Verbs that take a direct object are called transitive. Verbs that do not take a direct object (*she walks, I sleep*) are intransitive.
   Direct-object pronouns replace direct-object nouns.

   I invite *the boys.* I invite *them.*
   He reads *the newspaper.* He reads *it.*

2. The direct-object pronouns (**i pronomi di oggetto diretto**) are as follows:

SINGOLARE		PLURALE	
mi	*me*	**ci**	*us*
ti	*you (inform.)*	**vi**	*you (inform.)*
La	*you (m. and f., form.)*	**Li**	*you (m., form.)*
		Le	*you (f., form.)*
lo	*him, it*	**li**	*them (m.)*
la	*her, it*	**le**	*them (f.)*

ANNAMARIA: Are you inviting me to the party? CLARA: Of course I'm inviting you!
ANNAMARIA: Are you inviting Marco too? CLARA: Of course I'm inviting him! ANNAMARIA: And Maria? CLARA: Of course I'm inviting her! ANNAMARIA: Are you buying the pizzas and the sodas? CLARA: Of course I'm buying them! ANNAMARIA: Are you making sandwiches for everybody? CLARA: Of course I'm making them. So we'll eat well and spend a nice evening!

a. A direct-object pronoun immediately precedes a conjugated verb, even in a negative sentence.

—Se tu compri la frutta, **la** mangia Mario?	—*If you buy fruit, does Mario eat it?*
—No, non **la** mangia.	—*No, he doesn't eat it.*
—Quando vedi i ragazzi, **li** saluti?	—*When you see the boys, do you greet them?*
—No, non **li** saluto.	—*No, I don't greet them.*

b. An object pronoun attaches to the end of an infinitive. Note that the final **-e** of the infinitive is dropped.

È importante mangiar**la** ogni giorno.	*It is important to eat it every day.*
È una buon'idea salutar**li**.	*It's a good idea to greet them.*

If the infinitive is preceded by a form of **dovere, potere,** or **volere,** the object pronoun may either attach to the infinitive or precede the conjugated verb.

Voglio mangiar**la**.	*I want to eat it.*
La voglio mangiare.	
Quando posso salutar**li?**	*When can I greet them?*
Quando **li** posso salutare?	

c. Singular direct-object pronouns may elide before verbs that begin with a vowel, and before forms of **avere** that begin with an **h.** The plural forms **li** and **le** are never elided.

—Tu ascolti la musica?	—*Do you listen to music?*
—Sì, **l'**ascolto sempre.	—*Yes, I listen to it all the time.*
—Inviti Tina e Gloria?	—*Are you inviting Tina and Gloria?*
—No, non **le** invito.	—*No, I'm not inviting them.*

3. A few Italian verbs that take a direct object (**ascoltare, aspettare, cercare, guardare**) correspond to English verbs that are used with prepositions (*to listen to, to wait for, to look for, to look at*).

—Cerchi il tuo ragazzo?	—*Are you looking for your boyfriend?*
—Sì, **lo** cerco.	—*Yes, I'm looking for him.*

4. Object pronouns are attached to **ecco** to express *Here I am!, Here you are!, Here he is!,* and so on.

—Dov'è la signorina Rossi?	—*Where is Miss Rossi?*
—Ecco**la!**	—*Here she is!*
—Dove sono le chiavi?	—*Where are the keys?*
—Ecco**le!**	—*Here they are!*

Esercizi

A. Come sei miope (*nearsighted*)! Mauro can't believe how nearsighted his roommate Vincenzo is, so he decides to test his vision. With a classmate, play the two roles as in the example. Use the following words and any others you can think of.

ESEMPIO: la casa →
  MAURO: Vedi la casa?
  VINCENZO: No, non la vedo!

1. la frutta	3. gli autobus	5. i treni
2. il Cd	4. le automobili	6. il cinema

B. Le domande giuste. Provide appropriate questions for the following answers.

ESEMPIO: Sì, li ho. → Hai i libri?

1. No, non la compro.   2. Sì, la scrivo.   3. No, non li mangio.   4. Sì, posso aspettarLa oggi.   5. No, non voglio vederlo.   6. Ti cerco dopo la lezione.   7. Non la pulisco perché non ho tempo oggi.   8. Certo che vi invito alla festa.

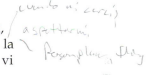

C. Domande personali. Ask your partner questions, adding questions of your own using the verbs provided. Your partner should answer using a pronoun.

ESEMPIO: scrivere lettere
  S1: Scrivi lettere?
  S1: Sì, le scrivo. (No, non le scrivo.)

1. leggere il giornale tutti i giorni	6. ascoltare…
2. fare esercizi di aerobica	7. pulire…
3. preparare spesso la pasta	8. mangiare…
4. guardare molto la televisione	9. suonare…
5. scrivere racconti o poesie	10. fare…

D. L'ora

Oggi Luca ha una giornata piena. Alle otto di mattina deve studiare per gli orali di fisica prima di andare al corso di chimica alle dieci e mezzo. Poi, a mezzogiorno meno un quarto, va al bar. Prende un caffè e chiacchiera con gli amici fino all'una quando tutti vanno a pranzare insieme alla mensa. Dopo pranzo, alle due e venti circa, Luca va in biblioteca a studiare fino alle quattro, quando va a giocare a calcio. Alle sette e mezzo, va a cenare con la sua ragazza Gabriella. Che bella giornata!

Ottobre

Lunedì

1

8.00	studiare
10.30	chimica
11.45	il bar
1.00	pranzare
2.20	studiare
4.00	giocare a calcio
7.30	cena con Gabriella

Today Luca has a full day. At 8:00 A.M. he has to study for his orals in physics before going to his chemistry class at 10:30. Then at 11:45 he'll go to the café. He'll have a coffee and chat with his friends until 1:00 when all of them will go to eat lunch together at the cafeteria. After lunch, around 2:20, Luca will go to the library to study until 4:00, when he'll go to play soccer. At 7:30, he'll go eat dinner with his girlfriend, Gabriella. What a nice day!

Sono le sette e un quarto (e quindici). Susanna fa colazione.

Sono le otto meno cinque. Arriva all'università.

Sono le nove. È a lezione di chimica.

È mezzogiorno. (Sono le dodici.) Mangia un panino con gli amici.

È l'una. Studia in biblioteca.

Sono le quattro e quarantacinque. (Sono le cinque meno un quarto [meno quindici].) Va a nuotare in piscina.

Sono le sette e mezzo (e trenta). Guarda la TV.

È mezzanotte. Studia di nuovo (*again*).

È l'una. Va a letto.

1. The question *What time is it?* can be expressed in two interchangeable ways. **Che ora è?** or **Che ore sono?** (literally, *What hour is it?* or *What hours are they?*)

   a. The answer to this question is **sono le** + the number of the hour:

   Sono le cinque.   *It's five o'clock.*

   The singular form **è** is used only for twelve noon, midnight, and one o'clock, which are all singular.

   È mezzogiorno.   *It's noon.*
   È mezzanotte.   *It's midnight.*
   È l'una.   *It's one o'clock.*

b. Fractions of an hour can be expressed with **e** + minutes elapsed: **È l'una e quindici** (*It's one fifteen*). **Sono le cinque e quarantacinque** (*It's five forty-five*). For times after the half-hour, it is common to use the next hour + **meno** (*minus*) + *minutes remaining before the next hour*: **È mezzanotte meno dieci** (*It's ten minutes to midnight, It's eleven fifty*). **Un quarto** (*a quarter*) and **mezzo** (or **mezza**) (*a half*) often replace **quindici** and **trenta.**

Sono le due e un quarto.	*It's two-fifteen.*
È mezzogiorno e mezzo.	*It's twelve-thirty.*
Sono le cinque meno un quarto.	*It's quarter to five.*

2. To indicate A.M., add **di mattina** to the hour; to indicate P.M., add **del pomeriggio** (12 P.M. to 5 P.M.), **di sera** (5 P.M. to midnight), or **di notte** (midnight to early morning) to the hour.

3. *At what time?* is expressed as **A che ora?** The response uses **alle** + *the hour*, except for **all'una, a mezzogiorno,** and **a mezzanotte.**

A che ora mangi?	*(At) What time do you eat?*
Faccio colazione **alle** otto di mattina.	*I eat breakfast at eight in the morning.*
Pranzo **all'**una.	*I have lunch at one.*
Ceno **alle** otto.	*I eat dinner at eight.*
Prendo un caffè **a** mezzogiorno.	*I have a coffee at noon.*

> ### Nota bene:
> **di mattina,**
> **di pomeriggio,**
> **di sera, di notte;**
> **la mattina,**
> **il pomeriggio,**
> **la sera, la notte**
>
> When speaking generally, or expressing habitual actions that occur in the morning, afternoon, evening, or at night, the time expression can be preceded by **di** or by the definite article.
>
> Non lavoriamo mai **di** notte. *We never work at night.*
>
> Leggo spesso **la** sera. *I often read in the evening.*

Esercizi

A. La giornata di Luca. Read about Luca's day on page 89 and then decide whether the following statements are true. Correct the statements that are false.

1. Luca va al corso di chimica alle otto di mattina.
2. Pranza con gli amici all'una.
3. Studia per gli orali di fisica alle due del pomeriggio.
4. Gioca a calcio alle quattro.
5. Studia in biblioteca alle tre meno un quarto.
6. Va a cenare con la sua ragazza alle sette e mezzo.
7. Va al bar a parlare con gli amici alle nove di sera.

B. Dov'è Michele? You have to find your friend Michele. He's not in his room, but you find his schedule. Can you figure out where he is at the following times? (Note that Italian uses a period instead of a colon to separate hours from minutes.)

	LUNEDÌ	MARTEDÌ	MERCOLEDÌ	GIOVEDÌ	VENERDÌ
9.00	Chimica		Chimica		Chimica
10.00		Storia moderna		Storia moderna	
11.00	Italiano	Italiano	Italiano	Italiano	Italiano
1.00	Letteratura americana		Letteratura americana		Letteratura americana
2.00		Psicologia		Psicologia	

ESEMPIO: lunedì / 9.00 →
È lunedì, sono le nove. Michele è a lezione di chimica.

1. venerdì / 1.30
2. mercoledì / 9.15
3. lunedì / 1.20
4. martedì / 10.45
5. giovedì / 11.05
6. martedì / 2.50

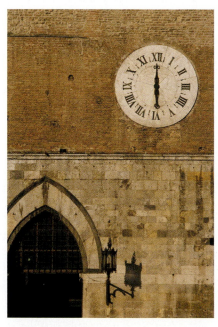

C. Che fai? Ask a classmate what he/she does at the following times.

ESEMPIO: 8.00 A.M. →
S1: Che fai alle otto di mattina?
S2: Alle otto di mattina vado in palestra.

1. 3.00 A.M.
2. 7.00 P.M.
3. 1.15 P.M.
4. 10.00 P.M.
5. 12.00 A.M.
6. 12.00 P.M.
7. 2.30 P.M.
8. 9.45 A.M.
9. 5.00 P.M.

Che ore sono?

Piccolo ripasso

A. Il giovedì. Restate the following paragraph three times, using these subjects: **noi, Carlo,** and **Laura e Stefania.**

Il giovedì io sono molto impegnato (*busy*). Seguo corsi tutta la mattina, poi mangio un panino e prendo un caffè con gli amici. Nel pomeriggio, vado in biblioteca e studio per il corso di storia. Se posso, corro o faccio sollevamento pesi. Preferisco cucinare a casa ma qualche volta[a] devo mangiare alla mensa. Non vado quasi[b] mai al ristorante perché non voglio spendere troppi[c] soldi! La sera finisco i compiti, pulisco un po' la casa e, se ho tempo, qualche volta scrivo un'e-mail. Vado a letto dopo mezzanotte e dormo 6 o 7 ore.

[a]qualche… *sometimes*   [b]*almost*   [c]*too much*

B. Scambi. Working with a partner, complete the following exchanges with the appropriate form of the following verbs.

bere, capire, perdere, prendere, sentire, uscire

1. S1: Cosa _bevi_ tu quando vai al bar?
   S2: Di solito (*Usually*) _bevo_ un cappuccino.
2. S1: Perché le tue amiche Stefania e Lucia _perdono_ sempre il treno?
   S2: Io non _____ proprio! Loro _____ ogni sera e la mattina non _____ la sveglia (*alarm clock*).

dovere, potere, preferire, volere

3. S1: Giuliano, cosa fai? Come _puoi_ scrivere un'e-mail così cattiva?
   S2: Io _voglio_ scrivere un'e-mail cattiva ma sincera.
4. S1: Chi _vuole_ venire stasera in discoteca?
   S2: Marco non _può_, io _devo_ lavorare e Silvia e Sonia _preferiscono_ andare al concerto di Vasco Rossi.

C. I preparativi. (*Preparations.*) Complete the conversation between Marco's friends using the correct direct-object pronouns.

GEMMA: Dobbiamo fare i preparativi per la festa di compleanno[a] di Marco.
SERGIO: Va bene. Cosa devo fare?
GEMMA: Puoi comprare i regali[b]?
SERGIO: Sì, _li_[1] compro volentieri.
GEMMA: Sandra, vuoi preparare le lasagne?
SANDRA: Certo, _le_[2] preparo domani.
GEMMA: Loretta, dobbiamo invitare Domenico, il cugino di Marco. _Lo_[3] inviti tu?
LORETTA: Va bene, _lo_[4] chiamo stasera.
GEMMA: Milena, puoi fare una torta[c]? Sei brava in cucina.
MILENA: Sì, _la_[5] faccio al cioccolato.
SERGIO: E tu, Gemma, che fai?
GEMMA: Vi guardo![d]

[a]*birthday*   [b]*presents*   [c]*cake*   [d]Vi… *I'll watch you!*

Parte 4:
Un po' di cultura

C'è posta per te!

Posta in arrivo Rispondi Elimina Opzioni Guida Aiuto

DA: robertoafirenze@tin.it   5 novembre – 08.25

À...   delia.venturini@yahoo.it

Cc...

Oggetto: Vado a sciare

Cara Mamma,

questo week-end vado a sciare a Ortisei, in Trentino, con un amico italiano, Andrea. Partiamo venerdì mattina molto presto (alle cinque!) per arrivare non troppo tardi. Vogliamo sciare e fare roccia[1] tutto il giorno sabato e domenica. Ritorniamo a Firenze lunedì.

State tutti bene? Quando venite a trovarmi? A Natale?

Vi saluto con affetto.
Roberto

[1]fare… *go rock-climbing*

Il Lago di Carezza e le Dolomiti in Trentino–Alto Adige

In Trentino–Alto Adige e in Valle d'Aosta

Vuoi andare in montagna? Hai una passione per lo sci o la roccia[1]? Il Trentino–Alto Adige e la Valle d'Aosta, due regioni quasi interamente montuose,[2] offrono alcune delle montagne più belle del mondo e tutte le attrezzature[3] per praticare il tuo sport preferito.

Il paesaggio[4] del Trentino–Alto Adige è molto bello. Qui ci sono le Dolomiti, montagne con splendidi colori che cambiano sotto la luce del sole[5] e sono rosa e rosse al tramonto.[6] In tutta la zona delle Dolomiti troviamo molti paesi,[7] come Ortisei, Canazei e Moena, con buone strutture turistiche e sportive. Proprio da Ortisei viene una delle più grandi campionesse[8] italiane di sci, Isolde Kostner. Isolde vince medaglie[9] per il superG e la discesa libera[10] nelle gare importanti in tutto il mondo.[11]

Ma se ami la natura più dello sport, consigliamo[12] di visitare il Parco Nazionale del Gran Paradiso. Metà[13] del parco è in Valle d'Aosta, la più piccola regione italiana, dove troviamo i monti più alti delle Alpi. Nel parco puoi fare splendide passeggiate. Puoi vedere piante rare e fiori[14] bellissimi, animali come la marmotta, lo stambecco, il camoscio[15] e, se hai fortuna, anche la splendida aquila[16] imperiale.

Un paesaggio nelle Dolomiti

[1]*rock-climbing* [2]*quasi… almost entirely mountainous* [3]*facilities* [4]*landscape* [5]*luce… sunlight* [6]*sunset* [7]*towns* [8]*champions* [9]*medals* [10]*discesa… downhill* [11]*in… all over the world* [12]*we advise* [13]*Half* [14]*flowers* [15]*marmotta… marmot (a type of rodent, similar to a woodchuck), a type of mountain goat, chamois (a type of antelope)* [16]*eagle*

COMPRENSIONE

Based on the reading, decide if the following statements are **vero** or **falso**.

		V	F
1.	Ci sono molte montagne in Trentino–Alto Adige e in Valle d'Aosta.	☐	☐
2.	Le Dolomiti sono in Valle d'Aosta.	☐	☐
3.	Isolde Kostner è famosa per la roccia.	☐	☐
4.	Tutto il parco del Gran Paradiso è in Valle d'Aosta.	☐	☐
5.	Nel Parco del Gran Paradiso ci sono i camosci.	☐	☐

Videoteca

La squadra del cuore

Roberto and Giuliana are buying train tickets from a ticket machine. They are going to Milan to see the Inter-Milan soccer game.

ESPRESSIONI UTILI

è la mia squadra del cuore it is my favorite team
premi «emissioni biglietti» press "issue tickets"
andata e ritorno round trip

io tifo per il Milan I root for Milan
Forse vincerà il Milan! Maybe Milan will win!

Funzione: Buying a train ticket, talking about sports

PREPARAZIONE

ROBERTO: Beh, il calcio non è il tuo sport preferito? Allora andiamo a Milano a vedere la partita dell'Inter!

GIULIANA: Buon'idea! Il calcio è una delle mie passioni e l'Inter è la mia squadra del cuore. Allora, prima scegli la lingua.

ROBERTO: Destinazione… Milano. E poi?

GIULIANA: E adesso premi «emissioni biglietti». E poi seleziona la destinazione. Preferisci viaggiare in prima o seconda classe?

VERIFICA

Choose the correct response.

1. What time did Roberto and Giuliana have an appointment?
   a. 11:10 A.M.   **b.** 9:30 A.M.   **c.** 8:45 A.M.
2. What type of train ticket did they buy?
   a. first class   **b.** round trip   **c.** one way
3. If Roberto and Giuliana leave Florence on the 9:00 A.M. train, what time will they arrive in Milan?
   a. 2:30 P.M.   **b.** 8:45 A.M.   **c.** 12:00 P.M.

COMPRENSIONE

Answer the following questions.

1. What surprise does Roberto have for Giuliana?
2. What selection must Roberto make first when using the ticket machine?
3. Why does Giuliana advise Roberto to buy a second-class ticket?

ATTIVITÀ

Working with a partner, think of an event you would like to go to. Ask your partner if he/she has some free time. In answer to your partner's questions, explain what type of event it is. Where does it take place? How are you going to get there? What time does it start? What time do you have to leave? When will you return?

Parole da ricordare

VERBI

andare al cinema (al ristorante, a teatro, a un concerto)	to go to a movie (a restaurant, the theater, a concert)
andare in barca a vela	to go sailing
andare in palestra	to go to the gym
andare in vacanza	to go on vacation
aprire	to open
ascoltare la musica	to listen to music
bere	to drink
capire (isc)	to understand
cenare	to eat dinner
chiudere	to close
correre	to run
cucinare	to cook
dipingere	to paint
dire	to say, tell
disegnare	to draw
dormire	to sleep
dovere (+ *inf.*)	to have to, must (*do something*)
essere nebbioso/sereno	to be foggy/clear weather
finire (isc)	to finish
giocare a (+ *sport*)	to play (*a sport*)
giocare con il computer	to play on the computer
guardare la televisione (la TV)	to watch television (TV)
invitare	to invite
leggere	to read
mettere	to put, place
nevicare	to snow
offrire	to offer
partire	to leave, depart
perdere	to lose; to waste; to miss
piovere	to rain
potere (+ *inf.*)	to be able to (can, may) (*do something*)
pranzare	to eat lunch
preferire (isc) (+ *inf.*)	to prefer (*to do something*)
prendere	to take
pulire (isc)	to clean
ricevere	to receive
rispondere	to answer, reply
scrivere	to write
seguire	to follow
seguire un corso	to take a class
sentire	to hear
servire	to serve
suonare uno strumento	to play an instrument
tirare vento	to be windy
uscire	to go out; to exit
uscire (con)	to go out (*with someone*)
vedere	to see
venire	to come
viaggiare	to travel
vincere	to win
volere (+ *inf.*)	to want (*to do something*)

ESPRESSIONI CON *FARE*

fare aerobica	to do aerobics
fare un giro in bici (in macchina, a piedi)	to go for a bike ride (car ride, walk)
fare una passeggiata	to take a walk
fare un programma	to plan, make plans
fare lo sci acquatico/ nautico	to go waterskiing
fare lo sci di fondo	to go cross-country skiing
fare sollevamento pesi	to lift weights
fare/praticare uno sport	to play a sport

NOMI

l'appuntamento	appointment; date
l'autunno	Fall
il ballo	dancing
il basket	basketball (*game*)
il calcio	soccer
il Cd (*pl.* i Cd)	compact disc, CD
la chiave	key
la chitarra	guitar
il computer	computer
il concerto	concert
l'e-mail (*f.*)	e-mail; e-mail message
l'estate	Summer
la finestra	window
la gara	competition, match
il giocatore / la giocatrice	player
il giornale	newspaper
l'inverno	Winter
la lettera	letter
la musica	music
la nebbia	fog
la neve	snow
il nuoto	swimming
la palla	ball
la partita	game, match
il passatempo	pastime
il pattinaggio	skating
il piano	piano
la pioggia	rain
la poesia	poetry
la posta elettronica	e-mail
la primavera	Spring
il programma	plan
il racconto	short story
la rivista	magazine
lo sci	skiing
lo sport	sport
la squadra	team
lo strumento	instrument

il teatro	theater
la televisione (la TV)	television (TV)
il tempo	time
il tennis	tennis
il vento	wind
la verità	truth
la volta	time, occasion

AGGETTIVI

| libero | free, unoccupied |
| troppo | too much, too many |

ALTRE PAROLE E ESPRESSIONI

adesso	now, right now
da solo/sola	alone
di solito	usually
durante	during
qualche volta	sometimes
quante volte?	how many times?
se	if
tardi	late

Un caffè al bar e poi al lavoro!

Prendiamo un caffè?

CAPITOLO

5

IN BREVE

GRAMMATICA

A. Preposizioni articolate

B. Passato prossimo con **avere**

C. Passato prossimo con **essere**

D. **Conoscere** e **sapere**

NOTA CULTURALE

Il bar italiano

UN PO' DI CULTURA

C'è posta per te!
In Campania

Pratica

Practice the skills you learned in this chapter and learn more about the Italian-speaking world through the *In giro per l'Italia* supplements.

www.mhhe.com/ingiro2

Capitolo 5

Vocabolario

Parte 1

Dialogo-Lampo

Prendere un caffè al bar

ANDREA: Silvia… cosa prendi?

SILVIA: Un cappuccino.

ANDREA: Non mangi? Io mangio sempre!

SILVIA: No, di solito non faccio colazione la mattina.

ANDREA: (*alla cassiera*[1]) Allora[2]… un cappuccino, un caffè e… tre paste.

SILVIA: Tre paste?! Hai proprio fame!

…

IL BARISTA:[3] Desiderano?

ANDREA: Un cappuccino, un caffè e tre paste. Ecco lo scontrino![4]

1. Che cosa prende Silvia? Perché?
2. Che cosa bevono?
3. Cosa mangia Andrea?
4. Di che cosa hanno bisogno Andrea e Silvia per ordinare la colazione?
5. Secondo voi, che momento del giorno è questo?

[1]alla… *to the cashier* [2]*Well, then* [3]*bar attendant* [4]*receipt*

Qualcosa da mangiare, qualcosa da bere (*Something to eat, something to drink*)

Si dice così:
al bar

il caffè corretto *espresso with a small amount of liquor*

il caffè macchiato *espresso with a few drops of milk*

il caffellatte *steamed milk infused with espresso*

il cappuccino *espresso with steamed milk*

LE BEVANDE (*BEVERAGES*)

l'acqua (minerale / gassata / naturale) water (mineral / carbonated / noncarbonated)

la bibita soda, soft drink

il caffè coffee, espresso

la cioccolata hot chocolate

la lattina aluminum can

la spremuta freshly squeezed juice

il succo di arancia orange juice

il tè (caldo) (hot) tea

il tè freddo iced tea

NELLE BEVANDE

il **ghiaccio** ice
il **latte** milk
il **limone** lemon
il **miele** honey
lo **zucchero** sugar

A COLAZIONE E PER UNO SPUNTINO (SNACK)

il **biscotto** cookie
la **brioche, il cornetto** croissant
il **burro** butter
i **cereali** cereal
la **colazione** breakfast
la **fetta di pane** slice of bread
la **marmellata** marmalade, jam
la **merenda** mid-afternoon snack
il **pane** bread
il **panino** sandwich, hard roll
  al formaggio cheese sandwich
  al prosciutto ham sandwich
  al salame salami sandwich
una **pasta** a (piece of) pastry
la **pasticceria** pastry shop
i **salatini** snacks, crackers,
   munchies
lo **spuntino** snack
il **tramezzino** multi-layered
   sandwich on thin bread
lo **yogurt** yogurt

essere a dieta to be on a diet
fare uno spuntino to have a snack

al banco at the counter
al tavolino at a table

CHI PAGARE, COME PAGARE (*WHOM TO PAY, HOW TO PAY*)

il/la **barista** bar attendant; bartender
il **cameriere / la cameriera** waiter/
   waitress; server
la **cassa** cash register
il **cassiere / la cassiera** cashier
il **conto** bill, check
la **mancia** tip
lo **scontrino** receipt

fare lo scontrino to get a receipt
offrire to offer (to pay), to "treat"
ordinare to order
**pagare (con la carta di credito / con
   un assegno / in contanti)** to pay
   (with a credit card / by check /
   in cash)

Esercizi
. . . .

A. Che cosa ordiniamo? What drink do you order in the following situations?

1. Nevica e fa freddo.
2. Sono le otto di mattina.
3. in palestra
4. al bar con gli amici
5. Hai un raffreddore (*a cold*).
6. in una calda giornata di agosto
7. a Londra, alle 5 del pomeriggio
8. a Roma, per pranzo (*lunch*)

B. Cosa prendi? First read the dialogue, then fill in the blanks with logical completions. Use the **Dialogo-Lampo** as a model.

SILVIA: Cosa *ordini?* / *prendi* ?

ANDREA: *ordino* e una pasta.

SILVIA: Io preferisco il cappuccino. Il caffè è troppo amaro[a] per me!

ANDREA: _____[3]? *non mangi*

SILVIA: Non mangio mai dolci[b] la mattina. Piuttosto[c] prendo _____.[4]

ANDREA: Non prendi qualcosa da bere?

SILVIA: Sì, ma non un caffè, _____.[5]

ANDREA: Vado a fare _____[6] alla cassa.

SILVIA: Oh no, offro io!

[a]*bitter* [b]*sweets* [c]*Instead*

In ascolto

For listening comprehension activities related to the theme of this chapter, see the Workbook/Laboratory Manual or visit the *In giro per l'Italia* website.
www.mhhe.com/ingiro2

C. Al caffè. Working in groups of three or four, pretend that you are in a **caffè** ordering drinks and snacks. Using the **Vocabolario** as a resource, act out the scene with one student playing the server.

Spunti (*Cues*):
Chi ha fame?
Chi ha sete?
Chi ha voglia di… ?
Chi paga?
Cosa c'è da bere? da mangiare?
Che cosa ordiniamo?
Cameriere!/Cameriera! Per favore…
Mi può portare… ?
Quanto costa? (*How much does it cost?*)

I CAFFE' D'ITALIA. LA SECONDA CASA DEGLI ITALIANI.

La Guida ai Bar & Caffè d'Italia
Caffè e non solo caffè, come Italia comanda.

A. Preposizioni articolate

Tutte le mattine vado al bar alle otto. Faccio colazione in fretta, prendo un caffè al banco e poi prendo l'autobus delle otto e un quarto per l'università. Frequento i corsi e all'una mangio alla mensa universitaria con i miei amici. Dopo pranzo, andiamo al bar a prendere un caffè e poi andiamo a studiare in biblioteca. Verso le quattro ho voglia di uno spuntino. Vado al bar e di solito prendo un tè caldo. Metto del miele nel tè e mangio un tramezzino. Verso le cinque prendo l'autobus e torno a casa.

1. Here are some common Italian prepositions:

a	*at, to*	Vado **a** Milano.
da	*from*	Parto **da** New York.
di	*of*	Questa è la macchina **di** Gina.
in	*in, to, into*	Studio **in** biblioteca.
su	*on, over*	Metto il libro **su** questo tavolo (*table*).
con	*with*	Vado a Milano **con** mio fratello.
per	*for*	Parto **per** Milano domani.
		Compro un regalo **per** la nonna.
tra (fra)	*between, among, within*	Studio **fra** le 2.00 e le 4.00.

2. When the prepositions **a, da, di, in,** and **su** are followed by a definite article, they contract to form one word, called an articulated preposition (**preposizione articolata**). Each contraction has the same ending as the article. When the definite article begins with an **l**, the contraction has two **ll**s.

PREPOSIZIONI ARTICOLATE							
Preposizioni	*Articoli maschili*					*Articoli femminili*		
	SINGOLARE			PLURALE		SINGOLARE		PLURALE
	il	lo	l'	i	gli	la	l'	le
a	al	**allo**	all'	ai	a**gli**	a**lla**	all'	a**lle**
da	dal	dal**lo**	dall'	dai	da**gli**	dal**la**	dall'	dal**le**
di → de	del	del**lo**	dell'	dei	de**gli**	del**la**	dell'	del**le**
in → ne	nel	nel**lo**	nell'	nei	ne**gli**	nel**la**	nell'	nel**le**
su	sul	sul**lo**	sull'	sui	su**gli**	sul**la**	sull'	sul**le**

Every morning I go to the café at 8:00. I eat breakfast in a hurry, I have an espresso at the counter, and then I take the 8:15 bus to the university. I go to my classes and at 1:00 I eat at the university cafeteria with my friends. After lunch we go to the café to have coffee and then we go study in the library. Around 4:00 I get a craving for a snack. I go to the café and usually I have a hot tea. I put honey in the tea and I eat a sandwich. Around 5:00 I catch the bus and go home.

Andiamo **al** caffè.
Vengono **dall'**aeroporto.
Quali sono i giorni **della** settimana?
Il ghiaccio è **nei** bicchieri (*glasses*).
Metto il cappuccino **sul** tavolino.

3. The forms of **di** + *article* can also express an unspecified or undetermined quantity. This construction is called the *partitive*. The English equivalent is *some* or *any* or simply an unaccompanied noun.

Prendo **dei** salatini.	*I'm having some snacks.*
Gino mette **dello** zucchero nel caffè.	*Gino puts sugar in coffee.*
Beviamo **dell'**aranciata.	*We are drinking some orange soda.*

The use of **di** meaning *some* or *any* is optional. It is almost always omitted from questions and negative sentences.

Avete bibite in lattina?	*Do you have sodas in cans?*
No, non abbiamo bibite in lattina.	*No, we don't have sodas in cans.*

4. To indicate at what time an action occurs, use **a** + *article*.

—**A** che ora esci?	*(At) what time are you going out?*
—Esco **alle** undici stasera.	*I'm going out at eleven tonight.*
Vanno alla partita di calcio **all'**una.	*They go to the soccer game at one.*

Except: Mangio **a mezzogiorno;** vado a dormire **a mezzanotte.**

5. **Usi speciali:** No article is used with the prepositions **a, di,** and **in** in certain expressions. For example:

a. No article is used with the preposition **a** in expressions such as **a casa** or **a scuola.**

Remember:

andare + **a** + una città → Vado a Parigi.

Paola va **a** casa
in macchina.

b. No article is used with the preposition **di** in expressions such as **un libro di matematica, il professore di storia,** or **esco di casa.**

Paola va in biblioteca
a cercare dei libri **di**
letteratura italiana.

c. No article is used with the preposition **in** before words designating a room in a house (**cucina** [*kitchen*], **salotto** [*living room*], **sala da pranzo** [*dining room*], and so on), certain buildings (such as **banca, biblioteca, chiesa, ufficio**), or an area of the city (such as **centro** [*center;* **in centro** *downtown*] and **piazza**).

andare + **in** + un paese → Vado in Francia.
andare + **in** + bicicletta (macchina, treno, aereo) → Vado in bicicletta.

Paola guarda la
televisione **in** salotto.

Paola va **in** banca a
prendere dei soldi.

Paola incontra degli
amici **in** piazza.

d. Note the special use of **da** + *noun* to mean *at, to,* or *in* someone's home or workplace.

—Dove andiamo?   —*Where are we going?*
—Da Roberto.   —*To Roberto's.*
—Marta è dal medico?   —*Is Marta at the doctor's?*
—No, è dalla professoressa. —*No she's at the professor's.*

Esercizi

A. Trasformazioni. Replace the italicized word in each sentence with each word in parentheses. Make any necessary changes to the rest of the sentence.

1. Carlo va alla *stazione.* (supermercato / stadio / festa / concerti)
2. Ricordi il nome del *professore?* (professoressa / zio di Marco / bambine / acqua minerale)
3. L'aeroplano vola (*flies*) sull'*aeroporto.* (case / città / ospedale / stadio)
4. Vengono dall'*università.* (caffè / biblioteca / stazione / aeroporto)

B. Un tè (*tea party*). Lisa is in a panic before her tea party. Complete the paragraph with the appropriate **preposizioni articolate.**

Lisa, prima di[a] un tè importante: vediamo, il latte è (**in** + **il**)[1] frigo. Devo mettere lo zucchero (**su** + **il**)[2] carrello.[b] I signori Cardini mettono miele (**in** + **il**)[3] tè? (**A** + **i**)[4] loro bambini offro una cioccolata o una bibita in lattina. E che cosa offro (**a** + **la**)[5] dottoressa Marconi? Vediamo se ricordo… lei preferisce le paste (**a** + **i**)[6] salatini e il caffè (**a** + **la**)[7] spremuta. E (**a** + **gli**)[8] zii che cosa offro? E (**a** + **il**)[9] professor Morelli? Santo cielo,[c] che confusione!

[a]prima… *before*   [b]*cart*   [c]Santo… *Good Heavens!*

C. Scambi. Working with a partner, complete the conversations using simple or articulated prepositions.

1. S1: Vai a mangiare _____ mensa _____ gli amici?
   S2: No, non posso. Prima (*First*) devo andare _____ banca e poi vado _____ biblioteca a studiare _____ un esame.
2. S1: Ricordi il nome _____ profumo che mi piace (*I like*) tanto (*so much*)?
   S2: No, ma possiamo andare _____ profumeria qui vicino.
3. S1: Quando vai _____ dottore?
   S2: Non vado _____ dottore; vado _____ ospedale!
4. S1: Come passi le tue giornate?
   S2: Di solito esco di casa _____ otto di mattina e vado _____ ufficio. Pranzo _____ una _____ i miei colleghi. Dopo pranzo andiamo _____ bar a prendere un caffè e a parlare. Torniamo _____ ufficio e lavoriamo. Usciamo _____ ufficio _____ sei e andiamo tutti _____ casa.
5. S1: C'è _____ burro nel frigo?
   S2: No, ma c'è _____ margarina e _____ panna (*cream*).
6. S1: Dove mangiate? _____ cucina?
   S2: Di solito _____ salotto, davanti alla (*in front of the*) TV.

D. La routine. Describe your daily routine to a partner, using the description of a typical Italian student's routine on page 103 as a model. Discuss where you go, what you do, and when. To relate a series of events, use words such as **prima** (*first*), **poi,** and **dopo.**

B. Passato prossimo con *avere*

PAOLO: Ciao, Massimo! Hai già fatto colazione?

MASSIMO: No, Paolo, io non faccio mai colazione.

PAOLO: Cosa? Ho letto che la colazione è il pasto più importante della giornata.

MASSIMO: Forse. Ma noi in famiglia abbiamo sempre preferito saltare la colazione.

1. The **passato prossimo** is a past tense that reports an action or event that was completed in the past. It consists of two words: the present tense of **avere** or **essere** (called *auxiliary* or *helping verbs*) and the past participle, **participio passato,** of the verb.

---

passato prossimo = presente di **avere** *or* **essere** *+ participio passato*

In this section you will learn how to form the **participio passato** and the **passato prossimo** with **avere.**

2. The **participio passato** of regular verbs is formed by adding **-ato, -uto,** and **-ito** to the infinitive stems of **-are, -ere,** and **-ire** verbs, respectively.

INFINITO	PARTICIPIO PASSATO	
-are	-ato	lavorare → lavorato
-ere	-uto	ricevere → ricevuto
-ire	-ito	capire → capito

IL PASSATO PROSSIMO		
LAVORARE	RICEVERE	CAPIRE
ho lavorato	ho ricevuto	ho capito
hai lavorato	hai ricevuto	hai capito
ha lavorato	ha ricevuto	ha capito
abbiamo lavorato	abbiamo ricevuto	abbiamo capito
avete lavorato	avete ricevuto	avete capito
hanno lavorato	hanno ricevuto	hanno capito

PAOLO: Hi, Massimo! Have you already eaten breakfast? MASSIMO: No, Paolo, I never eat breakfast. PAOLO: What? I read that breakfast is the most important meal of the day. MASSIMO: Maybe. But in our family, we have always preferred to skip breakfast.

3. The **passato prossimo** has several English equivalents.

Ho lavorato.

I worked. (simple past)
I did work. (emphatic past)
I have worked. (present perfect)

—Hai lavorato?
—No, non ho lavorato.

—Did you work? (interrogative)
—No, I didn't work. (negative)

4. When **avere** is the auxiliary, the past participle ends in **-o** regardless of the subject of the verb.

Oggi Anna non lavora perché ha lavora**to** ieri.
Anche gli altri hanno lavora**to**.

Today Anna isn't working because she worked yesterday.
The others worked, too.

5. In negative sentences, **non** precedes the auxiliary verb.

—Ha ordinato un tè?
—No, **non** ho ordinato un tè.

—Did you order a tea?
—No, I didn't order a tea.

6. Some verbs have irregular past participles. Most are **-ere** verbs stressed on the stem, such as **LEGgere**.

a. Irregular **-are** verb:

fare	**fatto**	**Abbiamo fatto** un corso di biologia.

b. Irregular **-ere** verbs:

chiedere (*to ask for*)	**chiesto**	Marco **ha chiesto** il conto.
chiudere	**chiuso**	Perché non **hai chiuso** la porta?
correre	**corso**	**Ho corso** per 2 chilometri.
decidere	**deciso**	Marzia **ha deciso** di partire.
dipingere	**dipinto**	Tina **ha dipinto** un bel quadro.
leggere	**letto**	Tu e Massimo **avete letto** un bel libro.
mettere	**messo**	Maria **ha messo** il bicchiere sul tavolo.
perdere	**perso**	**Abbiamo perso** i biglietti.
prendere	**preso**	**Abbiamo preso** il treno per Firenze.
rispondere	**risposto**	Non **hai risposto** alla domanda.
scrivere	**scritto**	Salvatore **ha scritto** una lettera a sua madre.
vedere	**visto** or **veduto**	**Ho visto** il film. *or* **Ho veduto** il film.

The past participle of **bere** is based on the Latin form, *bevere*:

Ho **bevuto** un bicchiere di acqua.

c. Irregular **-ire** verbs:

aprire	**aperto**	**Abbiamo aperto** una bottiglia (*bottle*) di vino rosso.
dire	**detto**	**Ho detto** la verità a mia madre.
offrire	**offerto**	Carlo **ha offerto** un caffè agli amici.

Si dice così:
prendere e portare

Prendere means *to take.*

Ho preso l'autobus all'una. *I took the bus at one.*

Mario ha preso i soldi. *Mario took the money.*

It also has idiomatic usages, such as:

Le ragazze prendono il sole al mare. *The girls sunbathe at the beach.*

Abbiamo preso un caffè al bar. *We had a coffee at the bar.*

Prendere is not used to mean *to take someone/ something somewhere.* **Portare** is used instead.

Sandra porta i bambini a scuola. *Sandra takes the children to school.*

Gli amici hanno portato le bibite alla festa. *Friends brought the drinks to the party.*

7. The **passato prossimo** is often accompanied by these and similar time expressions.

ieri	*yesterday*
ieri sera	*last night*

due giorni			*two days*	
una settimana	} fa		*a week*	} *ago*
un mese			*a month*	
un anno			*a year*	

lunedì				*Monday*
il mese	} scorso	*last* {		*month*
l'anno				*year*

domenica				*Sunday*
la settimana	} scorsa	*last* {		*week*

Hai parlato con Rita alla festa ieri sera?	*Did you talk to Rita at the party last night?*
Purtroppo, hanno avuto l'influenza la settimana scorsa.	*Unfortunately, they had the flu last week.*

—Ma come fai ad avere sete? Hai bevuto un mese fa.

8. Common adverbs of time, such as **già** (*already*), **mai** (*ever*), **non... ancora** (*not yet*), and **sempre** are often placed between **avere** and the past participle.

Ho già preso un caffè stamattina.	*I already had an espresso this morning.*
Hai mai ordinato paste italiane?	*Have you ever ordered Italian pastries?*
Non abbiamo ancora mangiato in quel ristorante.	*We have not yet eaten in that restaurant.*

Esercizi

A. Trasformazioni. Replace the subject of each sentence with each subject in parentheses, and change the verb form accordingly.

1. Roberto ha mangiato troppe paste. (loro / io / tu / voi)
2. Non abbiamo dormito bene. (io / la signora / i bambini / tu)
3. Hai ricevuto una lettera? (chi / voi / loro / Lei)
4. Hanno chiesto un cappuccino. (il dottore / io / noi / tu e Silvana)
5. Ho messo il ghiaccio nei bicchieri. (Lei / noi / le ragazze / voi)

B. Maurizio è un cameriere molto bravo... Continue the description of Maurizio, beginning with **Anche ieri...** Use the **passato prossimo** as in the example.

ESEMPIO: Oggi dice «Grazie!» ai clienti. →
Anche ieri ha detto «Grazie!» ai clienti.

1. Comincia a lavorare presto.
2. Porta i salatini al tavolino.
3. Chiede ai clienti di ordinare.
4. Risponde subito ai clienti.
5. Pulisce bene i tavolini.

C. Fatto e non fatto. Ask your partner what he/she did at the times indicated.

ESEMPIO: ieri →
S1: Che hai fatto ieri?
S2: Ieri ho letto il giornale, ma non ho guardato la TV.

Attività: guardare la TV, prendere un cappuccino, dare un esame, fare il letto, pulire la casa, leggere il giornale…

1. oggi
2. l'anno scorso
3. ieri sera
4. stamattina

5. la settimana scorsa
6. due giorni fa
7. sabato scorso
8. un mese fa

D. Trovate le persone che… In pairs, circulate to find other pairs who have had the following experiences.

ESEMPIO: vedere un film italiano →
S1: Avete mai visto un film italiano?
S2: Sì, abbiamo visto *Cinema Paradiso.* / No, non abbiamo mai visto un film italiano.

1. visitare l'Europa
2. leggere il giornale
3. perdere i biglietti

4. bere un caffè espresso
5. vedere una persona famosa
6. fare un giro in bici

Interno di un bar fiorentino

Nota culturale
Il bar italiano

An Italian **bar** is very different from an American bar. Italians of all ages frequent bars for coffee or light drinks and snacks, including **dolci, panini, pizzette,** and regional specialties. The most common drink is coffee (**caffè espresso** or **cappuccino**).

There are two ways to order at an Italian bar. First you decide whether you want to stand at the counter (**al banco**) or sit at a table (**al tavolino**). You will pay more at a table because a **cameriere** serves you. Ordinarily, Italians prefer to stand at the counter. If you decide to stand **al banco,** it is customary to pay in advance **alla cassa.** You will receive a small receipt called **lo scontrino.** You then go to the counter and place your order with **il/la barista.** When you receive your order, you give **lo scontrino** to the **barista.** It is customary to give a small tip (**la mancia**) for good service.

C. Passato prossimo con *essere*

MARIANNA: Sei andata al cinema ieri sera, Carla?

CARLA: Purtroppo no, Marianna. Gli altri sono andati al cinema; io sono stata a casa e ho studiato tutta la santa sera!

1. Most verbs use **avere** to form the **passato prossimo,** but many common verbs use **essere.*** The past participle of a verb that forms the **passato prossimo** with **essere** always agrees in gender and number with the subject of the verb. It can therefore have four endings: **-o, -a, -i, -e.**

PASSATO PROSSIMO OF **andare**			
sono andato/a	*I went / have gone*	siamo andati/e	*we went / have gone*
sei andato/a	*you went / have gone*	siete andati/e	*you went / have gone*
è andato/a	{ *you went / have gone* *he, she, it went / has gone*	sono andati/e	{ *you went / have gone* *they went / have gone*

Gianni è andato a teatro. *Gianni went to the theater.*
Anna è andata a teatro. *Anna went to the theater.*
Gli altri non sono andati a teatro. *The others didn't go to the theater.*

Le ragazze sono andate a teatro. *The girls went to the theater.*

MARIANNA: Did you go to the movies last night Carla? CARLA: Unfortunately no, Marianna. The others went to the movies; I stayed home and studied the whole blessed evening!

*In vocabulary lists beginning with this chapter, an asterisk (*) will indicate verbs conjugated with **essere.**

2. Most verbs that form the **passato prossimo** with **essere** are verbs of motion or inactivity, such as **andare, arrivare, entrare,** (*to enter; to go in*), **essere, partire, stare, uscire,** and **venire,** and verbs indicating changes in a state of being, such as **nascere** (*to be born*), **diventare** (*to become*), and **morire** (*to die*). As illustrated above, verbs that take **essere** also describe actions and states associated with the home. Notice that **venire, morire,** and **nascere** have irregular past participles.

andare	**andato**	**Siamo andati** in centro.
arrivare	**arrivato**	Chi **è arrivato** presto?
diventare	**diventato**	Paola **è diventata** famosa.
entrare	**entrato**	Perché non **siete entrati** nel bar?
essere	**stato**	**Sei stato** a letto tutto il giorno?
morire	**morto**	**È morto** tuo nonno?
nascere	**nato**	Giulia **è nata** in questa città.
partire	**partito**	Le ragazze non **sono** ancora **partite.**
stare	**stato**	**Siamo stati** zitti.
uscire	**uscito**	Quando **sei uscita?**
venire	**venuto**	**Sono venuto** in ufficio alle sette.

3. Note that the verbs **essere** and **stare** have identical forms in the **passato prossimo. Sono stato/stata** can mean either *I was* or *I stayed*, depending on the context.

Mario è stato ammalato tre volte questo mese.	Mario has been sick three times this month.
Mario è stato a casa una settimana.	Mario stayed home for a week.

—Un pranzo così è sempre stato il mio sogno…

Andrea
è nato a Napoli il 19 gennaio 2005. Figlio di Claudia e Piero Volpe, saluta i nonni e tutti gli zii e zie.

Sofia
è nata a Forlì il 1° luglio 2005. Ha portato una grande gioia a mamma Marina e papà Renato Mauriello, ai nonni e allo zio Roberto.

E s e r c i z i

A. Trasformazioni. Replace the subject of each sentence with each subject in parentheses, and make all necessary changes.

1. Noi siamo andati a un concerto. (Carlo / Silvia / le tue amiche / tu, mamma)
2. Mario è stato ammalato. (la zia di Mario / i bambini / le ragazze / tu, zio)
3. Laura è venuta alle otto. (il professore / gli studenti / anche noi / tu, papà)

B. Scambi. Working with a partner, complete the conversations.

1. S1: Grazie, professore, è stat___*o*___ molto gentile!
   S2: Anche Lei, signorina, è stat___*a*___ molto gentile!
2. S1: Hai vist___*o*___ Luisa quando è entrat___*a*___?
   S2: Sì; è andat___*a*___ subito dal direttore.
3. S1: Vittorio e Daniela sono tornat___*i*___ dalle vacanze in Umbria?
   S2: Sì, ieri. Sono arrivat___*i*___ a casa stanchi. Hanno dett___*o*___ che hanno fatt___*o*___ molte foto.

4. S1: I ragazzi sono andat___ a Venezia in treno, ma le ragazze sono andat___ in aereo. E la nonna?
   S2: È andat___ in macchina con la zia Silvia.
5. S1: Chi ha cucinat___ quando la mamma è stat___ ammalata?
   S2: Papà.
   S1: Come avete mangiat___?
   S2: Abbiamo mangiat___ bene!

C. Abitudinari. (*Creatures of habit.*) You, Sandra, and Riccardo have similar routines. Restate the following paragraph four times in the **passato prossimo:** once with the subject **io,** once with **Sandra,** once with **Riccardo,** and once with **Riccardo e Sandra.**

Esce di casa, prende l'autobus, arriva all'università; va a lezione di italiano, poi a lezione di fisica; incontra gli amici e mangia alla mensa. Dopo il pranzo, parla con gli amici al bar fino a quando[a] deve andare alla lezione seguente.[b] Poi va a lezione di scienze naturali, ritorna a casa e guarda la televisione.

[a]*when* [b]*next*

D. La settimana scorsa. Make a list of your activities from Monday to Friday of last week. Then tell your partner what you did. Your partner will take notes and describe your activities to another pair or to the class.

D. *Conoscere e sapere*

LUIGI: Conosci Marco?

ANTONIO: No, non lo conosco, ma so che suona il piano e che sa dipingere—è artista e musicista.

LUIGI: Conosci Maria?

ANTONIO: No, non la conosco, ma so che gioca bene a calcio e che sa giocare anche a football.

LUIGI: Tu non conosci molta gente, vero?

ANTONIO: No, questo è vero, ma so molte cose di molte persone*!

LUIGI: Do you know Marco? ANTONIO: No, I don't know him, but I know that he plays the piano and that he knows how to paint—he's an artist and musician. LUIGI: Do you know Maria? ANTONIO: No, I don't know her, but I know that she plays soccer well and that she knows how to play American football too. LUIGI: You don't know many people, right? ANTONIO: No, this is true, but I know a lot of things about a lot of people!

*Two Italian words correspond to the English *people:* **la gente** and **le persone. Gente** is a feminine singular noun. **Persone** is feminine plural.

C'è molta gente. } *There are many people.*
Ci sono molte persone.

Conoscere and **sapere** both correspond to the English verb *to know*, but they have different meanings.

Conoscere is regular; **sapere** is irregular.

conoscere	
PRESENTE	
conosco	conosciamo
conosci	conoscete
conosce	conoscono
PASSATO PROSSIMO	
ho conosciuto	

sapere	
PRESENTE	
so	sappiamo
sai	sapete
sa	sanno
PASSATO PROSSIMO	
ho saputo	

Nota bene:
la coniugazione di *sapere*

Note the similarity of **sapere** to the conjugation of **avere**.

sapere	avere
so	ho
sai	hai
sa	ha
sappiamo	abbiamo
sapete	avete
sanno	hanno

1. **Conoscere** means *to know* in the sense of *to be acquainted with someone or something*. It can also mean *to make the acquaintance of, to meet*.

Conosci l'amico di Giovanna?	*Do you know Giovanna's friend?*
Non **conosciamo** la città.	*We don't know the city.*
Voglio **conoscere** quella ragazza.	*I want to meet that girl.*

2. **Sapere** means *to know a fact, to have knowledge of something,* or *to find out something*. When followed by an infinitive, it means *to know how to do something*.

Scusi, **sa** dov'è il ristorante Stella?	*Excuse me, do you know where the Ristorante Stella is?*
Sanno tutti i nomi degli studenti.	*They know all the names of the students.*
Quando posso **sapere** a che ora è l'esame?	*When can I find out what time the exam is?*
Sapete ballare voi?	*Do you know how to dance?*

3. The pronoun **lo** must be used with **sapere** to express the object of the verb. This object is understood (but not expressed) in English.

—Sapete dov'è Monza?	*—Do you know where Monza is?*
—Non **lo** sappiamo.	*—We don't know.*

4. In the **passato prossimo,** these verbs have more precise meanings: **conoscere** means *to meet*, and **sapere** means *to find out (to hear)*.

Abbiamo conosciuto una signora molto simpatica dai Guidotti.	*We met a very nice woman at the Guidottis'.*
Ieri ho saputo che i Mincuzzi sono partiti.	*Yesterday I found out (heard) that the Mincuzzis left.*

—Ho saputo che avete litigato^a con
lo scultore che abita qui accanto^b...

^a*argued*   ^bqui... *next door*

Esercizi

A. Scambi. Complete the conversations with the appropriate verb.

1. s1: (Sa/Conosce) questa città, signorina?
    s2: Sì, ma non (so/conosco) dove trovare un ristorante giapponese.
2. s1: Paolo, non (sai/conosci) cucinare?
    s2: No, ma (so/conosco) molti buoni ristoranti!
3. s1: (Sapete/Conoscete) il ragazzo di Antonella?
    s2: Sì: è simpatico, è intelligente e (sa/conosce) anche suonare la chitarra.
4. s1: Ragazzi, (sapete/conoscete) chi è il presidente della Repubblica Italiana?
    s2: No, ma (sappiamo/conosciamo) chi è il nostro presidente.
5. s1: Signora, Lei (sa/conosce) perché i musicisti non sono arrivati?
    s2: No, non lo (so/conosco).

B. Interviste. Interview two or three classmates to find out more about them. Then tell the class one new thing you know about each of them.

ESEMPIO: Conosco Marcello. So che suona il piano.

C. Conversazione.

1. Sai ordinare in un bar italiano?
2. Conosci un bar famoso a Napoli?
3. Sai dove trovare buoni biscotti italiani?
4. Sai il nome di una bibita italiana?
5. Conosci molte città italiane?
6. Hai mai conosciuto un famoso giocatore di calcio?
7. Vuoi sapere il nome di un buon ristorante italiano vicino all'università?

Piccolo ripasso

■ ■

A. **A letto; al bar.** Restate the following paragraphs using the subjects indicated in parentheses at the end of each passage.

1. Giorgio non è venuto a lezione perché è stato ammalato. Ha avuto l'influenza ed è stato a letto tre giorni. Oggi è uscito ed è andato un po' in bicicletta. Poi è tornato a casa, ha letto per due ore ed è andato a letto presto. (Marisa / io / Gino e Laura)

2. Ieri sera siamo andati al bar e abbiamo preso un gelato. Non siamo stati al tavolino, così abbiamo pagato solo 2 euro a testa.[a] Quando siamo usciti, abbiamo fatto una passeggiata e poi siamo ritornati a casa stanchi ma contenti della bella serata. (voi / tu / Carlo)

[a]a... *each*

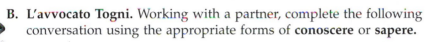

B. **L'avvocato Togni.** Working with a partner, complete the following conversation using the appropriate forms of **conoscere** or **sapere**.

S1: _conosci_[1] l'avvocato Togni?

S2: No, non lo _conosco_[2] personalmente ma _so_[3] chi è; _sai_[4] dove abita e che cosa fa e _conosco_[5] sua moglie Sandra.

S1: Com'è?

S2: È una donna in gamba:[a] _sa_[6] cucinare molto bene, _sa_[7] ballare, _sa_[8] cantare e _conosce_[9] la storia e la letteratura di molti paesi.

S1: _Sai_[10] se hanno figli?

S2: No, non lo _conosce_[11].

[a]in... *capable, "with it"*

C. **La giornata degli zii.** Complete the passage with the appropriate **preposizioni semplici** and **preposizioni articolate**.

La zia Claudia fa colazione _alle_[1] sei di mattina ed esce _di_[2] casa subito dopo perché deve prendere l'autobus per andare _in_[3] centro. La sveglia[a] _dello_[4] zio, invece, suona _alle_[5] otto. Lui può andare _in_[6] ufficio tardi, se vuole, perché è un architetto molto famoso. È molto simpatico e porta spesso _delle_[7] paste _alle_[8] persone in ufficio. La zia torna _a_[9] casa presto, _alle_[10] quattro. Aspetta lo zio e, quando lui ritorna, vanno _____[11] bicicletta per mezz'ora e poi mangiano insieme. Dopo cena leggono il giornale, telefonano _agli_[12] amici o vanno _a_[13] letto presto.

[a]*alarm clock*

Parte 4: Un po' di cultura

C'è posta per te!

À... robertoafirenze@tin.it

Cc...

Oggetto: Viaggio a Napoli

Ciao, Roberto!

Indovina un po'[1] dove sono stata la settimana scorsa? A Napoli, a trovare[2] la zia Annunziata. Tu la conosci? Ho passato tre giorni a casa sua. Insieme abbiamo fatto molte cose: abbiamo visitato il Museo Nazionale Archeologico (dove è conservata la maggior parte del materiale proveniente dagli scavi[3] di Ercolano e Pompei), siamo andate a Capri a vedere la famosa Grotta Azzurra,[4] abbiamo mangiato pizza a Sorrento e abbiamo bevuto Limoncello ad Amalfi! Abbiamo anche cantato canzoni napoletane: sì, ho cantato anch'io, io che sono stonata come una campana...[5] Aspetto sempre una tua visita. Ma sei veramente così occupato?

Tanti saluti affettuosi.
Simona

[1]Indovina... *take a guess* [2]*visit* [3]*digs; ruins* [4]Grotta... *Blue Grotto*
[5]stonata... *tone-deaf* (lit. *as off-key as a bell*)

Il Mare Tirreno vicino all'isola di Capri

In Campania

«Vedi Napoli e poi muori!» dice un vecchio proverbio napoletano e, se ancora[1] non hai visto questa magnifica città, capitale della Campania, devi proprio farlo.

Napoli è una città assolutamente eccezionale. Vive sotto[2] il Vesuvio, che è un vulcano attivo, e esiste tra ricchezza[3] e povertà, grandi tesori di arte e case cadenti.[4] I napoletani sanno fare la pizza migliore del mondo,[5] sanno usare la fantasia e sanno «arrangiarsi» per vivere.[6]

Ma tutta la Campania ha una bellezza particolare. Dopo Napoli puoi vedere il fascino straordinario dei templi di Paestum e delle antiche città romane di Pompei ed Ercolano, sepolte[7] dall'eruzione del Vesuvio del 79 d.C.[8]

Per chi ha voglia di natura ci sono le isole di Capri e di Ischia e la costa amalfitana, con le immagini fantastiche dei loro scogli,[9] dell'azzurro del loro mare, del verde delle loro piante[10] abbondanti.

Pompei e il Vesuvio

Se poi ami il caffè italiano, a Napoli e in tutta la Campania puoi gustare[11] il migliore. È senza dubbio[12] il più forte, il più profumato[13] e preparato con più cura.[14] Dice infatti uno dei tanti personaggi[15] del teatro di Eduardo De Filippo: «La tazzina[16] di caffè la devo fare ogni giorno io stesso, con le mie mani.[17] È una grande soddisfazione: è la poesia della vita.[18]»

[1]*still* [2]*Vive… It lives under* [3]*tra… between wealth* [4]*dilapidated* [5]*migliore… best in the world*
[6]*«arrangiarsi»… "to make do" to live* [7]*buried* [8]*dopo Cristo (A.D.)* [9]*cliffs* [10]*plants* [11]*taste* [12]*doubt*
[13]*il… the strongest, most fragrant* [14]*care* [15]*characters* [16]*cup* [17]*io… myself, with my own two hands* [18]*life*

COMPRENSIONE
Based on the reading, decide if the following statements are **vero** or **falso**.

	V	F
1. Napoli è vicino al Vesuvio.	☐	☐
2. I napoletani sanno fare bene la pizza.	☐	☐
3. In Campania ci sono dei templi.	☐	☐
4. Ischia è una città della Campania.	☐	☐
5. A Napoli poche persone prendono il caffè.	☐	☐

Videoteca

Caffè all'italiana

Roberto and Giuliana have gone to the neighborhood café for breakfast. When Roberto orders an unusual type of coffee, Giuliana explains the various types of Italian coffee.

ESPRESSIONI UTILI

lasciamo perdere let's forget about it
un goccio a drop
la grappa an Italian liqueur

fare confusione to confuse, get confused
Penso proprio di no! I really don't think so!

Funzione: Ordering in a café

PREPARAZIONE

ROBERTO: Allora prendo un caffè corretto e un cornetto.
GIULIANA: Roberto, sei sicuro di volere un caffè corretto? Un caffè corretto di mattina?
ROBERTO: Sì, perché? Cosa c'è di strano?
GIULIANA: Scusa, ma gli americani normalmente bevono alcoolici a colazione?

VERIFICA

Decide if the following statements are **vero** or **falso**.

	V	F
1. Roberto ordered **un caffè ristretto** for breakfast.	☐	☐
2. **Un caffè lungo** has additional water added.	☐	☐
3. Italians get confused about the different types of coffee.	☐	☐

COMPRENSIONE

Answer the following questions.

1. What does Giuliana want for breakfast?
2. How is **un caffè macchiato** made?
3. What is normally put in **un caffè corretto?**

ATTIVITÀ

Working with a partner, write a small breakfast menu for your partner. Imagine what your partner might want to eat. Present your partner with the menu and explain why you have chosen each item. Ask your partner if each item is something he/she eats or drinks. If it isn't, your partner should say what he/she would have instead.

ESEMPIO: S1: Bevi il caffè macchiato?
S2: No, non bevo il caffè macchiato. Bevo il succo d'arancia.

Parole da ricordare

VERBI

chiedere (*p.p.* chiesto)	to ask for
conoscere	to know, be acquainted
(*p.p.* conosciuto)	with; to meet
*diventare	to become
*entrare	to enter; to go in
*essere (*p.p.* stato) a dieta	to be on a diet
fare lo scontrino	to get a receipt
fare uno spuntino	to have a snack
mettere (*p.p.* messo)	to put
*morire (*p.p.* morto)	to die
*nascere (*p.p.* nato)	to be born
offrire (*p.p.* offerto)	to offer (to pay), to "treat"
ordinare	to order
pagare (con la carta di credito / con un assegno / in contanti)	to pay (with a credit card / by check / in cash)
sapere	to know; to have knowledge of; to know how to; to find out

NOMI

l'acqua (minerale/gassata/ naturale)	water (mineral/ carbonated/ noncarbonated)
il banco	counter
il/la barista	bar attendant, bartender
la bevanda	beverage
la bibita	soda, soft drink
il bicchiere	(drinking) glass
il biscotto	cookie
la brioche	croissant
il burro	butter
il caffè	coffee, espresso (strong Italian coffee)
il cameriere / la cameriera	waiter/waitress, server
la cassa	cash register
il cassiere / la cassiera	cashier
il centro	center
in centro	downtown
i cereali	cereal
la cioccolata	hot chocolate
il/la cliente	customer
la colazione	breakfast
il conto	bill, check
il cornetto	croissant
la cucina	kitchen; cuisine
la dieta	diet
i dolci	sweets
la fetta	slice
la gente	people

il ghiaccio	ice
il latte	milk
la lattina	aluminum can
il limone	lemon
la mancia (*pl.* le mance)	tip
la marmellata	marmalade, jam
la merenda	mid-afternoon snack
il miele	honey
il paese	village; country (nation)
il paio (*pl.* le paia)	couple; pair
il pane	bread
il panino	sandwich, hard roll
al formaggio	cheese sandwich
al prosciutto	ham sandwich
al salame	salami sandwich
una pasta	a (piece of) pastry
la pasticceria	pastry shop
il pranzo	lunch
la sala da pranzo	dining room
i salatini	snacks, crackers, munchies
il salotto	living room
lo scontrino	receipt
la spremuta	freshly squeezed juice
lo spuntino	snack
il succo d'arancia	orange juice
il tavolo	table
il tavolino	small table, café table
il tè (caldo)	(hot) tea
il tè freddo	iced tea
il tramezzino	a multi-layered sandwich on thin bread
lo yogurt	yogurt
lo zucchero	sugar

AGGETTIVI

ammalato	sick
prossimo	next (*with time expressions*)
scorso	last (*with time expressions*)

ALTRE PAROLE E ESPRESSIONI

al banco	at the counter
al tavolino	at a table
fa	ago
già	already
ieri	yesterday
ieri sera	last night
in fretta	in a hurry
mai	ever
piuttosto	instead, rather
purtroppo	unfortunately
qualcosa da bere / da mangiare	something to drink / to eat

---

*Words identified with an asterisk (*) are conjugated with **essere**.

CAPITOLO

6

Pronto in tavola!

IN BREVE

GRAMMATICA

A. Pronomi di oggetto indiretto

B. Accordo del participio passato nel passato prossimo

C. **Piacere**

D. Interrogativi

NOTA CULTURALE

I pasti italiani

UN PO' DI CULTURA

C'è posta per te!
In Emilia-Romagna

Due amiche cenano ad Amalfi

Pratica

Practice the skills you learned in this chapter and learn more about the Italian-speaking world through the *In giro per l'Italia* supplements.
www.mhhe.com/ingiro2

Dialogo-Lampo

Cosa facciamo per cena?

IRENE: Che fame, Fabio! Sono già le sette e mezzo. Cosa facciamo per cena?

FABIO: Non lo so… E poi il frigo è quasi vuoto[1]! Perché non andiamo fuori[2] a mangiare?

IRENE: Buon'idea! Ti va una pizzeria? Ho proprio voglia di una pizza…

FABIO: Anch'io, o di un bel piatto[3] di spaghetti. Invitiamo anche Marco e Alessandra?

IRENE: Se non hanno già cenato! Possiamo anche ordinare delle pizze a casa, fare solamente un primo e invitare Marco e Alessandra qui!

1. Che ore sono?
2. Cosa vuole mangiare Irene?
3. Perché Fabio e Irene non vogliono stare a casa stasera?
4. Qual è l'idea di Irene per la cena?

[1]*empty*   [2]*out*   [3]*plate, dish*

Cucinare e cenare

AL RISTORANTE

il conto bill, check
la cucina cooking; cuisine
il pasto meal
la prenotazione reservation
il servizio, il coperto cover charge

apparecchiare la tavola to set the table
cenare to eat dinner
pagare il conto to pay the bill
portare il conto to bring the bill
pranzare to eat lunch
fare una prenotazione to make a reservation
prenotare to reserve
preparare to prepare
provare to try
scegliere (*p.p.* **scelto**) to choose

IL MENU ITALIANO

l'antipasto appetizer
  l'antipasto misto mixed appetizer (**le olive** [olives], **i sottaceti** [pickled vegetables], **i carciofi** [artichokes], **i salumi**)
  i crostini canapés
  il prosciutto e melone cured ham and melon (cantaloupe)
  i salumi (prosciutto, salame) cold cuts (ham, salami)
il primo (piatto) first course
  gli gnocchi dumplings
  il minestrone hearty vegetable soup

le posate e i piatti silverware and dishes
  il coltello knife
  il cucchiaio spoon
  la forchetta fork
  il piatto fondo soup bowl
  la tazza cup

la pasta (le fettuccine, le lasagne, le penne, i ravioli, gli spaghetti, i tortellini)
  in brodo in broth
  alla carbonara with a sauce of eggs, bacon, and grated cheese
  al forno baked
  al pesto with a sauce of basil, garlic, grated parmesan, and pine nuts
  al ragù, alla bolognese with meat sauce
  al sugo di pomodoro with tomato sauce
il riso rice
il risotto creamy rice dish
il secondo (piatto) main course
  l'arrosto roast
  la bistecca alla griglia grilled steak
  la carne meat
    il maiale pork
    il manzo beef
    il pollo chicken
    il vitello veal
  il pesce fish

il contorno side dish
  l'insalata mista mixed salad
  le patate (fritte) (French fried) potatoes
  i pomodori tomatoes
  la verdura vegetables
il formaggio cheese
  la mozzarella mozzarella
  il parmigiano parmesan
il dolce dessert
  la crostata pie
  la frutta fresca fresh fruit
  il gelato ice cream
  la macedonia fresh fruit cocktail
  il tiramisù ladyfingers soaked in espresso and layered with cream cheese, whipped cream, and chocolate
  la torta cake
il vino wine
  il vino bianco white wine
  il vino rosso red wine

Esercizi

A. Al ristorante. Marco e Alessandra non hanno accettato l'invito di Irene e Fabio perché erano già al ristorante. Completa la loro conversazione con il cameriere. (*Marco and Alessandra didn't accept Irene and Fabio's invitation because they were already at a restaurant. Complete their conversation with the waiter.*)

MARCO: Alessandra, che cosa _____[1]?

ALESSANDRA: Non so, ho molta _____.[2] Probabilmente un _____,[3] un primo e un _____.[4]

MARCO: Mmmm, non so se posso mangiare tanto. Per me solo un antipasto e un _____.[5]

CAMERIERE: I signori desiderano?

ALESSANDRA: Per me, prosciutto e melone, gnocchi al pesto e _____[6] alla griglia.

CAMERIERE: Con _____[7]?

ALESSANDRA: Sì, grazie, un'insalata.

CAMERIERE: (*a Marco*) E Lei?

MARCO: Per me _____[8] e spaghetti alla carbonara.

B. Ordiniamo! Cosa ordini al ristorante in queste situazioni? Usa la lista del **Vocabolario.** (*What do you order at a restaurant in these situations? Use the list in the* **Vocabolario.**)

1. Preferisco la carne bianca. Cosa ordino?
2. Non mangio mai carne. Quali (*Which*) piatti non ordino?
3. Adoro la pasta ma non mangio carne. Quale primo ordino?
4. Sono stanco/stanca di mangiare pasta. Cosa ordino come (*as*) primo?
5. Sono a dieta. Quali piatti posso mangiare?
6. Sono vegetariano/vegetariana. Cosa ordino come secondo?
7. Sono allergico/allergica ai latticini (*dairy products*). Cosa non posso ordinare?
8. Voglio un dolce. Cosa ordino?

C. Indovinelli. Ecco alcuni indovinelli da risolvere. (*Here are some riddles to solve.*)

1. È rosso con la carne e bianco con il pesce.
2. È una frutta che mangiamo con un tipo di carne di maiale, ma non alla fine del pranzo.
3. È un tipo di formaggio fresco, uno degli ingredienti principali della pizza.
4. Accompagnano spesso la bistecca o l'hamburger.
5. Dicono che Marco Polo ha portato questo tipo di pasta in Italia dalla Cina.
6. Il suo nome vuol dire *pick-me-up.*

—Posso invitarti a cena?

For listening comprehension activities related to the theme of this chapter, see the Workbook/Laboratory Manual or visit the *In giro per l'Italia* website. **www.mhhe.com/ingiro2**

Parte 2

A. Pronomi di oggetto indiretto

ALBERTO: Siamo quasi a Natale. Cosa regaliamo quest'anno alla nonna?

ELISABETTA: Semplice. Le regaliamo il dolce tradizionale, il panettone.

ALBERTO: Benissimo! E allo zio Augusto?

ELISABETTA: Perché non gli compriamo un libro di cucina? Cucinare è il suo hobby preferito.

ALBERTO: Buon'idea! E tu, cosa vuoi?

ELISABETTA: Puoi comprarmi una macchina per fare la pasta. Così ci facciamo delle belle tagliatelle!

1. As you saw in **Capitolo 4,** direct-object nouns and pronouns answer the question *what?* or *whom?* Indirect-object nouns and pronouns answer the question *to whom?* or *for whom?* In English the word *to* is often omitted: *We gave a cookbook to Uncle Giovanni.* → *We gave Uncle Giovanni a cookbook.* In Italian, the preposition **a** (or **per**) is always used before an indirect-object noun.

Abbiamo regalato un libro di cucina **allo** zio Giovanni.	*We gave a cookbook to Uncle Giovanni.*
Ho comprato il regalo **per** Maria.	*I bought the gift for Maria.*
Puoi spiegare questa ricetta **a** Paolo?	*Can you explain this recipe to Paolo?*

2. Indirect-object pronouns (**i pronomi di oggetto indiretto**) replace the indirect-object nouns. They are identical in form to direct-object pronouns except for the third-person forms **gli, le,** and **loro.**

SINGOLARE			PLURALE		
mi	*(to/for)*	*me*	**ci**	*(to/for)*	*us*
ti	*(to/for)*	*you (inform.)*	**vi**	*(to/for)*	*you (inform.)*
Le	*(to/for)*	*you (m. and f., form.)*	**Loro**	*(to/for)*	*you (m. and f., form.)*
gli	*(to/for)*	*him*	**gli (loro)**	*(to/for)*	*them*
le	*(to/for)*	*her*			

ALBERTO: It's almost Christmas. What shall we give Grandma this year? ELISABETTA: (That's) Simple. We'll give her the traditional cake, panettone. ALBERTO: Great! And for Uncle Augusto? ELISABETTA: Why don't we buy him a cookbook? Cooking is his favorite hobby. ALBERTO: Good idea! And you, what would you like? ELISABETTA: You can buy me a pasta machine. That way we can make ourselves some nice tagliatelle!

a. In contemporary usage, **loro** has been replaced by **gli,** which precedes the verb. **Loro** always follows the verb.

Gli parliamo domani. *or (rarely)*   *We'll talk to them tomorrow.*
Parliamo **loro** domani.

b. Indirect-object pronouns (except **Loro/loro**) precede the verb.

—**Le** hai dato le ricette?   —*Did you give her the recipes?*
—No, non **le** ho dato le ricette.   —*No, I didn't give her the recipes.*

c. Indirect-object pronouns attach to the infinitive, and the **-e** of the infinitive is dropped.

Non ho più tempo di parlar**gli.**   *I no longer have time to talk to him.*

If the infinitive is preceded by a form of **dovere, potere,** or **volere,** the indirect-object pronoun can either attach to the infinitive (after the **-e** is dropped) or precede the conjugated verb.

Voglio parlar**gli** da solo.   *I want to talk to him alone.*
Gli voglio parlare da solo.

d. **Le** and **gli** *never* elide before a verb beginning with a vowel or **h.**

Le offro un caffè.   *I offer her a cup of coffee.*
Gli hanno detto «Ciao!»   *They said "Ciao!" to him.*

3. Indirect object nouns and pronouns are often used with the following verbs:

chiedere (*p.p.* chiesto) *to ask for*	preparare
consigliare *to recommend*	prestare *to lend*
dare	regalare *to give (as a gift)*
dire (*p.p.* detto)	rendere (*p.p.* reso) *to return, give back*
domandare *to ask*	
insegnare	riportare *to bring back*
mandare *to send*	rispondere (*p.p.* risposto)
mostrare *to show*	scrivere (*p.p.* scritto)
offrire (*p.p.* offerto)	telefonare
portare	

Many of these verbs also take a direct object.

	DIRECT OBJECT NOUN	INDIRECT OBJECT NOUN	
Porto	le paste	a mia zia.	*I bring the pastries to my aunt.*
Scriviamo	le e-mail	agli amici.	*We write e-mails to our friends.*

—**Tu devi essere tirchio:**[a] **regali a mia sorella margherite**[b] **mentre Paolo le regala gardenie e Renzo orchidee…**

[a]*stingy, cheap*   [b]*daisies*

Esercizi

A. Scambi. Con un compagno / una compagna, completate le seguenti conversazioni con un pronome di oggetto indiretto. (*Working with a partner, complete the following conversations with indirect-object pronouns.*)

1. s1: Professore, posso far_____ una domanda?
   s2: Certo, signorina. Cosa _____ vuole chiedere?
2. s1: Come parla bene! Chi _____ ha insegnato il francese?
   s2: _____ ha insegnato il francese una signora francese molto brava.
3. s1: Io non sono mai a casa: non puoi telefonar_____.
   s2: E allora, _____ devo scrivere un'e-mail?
4. s1: Quando i bambini hanno fame, _____ preparo gli spaghetti. E tu, cosa prepari per tua moglie?
   s2: Di solito _____ preparo un'insalata o della verdura cotta (*cooked*). Tutto cibo (*food*) genuino!
5. s1: Signore, posso consigliar_____ una di queste paste?
   s2: Per carità! (*For goodness' sake!*) Sono a dieta. Non può portar_____ della frutta fresca?

B. Domande e risposte. Crea frasi plausibili con elementi dalle liste A, B e C. Il tuo compagno / La tua compagna deve rispondere con pronomi di oggetto indiretto. (*Create plausible questions with elements from lists A, B, and C. Your partner must respond with indirect-object pronouns.*)

ESEMPIO: S1: Salvatore telefona spesso a Maria?
           S2: No, non le telefona spesso.

A	B	C
La professoressa	compri un regalo	a noi oggi?
Silvia	telefona spesso	a quella ragazza?
Tu	prepara la cena	a Chiara
Tu e un altro studente	scrivi una lettera	per tua madre?
Tua madre	rispondete	a tuo zio?
Gino e Luigi	dà molti compiti	agli amici?
Claudio	offrono un'aranciata	alle mie amiche?

C. L'insegnante. Parli del tuo / della tua insegnante ad un amico / un'amica. Scegli il pronome di oggetto diretto o indiretto appropriato, **lo/la** o **gli/le**. (*You are talking to a friend about your instructor. Choose the appropriate direct- or indirect-object pronoun, **lo/la** or **gli/le.***)

1. _____ vedo ogni giorno.
2. _____ domando «Come sta?»
3. _____ ascolto con attenzione.
4. _____ capisco sempre.
5. _____ faccio molte domande.
6. _____ scrivo un'e-mail.
7. _____ rispondo subito (*right away*).
8. _____ aspetto dopo la lezione.

D. La storia di Maria. Leggi il seguente brano. Poi, scrivi o ripeti il brano e sostituisci a **Maria** i pronomi appropriati. (*Read the following passage, then rewrite or repeat the passage, and replace **Maria** with the appropriate pronouns.*)

Voi non conoscete Maria, ma io conosco Maria molto bene. È veramente[a] una buon'amica. Ogni giorno vedo Maria al supermercato e parlo a Maria. Quando abbiamo tempo, offro un caffè a Maria. Maria non sa cucinare, così io do molte ricette a Maria e spiego a Maria cosa deve fare. Spesso telefono a Maria e invito Maria a pranzo. Anche Maria mi invita molto spesso, non a pranzo ma al cinema. Maria è simpatica e generosa. Per il suo compleanno[b] voglio regalare un profumo a Maria. Ieri ho domandato a Maria quale profumo preferisce e Maria ha detto: «Obsession. Perché?» Io ho risposto a Maria: «Ho bisogno di un'idea per un regalo… »

[a]*truly*   [b]*birthday*

Ora ripeti il brano e sostituisci a **Maria** il nome **Enrico.** Poi sostituisci a **Enrico** i pronomi appropriati. (*Now repeat the passage, and substitute **Enrico** for **Maria.** Then replace **Enrico** with the appropriate pronouns.*)

B. Accordo del participio passato nel passato prossimo

SARA: Stasera c'è la festa a sorpresa per Massimo. Vediamo se tutto è a posto. Hai apparecchiato la tavola?

GINO: Sì, l'ho apparecchiata.

SARA: Hai incartato i regali per Massimo?

GINO: Sì, li ho incartati.

SARA: Hai preparato gli antipasti?

GINO: Sì, li ho preparati.

SARA: Hai comprato tutto? Hai ricordato il primo e il secondo e la frutta?

GINO: Sì, ho comprato tutto. Ho ricordato tutto. Tutto è pronto. È già pronto da due giorni! Tutti gli amici sanno che devono arrivare alle sette in punto.

SARA: Un'ultima domanda. Hai invitato Massimo?

GINO: Oh, no!

As you know, the **passato prossimo** of most verbs is formed with the present tense of **avere** plus a past participle.

1. When a direct-object pronoun is used with the **passato prossimo,** it directly precedes **avere.** The past participle must agree in gender and number with the preceding direct-object pronoun (**lo, la, li,** or **le**).

    —Hai visto Massimo?   → —Sì, **l'**ho (**lo** ho) vist**o.**
    —Hai visto Giovanna?   → —Sì, **l'**ho (**la** ho) vist**a.**
    —Hai visto i bambini?   → —Sì, **li** ho vist**i.**
    —Hai visto le bambine? → —Sì, **le** ho vist**e.**

    Remember that singular object pronouns (**lo** and **la**) can elide with the forms of **avere** that follow, but the plural forms (**li** and **le**) *never* elide. The agreement (**l'accordo**) of the past participle with the other direct-object pronouns (**mi, ti, ci,** or **vi**) is optional.

    Mamma, chi ti ha visto (vist**a**)?   *Mother, who saw you?*
    Ragazze, chi vi ha visto (vist**e**)?   *Girls, who saw you?*

2. When an indirect-object pronoun is used with the **passato prossimo,** it also precedes **avere.** However, the past participle *never* agrees with it.

    —Hai visto Laura?   —*Did you see Laura?*
    —**L'**ho vist**a** [*agreement*] ma non   —*I saw her, but I didn't speak to*
      le ho parlat**o** [*no agreement*].   *her.*

SARA: Tonight there's the surprise party for Massimo. Let's see if everything is in place. Did you set the table? GINO: Yes, I set it.   SARA: Did you wrap the presents for Massimo? GINO: Yes, I wrapped them.   SARA: Did you make the appetizers? GINO: Yes, I made them.   SARA: Did you buy everything? Did you remember the first course and second course and the fruit? GINO: Yes, I bought everything. I remembered everything. Everything's ready. It's been ready for two days! All our friends know that they should get here at seven on the dot.   SARA: One last question. Did you invite Massimo? GINO: Oh, no!

3. As you already know, the past participle of a verb conjugated with **essere** always agrees with the *subject* in gender and number.

   Elena è andat**a** al parco. *Elena went to the park.*
   I **ragazzi** sono venut**i** a casa tardi. *The kids came home late.*

—Mamma, l'ho trovato nel parco: posso tenerlo?

Esercizi

A. Accordi. Con un compagno / una compagna, completate le conversazioni. Dovete fornire la vocale finale dei participi passati. (*Working with a partner, complete the conversations. You need to provide the appropriate ending for the past participle.*)

1. s1: Chi ha ordinat_____ i fiori (*flowers*)?
   s2: Non so. Non li hai ordinat_____ tu?
2. s1: Hai dat_____ la mancia alla cameriera?
   s2: Sì, le ho dat_____ cinque dollari.
3. s1: Hai comprat_____ le paste?
   s2: No, ho dimenticat_____ di comprarle!
4. s1: Hai vist_____ la professoressa di italiano ieri?
   s2: Sì, l'ho vist_____ in biblioteca ma non le ho parlat_____.
5. s1: Hai telefonat_____ ai nonni?
   s2: Sì, gli ho già telefonat_____.
6. s1: Siamo andat_____ al ristorante Da Luigi ieri sera.
   s2: Avete mangiat_____ bene?

B. Dov'è? Dove sono? Susanna non riesce a trovare certe cose e chiede alla sua compagna di stanza, Alessandra, dove sono. Alessandra spiega perché non ci sono. A turni, con un compagno / una compagna, fate domande e risposte. (*Susanna can't find certain things and asks her roommate, Alessandra, where they are. Alessandra explains why they aren't there. Taking turns with a partner, ask and answer questions.*)

ESEMPIO: il libro di informatica (prestare a Giancarlo) →
   s1: Dov'è il libro di informatica?
   s2: L'ho prestato a Giancarlo.

1. le foto (mandare ai miei genitori)
2. la tua vecchia bicicletta (vendere, *to sell*)

3. il tavolino (mettere in cucina)
4. i giornali (buttare via, *to throw away*)
5. le vitamine (finire)

C. Una cena. Usa le frasi fornite e chiedi al compagno / alla compagna se ha preparato tutto per la cena di stasera. Il compagno / la compagna deve rispondere con pronomi di oggetto diretto e indiretto in modo appropriato. (*Use the phrases provided and ask your partner if he/she has prepared everything for the dinner party tonight. Your partner must respond with direct- or indirect-object pronouns as appropriate.*)

ESEMPIO: telefonare a Marco →
S1: Hai telefonato a Marco?
S2: Sì, gli ho telefonato.
S1: Hai preparato la macedonia?
S2: Sì, l'ho preparata.

apparecchiare la tavola
mettere l'acqua nei bicchieri
domandare a tua madre come
   fare il sugo per la pasta

parlare a Maria
comprare i regali
preparare gli antipasti
telefonare agli amici

Una tavola calda a Roma.

Nota culturale
I pasti italiani

La mattina gli italiani sono abituati[1] a prendere solamente un caffè, un cappuccino o un caffellatte insieme ad una brioche. La colazione degli italiani è quindi molto leggera[2] e la fanno a casa o al bar; per questo alcuni[3] fanno poi uno spuntino, fra le dieci e le undici.

    Verso l'una molti italiani ritornano a casa per il pranzo, che tradizionalmente consiste in un primo piatto di pasta (spaghetti, lasagne, eccetera) e in un secondo piatto di carne o pesce con contorno di verdure cotte o insalata. Dopo il secondo, gli italiani mangiano in genere[4] la frutta e prendono un caffè. Il dolce arriva sulla tavola solo nei giorni di festa o in particolari occasioni. Il pasto è sempre accompagnato da vino e acqua minerale.

    Negli ultimi anni,[5] a causa dei cambiamenti degli orari[6] di lavoro e delle distanze fra le abitazioni e gli uffici, molti italiani, all'ora di pranzo, mangiano qualcosa alle tavole calde[7] o prendono un panino al bar.

    La cena, che gli italiani fanno verso le otto e mezzo d'estate e verso le otto d'inverno, è di solito leggera. Possono mangiare una minestra calda, delle uova[8] con verdure, oppure formaggio e affettati[9] (prosciutto, salame, e così via), a seconda delle[10] stagioni e delle preferenze individuali.

    Le persone che il giorno mangiano solo un panino, la sera fanno però un pasto completo, con un bel piatto di pasta e un secondo con contorno.

[1]*accustomed* [2]*quindi... thus very light* [3]*per... therefore some people* [4]*in... in general* [5]*Negli... In recent years* [6]*cambiamenti... changes in the hours* [7]*tavole... cafeterias* [8]*eggs* [9]*cold cuts* [10]*a... depending on the*

C. *Piacere*

Gianni è avvocato. Lavora tutto il giorno e mangia spesso in buoni ristoranti con i clienti. Gli piace il vino italiano; come antipasto gli piacciono i crostini, ma non gli piacciono i salumi. Dopo cena, gli piace fumare una sigaretta. Nel week-end, quando non deve lavorare, gli piace stare a casa, leggere dei libri e ascoltare musica.

Gianna è artista e musicista. Ha gusti semplici. La mattina le piace bere un caffellatte e mangiare una brioche. Le piacciono molto i panini al prosciutto. Quando va in un ristorante, le piace ordinare solamente un primo e un bicchiere di vino. La sera le piace dipingere e suonare il piano, ma nel week-end è molto attiva. Le piace giocare a tennis, scalare montagne e pattinare.

1. The Italian verb that expresses *to like* is **piacere**. It is similar in structure to the English phrase *to be pleasing to.*

   > *Gianni likes meat.* → *Meat is pleasing to Gianni.*
   > *Gianni likes potatoes.* → *Potatoes are pleasing to Gianni.*

   a. In Italian, the thing or person liked (*meat, potatoes*) is the subject of the sentence; the person who likes it (*Gianni*) is the indirect object.

   b. The verb **piacere** therefore agrees with the thing or person liked (the subject); consequently, it is often in the third-person singular or plural: **piace, piacciono.** (Note that when the indirect object is a noun, it must be preceded by the preposition **a.**)

   A Gianni piace | la carne. | *Gianni likes meat. (Meat is pleasing to Gianni.)*

   A Gianni piacciono | le patate. | *Gianni likes potatoes. (Potatoes are pleasing to Gianni.)*

Gianni is a lawyer. He works all day and often eats in good restaurants with his clients. He likes Italian wine, he likes canapés as an appetizer, but he doesn't like cold cuts. After dinner he likes to watch television. On the weekend, when he doesn't have to work, he likes to stay home, read books, and listen to music.

Gianna is an artist and musician. She has simple tastes. In the morning she likes to drink a **caffellatte** and eat a croissant. She likes ham sandwiches a lot. When she goes to a restaurant, she likes to order just a first course and a glass of wine. In the evening she likes to paint and play the piano, but on the weekend she's very active. She likes to play tennis, climb mountains, and skate.

—Non ti piace la velocità, non ti piace il rumore, non ti piace la confusione... Mi sai dire, allora, cosa ti piace nella vita?

c. The person who likes someone/something is the indirect object, often replaced by a pronoun.

| A Gianni | piace la carne. | *Gianni likes meat.* |
| Gli | piace la carne | *He likes meat.* |

| A Gianni | piacciono le patate. | *Gianni likes potatoes.* |
| Gli | piacciono le patate. | *He likes potatoes.* |

d. In the **passato prossimo, piacere** is conjugated with **essere.** Its past participle thus agrees in gender and number with the subject. Note that like **conoscere, piacere** adds an **i** when forming the past participle: **piaciuto.**

| Maria ha ordinato un dolce e le è piaciut**o** molto. | *Maria ordered dessert and she liked it a lot.* |
| I ragazzi hanno mangiato le verdure, ma non gli sono piaciut**e.** | *The boys ate the vegetables, but they didn't like them.* |

2. *To not like* or *dislike* is expressed with the negative of **piacere.**

A Gianni non piacciono i salumi.	*Gianni doesn't like cold cuts. (Cold cuts aren't pleasing to Gianni.)*
Non gli piacciono i salumi.	*He doesn't like cold cuts.*
Non mi piace il caffè.	*I dislike coffee.*

3. When the subject is expressed as an infinitive (*I like to eat.* → *Eating is pleasing to me.*), **piacere** is used in the third-person singular.

| A Sergio piace mangiare bene, ma non gli piace cucinare tutte le sere. | *Sergio likes to eat well, but he doesn't like to cook every night.* |

4. Notice that in expressions such as **Ti piace?** (*Do you like it?*) or **Ti piacciono?** (*Do you like them?*), Italian has no equivalent for the English *it* and *them*, which are expressed by the singular and plural verb endings.

5. Notice that Italian, unlike English, requires use of the definite article to express general likes and dislikes.

Non mi piace **il** vitello.	*I don't like veal.*
Gli piacciono **i** ravioli?	*Does he like ravioli?*
Ai miei amici non piace **la** carne.	*My friends don't like meat.*

6. **Dispiacere** means *to be sorry* and is used in the same way as **piacere.**

| Non posso venire; mi dispiace. | *I can't come; I'm sorry.* |

MENU
PROSCIUTTO E PATATE
SALSICCE E PATATE
UOVA SODE E PATATE
POLPO E PATATE
TONNO E PATATE
FUNGHI E PATATE
CARCIOFI E PATATE

—Mi dispiace, signore, ma le patate sono finite!

Esercizi

A. Piace o no? Crea delle frasi con **piacere** o **non piacere.** (*Create sentences with* **piacere** *or* **non piacere.**)

ESEMPI: i bambini / la frutta →
          Ai bambini piace la frutta.
          i bambini / i crostini →
          Ai bambini non piacciono i crostini.

1. gli studenti di questa classe / gli esami
2. i miei genitori / pagare le tasse (*taxes*)
3. il mio compagno/la mia compagna di stanza / guardare la televisione tutta la notte
4. l'insegnante di italiano / dare bei voti agli studenti
5. i miei amici / gli gnocchi al sugo
6. tutti / le vacanze

B. Perché no? Dopo una cena in un ristorante molto elegante, tuo cugino ha tante domande. Con un compagno / una compagna, fate le domande e rispondete secondo il modello. (*After a dinner in an elegant restaurant, your cousin is full of questions. Working with a partner, ask and answer each question as in the example.*)

ESEMPIO: non mangiare l'antipasto / i nonni →
           S1: Perché non hanno mangiato l'antipasto i nonni?
           S2: Perché non gli piace mangiare l'antipasto.

1. non mangiare la verdura / i bambini
2. non fare il risotto / lo chef
3. non ordinare il secondo / la mamma
4. non prendere il caffè / Mariangela
5. non dare la mancia / lo zio Marco

C. Ti è piaciuto? Il tuo amico è appena tornato dall'Europa. Chiedi se gli sono piaciute le seguenti cose. (*Your friend has just returned from Europe. Ask if he/she liked the following things.*)

ESEMPI: l'Italia → Ti è piaciuta l'Italia?
          gli italiani → Ti sono piaciuti gli italiani?

1. la cucina italiana
2. i musei di Firenze
3. il Teatro di Taormina
4. le fontane (*fountains*) di Roma
5. la pizza napoletana
6. i gelati siciliani
7. le fettuccine al pesto
8. viaggiare in treno

D. Mi piace, non mi piace. Parla delle tue preferenze. Usa la lista seguente. (*Talk about your preferences. Use the following list.*)

ESEMPIO: Mi piace il caffè italiano, ma non mi piacciono le sigarette!

Possibilità: il caffè italiano, viaggiare, le lezioni di grammatica, la birra americana, i salumi, i bambini, i film di Coppola, pagare in contanti, i piatti piccanti (*spicy*), le sigarette, il baseball…

Ora domanda ad un compagno / una compagna e poi all'insegnante se hanno preferenze tra queste cose. (*Now ask a classmate, and then your instructor, whether they have preferences among these items.*)

ESEMPIO: Cosa ti piace di più, il caffè italiano o la birra americana?

D. Interrogativi

LIDIA:	Chi è?
LORENZO:	Sono Lorenzo.
LIDIA:	Cosa vuoi?
LORENZO:	Ti voglio parlare.
LIDIA:	Perché?
LORENZO:	Perché voglio parlare dell'altra sera.
LIDIA:	Non voglio parlarti ora.
LORENZO:	Quando posso ritornare?
LIDIA:	Ritorna fra mezz'ora.

Interrogatives in Italian function just as they do in English: they ask for information or facts. Most interrogatives in Italian are invariable, however, two words, **quale** and **quanto,** can vary for gender and number.

INVARIABLE INTERROGATIVES		
che cosa? (che?) (cosa?)	what?	Che dici?
che?	what kind of?	Che macchina hai?
chi?	who? whom?	Chi è?
quanto? + *verb*	how much?	Quanto costano?
come?	how?	Come prepari la torta?
dove?	where?	Dov'è la biblioteca?
		Dove sono i libri?
perché?	why?	Perché dormi?
quando?	when?	Quando vengono?
VARIABLE INTERROGATIVES		
quale/quali?	which?	Quali piatti preferisci?
quanto/a/i/e? + *noun*	how much/many?	Quanti primi ci sono?

LIDIA: Who is it?   LORENZO: It's Lorenzo.   LIDIA: What do you want?   LORENZO: I want to talk to you.   LIDIA: Why?   LORENZO: Because I want to talk about the other night.   LIDIA: I don't want to talk to you now.   LORENZO: When can I come back?   LIDIA: Come back in half an hour.

1. In questions beginning with an interrogative word, the subject is usually placed at the end of the sentence.

    Quando guarda la TV Mike?   *When does Mike watch TV?*

2. Prepositions such as **a, con, da, di,** and **per** always precede interrogative expressions. In Italian, a question never ends with a preposition.

    A chi scrivono?   → Scrivono **a** Michele.
    Con chi esci?   → Esco **con** Tina.
    Da dove vieni?   → Vengo **dalla** California.
    Di che cosa parlate? → Parliamo **del** nuovo ristorante in Via
                                     Garibaldi.
    Per chi è il regalo?   → È **per** Marinella.

3. As you learned in **Capitolo 2,** to find out who owns something, you ask:

    Di chi è + *singular*
             or
    Di chi sono + *plural*

    Di chi **è** il cane?   *Whose dog is it?*
    Di chi **è** questa chiave?   *Whose key is this?*
    Di chi **sono** le foto?   *Whose photos are they?*

4. **Che?** and **cosa?** are abbreviated forms of **che cosa?** (*what?*). The three forms are interchangeable when used as pronouns. When used as an adjective (to mean *what kind/type of*) followed by a noun, only **che** is appropriate.

    Che cosa bevi?   *What are you drinking?*
    Che fai?   *What are you doing?*
    Cosa cucini?   *What are you cooking?*

    Che computer hai?   *What type of computer do you
                                     have?*

    Che pasta preferisci?   *What (kind of) pasta do you
                                     prefer?*

—Mamma, che cos'è la primavera?

5. The variable interrogatives **quale** and **quanto** are adjectives. They thus agree in gender and number with the nouns they modify.

Quali parole ricordi? *Which words do you remember?*
Quante ragazze vengono? *How many girls are coming?*

6. **Che cos'è… (Che cosa è…), Cos'è… ?** expresses the English *What is . . . ?* in a request for a definition or an explanation.

Che cos'è la semiotica? *What is semiotics?*

Qual è… ?* expresses *What is . . . ?* when the answer calls for a choice, or when one requests information such as a name, telephone number, or address.

Qual è la tua materia preferita? *What's your favorite subject?*
Qual è il numero di Roberto? *What is Roberto's phone number?*

Esercizi

A. Ho bisogno di informazioni… Completa le domande con l'espressione interrogativa appropriata. (*Complete the questions with the appropriate interrogative expression.*)

1. (Quanti / Quante) automobili hanno i Rossi?
2. (Come / Cosa) parla inglese Lorenzo?
3. (Cos'è / Qual è) la differenza tra il cappuccino e il caffellatte?
4. (Quale / Quali) università sono famose?
5. (Quali / Quanti) dischi compri, uno o due?
6. (Quando / Quanto) latte bevi?
7. (Che / Chi) facciamo stasera?
8. (Che / Chi) poesie leggete?

B. Qual è? Che cos'è? Completa le domande con l'equivalente italiano di *what is.* (*Complete the questions with the appropriate Italian equivalent of* what is?)

1. _____ il nome di quel bel ragazzo?
2. _____ la data (*date*) di oggi?
3. _____ questo?
4. _____ la chiave giusta?
5. _____ l'astrologia?
6. _____ *La Repubblica?*

C. Conosciamoci meglio! (*Let's get better acquainted.*) Con un compagno / una compagna, preparate una lista di domande da fare ad un'altra coppia di compagni. (*With a partner, compile a list of questions to ask another pair of students.*)

ESEMPIO: Quanti anni avete? Quando studiate?

—Se tu sei Babbo Natale,ᵃ allora quello lì chi è?

ᵃBabbo… *Santa Claus*

***Quale** is frequently shortened to **qual** before the singular forms of **essere** that begin with **e: qual è.**

Piccolo ripasso

▪▪▪▪▪▪▪▪▪▪▪▪▪▪▪▪▪▪▪▪▪▪▪▪▪▪▪▪▪▪▪▪▪▪▪

A. Gli amici di Giulia. Giulia ha molti amici che le fanno molti favori. Completa le seguenti frasi con **Giulia** o **a Giulia.** (*Giulia has lots of friends who do many favors for her. Complete the following sentences with* **Giulia** *or* **a Giulia.**)

ESEMPIO: Fabrizio invita _____ al cinema →
Fabrizio invita <u>Giulia</u> al cinema.

1. Anna telefona _____ ogni sera.
2. Claudio aiuta (*helps*) _____ a fare il pesto.
3. Enrica insegna _____ lo yoga.
4. Marco porta sempre _____ i suoi appunti (*notes*).
5. Giancarlo scrive spesso lunghe e-mail _____.
6. Luca aspetta _____ alla fine (*end*) della lezione.
7. Luigina accompagna _____ a casa in macchina.
8. Mirella presta _____ i suoi Cd.

Ora, riscrivi ogni frase e completala con **la** o **le.** (*Now, rewrite each sentence and complete it with* **la** *or* **le.**)

B. Un regalo per la mamma. Mario ha molta difficoltà a trovare un regalo di compleanno per sua madre. Leggi il seguente brano, trova tutti i pronomi di oggetto diretto e indiretto e poi trova i nomi a cui si riferiscono. (*Mario is having a lot of trouble finding his mother a birthday present. Read the following paragraph, find all the direct- and indirect-object pronouns, and then find the noun that each refers to.*)

Ieri era[a] il compleanno della madre di Mario e così lui ha deciso di andare in centro a trovarle un regalo. Mario è andato ad un negozio di abbigliamento[b] e ha comprato una bella camicia[c] rossa. Quando è tornato a casa, Mario le ha dato la camicia; purtroppo non le è piaciuta. La madre gli ha chiesto di riportarla al negozio e di cambiarla con una camicia azzurra. Mario è tornato subito al negozio e l'ha trovata.

[a]*was* [b]*clothing* [c]*shirt*

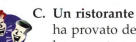

C. Un ristorante chic. Ieri, un tuo amico è andato in un ristorante italiano e ha provato dei piatti nuovi. Tu sei curioso/curiosa di sapere quali piatti ha provato e se gli sono piaciuti. Con un compagno / una compagna, create tre domande e risposte a testa. (*A friend went to an Italian restaurant yesterday and tried some new dishes. You are curious to know what dishes your friend tried and if he/she liked them. Working with a partner, ask and answer three questions each.*)

ESEMPI: S1: Hai provato il prosciutto e melone?
S2: Sì, l'ho provato e (non) mi è piaciuto.
S2: Hai provato le melanzane alla parmigiana (*eggplant Parmesan*)?
S1: Sì, le ho provate e (non) mi sono piaciute.

Parole utili: l'aragosta (*lobster*), i calamari (*squid*), il salmone, gli scampi (*prawns*), il cervello (*brains*), i carciofi ripieni (*stuffed artichokes*), i funghi (*mushrooms*), le lasagne vegetariane, i tortellini in brodo, il prosciutto e melone

Parte 4:
Un po' di cultura

C'è posta per te!

DA: delia.venturini@yahoo.it   25 novembre – 17.13

À...	robertoafirenze@tin.it
Cc...	
Oggetto:	Sei stato a Bologna?

Caro Roberto,

non hai più scritto... Come mai?[1] Voglio sapere se sei già stato a Bologna. Ricordi quello che[2] ti ho detto? Bologna è la capitale gastronomica d'Italia e tu, che sei sempre stato un golosone,[3] devi assolutamente andarci[4] e provare le specialità locali. Lo sai, no, che Bologna ha due soprannomi:[5] «La Grassa»[6] (per la sua cucina eccezionale) e «La Dotta»[7] (per la sua famosa università, la più vecchia d'Europa).

Finisco in fretta e ti mando un affettuoso abbraccio.
La mamma

[1]Come... *How come?* [2]quello... *what* [3]*huge food lover* (lit. *glutton*) [4]*go there* [5]*nicknames* [6]la... *"The Fat"* [7]la... *"The Learned"*

Le torri Asinelli e Garisenda a Bologna

In Emilia-Romagna

In Italia mangiare bene è un'arte. In Emilia-Romagna è anche una regola di vita[1] ed una fiorente[2] industria. Molti dei prodotti alimentari[3] tipici dell'Emilia sono famosi in tutto il mondo.

Chi infatti non conosce il formaggio parmigiano? Ma ci sono molte altre specialità, come il prosciutto di Parma, la mortadella di Bologna, i tortellini al sugo di carne, i tortelli con la zucca.[4]

In questa regione, una delle più ricche[5] d'Italia, puoi vedere città con bellissimi monumenti, come le due torri[6] di Bologna, la Certosa[7] di Parma, il Palazzo dei Diamanti[8] di Ferrara.

Ma se l'arte non ti interessa troppo e vuoi una vacanza di puro divertimento, sei ancora nella regione giusta. La costa romagnola offre infatti ai turisti 150 chilometri

Il parmigiano, un prodotto tipico dell'Emilia-Romagna.

di spiagge attrezzate[9] per una vacanza al mare ricca di divertimenti, per ogni età[10] e per ogni ora del giorno e della notte. Tutta la notte puoi trovare locali[11] aperti, mangiare le famose piadine,[12] ballare in una delle tante discoteche o sale[13] per il ballo liscio[14] (valzer,[15] tango e così via).

[1]regola… rule of life [2]flourishing [3]food [4]pumpkin, squash [5]più… richest [6]towers [7]Charterhouse [8]Diamonds [9]equipped [10]age [11]night spots [12]a type of grilled sandwich made with focaccia and filled with prosciutto, cheese, sausage, etc. [13]halls [14]ballo… ballroom dancing [15]waltz

COMPRENSIONE

Decidi se le seguenti frasi sono **vere** o **false**.

	V	F
1. Parma è una città dell'Emilia-Romagna.	☐	☐
2. Un prodotto tipico dell'Emilia-Romagna è il formaggio parmigiano.	☐	☐
3. La costa romagnola ha molte spiagge.	☐	☐
4. I locali della costa romagnola chiudono a mezzanotte.	☐	☐
5. Se ti piace ballare, in Emilia-Romagna puoi andare solo in discoteche.	☐	☐

Videoteca

Un'avventura alimentare

Roberto e Giuliana sono in un ristorante, pronti ad ordinare. Quando il cameriere arriva e gli chiede che cosa vogliono mangiare, Roberto ordina un piatto alla «mare e monti», ma non sa che contiene un ingrediente particolare.

ESPRESSIONI UTILI

la pasta all'ortolana garden style pasta (with fresh vegetables)

ottima scelta excellent choice
il polpo octopus

Funzione: ordinare in un ristorante

PREPARAZIONE

GIULIANA: No, preferisco cominciare con un antipasto misto, poi la pasta alla carbonara. Per favore, posso avere la pasta senza formaggio?

CAMERIERE: Certo, come desidera, Signora. E per Lei, Signore?

ROBERTO: Io prendo il piatto del giorno, mi sembra buono.

CAMERIERE: Ottima scelta, Signore.

VERIFICA

Abbina (*Match*) la prima parte di ogni frase a sinistra con la conclusione più adatta a destra.

1. Le consiglio
2. La pasta «mare e monti»
3. È una pasta

a. è con il polpo.
b. con verdure: piselli, zucchine e pomodori.
c. il piatto del giorno.

COMPRENSIONE

Rispondi alle seguenti domande.

1. Quali sono gli ingredienti della pasta all'ortolana?
2. Che cosa non vuole Giuliana sulla pasta alla carbonara?
3. Perché Roberto, al ristorante, è avventuroso?

ATTIVITÀ

Immagina di invitare una famiglia italiana molto elegante a cena. Chiedi a un loro amico che cosa gli piace mangiare. Poi scegli l'antipasto, il primo piatto, il secondo piatto, il contorno e il dolce. Non dimenticare il vino!

Parole da ricordare

VERBI

apparecchiare la tavola	to set the table
consigliare (di)	to recommend; to advise (*to do something*)
dispiacere (*p.p.* dispiaciuto)	to be sorry
domandare	to ask
fare una prenotazione	to make a reservation
mandare	to send
mostrare	to show
pagare il conto	to pay the bill
*piacere (*p.p.* piaciuto)	to please, be pleasing to; to like
portare il conto	to bring the bill
prenotare	to reserve
preparare	to prepare
prestare	lo lend
provare	to try
regalare	to give (*as a gift*)
rendere (*p.p.* reso)	to return, give back
riportare	to bring back
scegliere (*p.p.* scelto)	to choose

NOMI

l'antipasto	appetizer
l'arrosto	roast
la bistecca	steak
il carciofo	artichoke
la carne	meat
la cena	dinner
il cibo	food
il coltello	knife
il compleanno	birthday
il contorno	side dish
il coperto	cover charge
la crostata	pie
il cucchiaio	spoon
la cucina	cooking, cuisine
il dolce	dessert
la fine	end
il fiore	flower
la forchetta	fork
il formaggio	cheese
la frutta	fruit
il gelato	ice cream
gli gnocchi	dumplings
l'insalata	salad
il libro di cucina	cookbook
la macedonia	fresh fruit cocktail
il maiale	pork
il manzo	beef
il melone	melon
il minestrone	hearty vegetable soup
la mozzarella	mozzarella
l'oliva	olive
il parmigiano	parmesan
la pasta	pasta
il pasto	meal
la patata	potato
il pesce	fish
il piatto	plate, dish
il piatto fondo	soup bowl
il pollo	chicken
il pomodoro	tomato
le posate	silverware
la prenotazione	reservation
il primo (piatto)	first course
il prosciutto	cured ham
il regalo	gift
la ricetta	recipe
il riso	rice
il risotto	creamy rice dish
i salumi	cold cuts
il secondo (piatto)	main course
il servizio	cover charge
la sigaretta	cigarette
i sottaceti	pickled vegetables
la tazza	cup
il tiramisù	a dessert of ladyfingers soaked in espresso and layered with cream cheese, whipped cream, and chocolate
la torta	cake
la verdura	vegetables
il vitello	veal
il vino	wine
il vino bianco	white wine
il vino rosso	red wine

*Words identified with an asterisk (*) are conjugated with **essere**.

AGGETTIVI

cotto	cooked
fresco	fresh
fritto	fried
misto	mixed
pronto	ready
semplice	simple
vuoto	empty

ALTRE PAROLE E ESPRESSIONI

al forno	baked
al pesto	with a sauce of basil, garlic, grated parmesan, and pine nuts
al ragù	with meat sauce
al sugo di pomodoro	with tomato sauce
alla bolognese	with meat sauce
alla carbonara	with a sauce of eggs, bacon, and grated cheese
alla griglia	grilled
in brodo	in broth
fuori	out, outside

Fare bella figura

Fare… *To look good*

Saldi, saldi, saldi!

IN BREVE

GRAMMATICA

A. Verbi riflessivi

B. Costruzione reciproca

C. Presente + **da** + espressioni di tempo

D. Numeri superiori a 100

NOTA CULTURALE

La moda italiana

UN PO' DI CULTURA

C'è posta per te!
In Basilicata e in Calabria

Pratica

Practice the skills you learned in this chapter and learn more about the Italian-speaking world through the *In giro per l'Italia* supplements.
www.mhhe.com/ingiro2

Parte 1

Dialogo-Lampo

Mai un minuto...

NICOLA: Finalmente domenica! La vita di tutti i giorni[1] è così stressante! Uscire di casa, andare al lavoro, andare qua e là, essere attivi, mai un minuto per stare a casa e rilassarsi[2]...

SIMONE: Ma la domenica che fai a casa? Dormi?

NICOLA: Dalle otto alle dieci curo il giardino,[3] poi lavo la macchina, a mezzogiorno cucino e poi pranzo, per due ore pulisco la casa, poi guardo lo sport in televisione, poi ascolto la musica mentre faccio aerobica, poi...

SIMONE: Questa non è una giornata di lavoro, secondo te?!

1. Perché la vita di tutti i giorni è stressante, secondo Nicola?
2. Cosa fa Nicola la domenica?
3. Secondo Simone, com'è la domenica di Nicola?

[1]La... *Everyday life* [2]*relax* [3]*curo... I take care of the garden*

La vita di tutti i giorni

LE ATTIVITÀ

addormentarsi to fall asleep
alzarsi to stand up, get up
annoiarsi to get bored
arrabbiarsi to get angry
chiamarsi to call oneself, be named
diplomarsi to graduate (*high school*)
divertirsi to enjoy oneself, have a good time
fare il bagno to take a bath
fare il bucato to do laundry
fare la doccia to take a shower
farsi la barba to shave (*men*)
fermarsi to stop (*moving*)
lamentarsi (di) to complain (*about*)
laurearsi to graduate (*college*)

lavarsi to wash (*oneself*)
lavarsi la faccia to wash one's face
lavarsi i capelli to wash one's hair
lavarsi i denti to brush one's teeth
mettersi to put on (*clothes*)
mettersi le lenti a contatto to put in contact lenses
mettersi il rossetto to put on lipstick
portare to wear
rilassarsi to relax
sentirsi (bene, male, stanco, contento) to feel (good, bad, tired, happy)
sposarsi to get married
svegliarsi to wake up
vestirsi to get dressed; to dress

L'ABBIGLIAMENTO (CLOTHING)

l'abito, il vestito dress; suit
il berretto baseball cap
il bottone button
i calzini socks
la camicia shirt
il cappotto coat
la cintura belt
la cravatta tie
la felpa sweatshirt; sweatsuit
la giacca jacket
i guanti gloves
l'impermeabile (*m.*) raincoat

la maglia sweater
la maglietta, la t-shirt t-shirt
le scarpe shoes
la sciarpa scarf
i vestiti clothes

I COLORI

blu (*inv.*) dark blue
giallo yellow
grigio (*pl.* **grigi**) gray
nero black
rosso red
verde green

Esercizi

A. Mi diverto, mi annoio... Completa le seguenti frasi secondo le tue preferenze. Spiega, in poche parole, perché.

1. Quando sono ammalato/ammalata…
2. Quando faccio la spesa (*go grocery shopping*)…
3. Quando faccio il bucato…
4. In classe…
5. Quando leggo le ultime notizie (*news*)…
6. Quando cucino…
7. In viaggio…
8. Al computer…

B. Chi porta i calzini gialli? Descrivi come è vestito/vestita oggi un compagno / una compagna. Gli altri studenti devono dire chi è.

ESEMPIO: Questa persona porta una maglietta nera con i jeans, le scarpe da tennis e un berretto…

In ascolto

For listening comprehension activities related to the theme of this chapter, see the Workbook/Laboratory Manual or visit the *In giro per l'Italia* website.
www.mhhe.com/ingiro2

Parte 2

A. Verbi riflessivi

SIGNORA ROSSI: Nino è un ragazzo pigro: ogni mattina si sveglia tardi e non ha tempo di lavarsi e fare colazione. Si alza presto solo la domenica per andare in palestra a giocare a pallone.

SIGNORA VERDI: Ho capito: a scuola si annoia e in palestra si diverte.

1. A reflexive verb (**verbo riflessivo**) is a transitive verb whose action is directed back to its subject. The subject and object are the same: *I consider **myself** intelligent; we enjoy **ourselves** playing cards; he hurt **himself.*** In both English and Italian, the object is expressed with reflexive pronouns, **i pronomi riflessivi.**

   Reflexive pronouns are identical to direct-object pronouns, except for **si** (the third-person singular and plural form): **mi, ti, si; ci, vi, si.**

DIVERTIRSI (*to enjoy oneself*)	
mi diverto	*I enjoy myself*
ti diverti	*you enjoy yourself*
si diverte	*you (form.) enjoy yourself* *he enjoys himself* *she enjoys herself*
ci divertiamo	*we enjoy ourselves*
vi divertite	*you enjoy yourselves*
si divertono	*you (pl. form.) enjoy yourselves* *they enjoy themselves*

The English translation of many Italian reflexive verbs does not include the words *myself, himself, ourselves,* and so on. This meaning is implied in English, but not expressed as it is in Italian.

SIGNORA ROSSI: Nino is a lazy boy. Every morning he wakes up late and doesn't have time to wash and eat breakfast. He gets up early only on Sundays to go to the gym to play ball.
SIGNORA VERDI: I get it: at school he's bored and at the gym he has a good time.

ALZARSI (*to get up; to stand up*)

mi alzo	*I get (myself) up*	**ci** alziamo	*we get up*
ti alzi	*you get (yourself) up*	**vi** alzate	*you get up*
si alza	*you (form.) get up* *he gets up* *she gets up*	**si** alzano	*you (pl. form.) get up* *they get up*

---

2. Like direct-object pronouns, reflexive pronouns precede a conjugated verb or attach to the infinitive.

If the infinitive is preceded by a form of **dovere, potere,** or **volere,** the reflexive pronoun either attaches to the infinitive (which drops its final **-e**) or precedes the conjugated verb. Note that the reflexive pronoun agrees with the subject even when attached to the infinitive.

Mi diverto.	*I'm enjoying myself.*
Voglio divertir**mi.**	*I want to enjoy myself.*
Mi voglio divertire.	
Mi alzo.	*I'm getting up.*
Devo alzar**mi.**	*I have to get up.*
Mi devo alzare.	

3. Most reflexive verbs can also be used as nonreflexive verbs if the action performed by the subject affects someone or something else.

chiamarsi *to be called*
chiamare *to call (someone)*

lavarsi *to wash (oneself)*
lavare *to wash (someone or something)*

fermarsi *to stop (oneself)*
fermare *to stop (someone or something)*

svegliarsi *to wake up*
svegliare *to wake (someone else)*

Si chiama Antonio, ma tutti lo **chiamano** Toni.	*His name is Antonio, but everybody calls him Toni.*
Vuole **lavare** la macchina e poi **lavarsi.**	*He wants to wash the car and then wash up.*
Dovete **fermarvi** allo stop: se no, vi **ferma** un vigile!	*You must stop at the stop sign; otherwise a cop will stop you!*
Ci svegliamo alle sette ma **svegliamo** i bambini alle otto.	*We wake up at seven but wake the children at eight.*

4. The **passato prossimo** of reflexive verbs is formed with the present tense of **essere** and the past participle. As always with **essere,** the past participle must agree with the subject in gender and number.

—Si chiama erba[a] ed è una specie di moquette[b] vegetale…

[a]*grass* [b]*carpet*

DIVERTIRSI	
mi sono divertit**o/a**	*I enjoyed myself*
ti sei divertit**o/a**	*you enjoyed yourself*
si è divertit**o**	*you (m., form.) enjoyed yourself;* *he enjoyed himself*
si è divertit**a**	*you (f., form.) enjoyed yourself;* *she enjoyed herself*
ci siamo divertit**i/e**	*we enjoyed ourselves*
vi siete divertit**i/e**	*you enjoyed yourselves*
si sono divertit**i/e**	*you (pl. form.) enjoyed yourselves;* *they enjoyed themselves*

Paolo **si** è divertit**o** alla festa, ma Laura non **si** è divertit**a** per niente!

Paolo had a good time at the party, but Laura didn't enjoy herself at all!

—Quando **vi** siete alzat**i**?
—**Ci** siamo alzat**i** tardi.

—When did you get up?
—We got up late.

Si dice così:
*fermarsi e smettere**

Fermarsi is a reflexive verb meaning *to stop oneself* (*from moving*). The nonreflexive form **fermare** means *to stop someone or something.*

Mi fermo alla fermata. *I stop (myself) at the bus stop.*

Fermo la macchina all'incrocio. *I stop the car at the intersection.*

Smettere (di) is a nonreflexive verb meaning *to stop* (*doing something*). In Italian, unlike English, the action stopped is expressed with **di** plus the infinitive.

Smettiamo di lavorare alle sei. *We stop working at six.*

Bambini, smettete di urlare! *Kids, stop yelling!*

Compare the following:

Ho smesso di bere caffè. *I stopped drinking coffee.*

Mi sono fermato a bere un caffè. *I stopped to drink a cup of coffee.*

*conjugated like **mettere**

Esercizi

A. Trasformazioni. Sostituisci il soggetto della frase con gli elementi tra parentesi e cambia la forma del verbo.

1. Mi lavo le mani (*hands*). (mio fratello / i bambini / noi due / anche voi)
2. A che ora vi addormentate? (tu / loro / Marcella / io)
3. Che cosa si mette Lei? (loro / voi / tu / io)
4. Mi sono divertito. (i bambini / la signora / voi / noi)
5. Luisa si è sposata in Italia. (la nonna / Roberto / gli zii / le cugine della mamma)
6. Perché non si è fermato il treno? (la macchina / voi / tu / gli autobus)

B. Conversazioni. Con un compagno / una compagna, completate le conversazioni con la forma corretta di un verbo della lista. Fate attenzione al contesto per capire quale tempo del verbo usare.

VERBI: alzarsi, annoiarsi, laurearsi, mettersi

1. S1: Lorenzo _____ alle sei ogni giorno. E tu?
   S2: Anch'io _____ alle sei.
2. S1: Loro _____ spesso la cravatta. E tu?
   S2: Io non _____ mai la cravatta!
3. S1: Loro _____ alla festa ieri sera. E voi?
   S2: Noi non _____!
4. S1: Marco _____ in francese molti anni fa. E Luisa?
   S2: Luisa _____ in ingegneria.

VERBI: arrabbiarsi, chiamarsi, lavarsi, sentirsi

Arriva l'inverno.
Come mi vesto?

5. S1: Lei ___1___ spesso con gli impiegati?
   S2: Io non ___1___ mai!
6. S1: Voi, come ___4___ oggi?
   S2: ___4___ bene, grazie!
7. S1: Ciao, sono Daniela. Tu come ___2___?
   S2: ___2___ Massimo. Piacere!
8. S1: Lia, ___3___? Dobbiamo partire subito.
   S2: Non ancora. Vado a ___3___ adesso.

C. La mia giornata. Prendi appunti mentre il tuo compagno / la tua compagna descrive la sua giornata di ieri. Poi, racconta le sue esperienze ad un altro gruppo di studenti o alla classe.

ESEMPIO: S1: Che hai fatto ieri dalla mattina alla sera?
            S2: Mi sono alzato/alzata alle sette. Poi…

B. Costruzione reciproca

Giulio e Anna si conoscono molto bene—sono amici di infanzia. Si vedono tutti i giorni a scuola e tutte le sere si parlano al telefono. Discutono sempre dei loro problemi perché si capiscono benissimo. Secondo te, hanno intenzione di sposarsi un giorno? Perché sì/no?

1. Most verbs can express reciprocal actions (*we see each other, you know each other, they speak to one another*) by means of the plural reflexive pronouns **ci, vi,** and **si,** used with first-, second-, and third-person plural verbs respectively. This is called the **costruzione reciproca.**

   Ci vediamo ogni giorno.   *We see each other every day.*
   Vi conoscete bene?   *Do you know each other well?*
   Si parlano al telefono.   *They talk to each other on the phone.*

2. The auxiliary **essere** is used to form the compound tenses of verbs expressing reciprocal actions. The past participle agrees with the subject in gender and number.

   Non ci **siamo** capit**i.**   *We didn't understand each other.*
   Dove vi **siete** conosciut**i?**   *Where did you meet each other?*
   Le ragazze si **sono** telefonat**e.** *The girls phoned each other.*

Giulio and Anna know each other very well—they are childhood friends. They see each other every day at school and every evening they talk to each other on the phone. They always discuss their problems because they understand each other very well. In your opinion, do they intend to get married one day? Why / why not?

—Non possiamo continuare a vederci così...

3. The following commonly used verbs express reciprocal actions.

abbracciarsi	*to embrace (each other)*
aiutarsi	*to help each other*
baciarsi	*to kiss (each other)*
capirsi	*to understand each other*
conoscersi	*to meet (each other, for the first time)*
farsi regali	*to exchange gifts*
guardarsi	*to look at each other*
incontrarsi	*to meet / run into each other*
innamorarsi	*to fall in love with each other*
lasciarsi	*to leave each other; to break up (coll.)*
parlarsi	*to talk to each other*
salutarsi	*to greet each other*
scriversi	*to write to each other*
telefonarsi	*to phone each other*
vedersi	*to see each other*

E s e r c i z i

A. Trasformazioni. Sostituisci il soggetto della frase con gli elementi tra parentesi e fai tutti i cambiamenti necessari.

1. Quando ci vediamo, ci abbracciamo. (quelle ragazze / voi / gli zii)
2. Roberto e Carla si conoscono da molto tempo. (io e Alvaro / tu e Luigi / le due famiglie)
3. Perché non vi siete salutati? (le due signore / i bambini / noi)
4. Ci siamo incontrati al bar della stazione. (i nostri amici / le amiche / voi due)

5. Non si telefonano, si scrivono! (Daniela ed io / voi / le professoresse)
6. Mia sorella ed io ci siamo sempre aiutate. (i miei fratelli / tu e Massimo / quegli studenti)

B. **Un colpo di fulmine.** (*A bolt of lightning / Love at first sight.*) Completate il dialogo con le forme appropriate dei verbi tra parentesi.

s1: Quando ____¹ (sposarsi) i tuoi genitori? *nel mille novecento...*
s2: Ventidue anni fa.
s1: Come ____² (conoscersi) e dove? *ci siamo / ci sono visti*
s2: ____³ (vedersi) per la prima volta al supermercato: ____⁴ (parlarsi), poi ____⁵ (telefonarsi), ____⁶ (vedersi) spesso e dopo solo due mesi ____⁷ (sposarsi)!

Nota culturale
La moda° italiana

fashion

Una vetrina in Via dei Calzaiuoli a Firenze

La moda italiana è tra le più ricercate[1] del mondo, soprattutto[2] nell'abbigliamento femminile. Vestire alla moda è importante per quasi tutti gli italiani e in Italia la gente spende in[3] vestiti, scarpe e così via, più che negli altri paesi. Sono soprattutto gli adulti che seguono la moda italiana, mentre ai giovani piace anche vestire all'americana, con jeans, magliette e giubbotti.

Le marche[4] italiane di abbigliamento sono conosciute e vendute in tutto il mondo e i dati[5] economici confermano che l'Italia è al primo posto[6] in questo settore.[7] Ci sono molti stilisti[8] italiani molto famosi come Armani, Valentino, Dolce e Gabbana, Ferragamo, Ferré, Prada, Gucci, Trussardi, Versace.

Il centro della moda italiana è Milano, dove in marzo e ottobre si tengono[9] numerose sfilate[10] che presentano le nuove collezioni degli stilisti più importanti. C'è poi Firenze, che ha un'Università Internazionale della Moda e offre, nella splendida cornice[11] di Palazzo Pitti, sfilate e mostre, dedicate soprattutto alla moda maschile. A Roma è infine famosa la «sfilata sotto le stelle[12]», che si tiene ogni anno in luglio, verso le dieci di sera, sulla scalinata[13] di Trinità dei Monti. In quest'occasione tutti gli stilisti più famosi presentano le loro collezioni autunno-inverno e tutti possono ammirare le bellissime modelle che, anche se[14] fa caldo, scendono le scale vestite di[15] eleganti cappotti e pellicce.[16]

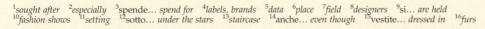

[1]*sought after* [2]*especially* [3]*spende... spend for* [4]*labels, brands* [5]*data* [6]*place* [7]*field* [8]*designers* [9]*si... are held* [10]*fashion shows* [11]*setting* [12]*sotto... under the stars* [13]*staircase* [14]*anche... even though* [15]*vestite... dressed in* [16]*furs*

Parte 3

C. Presente + *da* + espressioni di tempo

RICCARDO: Ho un appuntamento con Paolo a mezzogiorno in piazza. Vogliamo andare a mangiare insieme. Io arrivo puntuale ma lui non c'è. Aspetto e aspetto, ma lui non viene. Finalmente, dopo un'ora, Paolo arriva e domanda: «Aspetti da molto tempo?» E io rispondo: «No, aspetto solo da un'ora!»

1. Italian uses *present tense* + **da** + *time expressions* to indicate an action that began in the past and is still going on in the present. English, in contrast, uses the present perfect tense (*I have spoken, I have been working*) + *for* + *time expressions*.

> *verb in the present tense* + **da** + *length of time or point of time in the past*

Scio da un anno.	*I've been skiing for a year.*
Prendi lezioni di karatè da molti mesi?	*Have you been taking karate lessons for many months?*
Non vedo mio fratello da Natale.	*I haven't seen my brother since Christmas.*

2. To find out how long something has been going on, use **da quanto tempo** + *verb in the present tense.*

—Da quanto tempo leggi questa rivista?	*—How long have you been reading this magazine?*
—Leggo questa rivista da molto tempo.	*—I've been reading this magazine for a long time.*

RICCARDO: I have an appointment with Paolo at noon in the square. We want to go eat together. I arrive on time, but he isn't there. I wait and wait, but he doesn't come. Finally, after an hour, Paolo arrives and asks, "Have you been waiting long?" And I reply, "No, I've only been waiting for an hour!"

—**Da quanto tempo lei ha l'impressione di trovarsi sempre nel posto sbagliato[a]?**

[a]posto... *wrong place*

3. If an action both began and ended in the past, and is not continuing in the present, the following construction is used.

> *verb in the past tense* + **per** + *length of time*

Ho lavorato in quel negozio di abbigliamento per dieci anni. Ora lavoro in un grande magazzino.	*I worked in that clothing store for ten years. Now I work in a department store.*

ATTENZIONE! Note the difference in form and meaning between the following.

Sara **ha studiato** italiano **per** due anni.	*Sara studied Italian for two years. (action is completed)*
Sara **studia** italiano **da** due anni.	*Sara has been studying Italian for two years. (action is still going on)*

Esercizi
. . . .

A. Da quanto tempo? Crea frasi secondo l'esempio.

ESEMPIO: (io) studiare italiano / quattro settimane →
            Io studio italiano da quattro settimane.

1. (lei) correre / molti anni
2. (noi) aspettare l'autobus / venti minuti
3. (i bambini) prendere lezioni di piano / un anno
4. (tu) suonare la chitarra / molti mesi
5. (il bambino) disegnare / un quarto d'ora

B. **Tutto su un compagno / una compagna.** Vuoi trovare informazioni su un compagno / una compagna per il giornale universitario. Fai domande appropriate per scoprire (*discover*) da quanto tempo il compagno / la compagna fa le seguenti attività. Se il compagno / la compagna non fa l'attività suggerita, sostituisci altre attività fino a trovare un'attività che fa.

ESEMPIO: leggere romanzi (*novels*) italiani →
                Da quanto tempo leggi romanzi italiani?

1. studiare in quest'università   **2.** abitare in questa città   **3.** bere il cappuccino   **4.** parlare italiano   **5.** ballare la salsa

C. **Lo fa ancora?** Leggi le seguenti frasi e decidi se le persone fanno ancora queste cose o se non le fanno più (non… più = *not anymore, no longer*).

ESEMPIO: Maria studia italiano da due anni. →
                Sì, Maria studia ancora italiano.

1. La signora Baldini beve caffè da due settimane.
2. Sandra ha giocato a tennis per due anni.
3. Gino porta la cravatta da due mesi.
4. Marco ha smesso di fumare cinque mesi fa.
5. Il signor Giordano è nel negozio di abbigliamento da tre ore.
6. I ragazzi hanno lavorato al giornale per cinque anni.

D. Numeri superiori a 100

MONICA: Mi sono diplomata nel 1996, mi sono laureata nel 2000, mi sono sposata nel 2001, ho avuto un figlio nel 2002 e una figlia nel 2003, ho accettato un posto all'università nel 2004…

SILVIA: Quando pensi di fermarti?

1. The numbers one hundred and above are

100	cento	600	seicento	1.100	millecento
200	duecento	700	settecento	1.200	milleduecento
300	trecento	800	ottocento	2.000	duemila
400	quattrocento	900	novecento	1.000.000	un milione *di dollari*
500	cinquecento	*1.000	mille	1.000.000.000	un miliardo

MONICA: I graduated from high school in 1996, graduated from college in 2000, got married in 2001, had a boy in 2002 and a girl in 2003; I took a job at the university in 2004 . . .
SILVIA: When do you think you'll stop?

*ATTENZIONE! In Italian, a period is used instead of a comma in numbers over 999: 1,000 (*one thousand*) = **1.000 (mille)**.

2. The indefinite article is not used with **cento** (*hundred*) or **mille** (*thousand*), but it is used with **milione** (*million*).

cento favole	*a hundred fables*
mille notti	*a thousand nights*
un milione di dollari	*a million dollars*

3. **Cento** has no plural form. **Mille** has the plural form **-mila.**

    cento euro, duecento euro
    mille euro, duemila euro

4. **Milione** (plural **milioni**) and **miliardo** (*billion*, plural **miliardi**) require **di** when they are followed directly by a noun.

In Italia ci sono 57 milioni **di** abitanti.	*In Italy there are 57 million inhabitants.*
Il governo ha speso molti miliardi **di** dollari.	*The government has spent many billions of dollars.*

5. There is no Italian equivalent for *eleven hundred, twelve hundred,* and so on. One says **millecento, milleduecento…**

6. In Italian, years are written and said as follows.

    1992 millenovecentonovantadue (*one thousand nine hundred ninety two*)
    2000 duemila (*two thousand*)
    2004 duemilaquattro (*two thousand four*)

Note that Italians do not express dates in sets of two digits as in English; that is, they never say the equivalent of *nineteen–eighty-two.*

The masculine singular definite article **il** is used when specifying a calendar year.

Il 1916 (millenovecentosedici) è stato un anno molto buono.	*Nineteen-sixteen was a very good year.*
La macchina di Dino è **del** 1993.	*Dino's car is a 1993 model.*
Sono nato **nel** 1978.	*I was born in 1978.*
Siamo stati in Italia **dal** 2001 **al** 2002.	*We were in Italy from 2001 to 2002.*

Esercizi

A. **Il prezzo è giusto.** (*The price is right*.) Con un compagno / una compagna, decidete se i prezzi per i seguenti vestiti e articoli in un negozio di abbigliamento sono plausibili. Se il prezzo non è plausibile, sostituite un prezzo adeguato.

ESEMPIO: S1: Una sciarpa costa € 2,80 (due euro e ottanta).
S2: Il prezzo non è giusto! Una sciarpa costa € 25,30 (venticinque euro e trenta).

1. Una camicia da notte (*nightgown*) costa € 5
2. I Levi 501 costano € 250
3. Le scarpe costano € 79,40
4. La cravatta costa € 19,80
5. Una maglietta costa € 3.075
6. I guanti costano € 27
7. Un abito elegante costa € 439
8. I calzini per un bambino costano € 583

B. **Domande.** Chiedi ad un compagno / una compagna…

1. in che anno è nato/nata
2. in che anno si è diplomato/diplomata
3. in che anno ha preso la patente (*driver's license*)
4. in che anno si sono sposati i suoi genitori
5. se sa in che anno è morto Dante Alighieri

l'**EURO.**
la **NOSTRA** *moneta*

Piccolo ripasso

....

A. **La vita di tutti i giorni.** Qual è la tua routine? Descrivi cosa fai durante la prima ora della tua giornata, quando ti alzi. Poi, più generalmente, descrivi una giornata tipica. Confronta la tua descrizione con quella di un compagno / una compagna.

1. Quando mi alzo…
2. Alle 10.00 di mattina…
3. A mezzogiorno…
4. Alle 3 del pomeriggio…
5. Alle 7 di sera…
6. Alle 10.30 di sera…
7. A mezzanotte…

Adesso scrivete invece, secondo voi, la routine dell'insegnante di italiano. Confrontate poi la vostra versione con la versione dell'insegnante. Buon divertimento!

B. **La giornata del signor Rossi.** Cambia il seguente brano. Comincia con **Ieri il signor Rossi…** e usa il passato prossimo. Poi, cambia il brano una seconda volta. Comincia con **la signora Rossi** e fai tutti i cambiamenti necessari.

Ogni mattina il signor Rossi si alza alle sei, si mette la felpa e va a correre per quaranta minuti. Ritorna a casa, fa la doccia, si lava i capelli, si veste e fa colazione.

C. **Quanto costa? Quanto costano?** Chiedi ad un compagno / una compagna quanto costano, secondo lui/lei, le seguenti cose.

ESEMPIO: s1: Quanto costano i Levi?
          s2: Costano ottantacinque dollari.

1. una Porsche
2. una settimana in un albergo di lusso (*luxury*)
3. una camicia di seta (*silk*)
4. un litro di latte
5. un paio di calzini
6. un volo (*flight*) per Roma
7. una telefonata di venti minuti dall'America in Italia
8. un computer

Parte 4:
Un pò di cultura

C'è posta per te!

Posta in arrivo Rispondi Elimina Opzioni Guida Aiuto

DA: siventurini@unipg.it   3 dicembre – 11.02

À...   robertoafirenze@tin.it

Cc...

Oggetto: Finalmente!

Caro Roberto,

sono ancora io per dirti che sono così contenta: hai finalmente
deciso di venire a Perugia! Voglio presentarti la mia amica
Carmela. È così simpatica! Lei è nata a Roma, ma i suoi
genitori sono calabresi. Ci conosciamo da tanti anni; abbiamo
fatto le elementari, la scuola media e il liceo insieme e ci siamo
diplomate nello stesso anno.
Allora, ti aspetto! Mi hai scritto che arrivi venerdì in treno,
ma a che ora? Vieni solo o con un amico (bello come te…)?

A venerdì!
Simona

Stazione Santa Maria Novella a Firenze

In Basilicata e in Calabria

La Basilicata e la Calabria sono forse le regioni italiane meno frequentate[1] dai turisti, ma possono offrire delle belle sorprese alle persone che le visitano.

Un avvertimento:[2] se vuoi andare in Basilicata in autunno o inverno, porta dell'abbigliamento pesante.[3] Ti può sembrare strano, ma Potenza, il capoluogo di regione, è una delle città più fredde d'Italia.

Un consiglio:[4] vai a Matera. È una città del tutto particolare. La parte vecchia infatti è scavata nella roccia[5] e per questo le costruzioni sono chiamate Sassi.[6] I Sassi formano un insieme[7] molto pittoresco. Ci sono semplici caverne, case di contadini,[8] ma anche piccoli palazzi di gente più ricca e perfino[9] chiese con eleganti campanili.[10]

E poi non trascurare[11] la Calabria. È una regione piena[12] di bellezze naturali: insieme a[13] spiagge molto belle e ancora un po' selvagge,[14] ti offre nella Sila la più bella foresta italiana di abeti e pini.[15] Ma devi andare anche a Reggio Calabria, solo per vedere i Bronzi di Riace. Sono due magnifiche statue greche, di dei o guerrieri.[16] La loro bellezza, eleganza ed armonia sono straordinarie!

E, a proposito di eleganza, non dimenticare che proprio a Reggio Calabria è nato e cresciuto Gianni Versace (1946–1997), uno dei più grandi stilisti italiani, apprezzato in America e in tutto il mondo.

I Sassi di Matera

[1]meno… *least visited*   [2]*warning*   [3]*heavy*   [4]*(piece of) advice*   [5]scavata… *carved in the rock*   [6]*Stones*   [7]*whole*
[8]*farmers, peasants*   [9]*even*   [10]*bell towers*   [11]non… *don't overlook*   [12]*full*   [13]insieme… *along with*   [14]*wild*
[15]abeti… *fir trees and pine trees*   [16]dei… *gods or warriors*

COMPRENSIONE

Decidi se le seguenti frasi sono **vere** o **false**.

	V	F
1. La Basilicata e la Calabria sono le regioni italiane più visitate dai turisti.	☐	☐
2. Potenza è una città della Basilicata.	☐	☐
3. I Sassi sono case fatte con le pietre del fiume.	☐	☐
4. I Bronzi di Riace sono a Reggio Calabria.	☐	☐
5. Gianni Versace è nato in America.	☐	☐

Videoteca

Vestiti da lavare

Roberto ha bisogno di lavare i vestiti ma non può trovare una lavanderia (*laundromat*). Quando torna all'albergo, la receptionist gli offre aiuto.

ESPRESSIONI UTILI

sporco dirty
posso fare pulire i suoi vestiti io I can
   have your clothes cleaned

le mutande underwear

Funzione: parlare di abbigliamento

PREPARAZIONE

ROBERTO: Ma stasera ho un appuntamento. Cosa mi metto? Adesso devo comprare qualcosa da mettermi.

RECEPTIONIST: Un appuntamento? Ma allora deve fare bella figura. Ha bisogno di una camicia, una cravatta, una giacca, una bella cintura e un bel paio di scarpe. Firenze è la capitale della moda maschile e ci sono molti bei negozi eleganti in questa zona. A che ora è l'appuntamento?

VERIFICA

Decidi se le seguenti frasi sono **vere** o **false**.

	V	F
1. Roberto ha solo un paio di jeans e una camicia da mettersi.	☒	☐
2. La receptionist suggerisce a Roberto di lavare lei stessa (*herself*) i suoi vestiti.	☐	☒
3. Firenze è la capitale della moda femminile.	☐	☒

COMPRENSIONE

Rispondi alle seguenti domande.

1. Quali sono i vestiti di Roberto da lavare?
2. Quando sono pronti i vestiti puliti?
3. A che ora è l'appuntamento di Roberto? Cosa deve fare prima dell'appuntamento?

ATTIVITÀ

Da fare in coppia. Lavori in un negozio di abbigliamento. Entra un/una cliente che non sa che cosa mettersi per un concerto di musica classica. Ti spiega che esce con il suo ragazzo / la sua ragazza e vuole fare bella figura. Suggerisci dei vestiti (e colori) che, secondo te, vanno bene per questa occasione.

Parole da ricordare

VERBI

abbracciarsi	to embrace, hug (each other)
addormentarsi	to fall asleep
aiutarsi	to help (each other)
alzarsi	to stand up, get up
annoiarsi	to get bored
arrabbiarsi	to get angry
baciarsi	to kiss (each other)
chiamarsi	to call oneself, be named
diplomarsi	to graduate (high school)
divertirsi	to enjoy oneself, have a good time
fare bella figura	to look good; to make a good impression
fare il bagno	to take a bath
fare il bucato	to do laundry
fare la doccia	to take a shower
farsi la barba	to shave (men)
fermarsi	to stop (oneself from moving)
incontrarsi	to meet / run into (each other)
lamentarsi (di)	to complain (about)
lasciarsi	to leave each other; to break up (coll.)
laurearsi	to graduate (college)
lavarsi	to wash (oneself)
lavarsi i capelli	to wash one's ~~face~~ hair
lavarsi i denti	to brush one's teeth
lavarsi la faccia	to wash one's face
mettersi	to put on (clothes)
mettersi le lenti a contatto	to put in contact lenses
mettersi il rossetto	to put on lipstick
portare	to wear
rilassarsi	to relax
sbagliarsi	to make a mistake
sentirsi (bene / male / stanco / contento)	to feel (good / bad / tired / happy)
smettere (di) (p.p. smesso)	to stop (doing something)
sposarsi	to get married
svegliarsi	to wake up
vestirsi	to get dressed; to dress

NOMI

l'abbigliamento	clothing
l'abito	dress; suit
il berretto	baseball cap
il bottone	button
il bucato	laundry
i calzini	socks
la camicia	shirt
la camicia da notte	nightgown
il cappotto	coat
la cintura	belt
la cravatta	tie
la felpa	sweatshirt; sweatsuit
la giacca	jacket
i guanti	gloves
l'impermeabile (m.)	raincoat
l'infanzia	childhood
la maglia	sweater
la maglietta	t-shirt
il miliardo	billion
il milione	million
il piacere	pleasure
il prezzo	price
il rapporto	relationship
le scarpe	shoes
la sciarpa	scarf
la t-shirt	t-shirt
il vestito	dress; suit
i vestiti	clothes

AGGETTIVI

blu (inv.)	dark blue
giallo	yellow
grigio (pl. grigi)	gray
nero	black
rosso	red
verde	green

ALTRE PAROLE E ESPRESSIONI

anche se	even though
così	so
da quanto tempo?	(for) how long?
di tutti i giorni	everyday
ora	now

C'era una volta...°

C'era... *Once upon a time there was . . .*

Il palazzo del Festival del Cinema a Venezia

Pratica

Practice the skills you learned in this chapter and learn more about the Italian-speaking world through the *In giro per l'Italia* supplements.
www.mhhe.com/ingiro2

Dialogo-Lampo

Televisione o cinema?

ROSSANA: Che dice il giornale sui programmi di stasera? Che danno[1] in televisione?

FABRIZIO: C'è una partita di calcio su RAI Uno, se vuoi vedere lo sport. Gioca l'Italia...

ROSSANA: Telefilm interessanti?

FABRIZIO: Non credo,[2] ma ci sono due bei film su RAI Tre e Canale Cinque più tardi, dopo il telegiornale.

ROSSANA: E adesso che c'è?

FABRIZIO: È l'ora del telegiornale. Possiamo vedere un DVD o ascoltare la radio.

ROSSANA: Ma no, andiamo al cinema invece! Ho letto una recensione[3] molto positiva dell'ultimo film di Spielberg...

1. Che cosa danno su Rai Uno?
2. Che cosa c'è su Rai Tre e su Canale Cinque?
3. Cosa suggerisce Fabrizio a Rossana?
4. Cosa vuole vedere Rossana? Perché?

[1]*are they showing*　[2]*Non... I don't think so*　[3]*review*

Il linguaggio (*jargon*) dei mass media

LE PUBBLICAZIONI (*PUBLICATIONS*)

l'articolo article
la cronaca local news
il/la cronista reporter
il giornale newspaper
il/la giornalista journalist
l'intervista interview
il mensile monthly publication
le notizie news
la pubblicità advertisement; advertising

il quotidiano daily newspaper
la recensione review
il redattore / la redattrice editor
la redazione editorial staff
la rivista magazine
il settimanale weekly publication
il sondaggio poll, survey
la stampa press

pubblicare to publish
recensire (isc) to review
stampare to publish, to print

IL CINEMA, LA TELEVISIONE E LA RADIO

l'attore/l'attrice actor
il canale (televisivo) TV channel
la colonna sonora soundtrack
il doppiaggio dubbing
il DVD DVD
la fiction, la serie televisiva
   TV series
il lettore DVD DVD player
il personaggio character
il produttore / la produttrice
   producer
il programma (*TV or radio*) program
la radio radio; radio station
il/la regista director
la rete network
lo schermo screen
il sottotitolo subtitle
il telefilm TV mini-series

il telegiornale TV news
il teleromanzo, la telenovela soap
   opera
la videocassetta videocassette
il videoregistratore VCR

dare (in televisione) to show
   (on television)
dirigere (*p.p.* **diretto**) to direct
doppiare to dub
girare to film; to shoot film
produrre (*p.p.* **prodotto**) to produce
seguire to follow, watch (*a program*)
   regularly
svolgersi (*p.p.* **svolto**) to take place
trasmettere (*p.p.* **trasmesso**),
   mandare in onda to broadcast

in differita tape-delayed,
   prerecorded broadcast
in diretta live broadcast

Esercizi

A. Il linguaggio dei media. Abbina parole e definizioni.

1. _____ la redazione
2. _____ doppiare
3. _____ la stampa
4. _____ il cronista
5. _____ girare
6. _____ l'intervista
7. _____ la trasmissione
8. _____ il produttore
9. _____ trasmettere in diretta

a. tradurre
b. trasmettere live
c. filmare
d. la persona che finanzia un film
e. una serie di domande e risposte
f. la persona che scrive le
   cronache in un giornale
g. l'insieme (*the whole* [*group*]) dei
   redattori
h. l'insieme delle pubblicazioni
i. il programma

B. La parola esatta. Leggi il brano seguente, poi completalo con le espressioni che seguono.

Parole utili: attori, canali, colonna sonora, doppiaggio, doppiato, girato, recensire, regista, schermo, trasmetterlo, DVD

Il mio giornale mi ha dato l'incarico[a] di _recensire_[1] l'ultimo film di Bertolucci. Sono un appassionato di musica e quindi ero[b] molto interessato alla _____.[2] Il _____[3] ha fatto un ottimo[c] lavoro, anche nella scelta[d] degli _____,[4] tutti molto bravi. Bertolucci ha _____[5] il film in inglese, quindi qui in Italia è _____,[6] ma il _____[7] non interferisce con la bellezza del film. Il film era[e] anche molto lungo, ma i miei occhi sono rimasti incollati[f] allo _____.[8] Il successo[g] di questo film in _____[9] è assicurato e certo molti _____[10] televisivi italiani e stranieri hanno già comprato i diritti[h] di _____.[11]

[a]*task* [b]*quindi... so I was* [c]*excellent* [d]*choice* [e]*was* [f]*glued* [g]*success* [h]*rights*

C. Conversazione. Chiedi a un compagno / una compagna…

1. qual è il film più bello che ha visto negli ultimi due o tre mesi.
2. se conosce film italiani e quali ha visto.
3. dove vede più spesso i film, se in televisione, al cinema, in videocassetta o in DVD e perché.
4. cosa mangia e cosa beve quando va al cinema.
5. il suo regista preferito / la sua regista preferita.
6. se ha mai visto un film muto (*silent*) e quale.
7. se ha una colonna sonora preferita e quale.
8. se ha un attore preferito / un'attrice preferita.

In ascolto

For listening comprehension activities related to the theme of this chapter, see the Workbook/Laboratory Manual or visit the *In giro per l'Italia* website. **www.mhhe.com/ingiro2**

—Certo che siamo innamoratissimi[a] come trent'anni fa, Giuseppe: tu delle partite di calcio, io delle telenovele…

[a]*very in love*

Parte 2

A. Imperfetto

LUIGINO: Papà, mi racconti una favola?

PAPÀ: Volentieri! C'era una volta una bambina che si chiamava Cappuccetto Rosso perché portava sempre una mantella rossa con il cappuccio. Viveva vicino a un bosco con la mamma…

LUIGINO: Papà, perché mi racconti sempre la stessa storia?

PAPÀ: Perché conosco solo una storia!

1. The **imperfetto** (*imperfect*) is another past tense. It is formed by adding the characteristic vowel (**a**, **e**, or **i**) and the appropriate endings to the infinitive stem. The endings for all verbs are **-vo, -vi, -va, -vamo, -vate,** and **-vano.**

LAVORARE	SCRIVERE	DORMIRE	CAPIRE
lavor**avo**	scriv**evo**	dorm**ivo**	cap**ivo**
lavor**avi**	scriv**evi**	dorm**ivi**	cap**ivi**
lavor**ava**	scriv**eva**	dorm**iva**	cap**iva**
lavor**avamo**	scriv**evamo**	dorm**ivamo**	cap**ivamo**
lavor**avate**	scriv**evate**	dorm**ivate**	cap**ivate**
lavor**avano**	scriv**evano**	dorm**ivano**	cap**ivano**

2. The verb **essere** is irregular in the **imperfetto.**

ESSERE	
ero	eravamo
eri	eravate
era	erano

LUIGINO: Dad, will you tell me a fairy tale? DAD: Sure! Once upon a time, there was a little girl who was called Little Red Riding Hood because she always wore a red cloak with a hood. She lived near a forest with her mother. . . . LUIGINO: Dad, why do you always tell me the same story? DAD: Because I only know one story!

The verbs **bere, dire,** and **fare** have irregular stems in the **imperfetto.**

BERE (*bev-*)	DIRE (*dic-*)	FARE (*fac-*)
bevevo	dicevo	facevo
bevevi	dicevi	facevi
beveva	diceva	faceva
bevevamo	dicevamo	facevamo
bevevate	dicevate	facevate
bevevano	dicevano	facevano

3. The **imperfetto** has several English equivalents.

Stampavano solo libri per
  bambini.

> They used to publish only books
>   for children.
> They were publishing only books
>   for children.
> They published only books for
>   children.

It has the following uses.

a. It describes habitual actions in the past: what people used to do or
    things that used to happen.

Da bambino seguivo *Sesame Street.*   *As a child I watched Sesame
                                          Street.*

b. It describes past actions that were in progress when something else
    happened or while something else was going on.

Mangiavamo quando è andata
  via la luce.

*We were eating when the lights
  went out.*

Leggevo il giornale mentre Roberto
  guardava la televisione.

*I was reading the paper while
  Roberto was watching
  television.*

c. It describes physical, mental, and emotional states in the past. It also
    expresses age, time, and weather in the past.

Mi sentivo stanco.   *I felt tired.*

I miei nonni non volevano uscire.   *My grandparents didn't want
                                        to go out.*

C'era molta gente nei negozi.   *There were a lot of people in the
                                    stores.*

Quando avevo sei o sette anni,
  mi sedevo proprio vicino
  allo schermo.

*When I was six or seven,
  I sat really close to the
  screen.*

—Che ore erano?   *—What time was it?*

—Era mezzogiorno.   *—It was noon.*

Continuava a piovere.   *It continued to rain.*

4. Time expressions such as **anni fa, di solito, sempre, una volta** (*once upon a time, some time ago*), and **il lunedì (il martedì…)** are frequently used with the **imperfetto**.

Una volta non trasmettevano la pubblicità in TV.

Some time ago they didn't broadcast advertisements on TV.

Non capisco perché ero sempre stanco.

I don't understand why I was always tired.

—Una volta era più romantico: suonava il violino.

Esercizi

A. **Trasformazioni.** Sostituisci il soggetto della frase con gli elementi tra parentesi e cambia la forma del verbo.

1. Leggevi il giornale a 12 anni? (i bambini / Lei / voi / io)
2. Il sabato sera guardavamo la fiction fino a tardi. (Guglielmo / io / tutti / tu)
3. Luigi parlava italiano quando aveva 7 anni. (tu / noi / anche le mie sorelle / voi)
4. Quando ero piccola, volevo diventare giornalista. (noi / lei / voi / loro)

B. **Avere o essere.** Completa la storia di Margherita con l'imperfetto di **essere** o **avere**.

Quando _____[1] un anno, Margherita _____[2] biondissima e _____[3] gli occhi azzurri. _____[4] una bambina molto simpatica ed _____[5] sempre allegra. A tredici anni Margherita _____[6] i capelli castani e gli occhi grigi, _____[7] spesso triste e depressa e _____[8] molti problemi, come tanti ragazzi della sua età.[a] A vent'anni Margherita _____[9] i capelli verdi. _____[10] moltissimi amici, _____[11] una vita abbastanza interessante e non _____[12] tempo per pensare se _____[13] triste o se _____[14] allegra.

[a]*age*

C. La mia infanzia. Che cosa facevi quando eri bambino/bambina? Dove andavate in vacanza tu e la tua famiglia? Quali programmi televisivi seguivi? Quale era il tuo libro preferito? Quali sport facevi? Cosa facevi in estate? Parla della tua infanzia con un compagno / una compagna. Lui/Lei prende appunti e poi dà le informazioni ad un altro gruppo o alla classe.

—Non ho bisogno di niente, papà: volevo solo controllare la tua prontezza[a]...

[a]controllare... *to check your reaction time*

B. Imperfetto e passato prossimo

Era una bella giornata: il sole splendeva e gli uccelli cantavano nel parco. Marco si sentiva felice perché aveva un appuntamento con una ragazza che aveva conosciuto la sera prima. Purtroppo, però, la ragazza non è venuta, il tempo è cambiato ed ha cominciato a piovere. Marco è tornato a casa tutto bagnato e di cattivo umore.

The **passato prossimo** and the **imperfetto** are often used together in accounts of past events. They express different kinds of actions in the past, and cannot be used interchangeably.

1. The **passato prossimo** is used to describe specific events in the past. It tells *what happened* at a given moment.

   Ieri ho ricevuto tre lettere.   *Yesterday I received three letters.*
   Siamo usciti alle otto.   *We went out at eight.*

It was a beautiful day: the sun was shining and the birds were singing in the park. Marco was feeling happy because he had a date with a girl that he had met the evening before. Unfortunately, though, the girl didn't come, the weather changed, and it began to rain. Marco returned home all wet and in a bad mood.

2. The **imperfetto** describes habitual actions in the past: *what used to happen.*

Giocavamo a tennis ogni sabato.	*We played tennis every Saturday.*

It also describes ongoing actions in the past; *what was going on* while something else was going on (two verbs in the **imperfetto**) or what was going on when something else happened (one verb in the **imperfetto,** the other in the **passato prossimo**).

Io studiavo mentre mio cugino ascoltava la radio.	*I was studying while my cousin was listening to the radio.*
Mangiavate quando ho telefonato?	*Were you eating when I called?*

The **imperfetto** also relates conditions or states—physical or mental—in the past, such as appearance, age, feelings, attitudes, beliefs, time, and weather.

Sognavo di diventare una regista.	*I dreamed of becoming a director.*
Avevo un appuntamento con il redattore.	*I had an appointment with the editor.*
Erano le otto di sera.	*It was eight P.M.*
Pioveva ma non faceva freddo.	*It was raining but it wasn't cold.*
Non ricordavano l'indirizzo giusto.	*They didn't remember the right address.*

3. Because the **passato prossimo** expresses what happened at a particular moment, whereas the **imperfetto** expresses a state of being, the **passato prossimo** is used to indicate a change in a state of being.

Avevo paura dei topi.	*I was afraid of mice. (description of a mental state)*
Ho avuto paura quando ho visto il topo.	*I got scared when I saw the mouse. (what happened at a given moment)*

4. Note that for the verbs **dovere, potere,** and **volere,** the use of the **passato prossimo** indicates what did or did not happen while the **imperfetto** indicates only a mental state or intention.

Dovevo fare i compiti ma ho deciso di uscire.	*I was supposed to do my homework but I decided to go out.*
Non sono uscito perché **ho dovuto** fare i compiti.	*I did not go out because I had to do my homework.*
Marco **voleva** studiare in Italia ma non aveva i soldi.	*Marco wanted to study in Italy but he didn't have the money.*
Marco non è venuto alla festa perché **ha voluto** studiare.	*Marco didn't come to the party because he wanted to study (and did).*

Esercizi

A. **Trasformazioni.** Sostituisci le parole in corsivo (*italics*) con l'imperfetto dei verbi tra parentesi.

1. Giuseppina *guardava* una telenovela quando Angela è arriváta. (leggere un mensile / fare un'intervista / lavare i piatti / scrivere una recensione / servire il caffè)
2. Gli studenti *ascoltavano* mentre la professoressa spiegava. (prendere appunti / scrivere / fare attenzione / stare zitti / giocare con la matita)

B. **Da completare.** Completa le seguenti frasi con la parola o la frase appropriata.

1. Da bambina, Giovanna andava in vacanza con la famiglia (ogni estate / tre volte).
2. Giacomo giocava a tennis (tutti i giorni / domenica scorsa).
3. Giacomo è andato in Italia (per un'estate / tutte le estati).
4. L'anno scorso (sono andata / andavo) a teatro tre volte.
5. Quando (ha avuto / aveva) un anno, Maria (ha imparato / imparava) a camminare.
6. (Ha fatto / Faceva) bel tempo quando (partivamo / siamo partiti) per il viaggio.

C. **Un'americana a Firenze.** Judy ha passato le sue vacanze a Firenze. Racconta la sua storia al passato.

È[1] il 25 aprile. Arrivo[2] a Firenze. La mia amica italiana Silvana mi aspetta[3] alla stazione. Prendiamo[4] un tassì. Vedo[5] che c'è[6] molta gente nelle vie e che i negozi sono[7] chiusi. Domando[8] a Silvana perché la gente non lavora[9]. Silvana mi risponde[10] che il 25 aprile è[11] l'anniversario della Liberazione.* Arriviamo[12] a casa di Silvana. Io vado[13] subito a dormire perché sono[14] stanca e ho[15] sonno. La sera esco[16] con Silvana. Sono[17] contenta di essere a Firenze.

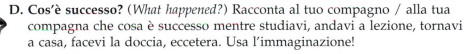

D. **Cos'è successo?** (*What happened?*) Racconta al tuo compagno / alla tua compagna che cosa è successo mentre studiavi, andavi a lezione, tornavi a casa, facevi la doccia, eccetera. Usa l'immaginazione!

ESEMPIO: Mentre studiavo, un amico è venuto a trovarmi.

Poi, di' (*say*) al tuo compagno / alla tua compagna cosa faceva qualcun altro (*someone else*) mentre tu facevi le attività suggerite sopra (*above*).

ESEMPIO: Mentre studiavo, il mio compagno di stanza dormiva.

---

*On April 25, 1945, World War II came to an end in Italy.

E. Che dovevi fare? Chiedi al tuo compagno / alla tua compagna cosa doveva fare tutti i giorni della settimana passata. Il compagno / La compagna dice quello che ha fatto invece dei suoi doveri.

ESEMPIO: S1: Che cosa dovevi fare lunedì?
          S2: Dovevo studiare, ma sono uscito/uscita con gli amici.

—Mi hanno arrestato mentre uscivo da un camino[a] con un sacco!

[a]*chimney*

Un tecnico del montaggio (*video editor*) al lavoro in uno studio romano.

Nota culturale
La TV italiana

La televisione italiana è nata nel 1954. Per molti anni dopo la sua nascita, ha avuto un solo canale, controllato dallo stato.

Oggi la RAI, o Radiotelevisione italiana, ha tre reti televisive nazionali, che trasmettono, durante tutto il giorno, numerosi telegiornali (fra cui, nel pomeriggio, un telegiornale per ragazzi), dibattiti, film e documentari, spettacoli di varietà, giochi, avvenimenti sportivi in diretta, rubriche[1] scientifiche e di attualità.

Tutti i cittadini che hanno la TV sono obbligati a pagare una tassa annuale per la produzione dei programmi pubblici.

Dagli anni '80[2] si sono aggiunte[3] alle reti pubbliche alcune reti private nazionali e numerosissime reti locali. Le reti private trasmettono soprattutto film, telenovele, serial polizieschi,[4] spettacoli di varietà e giochi a premi,[5] ma ci sono anche dei telegiornali e degli spettacoli sportivi. Oggi gli italiani possono anche vedere alcuni programmi acquistati in America e doppiati in italiano, come ad esempio «David Letterman Show», «E.R.», «Friends» e «I Simpson».

[1]*features* [2]*Dagli… Since the eighties* [3]*si… were added* [4]*serial… police dramas* [5]*giochi… game shows with prizes*

C. Trapassato

Gino aveva capito che l'appuntamento con Susanna era alle 8.00, ma Susanna aveva capito che era alle 7.00. Alle 7.30 Susanna era stanca di aspettare Gino ed era molto arrabbiata. Così è andata al cinema con la sua compagna di stanza. Gino è arrivato alle 8.00 in punto, ma quando è arrivato Susanna era già uscita. Povero Gino!

1. The **trapassato** is the exact equivalent of the English past perfect (*I had worked, they had left*). It expresses a past action that took place before another past action or point in time. The more recent past event may be expressed in the **passato prossimo** or the **imperfetto.**

I nonni erano già usciti quando ho telefonato.	*My grandparents had already left when I called.*
Ero stanca perché avevo nuotato tutta la mattina.	*I was tired because I had been swimming all morning.*
Mia zia era partita prima delle otto.	*My aunt had left before eight.*
Avevo già imparato a sciare quando avevo otto anni.	*I had already learned to ski by the time I was eight.*

—*Mi hanno messo dentro a causa della vista:*[a] *non avevo visto un poliziotto.*[b]

[a]*eyesight*   [b]*police officer*

Gino had understood that his date with Susanna was at 8:00, but Susanna had understood that it was at 7:00. At 7:30 Susanna was tired of waiting for Gino and she was very angry. So she went to a movie with her roommate. Gino arrived exactly at 8:00, but when he arrived Susanna had already gone out. Poor Gino!

2. The **trapassato** is formed with the **imperfetto** of the auxiliary verb (**avere** or **essere**) plus the past participle. Note that the past participle agrees with the subject when the verb is conjugated with **essere.**

VERBI CONIUGATI CON **avere**	VERBI CONIUGATI CON **essere**
avevo avevi aveva avevamo } lavorato avevate avevano	ero eri } partito/a era eravamo eravate } partiti/e erano

Esercizi

A. Domande personali. Decidi se le seguenti affermazioni personali sono vere. Correggi le frasi false.

1. Quando avevo 16 anni, mi ero già diplomato/diplomata.
2. Quando aveva 22 anni, mia madre si era già sposata.
3. Quando avevo 12 anni, ero già stato/stata a Disney World.
4. Quando avevo 10 anni, avevo già visto un film al cinema.
5. Quando avevo 18 anni, avevo già visto un film straniero.
6. Quando avevo 16 anni, avevo già imparato a guidare.
7. Quando avevo 18 anni, ero già andato/andata all'estero (*abroad*).

B. Troppo tardi. Quando queste persone sono arrivate, era già troppo tardi. Descrivi la situazione; segui il modello.

ESEMPIO: Maria telefona a Franca. Franca è uscita. →
            Quando Maria ha telefonato a Franca, Franca era già uscita.

1. Entriamo nel cinema. Il film è cominciato.
2. Il cameriere porta il conto. I clienti sono usciti.
3. Il nonno arriva a casa. I nipotini hanno finito di mangiare.
4. Mirella arriva all'aeroporto. L'aereo è partito.
5. Le ragazze tornano a casa. La mamma è andata a dormire.
6. Voi ci invitate. Noi abbiamo accettato un altro invito (*invitation*).
7. Mi alzo. Le mie sorelle hanno fatto colazione.

C. A sedici anni... Chiedi ad un compagno / una compagna di parlare di tre esperienze che aveva già avuto a 16 anni.

ESEMPIO: A sedici anni, ero già stato/stata in Europa...

D. Avverbi

Sandro gioca molto bene a tennis. Gioca
regolarmente ed è sempre pronto per
una partita quando gli amici lo invitano.
Felice gioca male a golf. Va raramente a
giocare e fa poca pratica.

1. You already know that adjectives modify
    nouns, and that they agree in gender and number with the noun they
    modify. Adverbs, in contrast, are invariable (their endings don't change) and
    they can modify verbs, adjectives, or other adverbs. Adverbs indicate *how*
    an action is performed. Some common adverbs are **bene, male,** and **molto.**

Maddalena parla **bene** l'italiano.	*Maddalena speaks Italian well.*
Giacomo legge **male.**	*Giacomo reads badly.*
I ragazzi corrono **molto.**	*The boys run a lot.*

    Do not confuse these adverbs with the adjectives **buono** and **cattivo**
    or the variable forms of **molto.**

Maddalena ha una **buona** macchina.	*Maddalena has a good car.*
Giacomo ha **cattivo** gusto.	*Giacomo has bad taste.*
I ragazzi corrono in **molte** gare.	*The boys run in many races.*

2. Many adverbs are formed by attaching **-mente** to the feminine singular
    form of the adjective. If the adjective ends in **-e**, then **-mente** is added
    directly to the adjective. They correspond to English adverbs ending in **-ly.**

vero	→	vera	→	veramente	*truly*
fortunato	→	fortunata	→	fortunatamente	*fortunately*
dolce	→	dolce	→	dolcemente	*sweetly*

    However, if the singular adjective ends in **-le** or **-re** preceded by a vowel,
    the final **-e** is dropped before adding **-mente.**

gent**ile**	→	gentil-	→	gentilmente	*kindly*
regola**re**	→	regolar-	→	regolarmente	*regularly*

3. Adverbs usually follow directly after a simple verb form.

Parla **sempre** di lavoro.	*He always talks about work.*
La vedo **raramente.**	*I rarely see her.*
Simona si veste **elegantemente.**	*Simona dresses elegantly.*

4. With compound verbs, most adverbs follow the past participle. However,
    some common adverbs (**già, mai, ancora** [*still*], **sempre**) can be placed
    between the auxiliary verb and the past participle.

Sandro plays tennis very well. He plays regularly and is always ready for a match when his
friends invite him. Felice plays golf badly. He rarely goes to play and he practices little.

Nota bene:
molto, poco, tanto, troppo

Like **molto** (*many / a
lot*), **poco** (*few/little*),
tanto (*so much, so many /
a lot*), and **troppo** (*too
many / too much*) can be
both adjectives and ad-
verbs. When modifying
a noun, they precede it
and agree with it in
number and gender. As
adverbs, they follow a
simple verb and pre-
cede an adjective.

AGGETTIVI
Sara ha **molti** libri.
Riccardo ha **poche**
 amiche.
Nina ha ricevuto **tante**
 e-mail.
Luca mangia **troppi** dolci.

AVVERBI
Tina e Sara parlano
 molto al telefono.
Carlo suona **poco** il
 pianoforte.
Maria legge **tanto.**
Rita guida **troppo**
 velocemente (*fast*).

Si dice così:
suffissi

By adding different suffixes to Italian nouns, adjectives, and adverbs, you can express various shades of meaning.

Suffixes such as **-ino/a/i/e** and **-etto/a/i/e** indicate smallness or express endearment.

Che bel **nasino**! *What a cute little nose!*
Avevo una **casetta** in montagna. *I used to have a small house in the mountains.*

The suffix **-one/a/i/e** indicates largeness, and the suffix **-accio**, **-accia**, **-acci**, **-acce** conveys badness or ugliness.

Ho scritto una **letterona**. *I wrote a long letter.*
Dicevano **parolacce**? *Were they saying bad words?*

The suffix **-issimo/a/i/e** adds emphasis and means *very*, as in **Bellissimo!**

Milena è una ragazza **intelligentissima**. *Milena is a very intelligent girl.*
Stiamo **benissimo**. *We are very well.*

Note: When a suffix is added, the final vowel of the word is dropped.

borsa → **borsetta**
fratello → **fratellino**
male → **malissimo**

Sei arrivata tardi in palestra.
Non ho capito bene la lezione.
Avete già visto il parco?
Il nostro professore non ha mai parlato del femminismo.

You arrived at the gym late.
I didn't understand the lesson well.
Have you already seen the park?
Our professor never talked about feminism.

Esercizi

A. Come sono? Descrivi le seguenti persone con un avverbio che corrisponde all'aggettivo usato nella prima parte della frase.

ESEMPIO: La signora Crespi porta vestiti eleganti: si veste sempre *elegantemente.*

1. Luigino è un bambino molto attento: ascolta tutto _____.
2. Rita e Mario sono persone tranquille: fanno tutto _____.
3. A Gina non danno fastidio (*bother*) le visite inaspettate (*unexpected*): è contenta anche quando gli amici arrivano _____.
4. Le lettere di Gregorio sono molto rare: scrive _____.
5. Mara è una persona molto onesta: mi risponde sempre _____.
6. Sandro è una persona molto gentile: tratta (*treats*) tutti _____.
7. La mia amica Francesca è molto intelligente: risponde ~~intelligentemente~~ alle domande.
8. Elena, Marilena e Francesca sono persone allegre: fanno tutto _____.

B. Bene e male. Completa le seguenti frasi con un avverbio (**bene, male, molto, troppo, poco**) o un aggettivo (**molto, poco, buono** o **cattivo**).

1. Sono andata al parco a giocare a frisbee con amici, ma non so giocare molto _____.
2. Conosco Salvatore da molto tempo. Lui è un _____ amico.
3. Sandro va in palestra due volte al giorno. Secondo me, si allena (*works out*) *bene*.
4. Milena si è trasferita (*moved*) a Milano da Palermo due settimane fa. Conosce solo la sua vicina di casa (*neighbor*). Lei ha _____ amici a Milano.
5. Anche se Rocco prende lezioni di ballo da tre anni, balla *male*.
6. Mariella canta e balla bene, ma non recita bene—è una *buon* attrice.

C. Prima dell'università. Fai domande al compagno / alla compagna con elementi delle liste A, B e C.

ESEMPIO: s1: Parlavi onestamente con i genitori? →
s2: Sì, gli parlavo onestamente.

A	B	C
parlare	spesso	una persona famosa
guidare	regolarmente	con i genitori
conoscere	bene/male	i compiti
fare	qualche volta	con i parenti
giocare	già	con gli amici
uscire	velocemente	a tennis / a golf

Piccolo ripasso

∙∙∙∙∙∙∙∙∙∙∙∙∙∙∙∙∙∙∙∙∙∙∙∙∙∙∙∙∙∙∙∙∙∙∙

A. Ricordi. Patrizia ricorda quando aveva 17 anni. Completa la sua storia con un verbo della lista all'imperfetto. Puoi usare alcuni verbi più di una volta.

Parole utili: andare, avere, essere, piacere, preferire, studiare, volere

Quando _____[1] diciassette anni, io e mio fratello _____[2] al liceo. Io _____[3] brava e _____[4] molto perché _____[5] ricevere dei bei voti. A mio fratello, invece, non _____[6] studiare e così non _____[7] mai e _____[8] uscire con gli amici. E voi, a diciassette anni, come _____[9]? _____[10] voglia di studiare?

B. Conversazione.

1. Dove abitavi quando avevi 16 anni?
2. Abitavi con i tuoi genitori?
3. Chi era il tuo parente preferito?
4. A quale scuola andavi?
5. Con chi studiavi?
6. Che cosa facevi in una giornata tipica?

C. Abitudini diverse. Completa le seguenti frasi con l'imperfetto o il passato prossimo, secondo il senso della frase.

1. Di solito mi alzavo alle sette, ma quel giorno _____ alle nove.
2. Di solito andavamo al cinema il venerdì, ma il week-end scorso _____ a teatro.
3. Di solito la mamma _____ il caffellatte la mattina, ma stamattina ha preso un caffè.
4. Di solito _____ il giornale ma domenica hai letto una rivista.
5. Di solito trasmettevano il telegiornale a mezzogiorno, ma ieri lo _____ all'una.
6. Di solito non vi divertivate ai concerti, ma a quel concerto _____.

D. Domande personali. Scegli l'avverbio più appropriato per creare una risposta personale alle domande.

Parole utili: gentilmente, già, mai, regolarmente, sempre, spesso, tardi, velocemente

1. Hai preparato la lezione per domani?
2. Come parli con i genitori? Con gli amici?
3. Vai a lezione di italiano?
4. Rispondi in italiano?
5. Andavi in bicicletta da bambino/bambina?
6. Mandi e-mail?
7. Ti divertivi a scuola quando avevi quindici anni?
8. Guardavi la televisione?

—Mamma, il mio primo disegnino!

Parte 4: Un po' di cultura

C'è posta per te!

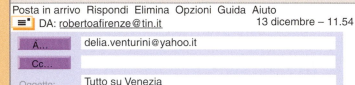

Posta in arrivo Rispondi Elimina Opzioni Guida Aiuto
DA: robertoafirenze@tin.it   13 dicembre – 11.54

À...   delia.venturini@yahoo.it

Cc...

Oggetto: Tutto su Venezia

Cara Mamma,

ieri sera, alla televisione, hanno trasmesso un bel programma su Venezia ed io ho imparato molte cose che non sapevo.

Tu lo sapevi come è nata Venezia? Hanno spiegato che è nata così: molti secoli fa, ai tempi delle invasioni barbariche, molti profughi[1] dalla costa hanno trovato rifugio[2] in mezzo alla laguna. I barbari[3] venivano dall'interno dell'Europa e non erano navigatori; così quei profughi si sentivano sicuri nelle isole della laguna.

Venezia è costruita su 118 isolette, è attraversata[4] da oltre[5] 150 canali e ha ben[6] 400 ponti. Le vie si chiamano «calli», le piazze «campi» (eccetto la piazza più grande, la famosa Piazza San Marco). Venezia è la città delle gondole e dei vaporetti,[7] che sono un po'come i tassì e gli autobus nelle altre citttà.

Venezia non vive solo del ricordo del passato e del grande afflusso[8] di turisti. È ancora oggi un porto importante, soprattutto per le comunicazioni con i paesi dell'Oriente.

Basta: non ti ho annoiato, spero...

Stai bene? Cosa c'è di nuovo?

A presto!
Bacioni.
Roberto

[1]refugees [2]safety, refuge [3]barbarians [4]crossed [5]more than [6]a good [7]water taxis [8]influx

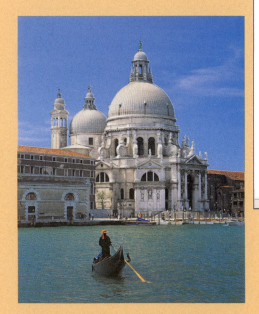

La chiesa di Santa Maria della Salute a Venezia

In Veneto e in Friuli-Venezia Giulia

Il Veneto e il Friuli-Venezia Giulia sono le due regioni più orientali dell'Italia del Nord.

Il Veneto offre paesaggi molto diversi: c'è così la possibilità di fare vacanze in montagna, sulle Dolomiti; al mare, sulla costa Adriatica, e anche al lago. Il Lago di Garda, al confine[1] con la Lombardia, è il lago più grande d'Italia.

Tra le città del Veneto, la più conosciuta in tutto il mondo è certamente Venezia. La singolare città della laguna ha un porto molto attivo, numerosissimi musei e ricchi tesori[2] d'arte. Venezia è anche sede[3] di manifestazioni d'arte e del famoso Festival del Cinema che si tiene[4] ogni anno nel mese di settembre.

Molte altre città del Veneto sono belle e ricche di storia e di arte: ricordiamo Verona, Vicenza, Treviso e Padova. Verona è famosa per la sua arena, dove ogni anno, in estate, si fanno bellissimi spettacoli di opera lirica. È anche famosa per essere la città di Romeo e Giulietta; ogni giorno moltissimi turisti vanno a vedere il piccolo balcone di un antico palazzo del centro, perché dicono che proprio da quel balcone Giulietta dichiarava[5] il suo amore a Romeo.

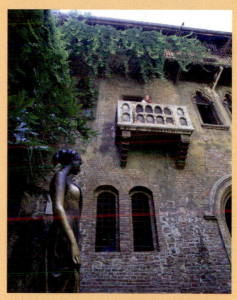

Il balcone di Giulietta a Verona

Nelle campagne venete si possono ammirare delle bellissime ville costruite da grandi architetti, con giardini curati[6] e ricchi di sorprese: teatri all'aperto, labirinti e fantastici giochi d'acqua.

La regione del Friuli-Venezia Giulia è prevalentemente montuosa.[7] Le poche zone di pianura[8] non sono molto fertili perchè il terreno[9] è piuttosto arido.

Trieste, il capoluogo, è una bella città che è stata in passato, quando faceva parte[10] dell'Impero Austriaco, il porto più importante del Mediterraneo. È ancora oggi centro commerciale e marittimo importante. Città minori, ma non per questo meno importanti, sono Udine, Gorizia e Pordenone.

L'economia di questa regione, tradizionalmente povera e basata soprattutto sull'agricoltura, si è molto sviluppata[11] negli ultimi anni, con l'arrivo di molte piccole e medie industrie.

[1]border [2]treasures [3]site [4]si... is held [5]would declare [6]well-tended [7]mountainous [8]plains [9]terrain [10]faceva... was part [11]si... has been widely developed

COMPRENSIONE

Rispondi alle domande.

1. In quale parte d'Italia si trovano il Veneto e il Friuli-Venezia Giulia?
2. In quale parte del Veneto possiamo andare a sciare?
3. Che cosa succede a Venezia nel mese di settembre?
4. In quale delle due regioni troviamo molte belle ville?
5. Che cosa ha aiutato l'economia del Friuli-Venezia Giulia negli ultimi anni?

Videoteca

Decisioni difficili

Roberto e Giuliana hanno deciso di andare al cinema. Lui vuole vedere un film di Nanni Moretti, lei invece preferisce vedere un film classico americano, *Via col vento* (Gone With the Wind).

ESPRESSIONI UTILI

l'elenco list
la voce voice

Ti va? Is that ok with you?

Funzione: parlare di cinema

PREPARAZIONE

GIULIANA: Ci sono film italiani e stranieri. Guarda, c'è anche un festival di film classici e danno *Via col vento.*
ROBERTO: Ma no, è un classico americano!
GIULIANA: Sì, ma è doppiato in italiano! Le voci di Vivian Leigh e Clark Gable sono italiane!
ROBERTO: Divertente sentirli parlare in un'altra lingua. Ma preferisco vedere un film di un regista italiano, Moretti, per esempio.

VERIFICA

Scegli il completamento giusto per le seguenti frasi.

1. Un settimanale è una pubblicazione che esce _____.
   a. ogni giorno   **b.** ogni settimana   **c.** una volta al mese
2. Un film giallo è _____.
   a. un film di avventura   **b.** un film comico   **c.** un film di suspense
3. Roberto e Giuliana vanno a vedere *Via col vento* alle _____.
   a. otto   **b.** dieci   **c.** sei

COMPRENSIONE

Rispondi alle seguenti domande.

1. Che tipo di persona dice di essere Giuliana?
2. Che genere di film piace a Giuliana e anche a Roberto?
3. Giuliana e Roberto come vanno al cinema?

ATTIVITÀ

Da fare in coppia. Prendete un giornale locale e leggete insieme l'elenco dei film offerti nella vostra città. Parlate dei film che vi interessano e dite perché. Poi scegliete il film che volete vedere e l'ora che va bene per tutti e due (*both*).

Parole da ricordare

VERBI

continuare (a + *inf.*)	to continue (*doing something*)
dare (in televisione)	to show (on television)
dirigere (*p.p.* diretto)	to direct
doppiare	to dub
girare	to film; to shoot film
mandare in onda	to broadcast
produrre (*p.p.* prodotto)	to produce
pubblicare	to publish
recensire (isc)	to review
seguire	to follow, watch (*a program*) regularly
sognare (di + *inf.*)	to dream (*of doing something*)
stampare	to publish; to print
svolgersi (*p.p.* svolto)	to take place
trasmettere (*p.p.* trasmesso)	to broadcast

NOMI

l'articolo	article
l'attore/l'attrice	actor
l'attualità	current events
il canale (televisivo)	TV channel
la carta	paper
la colonna sonora	soundtrack
la cronaca	local news
il/la cronista	reporter
i diritti	rights
il doppiaggio	dubbing
il DVD (*pl.* i DVD)	DVD
la fiction	TV series
il/la giornalista	journalist
l'incarico	task
l'insieme (di)	the totality (of), all (of)
l'intervista	interview
il lettore DVD	DVD player
il linguaggio	jargon, specialized language
il mensile	monthly publication
il motivo	reason
le notizie	news
il personaggio	character
il produttore / la produttrice	producer
il programma	(*TV or radio*) program
la pubblicazione	publication
la pubblicità	advertisement; advertising
il quotidiano	daily newspaper
la radio	radio; radio station
la recensione	review
il redattore / la redattrice	editor
la redazione	editorial staff
il/la regista	director
la rete	network
la roba	stuff
la scelta	choice
lo schermo	screen
la serie televisiva	TV series
il settimanale	weekly publication
il sondaggio	poll, survey
il sottotitolo	subtitle
la stampa	press; the press
il telefilm	TV mini-series
il telegiornale	TV news
il teleromanzo, la telenovela	soap opera
la videocassetta	videocassette
il videoregistratore	VCR

AGGETTIVI

grosso	big
ottimo	excellent

ALTRE PAROLE E ESPRESSIONI

allora	then; at that time; so; in that case
almeno	at least
ancora	still
c'era una volta	once upon a time there was
in differita	tape-delayed, prerecorded broadcast
in diretta	live broadcast
una volta	some time ago

CAPITOLO

9

Come ti senti?

IN BREVE

GRAMMATICA

A. Pronomi tonici
B. Comparativi
C. Superlativi relativi
D. Comparativi e superlativi irregolari

NOTA CULTURALE

Le erboristerie e le medicine naturali

UN PO' DI CULTURA

C'è posta per te!
Nelle Marche

Una farmacia a Firenze

Pratica

Practice the skills you learned in this chapter and learn more about the Italian-speaking world through the *In giro per l'Italia* supplements.
www.mhhe.com/ingiro2

Dialogo-Lampo

All'ospedale

ROBERTA: E allora, che cosa è successo?

ANTONELLA: Non ricordo proprio bene. Sciavo molto veloce e poi— improvvisamente[1] ho perso il controllo degli sci, e mi sono svegliata all'ospedale…

ROBERTA: Io mi sono rotta la gamba sinistra lo scorso inverno, una vera scocciatura[2]…

ANTONELLA: Pensa a[3] me allora. I dottori hanno detto che non posso scrivere per almeno due mesi!

ROBERTA: Una bella scusa[4] per non fare i compiti, eh?

1. Che cosa è successo ad Antonella?
2. Come si è fatta male?
3. Che cosa è successo a Roberta lo scorso inverno?
4. Cosa hanno detto i dottori ad Antonella?

[1]*suddenly* [2]*nuisance* [3]Pensa… *Think about* [4]*excuse*

La salute (*health*)

LE PARTI DEL CORPO (*BODY*)

la bocca mouth
il dente tooth
la faccia face
la gola throat
il naso nose
l'orecchio ear
la testa head

il cuore heart
il polmone lung
la schiena back
lo stomaco stomach
il braccio (*pl.* **le braccia**) arm
il dito (*pl.* **le dita**) finger
la gamba leg
la mano (*pl.* **le mani**) hand
il piede foot

destro right
sinistro left

LA SALUTE E LE MALATTIE (*ILLNESSES*)

l'alimentazione (*f.*) nutrition
la cura treatment
il dolore pain
il dottore / la dottoressa doctor
la guarigione recovery, cure
l'incidente (*m.*) accident
l'infermiere/l'infermiera nurse
la medicina medicine, drug
il medico (*m./f.*) doctor
il/la paziente patient
la ricetta prescription
la tosse cough
la vita life

—Sono pronto per la puntura[a]…

[a]*shot*

ammalarsi to get sick
*andare all'ospedale to go to the hospital, be hospitalized
avere il raffreddore / la febbre to have a cold / fever
avere mal di... (testa / denti / stomaco) to have a . . . (headache / toothache / stomachache)
controllare to check, check up on
curare to care for, treat
curarsi to take care of oneself
*essere sano/malato to be healthy/sick
fare male a to hurt
farsi male to hurt oneself, get hurt

*guarire (isc) to heal; to get well
portare gli occhiali / le lenti a contatto to wear glasses / contact lenses
prendere il raffreddore to catch a cold
rompersi (*p.p.* rotto) la gamba / il piede to break one's leg/foot
*succedere (*p.p.* successo) to happen
visitare to examine
*vivere (*p.p.* vissuto) to live

forte strong
grave serious, grave
sano healthy (in good health)

Nota bene:
plurali irregolari

Some masculine nouns are feminine in the plural and end in **-a.**

l'uovo → le uova

Many words referring to the parts of the body follow this pattern.

il braccio → le braccia
il dito → le dita
l'osso (*bone*) → le ossa

Some nouns simply have irregular plurals and must be learned individually.

la mano → le mani
l'uomo → gli uomini

Esercizi

A. Indovinelli. A quali parti del corpo si riferiscono queste frasi?

1. Fa male quando mangiamo troppo.
2. Dracula li ha lunghi.
3. Se sono lunghe, possiamo correre più velocemente.
4. Cresce quando Pinocchio dice una bugia.
5. Se sono lunghe, possiamo suonare meglio il piano.
6. Cenerentola (*Cinderella*) li ha molto piccoli.

B. Associazioni. Quali verbi (Quali azioni) puoi associare a queste parti del corpo?

1. il dito
2. i piedi
3. la bocca
4. gli occhi
5. la testa
6. la mano
7. le braccia
8. la gola
9. la gamba
10. lo stomaco

C. Conversazione.

1. Ti piace camminare (*walk*)? Cerchi di (*Do you try to*) fare una passeggiata tutti i giorni?
2. «Quando c'è la salute, c'è tutto.» Sei d'accordo con questa affermazione? Perché?
3. Com'è, secondo te, un'alimentazione corretta? Cosa mangi di solito?
4. Quali sono gli elementi di una vita sana?
5. Cosa fai per mantenerti (*stay*) in buona salute?
6. Sei mai andato/a all'ospedale? Che cosa è successo?
7. Hai mai avuto un incidente? Ti sei rotto/a una gamba?
8. Controlli mai la tua pressione (*blood pressure*)? Com'è? Alta, bassa, regolare?
9. Ti rilassi abbastanza? Cosa fai per rilassarti?
10. Fumi? Quanto? Bevi alcoolici? Quando?

In ascolto

For listening comprehension activities related to the theme of this chapter, see the Workbook/Laboratory Manual or visit the *In giro per l'Italia* website.
www.mhhe.com/ingiro2

_____

*Words identified with an asterisk (*) are conjugated with **essere.**

A. Pronomi tonici

PAZIENTE: Quando L'ho visto due settimane fa, mi ha detto che non avevo problemi con la vista.

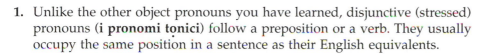

OCULISTA: Mi dispiace, ma non credo di averLa visitata. Ha visto me o forse un altro medico?

PAZIENTE: Sono sicurissima, ho visto Lei... Oh, mi sbaglio, non ho visto Lei. Ho visto un medico alto con capelli neri e occhiali.

1. Unlike the other object pronouns you have learned, disjunctive (stressed) pronouns (**i pronomi tonici**) follow a preposition or a verb. They usually occupy the same position in a sentence as their English equivalents.

SINGOLARE		PLURALE	
me	*me, myself*	**noi**	*us, ourselves*
te	*you, yourself*	**voi**	*you, yourselves*
Lei	*you (form.)*	**Loro**	*you (form.)*
lui, lei	*him, her*	**loro**	*them*
sé	*yourself (form.), oneself, himself, herself*	**sé**	*yourselves (form.), themselves*

2. Disjunctive pronouns are used

a. after a preposition

La ricetta è **per te.**
Non voglio uscire **con loro.**
Venite **da me** stasera?

Avete ricevuto un regalo **da lei.**
Amano parlare **di sé.**
Secondo me, i fratelli Berardo sono molto sportivi.

The prescription is for you.
I don't want to go out with them.
Are you coming to my house tonight?

You received a present from her.
They love to talk about themselves.
In my opinion, the Berardo brothers are very athletic.

Dieta *fai da te*

PATIENT: When I saw you two weeks ago, you told me that I didn't have problems with my eyesight.   OPTHAMOLOGIST: I'm sorry, but I don't believe I examined you. Did you see me, or maybe another doctor?   PATIENT: I'm very sure I saw you . . . Oh, I'm mistaken, I didn't see you. I saw a tall doctor with black hair and glasses.

Four prepositions (**senza, dopo, sotto,** and **su**) often require **di** when followed by a disjunctive pronoun.

Vengo senza mio marito: vengo **senza di lui.**	*I'm coming without my husband; I'm coming without him.*
Sono arrivati all'ospedale dopo il dottore: sono arrivati **dopo di lui.**	*They got to the hospital after the doctor; they got there after him.*
Non vuole nessuno **sotto di sé.**	*He doesn't want anyone below him.*
Il medico conta **su di noi.**	*The doctor is counting on us.*

b. after a verb, to give greater emphasis to the object (direct or indirect)

Lo amo. (*unemphatic*)	*I love him.*
Amo solamente **lui.** (*emphatic*)	*I love only **him.***
Ti cercavo. (*unemphatic*)	*I was looking for you.*
Cercavo proprio **te.** (*emphatic*)	*I was looking just for **you.***
Le hanno telefonato. (*unemphatic*)	*They called her.*
Hanno telefonato anche a **lei.** (*emphatic*)	*They called **her,** too.*

Note that the emphatic construction is often accompanied by **anche, proprio,** or **solamente** for further emphasis.

c. when there are two direct or two indirect objects in a sentence, or when a distinction is being made between the two objects

Hai parlato **con me** o con l'altro infermiere?	*Did you talk to me or to the other nurse?*
Ho invitato **te** e tuo marito.	*I've invited you and your husband.*

Esercizi

A. Per essere più chiari (*clear*)**.** Dai un senso enfatico a ogni frase.

ESEMPI: Ti guardavo. → Guardavo te.
Ci parlavano? → Parlavano a noi?

1. Non ti voglio parlare.
2. Ti cercavo.
3. Li ha invitati.
4. Ti vediamo.
5. Mi salutano.
6. Ci ha scritto.
7. Vi scrivo.
8. Mi piacciono.

B. Scambi. Completa le frasi con il pronome tonico appropriato.

> ESEMPIO: S1: Ti diverti con i miei amici?
>   S2: No, non mi diverto proprio con _loro_.

1. —È vero che Alessandra non va d'accordo con Luciano?
   —Sembra di sì (*It seems like it*); Alessandra dice che non vuole più vivere con _____.
2. —Venite a giocare a tennis con Patrizia?
   —No, veniamo senza di _____! Non vinciamo mai quando gioca lei!
3. —Ci troviamo (*Are we meeting*) da Danilo e Leo stasera?
   —Sì, ci troviamo da _____ alle otto.
4. —Io e Claudio abbiamo cominciato ad andare a cavallo (*go horseback riding*).
   —Allora, venite con _____! Ho cominciato anch'io due settimane fa!
5. —Ti piace correre con me e Dario?
   —No, non mi piace proprio correre con _____! Siete troppo veloci!

C. Situazioni. Di' a... (*Tell . . .*)

1. your friends that you need them.
2. a nurse that you need him.
3. two children that they have to skate without you.
4. a young woman/man that you can't play tennis with her/him.
5. a professor that you are counting on him.
6. a grandmother that the flowers are for her.
7. your aunt that she has to go to the doctor's office for a check-up (**controllo**), not the hospital.

B. Comparativi

Io ho due gemelli. Sandra è più sportiva di Michele, ma Michele è più interessato alla musica di Sandra. Sandra è meno timida di Michele; lei è molto più estroversa di lui. Michele è carino e gentile come Sandra—sono due ragazzi simpaticissimi.

I have two twins. Sandra is more athletic than Michele, but Michele is more interested in music than Sandra. Sandra is less shy than Michele; she is a lot more extroverted than he is. Michele is sweet and polite like Sandra—they're two really likeable kids.

1. Comparisons are expressed in Italian with these words:

(**così**)… **come**	*as . . . as*
(**tanto**)… **quanto**	*as . . . as; as much . . . as*
più… **di** (**che**)	*more . . . than; -er than*
meno… **di** (**che**)	*less . . . than*

SERGIO   ROBERTO

2. The comparison of equality of adjectives is formed by placing **così** or **tanto** before the adjective and **come** or **quanto** after the adjective. **Così** and **tanto** are usually omitted.

Sergio è (**così**) alto **come** Roberto.	*Sergio is as tall as Roberto.*
Roberto è (**tanto**) intelligente **quanto** Sergio.	*Roberto is as intelligent as Sergio.*
Sergio è simpatico **come** Roberto.	*Sergio is as nice as Roberto.*

Comparisons of equality with verbs are expressed with (**tanto**) **quanto.**

Sergio nuota (**tanto**) **quanto** Roberto.	*Sergio swims as much as Roberto.*

A personal pronoun that follows **come** or **quanto** is a disjunctive pronoun (**pronome tonico**).

Il bambino è sano **come** te.	*The child is as healthy as you.*

3. The comparisons of inequality are formed by placing **più** or **meno** before the adjective or noun. *Than* is expressed with **di** (or its contraction with an article) before nouns or pronouns.

Chiara è **più** alta **di** Nella.	*Chiara is taller than Nella.*
Nino è **meno** alto **di** Maria.	*Nino is less tall (shorter) than Maria.*

CHIARA   NELLA   NINO   MARIA

Paola è **meno** simpatica **di** te.	*Paola is less nice than you.*
Silvia prende **più** vitamine **di** Fabio.	*Silvia takes more vitamins than Fabio.*
Maurizio legge **più del** compagno di stanza.	*Maurizio reads more than his roommate.*

4. The expressions *more than* / *less than* followed by numbers are **più di** / **meno di** + *number* in Italian.

Ci sono stati **più di dieci** incidenti in quella strada il mese scorso.	*There were more than ten accidents on that street last month.*

5. **Che** is used when directly comparing two of the same construction or part of speech: two adjectives, two infinitives, two nouns, or two nouns preceded by a preposition. **Di** is used when comparing a particular quality of two nouns.

L'equitazione è **più costosa che difficile.**	*Horseback riding is more expensive than difficult.*
È **più facile nuotare che pattinare?**	*Is it easier to swim than to skate?*
Di solito ho **meno raffreddori che mal di testa.**	*I usually have fewer colds than headaches.*
Gioco **più a tennis che a calcio.**	*I play more tennis than soccer.*
Tiziana è **meno timida di** Gina.	*Tiziana is less timid than Gina.*
Gli aerei sono **più cari dei** treni.	*Planes are more expensive than trains.*

Esercizi

A. **Sei d'accordo o no?** Sei d'accordo con le seguenti frasi? Cambia le frasi se non sei d'accordo.

1. I raffreddori sono più fastidiosi (*annoying*) dei mal di testa.
2. Il gelato è meno buono della torta al cioccolato.
3. I bambini hanno meno paura dei dentisti che dei medici.
4. La biologia è interessante quanto la matematica.
5. Il cinese è più difficile dell'italiano.
6. È più facile pattinare che sciare.

B. **Come sono?** Paragona (*Compare*) le seguenti persone o cose secondo l'esempio. Esprimi la tua opinione e usa **più, meno** o **come.**

ESEMPIO: (energico) mia nonna / mia madre →
   Mia nonna è più energica di mia madre.

1. (elegante) il pattinaggio / l'equitazione
2. (faticoso [*tiring*]) il canottaggio / il nuoto
3. (difficile) il ciclismo / lo sci di fondo
4. (bravo) i Giants / i Dodgers
5. (bravo) Luciano Pavarotti / Andrea Bocelli
6. (importante) la salute / il lavoro

C. Che dici? Completa ogni frase con **più/meno... di, più/meno... che**, or **così... come**.

ESEMPIO: Per me, gli occhiali sono **meno** comodi (*comfortable*) **delle** lenti a contatto.

1. La mia gamba è _____ lunga _____ il mio braccio.
2. Per me, la chimica è _____ divertente _____ l'italiano.
3. Il mal di testa è _____ noioso _____ grave.
4. Secondo me, l'alimentazione è _____ importante _____ l'attività fisica.
5. L'influenza è _____ grave _____ il raffreddore.
6. Non sono mai stata _____ stanca _____ in questo periodo.
7. Il mio occhio è _____ grande _____ l'orecchio.
8. I tuoi piedi sono _____ grandi _____ i miei piedi.

Un'erboristeria a Spoleto

Nota culturale
Le erboristerie° e le medicine naturali

Le... *Herbalist's shops*

Negli ultimi anni, gli italiani hanno imparato l'uso di cure alternative alla medicina tradizionale e diverse persone preferiscono i farmaci omeopatici[1] a quelli chimici.

I medici omeopati tuttavia[2] non sono molti e solo una parte delle farmacie, a differenza degli altri paesi europei, vendono medicine omeopatiche. Lo Stato non pubblicizza l'omeopatia e l'assistenza sanitaria nazionale[3] non paga le cure omeopatiche. Così molti italiani vanno dal medico tradizionale, ma spesso curano i piccoli disturbi[4] con le erbe.

L'Italia è stata, fino a non molto tempo fa, un paese contadino[5] dove era normale usare i prodotti della terra per nutrirsi[6] e per curare il corpo. Adesso gli italiani riscoprono[7] l'importanza dei cibi genuini e le proprietà curative delle erbe.

In ogni città italiana ci sono molte erboristerie che vendono prodotti fatti con erbe, fiori, fanghi,[8] sali e altre cose naturali, per la cura estetica[9] del corpo e per risolvere[10] problemi come il mal di testa, la colite,[11] l'insonnia, la depressione, la gastrite.[12] Tutti possono prendere queste medicine naturali senza paura di intossicarsi,[13] come può succedere con i farmaci chimici.[14]

[1]farmaci... *homeopathic medicines* [2]*nonetheless* [3]l'assistenza... *national health care* [4]*ailments* [5]*rural*
[6]*nourish oneself* [7]*are rediscovering* [8]*muds* [9]cura... *aesthetic care* [10]*resolve* [11]*colitis* [12]*gastritis* [13]*poison oneself*
[14]i... *pharmaceuticals*

C. Superlativi relativi

—È uno degli alberi^a più vecchi d'Italia.

^a*trees*

1. The relative superlative (*the fastest; the most elegant; the least interesting*) is formed in Italian by using the comparative with the definite article.

Di tutti gli sport, il calcio è il più popolare.	*Of all sports, soccer is the most popular.*
Giorgio è il meno sportivo dei fratelli.	*Giorgio is the least athletic of the brothers.*

2. When the relative superlative is accompanied by a noun, the construction of the sentence depends on whether the adjective normally precedes or follows the noun it modifies.

> Adjectives that precede: *article* + **più/meno** + *adjective* + *noun*

Il più bello sport è il calcio.	*The finest sport is soccer.*

> Adjectives that follow: *article* + *noun* + **più/meno** + *adjective*

Giorgio è **il fratello meno sportivo.**   *Giorgio is the least athletic brother.*

3. In English the superlative is usually followed by *in*. In Italian it is normally followed by **di,** with the usual contractions.

È lo studente più spiritoso **del** dipartimento.   *He is the wittiest student in the department.*

Questi giocatori sono i più veloci **della** squadra.   *These players are the fastest on the team.*

È l'infermiera più brava **di** tutti.   *She is the best nurse of all.*

Esercizi

A. **Votiamo.** Completa le seguenti frasi secondo la tua opinione. Poi paragona le tue risposte con quelle dei tuoi compagni.

1. _____ è la più brava attrice del cinema americano.
2. _____ e _____ sono gli sport più pericolosi (*dangerous*).
3. _____ è il programma televisivo più divertente.
4. _____ è la malattia più pericolosa di tutte nel mondo di oggi.
5. _____ è la telenovela più bella di tutte alla TV.
6. _____ è la squadra di baseball più forte di quest'anno.
7. _____ e _____ sono gli autori americani più conosciuti nel mondo.
8. _____ è il computer più efficiente.

B. **I premi.** Oggi celebriamo le persone e le opere che consideriamo le più notevoli (*notable*) dell'anno. Con un compagno / una compagna, preparate una lista di categorie. Poi, con tutta la classe, nominate cinque candidati per ogni categoria e votate per i vostri preferiti.

ESEMPIO: un premio per il film più interessante, l'attrice più brava e la persona più generosa.

C. **Conversazione.**

1. Qual è la festa più importante dell'anno per te? E per la tua famiglia?
2. Quali sono le riviste più vendute in questo momento?
3. Secondo te, chi è l'uomo più importante degli Stati Uniti? Chi è la donna più importante degli Stati Uniti? Perché?
4. Qual è il programma televisivo più seguito?

D. Comparativi e superlativi irregolari

MAMMA: Ti senti meglio oggi, Carletto?

CARLETTO: No, mamma, mi sento peggio.

MAMMA: Poverino! Ora ti do una medicina che ti farà bene.

CARLETTO: È buona?

MAMMA: È buonissima, migliore dello zucchero!

...

CARLETTO: Mamma, hai detto una bugia! È peggiore del veleno!

1. Some common adjectives have irregular comparative and superlative forms as well as regular ones. The irregular forms are used somewhat more frequently.

AGGETTIVO	COMPARATIVO	SUPERLATIVO RELATIVO
buono/a **buoni/e** *good*	**migliore (più buono/a)** **migliori (più buoni/e)** *better*	**il/la migliore (il più buono / la più buona)** **i/le migliori (i più buoni / le più buone)** *the best*
cattivo/a **cattivi/e** *bad*	**peggiore (più cattivo/a)** **peggiori (più cattivi/e)** *worse*	**il/la peggiore (il più cattivo / la più cattiva)** **i/le peggiori (i più cattivi / le più cattive)** *the worst*
grande **grandi** *big, great*	**maggiore (più grande)** **maggiori (più grandi)** *bigger, greater*	**il/la maggiore (il/la più grande)** **i/le maggiori (i/le più grandi)** *the biggest, the greatest*
piccolo/a **piccoli/e** *small, little*	**minore (più piccolo/a)** **minori (più piccoli/e)** *smaller, lesser*	**il/la minore (il più piccolo / la più piccola)** **i/le minori (i più piccoli / le più piccole)** *the smallest, the least*

I Crespi sono i miei migliori amici.   *The Crespis are my best friends.*

È stata la peggiore partita   *It was the worst game of the*
 dell'anno!   *year!*

Chi è il maggior* romanziere italiano?   *Who is the greatest Italian novelist?*

MOM: Are you feeling better today, Carletto?   CARLETTO: No, Mom, I'm feeling worse.
MOM: Poor thing! Now I'll give you some medicine that will be good for you.   CARLETTO: Is it good?
MOM: It's very good, better than sugar!   CARLETTO: Mom, you told a lie! It's worse than poison!

***Migliore, peggiore, maggiore,** and **minore** can drop the final **-e** before nouns that do not begin with **z** or **s** + *consonant:* **il miglior amico; il maggior poeta;** but **il maggiore scrittore.**

2. **Maggiore** and **minore** mean *greater* and *lesser*. They can also be used in reference to people (especially siblings) to mean *older* and *younger*. **Il/La maggiore** means *the oldest* (in a family, for example), and **il/la minore** means *the youngest*. When referring to physical size, *bigger* and *biggest* are expressed by **più grande** and **il/la più grande;** *smaller* and *smallest* by **più piccolo/piccola** and **il più piccolo / la più piccola.**

Carlo è il mio fratello maggiore.	*Carlo is my older brother.*
Mariuccia è la minore delle mie sorelle.	*Mariuccia is the youngest of my sisters.*
La tua casa è più grande della mia.	*Your house is bigger than mine.*

—Ti ho dato i migliori secoli[a] della mia vita... e adesso vuoi lasciarmi?

[a]*centuries*

3. Some adverbs have irregular comparatives.

AVVERBIO	COMPARATIVO
bene *well* Sandra canta bene.	**meglio** *better* Sandra canta meglio di Tina.
male *badly* Marco cucina male.	**peggio** *worse* Marco cucina peggio di Luca.

The superlative of these adverbs is most commonly expressed by adding the expression **di tutti** to the comparative forms.

Lucia gioca meglio di tutti.	*Lucia plays better than anyone.*
Marcella parla meno di tutti.	*Marcella talks less than anyone.*

Esercizi

A. Opinioni. Scegli la parola che esprime la tua opinione.

1. Pavarotti canta meglio / peggio di Bocelli.
2. Io ballo meglio / peggio del professore / della professoressa.
3. Il pesce è migliore / peggiore della carne.
4. I biscotti sono migliori / peggiori delle caramelle (*candy*).
5. La chimica è migliore / peggiore della matematica.
6. L'università è migliore / peggiore del liceo.

B. Bene o male? Completa le seguenti frasi con **meglio, migliore/migliori, peggio** o **peggiore/peggiori**.

1. È una settimana che sono a casa con l'influenza, ma oggi mi sento _____ e spero (*I hope*) di tornare al lavoro domani.
2. Ho sentito che il dottor Morante e la dottoressa Salvi sono i medici _____ della regione.
3. Francesca e Marissa sono gemelle. Francesca porta gli occhiali e Marissa no. La vista di Francesca è _____ della vista di Marissa. Marissa canta bene ma Francesca non sa proprio cantare. Francesca canta _____ di Marissa. Marissa gioca male a tennis, ma Francesca ha vinto il torneo (*tournament*) regionale. Francesca gioca _____ di Marissa ed è la _____ giocatrice della regione.
4. L'università di Bologna è considerata una delle _____ d'Italia per studiare medicina.

C. Scambi. Con un compagno / una compagna, completate le conversazioni con l'espressione giusta.

1. s1: Lisa, secondo te, qual è il dolce _____ (meglio / migliore): la crostata di frutta o il gelato?
   s2: Io preferisco la crostata, ma per la festa va _____ (meglio / migliore) il gelato perché Paolo non può mangiare la frutta.
2. s1: La piscina di Giorgio e Rita è _____ (più grande / maggiore) della nostra; chi l'ha costruita?
   s2: Il loro figlio _____ (grandissimo / maggiore), Claudio.
3. s1: Gina, chi canta _____ (meglio / migliore) secondo te, Michelle Branch o Christina Aguilera?
   s2: Michelle Branch, senz'altro! Christina Aguilera è brava, ma le sue canzoni sono _____ (peggio / peggiori).
4. s1: Funziona _____ (buono / bene) la tua Mercedes?
   s2: Benissimo, ma preferisco una macchina _____ (più piccola / minore).

D. I migliori e i peggiori ricordi. Parla al tuo compagno / alla tua compagna del tuo miglior ricordo e del tuo peggior ricordo d'infanzia. Poi, il compagno / la compagna racconta una delle tue storie alla classe.

ESEMPIO: Il mio migliore ricordo: quando avevo dieci anni, i miei genitori mi hanno portato a un luna-park (*amusement park*) e… . Il mio peggiore ricordo: quando avevo otto anni, mia madre mi ha portato dal dottore e…

Piccolo ripasso

A. Conclusioni. Spiega i seguenti paragoni tra queste persone e le loro famiglie o i loro amici. Usa le espressioni tra parentesi e un comparativo appropriato, seguito da un pronome tonico.

ESEMPIO: Laura è più simpatica di Alessandra. (avere amici) →
Laura ha più amici di lei.

1. Paolo è più grasso di suo fratello. (mangiare dolci)
2. Isabella è più informata di sua madre. (leggere)
3. L'avvocato è sportivo come il dottore. (fare sport)
4. Marco è più nervoso delle sue sorelle. (bere caffè)
5. Mia sorella è stanca come l'impiegata. (lavorare)
6. Io ho voti migliori dei miei compagni. (studiare)

B. Come sei? Chiedi al tuo compagno / alla tua compagna di paragonarsi ad altre persone. Segui l'esempio.

ESEMPIO: alto / tua madre →
S1: Sei più alto di tua madre?
S2: Sì, sono più alto di lei. (No, non sono più alto di lei.) E tu?

1. pigro / i tuoi compagni
2. romantico / il tuo ragazzo (la tua ragazza)
3. bravo in lingue / i tuoi genitori
4. sportivo / tuo padre
5. energico / il professore (la professoressa) di italiano
6. puntuale / le tue amiche

C. Come sono? Paragona il tuo modo di fare le seguenti attività con quello del tuo miglior amico / della tua migliore amica.

> meglio di lui/lei
> peggio di lui/lei
> bene come lui/lei
> male come lui/lei

ESEMPIO: Canto bene come lei.

1. nuotare
2. sciare
3. giocare a tennis
4. parlare italiano
5. ballare
6. mangiare

Parte 4:
Un po' di cultura

C'è posta per te!

Posta in arrivo Rispondi Elimina Opzioni Guida Aiuto
DA: robertoafirenze@tin.it   2 gennaio – 14.42

À...   siventurini@unipg.it
Cc...
Oggetto: Una gita nelle Marche

Salve, Simona!

Questo week-end ho in programma un bel viaggio: l'università ha
organizzato una gita in pullman[1] nelle Marche. Mi hanno invitato ad
accompagnarli e a fare delle foto. Il primo giorno, venerdì, ci fermiamo
a Urbino per visitare il Palazzo dei Montefeltro, sai, quel palazzo che
vediamo in tutti i libri di storia dell'arte, quello con la facciata[2] chiusa
da due torri[3] e con tanti dipinti[4] di artisti famosissimi.
Il giorno dopo visitiamo Loreto dove c'è il Santuario[5] della Madonna
e poi andiamo a Recanati dove è nato, come tu sai, uno dei più grandi
poeti italiani, Giacomo Leopardi. A me è sempre piaciuto; piace anche
a te? Io l'ho studiato in America e poi qui a Firenze vedo libri delle sue
poesie in tutte le librerie. Mi dicono che il Leopardi piace soprattutto ai
giovani, forse perché ha avuto una vita triste, è sempre stato malato ed
è morto giovane, a 39 anni, se ricordo bene. Dopo Recanati andiamo ad
Ancona, il capoluogo della regione e anche lì vediamo monumenti,
palazzi, musei...
Tu ti senti meglio dopo la brutta influenza che hai avuto?
Aspetto una lunga e-mail da te.

Ciao,
Roberto

[1]*bus, coach* [2]*facade* [3]*towers* [4]*paintings* [5]*shrine*

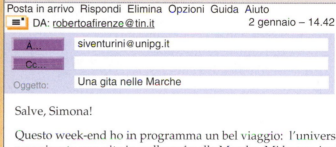

La casa del Leopardi a Recanati

Nelle Marche

Eccoci nelle Marche, una regione non molto conosciuta dai turisti, ma che offre agli appassionati di città di arte la possibilità di visitare gioielli[1] come Ascoli Piceno, Ancona, il capoluogo della regione, e Urbino. A Urbino puoi vedere il magico e grandioso Palazzo dei Montefeltro, che conserva opere[2] di pittori[3] famosi come Raffaello, Piero della Francesca e Paolo Uccello.

Se la tua vera passione è la natura, con i suoi diversi paesaggi,[4] sei nel posto giusto. Le Marche hanno dei paesaggi collinari[5] dolci e bellissimi, sei parchi e due riserve naturali fra cui[6] il grande Parco Nazionale dei Sibillini e il famoso Parco del Monte Conero, un'oasi ambientalista marina.[7] Qui puoi vedere bellissime rocce a picco[8] sul mare, specie diverse di piante[9] mediterranee e un grande numero di uccelli[10] rari.

Ma non ci sono solo gli straordinari paesaggi di mare, montagna e collina.[11] In questa regione puoi anche curare disturbi[12] di vario tipo in una delle sue numerose stazioni termali.[13]

Il Palazzo Ducale dei Montefeltro a Urbino, visto dalla campagna

E forse proprio per l'abbondanza delle acque curative, conosciute fin dall'antichità, le Marche hanno sviluppato un particolare interesse per la medicina. Sono oggi infatti una delle regioni italiane che ha i migliori ospedali e centri importanti, specializzati nella ricerca e cure mediche. Famoso fra tutti l'Istituto Cardioreumatologico[14] di Ancona, in cui vanno a curarsi ammalati di cuore di tutte le regioni italiane.

[1]*jewels* [2]*works* [3]*painters* [4]*landscapes* [5]*hilly* [6]*fra... including* [7]*un'oasi... an environmentalist sea oasis* [8]*rocce... sheer cliffs* [9]*plants* [10]*birds* [11]*hill* [12]*ailments* [13]*stazioni... spas* [14]*Cardiorheumatological (treating heart and rheumatic ailments and disorders)*

COMPRENSIONE
Scegli la risposta giusta.

1. Varie opere di Raffaello sono _____.
   a. ad Ascoli Piceno **b.** a Urbino **c.** ad Ancona
2. Nelle Marche ci sono _____.
   a. molti paesaggi diversi **b.** molti parchi di divertimenti
   c. molte riserve di uccelli
3. Il Parco del Monte Conero è _____.
   a. un parco di montagna **b.** un parco marino **c.** un parco della World Wildlife Fund
4. Alle stazioni termali delle Marche curano _____.
   a. solo disturbi reumatici **b.** solo disturbi del cuore e della circolazione **c.** disturbi di diverso genere
5. Ad Ancona vanno a curarsi _____.
   a. persone di tutte le Marche **b.** persone di tutto il mondo
   c. persone di tutta l'Italia

Videoteca

Una visita in farmacia

Giuliana ha portato Roberto in farmacia perché lui si sente male. Secondo la farmacista, lui ha un'indigestione e lei gli dà delle medicine.

ESPRESSIONI UTILI

Hai una brutta faccia! You look bad! (*coll.*)
il fegato liver

deve anche mangiare un po' leggero you should also eat lightly

PREPARAZIONE

ROBERTO: Ieri sera sono andato in trattoria ed ho preso dei calamari fritti… e adesso…

GIULIANA: E che altro?

ROBERTO: …un antipasto di salame, prosciutto e formaggio, le patate fritte e una fetta di torta.

FARMACISTA: Ma, non è una sorpresa che si sente male! Le cose fritte fanno male al fegato e poi ha mangiato tanto!

VERIFICA

Abbina la prima parte di ogni frase a sinistra con la conclusione più adatta a destra.

1. Mi fa male
2. Deve prendere questa medicina
3. È una brutta cosa

a. tre volte al giorno.
b. lo stomaco, la testa e sento un po' di nausea.
c. ammalarsi in viaggio!

Funzione: parlare di salute

COMPRENSIONE

Rispondi alle seguenti domande.

1. Perché Giuliana ha portato Roberto in farmacia invece che dal dottore?
2. Quante medicine deve prendere Roberto?
3. Perché Giuliana dice che Roberto deve guarire presto?

ATTIVITÀ

Da fare in coppia. Sei un dottore / una dottoressa in un ospedale di Roma. Arriva un ragazzo ammalato / una ragazza ammalata. Devi fare delle domande al tuo / alla tua paziente per capire dove sente dolore e che cosa ha contribuito alla sua condizione. Puoi usare le domande che ti diamo sotto o fare domande originali.

Cosa ti fa male? Da quanto tempo ti senti male? Tu fumi? Che cosa hai mangiato recentemente? Dove sei stato/stata recentemente? Quante ore hai dormito la notte scorsa?

Parole da ricordare

VERBI

ammalarsi	to get sick
*andare all'ospedale	to go to the hospital, be hospitalized
avere mal di... (testa / denti / stomaco)	to have a . . . (headache / toothache / stomachache)
cercare di (+ *inf.*)	to try (*to do something*)
controllare	to check, check up on
curare	to care for, treat
curarsi	to take care of oneself
fare male (a)	to hurt
farsi male	to hurt oneself, get hurt
*guarire (isc)	to heal; to get well
paragonare	to compare
prendere il raffreddore	to catch a cold
rompersi (*p.p.* rotto)	to break (*a bone*)
*succedere (*p.p.* successo)	to happen
visitare	to examine (*a patient*)
*vivere (*p.p.* vissuto)	to live

NOMI

l'alimentazione (*f.*)	nutrition
la bocca	mouth
il braccio (*pl.* le braccia)	arm
il controllo	test, check, check-up
il corpo	body
il cuore	heart
la cura	treatment
il dente	tooth
il dito (*pl.* le dita)	finger
il dolore	pain
il dottore / la dottoressa	doctor
la faccia	face
la febbre	fever
la gamba	leg
i gemelli / le gemelle	twins
la gola	throat
la guarigione	recovery, cure
l'incidente (*m.*)	accident
l'infermiere/l'infermiera	nurse
le lenti a contatto	contact lenses
la malattia	illness
la mano (*pl.* le mani)	hand
la medicina	medicine, drug
il medico (*m./f.*)	doctor
il naso	nose
gli occhiali	eyeglasses
l'orecchio	ear
il/la paziente	patient
il piede	foot
il polmone	lung
il raffreddore	cold (*infection*)
la ricetta	prescription
la salute	health
la schiena	back
la scusa	excuse
lo stomaco	stomach
la testa	head
la tosse	cough
la vista	eyesight
la vita	life

AGGETTIVI

chiaro	clear
comodo	comfortable; convenient
destro	right
fastidioso	annoying
faticoso	tiring
forte	strong
grave	serious, grave
maggiore	bigger, greater; older
malato	sick
migliore	better
minore	smaller, lesser; younger
peggiore	worse
pericoloso	dangerous
sano	healthy
sinistro	left

*Words identified with an asterisk (*) are conjugated with **essere**.

Buon viaggio!

La Costa Smeralda in Sardegna

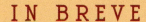
Pratica

Practice the skills you learned in this chapter and learn more about the Italian-speaking world through the *In giro per l'Italia* supplements.
www.mhhe.com/ingiro2

Parte 1

Dialogo-Lampo

Progetti per l'estate

MARIO: Allora, che progetti[1] hai per l'estate?

DANIELE: Ma, a dire il vero,[2] non ho ancora deciso. Forse[3] vado al mare in Sicilia... E tu, niente di speciale[4] questa volta?

MARIO: Quest'estate non vado in vacanza. L'anno scorso ho fatto una crociera in Grecia, quest'inverno sono andato a sciare in Francia e poi ho fatto un viaggio in Olanda.

DANIELE: Ora capisco perché non vai in vacanza! O[5] hai finito i giorni di ferie o[6] i soldi per viaggiare all'estero!

1. Dove ha intenzione di andare Daniele quest'estate?
2. Quali paesi ha visitato Mario?
3. Che cosa ha fatto in Grecia? E in Francia?
4. Che programmi ha Mario per quest'estate?
5. Secondo Daniele, perché non va in vacanza Mario?

[1]*plans*   [2]*a... to tell the truth*   [3]*Maybe*   [4]*niente... nothing special*   [5]*Either*   [6]*or*

Viva le vacanze!

IN VACANZA

l'albergo (di lusso / di costo medio / economico) hotel (deluxe / moderately priced / inexpensive)
l'arrivo arrival
la camera room
  doppia, matrimoniale double
  singola single
  con bagno with bath
  con doccia with shower
  con aria condizionata with air conditioning
la cartolina postcard

l'itinerario itinerary
l'ostello hostel
il paesaggio landscape
la partenza departure
la pensione inn
  la mezza pensione half board (two meals a day: breakfast and lunch or dinner)
  la pensione completa full board (three meals a day)
il posto place
la sistemazione accommodation
la tappa stopover; leg (*of a journey*)

le **vacanze**[†] vacation
il **volo** flight
   internazionale international
   nazionale domestic

affittare / prendere in affitto (una casa) to rent (a house)
*andare **in campagna** to go to the country
   in campeggio to go camping
   all'estero to go abroad
   in ferie / in vacanza to go on vacation
   al mare to go to the seashore
   in montagna to go to the mountains
   in spiaggia to go to the beach
*andare/*venire **a trovare (una persona)** to go/come to visit (*a person*)
avere intenzione (di) to intend
avere programmi to have plans
disfare le valige to unpack
fare programmi to make plans
fare una crociera to go on a cruise
fare le ferie / le vacanze to go on vacation
fare le valige to pack

fare una prenotazione to make a reservation
fare un viaggio to take a trip, go on a trip
lasciare/pagare un deposito to leave/pay a deposit
noleggiare (una macchina / una barca) to rent (a car/a boat)
prenotare to reserve
visitare to visit

tutto compreso all costs included
fisso fixed, set
libero free; unoccupied (*room, seat, etc.*)
o... o either . . . or

LE FESTE *(HOLIDAYS)*

Capodanno New Year's Day
Natale (*m.*) Christmas
Pasqua Easter

PUNTI CARDINALI

Est east
Nord north
Ovest west
Sud south

Esercizi

A. Ha una camera libera?... Siete appena (*just*) arrivati in Italia e dovete prenotare una camera in un albergo. Cosa fate e cosa dite? Completate la conversazione al telefono tra Shannon, una studentessa americana del Wisconsin, e l'impiegato di un albergo.

IMPIEGATO: Hotel Rex, buonasera. Desidera?
SHANNON: _____.[1]
IMPIEGATO: Per quante notti?
SHANNON: _____.[2]
IMPIEGATO: Per quante persone?
SHANNON: Una.
IMPIEGATO: Una camera _____,[3] allora.
SHANNON: È con _____[4] o solo con doccia?

---

*Words identified with an asterisk (*) are conjugated with **essere**.
[†]The plural form **vacanze** is generally used to mean *vacation* as a period of time. Note, however, the use of the singular form in the expression **andare in vacanza**.

IMPIEGATO: C'è anche solo con doccia, se vuole. E anche con televisore ma non con _____.^{5}
SHANNON: Bene. Quanto _____^{6}?
IMPIEGATO: 100 euro a notte.
SHANNON: _____^{7} è inclusa?
IMPIEGATO: Sì, è inclusa.
SHANNON: Posso _____^{8} adesso?
IMPIEGATO: _____. _____?^{9}
SHANNON: Shannon Mangiameli. Posso pagare con la _____^{10}?
IMPIEGATO: Certo, mi può dare il numero?

B. Una vacanza in Italia. Siete in Italia e volete vedere molti posti, conoscere gli italiani e divertirvi. Raccontate alla classe cosa volete fare e non fare in ogni situazione.

ESEMPIO: dormire negli ostelli o in un albergo di lusso →
Voglio dormire negli ostelli perché costa poco. Non voglio prenotare un albergo di lusso.

1. viaggiare in bicicletta o noleggiare una macchina
2. dormire in una pensione o in un albergo di lusso
3. affittare una casa al mare per un mese o viaggiare per l'Italia
4. pagare in contanti o usare la carta di credito
5. andare in discoteca o passeggiare di notte per le vie delle città
6. scrivere cartoline agli amici o telefonare

C. Viva le vacanze! In coppia, spiegate se vi piacciono o no queste possibilità.

ESEMPIO: andare al mare →
S1: Ti piace andare al mare?
S2: Sì, mi piace perché mi piace prendere il sole. / No, non mi piace perché non so nuotare.

1. andare in campeggio
2. andare in montagna
3. fare una crociera
4. andare in vacanza con i genitori
5. visitare i musei
6. affittare una casa in campagna
7. seguire itinerari fissi
8. fare molte tappe

In ascolto

For listening comprehension activities related to the theme of this chapter, see the Workbook/Laboratory Manual or visit the *In giro per l'Italia* website.
www.mhhe.com/ingiro2

A. Futuro semplice

JEFF: Alla fine di giugno partirò per l'Italia con i miei genitori e mia sorella. Prenderemo l'aereo a New York e andremo a Roma. Passeremo una settimana insieme a Roma, poi i miei genitori noleggeranno una macchina e continueranno il viaggio con mia sorella. Io, invece, andrò a Perugia dove studierò italiano per sette settimane. Alla fine di agosto ritorneremo tutti insieme negli Stati Uniti.

The future tense is used to express an action that will take place in the future.

1. In Italian, the future (**il futuro semplice**) is formed by adding the endings **-ò, -ai, -à, -emo, -ete, -anno** to the infinitive minus the final **-e.** Verbs ending in **-are** change the **a** of the infinitive ending to **e** (**lavorar- → lavorer-**).

LAVORARE	SCRIVERE	FINIRE
lavorerò	scriverò	finirò
lavorerai	scriverai	finirai
lavorerà	scriverà	finirà
lavoreremo	scriveremo	finiremo
lavorerete	scriverete	finirete
lavoreranno	scriveranno	finiranno

2. In English the future is expressed with the auxiliary verb *will* or the phrase *going to,* but in Italian a single verb form is used.

Quanto tempo **studierai** in Italia?   *How long are you going to study in Italy?*

Partiremo per la Grecia fra due settimane.   *We'll leave for Greece in two weeks.*

Nota bene:
il presente e il futuro

To refer to a definite event in the future, the present tense is often used as in English.

—Dove vai domani?
—**Vado** dal dottore.
—*Where are you going tomorrow?*
—*I'm going to the doctor's.*

—**Mi laureo** nel 2008.
—*I'll graduate in 2008.*

3. The spelling changes that you learned for the present tense of verbs such as **giocare, pagare, cominciare,** and **mangiare** apply to all persons in the future tense.

GIOCARE	PAGARE	COMINCIARE	MANGIARE
giocherò	pagherò	comincerò	mangerò
giocherai	pagherai	comincerai	mangerai
giocherà	pagherà	comincerà	mangerà
giocheremo	pagheremo	cominceremo	mangeremo
giocherete	pagherete	comincerete	mangerete
giocheranno	pagheranno	cominceranno	mangeranno

Nota bene:
bere al futuro

Note the irregular stem change for **bere** in the future tense.

berrò
berrai
berrà
berremo
berrete
berranno

4. Some two-syllable verbs that end in **-are** keep the characteristic **-a** of the infinitive ending. Their conjugation is similar to that of **essere** in the future.

ESSERE	DARE	FARE	STARE
(sar-)	(dar-)	(far-)	(star-)
sarò	darò	farò	starò
sarai	darai	farai	starai
sarà	darà	farà	starà
saremo	daremo	faremo	staremo
sarete	darete	farete	starete
saranno	daranno	faranno	staranno

5. Some verbs have irregular future stems but use the regular future endings.

ANDARE	AVERE	DOVERE	POTERE	VEDERE	VENIRE	VOLERE
(andr-)	(avr-)	(dovr-)	(potr-)	(vedr-)	(verr-)	(vorr-)
andrò	avrò	dovrò	potrò	vedrò	verrò	vorrò
andrai	avrai	dovrai	potrai	vedrai	verrai	vorrai
andrà	avrà	dovrà	potrà	vedrà	verrà	vorrà
andremo	avremo	dovremo	potremo	vedremo	verremo	vorremo
andrete	avrete	dovrete	potrete	vedrete	verrete	vorrete
andranno	avranno	dovranno	potranno	vedranno	verranno	vorranno

Esercizi

A. Cosa farò? Metti al futuro tutti i verbi in corsivo.

—E domani completeremo questa simpatica ricetta...

1. Io *passo* un sabato molto tranquillo. Mi *alzo* tardi, *faccio* una bella colazione ed *esco* per fare spese. Il pomeriggio *prendo* l'autobus e *vado* a trovare la nonna. *Mangiamo* insieme in una trattoria,[a] vicino a casa sua; se *abbiamo* tempo, *andiamo* a vedere un bel film o *facciamo* una passeggiata nel parco.

   [a]*informal restaurant*

2. La sera, gli amici mi *vengono* a trovare. *Portano* qualcosa da mangiare: *fanno* dei panini o *comprano* una pizza. Pino *porta* dei Cd nuovi e Maurizio *suona* la chitarra. Forse Anna *vuole* giocare a carte; se no, *stiamo* tutti intorno al camino[a] e *prepariamo* un itinerario per le vacanze. *È* una serata piacevole e rilassante.

   [a]*fireplace*

B. Vacanze. Con un compagno / una compagna, fate le seguenti domande sui vostri progetti di vacanza e rispondete, secondo l'esempio.

ESEMPIO: io / mangiare sempre in trattoria (voi) →
   S1: Io mangerò sempre in trattoria. E voi?
   S2: Anche noi mangeremo sempre in trattoria.

1. noi / fare un giro dell'Italia (tu)
2. Daniele / noleggiare una macchina (i suoi cugini)
3. io / andare al mare quest'estate (la tua famiglia)
4. Cinzia / passare un mese in Germania (voi)
5. i miei genitori / andare a trovare i loro amici (i tuoi genitori)
6. io e Franco / stare in un albergo economico (Pierina)

C. La cartomante (*fortune teller*). Fai una lista di domande sul tuo futuro e poi telefona a Raffaella Girardo per sapere le risposte. Sarà un bel futuro o un brutto futuro? Un compagno / Una compagna farà la parte di Raffaella.

ESEMPIO: S1: Conoscerò un bel ragazzo?
   S2: (Raffaella Girardo): Sì! Lo conoscerai stasera.

Suggerimenti: fare un lungo viaggio, ammalarsi, vincere alla lotteria, conoscere un attore famoso / un'attrice famosa, perdere tutti i soldi, trovare un bel lavoro, avere 5 figli

IL FUTURO AL TELEFONO
Venerdì 20 marzo, dalle 15 alle 18, il consueto[a] appuntamento con Raffaella Girardo, che interrogherà le carte o il pendolino[b] per ciascuno[c] di voi, e risponderà a tutte le vostre domande. Telefonate al numero **02/710047**.

[a]*usual*   [b]*pendulum*   [c]*each one*

B. Usi speciali del futuro

—È un regalo di quel tuo amico indiano: che cosa sarà mai?

1. In Italian, the future tense is often used to express what is *probably* true or to speculate or guess about what *could be* true. This usage is called the future of probability (**il futuro di probabilità**). In English, probability is expressed with such words as *probably, can,* or *must;* in Italian the future tense alone is used.

—Non vedo Amelia da molto tempo. Dove **sarà?**	—*I haven't seen Amelia for a long time. Where could she be?*
—**Sarà** in vacanza.	—*She must be on vacation.*
I signori **vorranno** una camera con bagno, vero?	*The gentlemen probably want a room with a bath, right?*
—Che ore **saranno?**	—*I wonder what time it is?*
—**Saranno** le undici.	—*It's probably eleven o'clock.*

2. The future tense is commonly used when referring to the future in dependent clauses with **quando** and **appena,** and frequently after **se,** when the verb of the main clause is in the future tense. In English, by contrast, the present tense is used in the dependent clause, even when referring to the future.

Quando arriverà, sarà stanco.	*When he gets here, he'll be tired.*
Se farà caldo, ci sederemo all'ombra.	*If it's hot, we'll sit in the shade.*
Scriveranno **appena potranno.**	*They'll write as soon as they can.*

Esercizi

A. Scambi. Metti le seguenti frasi al futuro.

1. s1: Se non arrivi per le sei, cuciniamo noi.
   s2: Grazie; quando torno dal lavoro ho fame e sono stanca.
2. s1: Appena esce il sole, potete andare sul lago.
   s2: E se fa brutto, stiamo in casa e guardiamo un film.
3. s1: Vi piace questo lavoro?
   s2: Siamo contenti quando ci pagano!
4. s1: Appena arrivo in Italia, ti mando una cartolina.
   s2: Se mi scrivi, io ti rispondo.

B. I programmi. Completa le seguenti affermazioni personali.

1. Stasera, appena tornerò a casa,…
   a. mangerò. **b.** andrò a letto.
2. Quando andrò in Italia,…
   a. starò sempre in albergo. **b.** visiterò Roma.
3. Se avrò soldi la settimana prossima,…
   a. li risparmierò (*I will save*). **b.** li spenderò.
4. Se farà bel tempo questo week-end,…
   a. studierò italiano. **b.** non studierò. Uscirò con gli amici.
5. Appena avrò 40 anni,…
   a. farò un bel viaggio. **b.** smetterò di lavorare.
6. Se mi sposerò,…
   a. avrò figli. **b.** non avrò figli.
7. Appena mi laureerò,…
   a. troverò un buon lavoro. **b.** andrò in Europa.

C. Chissà! A turni con un compagno / una compagna, fate le seguenti domande e rispondete con il futuro di probabilità.

ESEMPIO: S1: Quanto costa una crociera nel Mar dei Caraibi?
S2: Chissà! Costerà almeno mille dollari.

1. Quanti studenti vanno in Italia?
2. Quanto costa affittare una casa a Roma?
3. Quanti ostelli ci sono in Toscana?
4. Cosa fanno i turisti a Firenze?
5. Come sono gli alberghi in Italia?
6. Dove preferiscono andare in vacanza gli italiani?

Nota culturale

Il Ferragosto

Ferragosto al mare a Follonica in Toscana

Il 15 agosto è un giorno di festa, chiamato Ferragosto, ed è anche una festa religiosa dedicata alla Vergine Maria. Dal 15 fino al 20–25 agosto, la maggior parte delle attività lavorative si fermano, in Italia come in quasi tutta l'Europa, e questi giorni di vacanza si chiamano «ferie di Ferragosto».

In Italia anche un operaio ha il diritto di prendersi un mese di ferie, e più dell'80% degli italiani possono permettersi[1] di andare in vacanza. Così alla metà di agosto i luoghi di villeggiatura,[2] al mare e in montagna, sono affollatissimi,[3] mentre la maggior parte delle grandi città sono vuote,[4] con molti bar, ristoranti e altri tipi di negozi chiusi.

Il giorno di Ferragosto, o nei giorni immediatamente successivi,[5] in alcune località italiane si svolgono dei riti[6] e delle feste. Fra queste, la festa più bella e famosa è certamente il Palio di Siena, una festa medievale che si svolge il 16 agosto. È una festa storica, ricca di canti, di colori e di emozioni, che ha il suo momento più importante in una corsa di cavalli.[7] Ogni cavallo corre per una contrada, cioè[8] un quartiere della città.

[1]*afford* [2]*holiday* [3]*very crowded* [4]*empty* [5]*following* [6]*ceremonies* [7]*corsa… horse race* [8]*that is*

Parte 3

C. *Si* impersonale

Secondo Alberto, all'università si studia almeno sei ore al giorno e si frequentano tutte le lezioni. Non si esce mai il venerdì o il sabato sera, non si parla mai al telefono, non si usa mai la carta di credito e non si comprano mai vestiti e Cd. Si devono risparmiare i soldi per pagare le tasse. Sei d'accordo?

1. The **si** construction is used very commonly in Italian to express an impersonal or unspecified subject. This usage corresponds to the English *one, they, people,* or *we* or *they* used impersonally, as in *They should lower taxes* and *We avoid stereotypes.*

   a. Whether the verb is singular or plural depends on the noun that follows the verb.

   In Italia si studiano le opere di Dante al liceo. — *In Italy they study the works of Dante in high school.*

   Si studia Dante negli Stati Uniti? — *Do you study Dante in the United States?*

   A casa mia si mangia spesso la pasta. — *At my house we often eat pasta.*

   Si mangiano i tortellini negli Stati Uniti? — *Do people eat tortellini in the United States?*

   Si prenoterà una camera singola. — *We'll reserve a single room.*
   Si prenoteranno due camere doppie. — *We'll reserve two double rooms.*

   b. When the **si** construction is used with an infinitive, the conjugated verb is in the third-person singular or plural, depending on the object of the infinitive.

   Si può usare il telefono? — *Can one use the telephone?*
   Si possono comprare libri qui? — *Can one buy books here?*

—Si vede che è un principiante[a]...

[a]*beginner*

According to Alberto, at college you study at least six hours a day and you attend all your classes. You never go out Friday or Saturday night, you never talk on the phone, you never use a credit card, and you never buy clothes or CDs because you have to save money to pay tuition. Do you agree?

c. The **si** construction also expresses common knowledge in expressions such as **si sa che...** , **si capisce che...** , and **si vede che...**

Si sa che trovare un volo economico è difficile in alta stagione.	*It's common knowledge that it's difficult to get a cheap flight in high season.*
Si capisce bene che i bambini non possono dormire in camera con noi.	*It's obvious that the kids can't sleep in our room with us.*
Maria non è arrivata. Si vede che ha avuto altre cose da fare.	*Maria hasn't arrived. It's clear that she had other things to do.*

2. The phrase **ci si** must be used when a *reflexive* verb is used impersonally.

Ci si diverte in classe.   *One has fun in class.*

—**Dice che non si può più andare avanti:
siamo arrivati ai confini della Via Lattea^a!**

^aVia... *Milky Way*

Esercizi

A. I paragoni. Completa il paragone tra l'Italia e il tuo paese.

IN ITALIA	NEL TUO PAESE
1. Si lavora in ufficio dalle nove alle sei.	Si lavora in ufficio dalle _____ alle _____.
2. Si pranza all'una.	Si pranza _____.
3. Si cena alle otto.	Si cena _____.
4. Si va in discoteca alle undici o a mezzanotte.	Si va in discoteca _____.
5. Si mangiano molti spaghetti.	Si mangiano _____.
6. Si beve caffè o caffellatte a colazione.	Si beve _____ a colazione.
7. Si mangia pane con marmellata o una brioche a colazione.	Si mangia _____ o _____ a colazione.

Puoi pensare ad altre differenze?

B. **Che cosa si vede?** Con un compagno / una compagna, dite quali cose si vedono nei seguenti luoghi.

ESEMPIO: in un ristorante →
S1: Che cosa si vede in un ristorante?
S2: Si vedono piatti e bicchieri.

Che cosa si vede… ?	Si vede / Si vedono…
in farmacia	una partita di calcio
in un museo	studenti
al cinema	turisti giovani
dal salumiere (*delicatessen*)	medicine
allo stadio	opere d'arte
all'università	film
in un ostello	prosciutto

C. **Si.** Trasforma le frasi; usa la costruzione impersonale.

ESEMPIO: Non accettiamo mance. → Non si accettano mance.

1. A chi paghiamo il deposito?
2. Non offriamo pensione completa.
3. Aspettavamo i risultati delle elezioni.
4. Non usiamo più questa parola.
5. Conosciamo le buone maniere (*manners*).
6. Non accetteremo prenotazioni.

D. Formazione dei nomi femminili

CLAUDIO: Oggi al ricevimento dai Brambilla c'è un sacco di gente interessante.

MARINA: Ah sì? Chi c'è?

CLAUDIO: Il pittore Berardi con la moglie, pittrice anche lei; dicono che è più brava del marito… la professoressa di storia dell'arte Stoppato, il poeta Salimbeni con la moglie scultrice e un paio di scrittori…

MARINA: Che ambiente intellettuale! Ma i Brambilla cosa fanno?

CLAUDIO: Beh, lui è un grosso industriale tessile e lei è un'ex-attrice.

1. Most nouns referring to people or animals have one form for the masculine and one for the feminine.

   a. Generally, the feminine is formed by replacing the masculine ending with **-a.**

   ragazz**o** → ragazz**a**   camerier**e** → camerier**a**
   signor**e** → signor**a**   gatt**o**   → gatt**a**

CLAUDIO: Today at the party at the Brambillas' there are a lot of interesting people.   MARINA: Oh, yeah? Who's there?   CLAUDIO: The painter Berardi and his wife, who is also a painter. They say she's better than her husband. . . . The art-history teacher Stoppato, the poet Salimbeni and his sculptor wife, and a pair of writers.   MARINA: What an intellectual atmosphere! What do the Brambillas do?   CLAUDIO: Well, he's a big textile tycoon and she's a former actress.

b. A few nouns, especially those indicating a profession or a title, use the ending **-essa** for the feminine.

dottore	→ dottor**essa**		poeta	→ poet**essa**
professore	→ professor**essa**		principe (*prince*)	→ princip**essa**

c. Most nouns ending in **-tore** in the masculine end in **-trice** in the feminine.

pittore	→ pit**trice**	sciatore (*skier*)	→ scia**trice**
lettore (*reader*)	→ let**trice**	attore	→ at**trice**

d. Nouns ending in **-e, -ga,** and **-ista** can be masculine or feminine, depending on the person referred to.

il cantante	→ **la** cantante	**il** regista	→ **la** regista
il mio collega	→ **la** mia collega	**il** dentista	→ **la** dentista

e. Some nouns have a completely different form for the masculine and feminine.

fratello	sorella	padre	madre
marito	moglie	re (*king*)	regina (*queen*)
maschio (*male*)	femmina (*female*)	uomo	donna

Esercizi

A. Trasformazioni. Trasforma le frasi dal femminile al maschile.

ESEMPIO: le gatte pigre →
i gatti pigri

1. una moglie stanca
2. una vecchia attrice
3. delle buone colleghe
4. una principessa straniera
5. una poetessa famosa
6. le grandi pittrici
7. delle donne simpatiche
8. delle sorelle ottimiste

B. No, ma... Con un compagno / una compagna, create conversazioni secondo l'esempio.

ESEMPIO: uno sciatore italiano →
S1: Conosci uno sciatore italiano?
S2: No, ma conosco una sciatrice italiana!

1.	dei cantanti tedeschi	4.	un re francese
2.	un signore gentile	5.	un cameriere distratto
3.	dei bravi dentisti	6.	degli impiegati antipatici

Si dice così:
nomi femminili

Today many Italian women prefer not to make gender distinctions in titles. It is more common to call a female lawyer **l'avvocato** than **l'avvocatessa.**

The use of feminine forms of professional titles is in flux. Masculine forms are most commonly used to refer to women in professions that women have entered only recently.

l'architetto (*m./f.*) architect
l'ingegnere (*m./f.*) engineer
il ministro (*m./f.*) minister (*in government*)

Piccolo ripasso

A. Chissà perché! Trova una probabile spiegazione per le seguenti situazioni.

ESEMPIO: Maria non è in classe oggi. → Sarà malata.

1. La professoressa non è felice oggi.
2. Salvatore è venuto a scuola a piedi invece di venire in macchina come al solito.
3. Enrica decide di non andare in vacanza con la sua amica.
4. Paolo non esce sabato sera.
5. Di solito Gina compra il giornale all'edicola (*newsstand*) tutte le mattine. Oggi non l'ha comprato.

B. Che si fa? Che cosa si fa in queste situazioni?

ESEMPIO: I genitori sono di buon umore. → Si chiedono dei soldi.

1. Un bambino ha la febbre e mal di stomaco.
2. La macchina non si mette in moto (*doesn't start*).
3. Piove e fa freddo durante Spring Break.
4. C'è il sole e fa caldo durante Spring Break.
5. Durante la visita medica, il dottore sembra perplesso e consulta un'enciclopedia.
6. Il cibo alla mensa universitaria non è buono.

C. Conversazione. Tuo zio ti dà mille dollari per un viaggio in Italia! Racconta a un compagno / una compagna dove andrai e che cosa farai.

1. Passerai quattro notti in un albergo di lusso o venti notti in un ostello?
2. Come viaggerai?
3. Quali città visiterai?
4. Avrai un itinerario fisso?
5. Andrai al mare o starai in città?
6. Quante cartoline manderai allo zio?

Parte 4: Un po' di cultura

C'è posta per te!

Posta in arrivo Rispondi Elimina Opzioni Guida Aiuto
DA: siventurini@unipg.it   5 gennaio – 17.12
A...   robertoafirenze@tin.it
Cc...
Oggetto: Vado in Sicilia!

Ciao, Roberto!

Allora, ti sei riposato dopo la gita nelle Marche?
Io sto bene; sono guarita dall'influenza e mi preparo a un bel viaggio. Ho vinto una vacanza di tre giorni in Sicilia: viaggio, vitto e alloggio,[1] tutto compreso!
Come l'ho vinta? Semplice: al mio supermercato c'era un concorso.[2] Io ho avuto fortuna: hanno estratto[3] il mio nome e mi hanno telefonato. Potevo scegliere la destinazione: o la Sardegna o la Sicilia. Ho scelto la Sicilia. Passeremo tre giorni e tre notti a Taormina, una città dove non sono mai stata. C'è tanto da fare e da vedere:[4] visitare il Teatro Greco, nuotare nel mare, fare un'escursione all'Etna, uno dei maggiori vulcani attivi della terra.[5] Al mio ritorno, ti racconterò tutto.
Come va il lavoro a Firenze?
Ti saluto.

Simona

[1]vitto... *food and lodging* [2]*contest* [3]hanno... *they drew* [4]tanto... *so much to do and to see* [5]*earth*

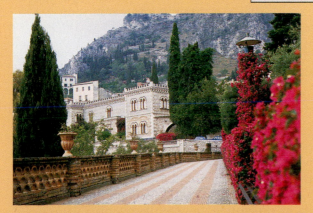

Strada caratteristica a Taormina

In Sicilia e in Sardegna

Le due maggiori isole italiane sono la Sicilia e la Sardegna.

La Sicilia è la più grande isola del Mediterraneo ed è situata quasi al centro di questo mare. Preferisci la natura o l'arte? Qui hai l'imbarazzo della scelta.[1] Poche regioni italiane offrono tante bellezze naturali e artistiche come la Sicilia. Le coste e le piccole isole sono meravigliose, il clima caldo favorisce la crescita[2] di piante molto belle, anche tropicali. L'Etna, il monte del fuoco, è un vulcano ancora attivo e spesso lascia uscire colate di lava[3] incandescente ed offre uno spettacolo naturale eccezionale, anche se fa paura agli abitanti[4] delle città vicine.

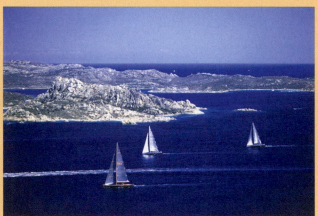

L'isola di Caprera nell'arcipelago de La Maddalena in Sardegna

La Sicilia ha avuto importanza in ogni epoca storica: al tempo della Magna Grecia, dei Romani, degli Arabi, dei Normanni e di altri popoli. Ogni civiltà ha lasciato dei segni:[5] ancora oggi possiamo ammirare i templi[6] greci di Agrigento, i mosaici romani di Piazza Armerina o il duomo normanno a Monreale vicino a Palermo, il capoluogo della regione.

La Sardegna è un po' più piccola della Sicilia. Per la sua posizione isolata, la Sardegna ha conservato, fino ad oggi, meglio di altre regioni, forme economiche e tradizioni risalenti[7] ai secoli passati. È una regione agricola, mineraria e pastorale.[8] La pastorizia[9] ha grande sviluppo: pecore e capre[10] sono più numerose che in qualsiasi[11] regione italiana. La Sardegna è meno fertile della Sicilia e, nonostante[12] i progressi recenti, è ancora relativamente poco popolata. L'isola è ricca di minerali metallici (zinco, piombo[13] e ferro[14]) e ha anche carbone.

La Sardegna ha uno dei mari più belli del mondo e rocce[15] e spiagge dai colori incredibili. Negli ultimi 50 anni il turismo ha avuto grandissimo sviluppo, non solo il turismo da ricchi (sulla famosa Costa Smeralda a Nord-Est si trovano numerose ville di vip), ma anche turismo alla portata di[16] tutti, con numerosi villaggi turistici. Le città più importanti sono Cagliari, Sassari, Nuoro e Oristano.

[1]l'imbarazzo… *a wealth of choices (lit. the problem of choosing)* [2]*growth* [3]colate… *lava flows* [4]fa… *frightens the residents* [5]*signs* [6]*temples* [7]*dating back* [8]agricola… *agricultural, mining, and sheep-raising (adj.)* [9]La… *The sheep-raising industry* [10]pecore… *sheep and goats* [11]*any* [12]*in spite of* [13]*lead* [14]*iron* [15]*cliffs* [16]alla… *available to*

COMPRENSIONE
Rispondi alle domande.

1. Qual è l'isola più grande, la Sicilia o la Sardegna?
2. Perché l'Etna si chiama monte del fuoco?
3. Quali civiltà (*civilizations*) hanno lasciato opere d'arte che possiamo ammirare in Sicilia?
4. Perché la Sardegna non ha un grande numero di abitanti?
5. Su che cosa si basa l'economia della Sardegna?

Videoteca

■ ■

Camera con vista

Roberto, in cerca di una camera per tre notti, chiede all'impiegato di un albergo se ci sono delle camere libere. Roberto chiede anche di essere svegliato presto la mattina per lavorare su uno dei suoi articoli.

■ ■

ESPRESSIONI UTILI

siamo quasi al completo we are almost full
dà sulle stradine it overlooks the
  small streets

buona permanenza! have a nice stay!

■ ■

PREPARAZIONE

ROBERTO: Buona sera! Non ho una prenotazione ma vorrei una camera singola con bagno, per favore.
RECEPTIONIST: Vediamo, siamo quasi al completo. Per quante notti?
ROBERTO: Per tre notti.
RECEPTIONIST: Ho una camera singola ma con doccia. Le va bene?

VERIFICA

Decidi se le seguenti frasi sono **vere** o **false.**

	V	F
1. Roberto vuole una camera senza bagno.	☐	☐
2. La camera costa 75 euro al giorno.	☐	☐
3. L'albergo non serve la prima colazione.	☐	☐

Funzione: prendere una camera in albergo

COMPRENSIONE

Rispondi alle seguenti domande.

1. Che tipo di documento ha Roberto?
2. Dove si fa colazione nell'albergo?
3. Perché Roberto vuole una camera con vista?

ATTIVITÀ

Chiedi a un compagno / una compagna:

Dove ti piace andare in vacanza?
Con che mezzo preferisci viaggiare?
Dove ti piace stare (albergo, campeggio, ostello, eccetera)?
Se stai in albergo o in pensione, che tipo di camera prenoti di solito?

Poi, secondo le preferenze del compagno / della compagna, suggerisci una sistemazione che conosci che, secondo te, gli/le piacerà.

Parole da ricordare

VERBI

affittare (una casa)	to rent (a house)
*andare in campagna	to go to the country
in campeggio	to go camping
all'estero	to go abroad
in ferie / in vacanza	to go on vacation
al mare	to go to the seashore
in montagna	to go to the mountains
in spiaggia	to go to the beach
*andare/*venire a trovare	to go/come to visit
(*una persona*)	(*a person*)
avere intenzione (di)	to intend
avere programmi	to have plans
disfare le valige	to unpack
fare programmi	to make plans
fare una crociera	to go on a cruise
fare le ferie / le vacanze	to go on vacation
fare una prenotazione	to make a reservation
fare le valige	to pack
lasciare un deposito	to leave a deposit
noleggiare (una macchina / una barca)	to rent (a car / a boat)
pagare un deposito	to pay a deposit
prendere in affitto (una casa)	to rent (a house)
prenotare	to reserve
visitare	to visit

NOMI

l'albergo (di lusso / di costo medio / economico)	hotel (deluxe / moderately priced / inexpensive)
l'arrivo	arrival
la barca	boat
la camera	room
doppia	double
matrimoniale	double
singola	single
con bagno	with bath
con doccia	with shower
con aria condizionata	with air conditioning
Capodanno	New Year's Day
la cartolina	postcard

il consiglio	advice; (piece of) advice
l'impiegato/l'impiegata	clerk
l'itinerario	itinerary
Natale (*m.*)	Christmas
l'ostello	hostel
il paesaggio	landscape
la partenza	departure
Pasqua	Easter
la pensione	inn
la mezza pensione	half-board (two meals a day: breakfast and lunch or dinner)
la pensione completa	full board (three meals a day)
il posto	place; space, room
il progetto	plan
la sistemazione	accommodation
la tappa	stopover; leg (*of a journey*)
il volo	flight
internazionale	international
nazionale	domestic

AGGETTIVI

fisso	fixed, set
libero	free; unoccupied (*room, seat, etc.*)
tutto compreso	all costs included

ALTRE PAROLE E ESPRESSIONI

a dire il vero	to tell the truth
appena	just; as soon as
chissà	who knows
forse	maybe
niente di speciale	nothing special
o… o	either . . . or
un sacco (di)	a lot (of), lots (of)
Est	east
Nord	north
Ovest	west
Sud	south

---

*Words identified with an asterisk (*) are conjugated with **essere**.

Un vero affare!°

Un… A real bargain!

La spesa al mercato

Pratica

Practice the skills you learned in this chapter and learn more about the Italian-speaking world through the *In giro per l'Italia* supplements.
www.mhhe.com/ingiro2

Vocabolario

Parte 1

Dialogo-Lampo

Le boutique e il mercato

SILVANA: Sono andata in centro a fare spese l'altro giorno. C'erano un sacco di sconti nelle boutique e allora non ho resistito[1]…

GIOVANNA: Cos'hai comprato?

SILVANA: Volevo un paio di scarpe eleganti e comode, come le tue.[2]

GIOVANNA: Dove le hai trovate?

SILVANA: In Via Montenapoleone:* un vero affare, solo 100 euro.

GIOVANNA: Io invece le ho comprate al mercato: in saldo, 50 euro!

1. Cosa voleva Silvana?
2. Dove ha comprato le scarpe?
3. Quanto sono costate? E le scarpe di Giovanna?
4. Che differenza c'è tra fare spese nei negozi del centro e al mercato?

[1]non… *I couldn't resist.*   [2]le… *yours*

I negozi e i mercati

LA SPESA E LE SPESE

l'affare (*m.*) bargain
il commesso / la commessa salesperson (in a shop)
la moda fashion, style
lo sconto discount
il venditore / la venditrice vendor (on the street, at the market)
la vetrina shop window

fare un affare to get a bargain
fare uno sconto to give a discount
fare la spesa to go grocery shopping
fare spese/compere to go shopping
vendere to sell

NEGOZI E NEGOZIANTI (*SHOPKEEPERS*) DI ALIMENTARI

Il fruttivendolo / La fruttivendola vende frutta—arance (*oranges*), mele (*apples*), pere (*pears*), uva (*grapes*)—e verdura—carote (*carrots*), fagioli (*beans*), melanzane (*eggplants*), peperoni (*peppers*)—e lavora in un **negozio di frutta e verdura** o al **mercato.**
Il gelataio / La gelataia vende gelati e lavora in una **gelateria.**

---

*The following streets are among Italy's most renowned for high-fashion shops: in Milan, **Via Montenapoleone;** in Rome, **Via Condotti;** in Florence, **Via Calzaiuoli;** in Venice, **Calle XXII Marzo.**

Il **lattaio / La lattaia** vende latte, yogurt, burro e formaggi e lavora in una **latteria.**

Il **macellaio / La macellaia** vende carne—agnello (*lamb*), maiale, manzo, vitello—e lavora in una **macelleria.**

Il **panettiere / La panettiera** fa e vende il pane e lavora in una **panetteria.**

Il **pasticciere / La pasticciera** fa e vende paste e lavora in una **pasticceria.**

Il **pescivendolo / La pescivendola** vende pesci e lavora in una **pescheria.**

Il **salumiere / La salumiera** vende salumi e lavora in una **salumeria.**

Poi c'è **il negozio di alimentari** che vende un po' di tutto: pane, salumi, formaggi, zucchero, vini, eccetera.

Poi, naturalmente, c'è **il supermercato.**

ALTRI PUNTI DI VENDITA (*POINTS OF SALE*)

la bancarella stand, stall
il grande magazzino department store
il mercato market
il negozio di abbigliamento clothing store

ALTRE PAROLE E ESPRESSIONI

di moda stylish, in style
all'ultima moda in the latest style, trendy
fuori moda out of style
in saldo, in svendita on sale

Sapevate che... ?

Italians use the metric system. Several of the most common measurements, and their conversions, are listed below.

1 grammo (*gram*) = .035 ounces (1 ounce = 28 grams)
1 etto (ettogrammo [*hectogram*]) = 100 grams or .22 pounds
½ (mezzo) chilo (chilogrammo [*kilogram*]) = 500 grams or 1.1 pounds
1 chilo = 1000 grams or 2.2 pounds

1 litro = 1.1 quarts

—**Prima di fare il boscaiolo[a] faceva il salumiere...**

[a]fare... *becoming a lumberjack*

Esercizi

A. Dove li compro? Hai bisogno di alcuni prodotti e non sai dove trovarli. Chiedilo a un compagno / una compagna. Segui l'esempio.

ESEMPIO: 1 litro di latte e 2 etti di fontina (*a mild cheese*) →
S1: Ho bisogno di un litro di latte e di due etti di fontina. Dove li compro?
S2: In una latteria, dal lattaio.

1. mezzo chilo di mele, 6 melanzane e 1 chilo di uva
2. 3 focacce e mezzo chilo di panini
3. 2 chili di cozze (*mussels*) e 1 chilo di vongole (*clams*)
4. 3 etti di prosciutto e 1 etto di salame
5. 5 bistecche di vitello
6. 1 torta e delle paste
7. 1 chilo di zucchero, 1 bottiglia di vino e 1 pacco di caffè
8. 1 gelato al cioccolato

B. Quiz velocissimo! Con un compagno / una compagna, senza guardare il **Vocabolario,** fate le domande e rispondete.

ESEMPIO: gelato →
S1: Chi vende gelati?
S2: Il gelataio o la gelataia.

1. salumi
2. pesce
3. dolci
4. latte, burro e formaggio
5. pere, arance, banane, carote, broccoli e zucchine
6. manzo, maiale e altri tipi di carne

C. Conversazione.

1. Dove lavora un commesso / una commessa? Come si chiama il negozio che vende solo vestiti?
2. Hai bisogno di un orologio, di mutande (*underwear*) e di un paio di stivali. Dove vai?
3. C'è una strada nella tua città dove ci sono bancarelle, venditori e venditrici? Quale? I venditori ti fanno sempre degli sconti?
4. Dove fai compere di solito? Compri solo quando ci sono le svendite?
5. Secondo te, quale grande magazzino ha le vetrine più belle e originali?
6. Quante volte alla settimana fai la spesa? Preferisci i supermercati o i piccoli negozi? Perché?

In ascolto

For listening comprehension activities related to the theme of this chapter, see the Workbook/Laboratory Manual or visit the *In giro per l'Italia* website.
www.mhhe.com/ingiro2

A. Usi di *ne*

MAMMA: Marta, per favore mi compri il pane?

MARTA: Volentieri! Quanto ne vuoi?

MAMMA: Un chilo. Ah sì, ho bisogno anche di prosciutto cotto.*

MARTA: Ne prendo due etti?

MAMMA: Puoi prenderne anche quattro: tu e papà ne mangiate sempre tanto!

MARTA: Hai bisogno d'altro?

MAMMA: No, grazie, per il resto andrò io al supermercato domani.

1. The pronoun **ne** replaces **di** (*of, about*) + *noun phrase*. **Ne** is also used to replace **di** + *infinitive* following such expressions as **avere bisogno di**, **avere paura di**, and **avere voglia di**.

—Luigi parla **degli amici?**	—*Does Luigi talk about his friends?*
—Certo, **ne** parla sempre.	—*Sure, he talks about them all the time.*
—Hai paura **dei topi?**	—*Are you afraid of mice?*
—Sì, **ne** ho paura.	—*Yes, I'm afraid of them.*
—Hai bisogno **di fare la spesa?**	—*Do you need to go grocery shopping?*
—No, non **ne** ho bisogno.	—*No, I don't need to.*

2. **Ne** corresponds to the English *some* or *any* when it replaces a noun used in the partitive sense (with or without the partitive article, **del, della,** and so on).

—Ha **del parmigiano?**	—*Do you have any Parmesan cheese?*
—Sì, **ne** ho.	—*Yes, I have some.*
—Non hanno **bambini?**	—*Don't they have any children?*
—No, non **ne** hanno.	—*No, they don't have any.*

MOM: Marta, will you buy me some bread, please?   MARTA: Sure! How much do you want?
MOM: One kilo. Oh yes, I also need some ham.   MARTA: Shall I get a couple of **etti?**
MOM: You can get as many as four. You and Dad always eat so much (of it)!   MARTA: Do you need anything else?   MOM: No, thanks, I'll go to the supermarket tomorrow for the rest.

*There are two kinds of **prosciutto: cotto** (*boiled, cooked*) and **crudo** (*cured*).

3. **Ne** also replaces nouns accompanied by a number or an expression of quantity, such as **quanto, molto, troppo, un chilo di,** and **un litro di. Ne** then expresses *of it, of them.*

—Quanta **pasta** mangiate?	—*How much pasta do you eat?*
(—Mangiamo **molta pasta.**)	(—*We eat a lot of pasta!*)
—**Ne** mangiamo **molta!**	—*We eat a lot (of it)!*
—Quanti **fratelli** hai?	—*How many brothers do you have?*
(—Ho **tre fratelli.**)	(—*I have three brothers.*)
—**Ne** ho **tre.**	—*I have three (of them).*
—I miei genitori hanno **molte macchine.**	—*My parents have a lot of cars.*
—Quante **ne** hanno?	—*How many (of them) do they have?*
—**Ne** hanno cinque!	—*They have five (of them)!*

The phrases *of it* and *of them* are optional in English, but **ne** *must* be used in Italian.

4. Like other object pronouns, **ne** precedes a conjugated verb or is attached to the end of an infinitive.

—Perché parli sempre **di moda?**	*Why do you always talk about fashion?*
—**Ne** parlo sempre perché mi piace parlar**ne.**	*I always talk about it because I like to talk about it.*

5. When **ne** is used with an expression of quantity, the past participle must agree in gender and number with the expression **ne** is replacing.

—Quante **pizze** avete ordinato?	*How many pizzas did you order?*
—**Ne** abbiamo ordinat**e** quattro.	*We ordered four.*

When it replaces expressions meaning *of* or *about,* however, there is no agreement.

Abbiamo parlato **dei negozi;** **ne** abbiamo parla**to.**	*We talked about the stores; we talked about them.*

Si dice così:
la data

Ne is also used to express the date.

—Quanti **ne** abbiamo oggi?
—**Ne** abbiamo (uno, due, quindici…).
—*What's today's date?*
—*It's the (first, second, fifteenth . . .).*

Esercizi

A. **Domande personali.** Rispondi alle domande personali.

1. Quanti giornali leggi?
2. Quanti cugini hai?
3. Quanti anni hai?
4. Quanti esami devi dare questo semestre?
5. Quanti fratelli hai?
6. Quanti buoni amici hai?
7. Quante e-mail ricevi ogni mese?
8. Quante e-mail scrivi ogni mese?
9. Quante domande fai in classe?

B. Conversazione. Usa **ne** nelle risposte.

1. Hai Cd italiani?
2. Hai mai scritto lettere in classe?
3. Da bambino/bambina, avevi paura dei ragni (*spiders*)?
4. Quanti libri leggerai quest'anno?
5. Regali dolci agli amici?
6. Hai bisogno di un caffè?

B. Usi di *ci*

PAOLO: Rocco, vieni al cinema con noi domani sera?

ROCCO: No, non ci vengo.

PAOLO: Vieni allo zoo lunedì?

ROCCO: No, non ci vengo.

PAOLO: Vieni in discoteca venerdì sera? Facciamo una festa in onore di Giacomo che ritorna dagli Stati Uniti.

ROCCO: No, non ci vengo.

PAOLO: Ma perché non esci con noi questa settimana? Usciamo sempre insieme.

ROCCO: Vado in vacanza con Maddalena. Andiamo alle Bahamas.

PAOLO: Allora, buone vacanze!

1. The word **ci** replaces nouns referring to places preceded by **a, in,** or **su;** in these constructions, its English equivalent is *there* or *here*. **Ci** also replaces **a** + *infinitive*. You have already used **ci** in the expressions **c'è** and **ci sono.**

—Vai **al mercato?**
—No, non **ci** vado oggi.

—*Are you going to the market?*
—*No, I'm not going (there) today.*

—Andate **in Italia** quest'estate?

—*Are you going to Italy this summer?*

—Sì, **ci** andiamo in giugno.

—*Yes, we're going (there) in June.*

—Torni **in biblioteca** con noi questo pomeriggio?
—No, non **ci** torno.

—*Are you returning to the library with us this afternoon?*
—*No, I'm not returning (there).*

Nota bene:
andare (essere) da...

As you have already learned, **andare (essere) da** + **una persona** means *to go to (to be at) a person's home or office.* The expression introduced by **da** can be replaced with the pronoun **ci.**

—Vai **da Gina** stasera?
—No, non **ci** vado.
—*Are you going to Gina's (house) this evening?*
—*No, I'm not going (there).*

—Maria va **dal lattaio** oggi?
—Sì, **ci** va per comprare lo yogurt.
—*Is Maria going to the milkman's today?*
—*Yes, she's going (there) to buy yogurt.*

PAOLO: Rocco, are you coming to the movies with us tomorrow night? ROCCO: No, I'm not coming. PAOLO: Are you coming to the zoo on Monday? ROCCO: No, I'm not coming. PAOLO: Are you going to the dance club Friday night? We're having a party to celebrate Giacomo's return from the United States. ROCCO: No, I'm not going. PAOLO: But why aren't you going out with us this week? We always go out together. ROCCO: I'm going on vacation with Maddalena. We're going to the Bahamas. PAOLO: Well then, have a nice vacation!

—Quando andate **a fare la spesa?**	—*When do you go grocery shopping?*
—**Ci** andiamo il sabato pomeriggio.	—*We go (to do it) on Saturday afternoons.*
—Sei **in ufficio** domani?	—*Will you be in the office tomorrow?*
—Sì, **ci** sono dalle nove alle cinque.	—*Yes, I'll be there from 9 to 5.*

Note that the use of **ci** is required, whereas *there* and *to do it* are optional in English.

2. **Ci** can also replace **a** + *noun* (referring to things and ideas) in expressions such as **credere a** + *noun* (*to believe in something*) and **pensare a** + *noun* (*to think about something*).

—Lei crede **agli UFO?**	—*Do you believe in UFOs?*
—Sì, **ci** credo.	—*Yes, I believe in them.*
—Pensate **all'inflazione?**	—*Do you think about inflation?*
—No, non **ci** pensiamo.	—*No, we don't (think about it).*

3. **Ci** follows the rules for placement of object pronouns.

Mi hanno invitato **a quella festa,** ma non **ci** vado. Non ho tempo di andar**ci!**	*They invited me to that party, but I'm not going (there). I don't have time to go (there)!*

Esercizi

A. A cosa credi? Rispondi **Sì, ci credo/penso** o **No, non ci credo/penso** a queste domande personali.

1. Credi agli UFO?
2. Pensi spesso ai problemi del mondo?
3. Credi agli spiriti?
4. Pensi spesso all'ambiente (*the environment*)?
5. Credi alle streghe (*witches*)?
6. Credi all'oroscopo?
7. Credi agli angeli?
8. Pensi spesso alle vacanze?

B. Che cosa farete quando andrete in Italia? Quali saranno le vostre abitudini quando andrete a studiare in Italia? Con un compagno / una compagna, fate le domande e rispondete. Nelle risposte sostituite **ci** alle espressioni in corsivo (*italics*).

ESEMPIO: andare *al mercato* ogni giorno →
S1: Andrai al mercato ogni giorno?
S2: Sì, ci andrò ogni giorno. (No, ci andrò poco.) E tu?
S1: Anch'io ci andrò ogni giorno. (Anch'io ci andrò poco.)

1. andare *al cinema*
2. mangiare spesso *alla mensa*
3. andare *in una panetteria* a comprare il pane
4. studiare volentieri *in un'università italiana*
5. andare spesso *a Milano* a fare spese
6. stare bene *in Italia*

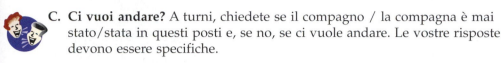

C. Ci vuoi andare? A turni, chiedete se il compagno / la compagna è mai stato/stata in questi posti e, se no, se ci vuole andare. Le vostre risposte devono essere specifiche.

ESEMPIO: in Inghilterra →
  s1: Sei mai stato/stata in Inghilterra? Ci vuoi andare?
  s2: Sì, ci sono stato/stata nel 2002. (No, non ci sono stato/stata e non ci voglio andare perché odio [*I hate*] la pioggia!) E tu?

1. a Milano
2. in Messico
3. a Hong Kong
4. in Egitto
5. in Australia

Nota culturale
Mercati e mercatini

In ogni città italiana, la tradizione dei mercati e mercatini all'aperto[1] è molto viva. C'è sempre, anche nei piccoli centri, un giorno fisso alla settimana in cui nelle piazze e nelle strade arrivano, al mattino molto presto, un gruppo di venditori, chiamati «ambulanti»,[2] perché non stanno fermi in un negozio. Questi preparano velocemente i loro banchi, stendono[3] la loro merce e cominciano a illustrarne, a voce molto alta, la straordinaria qualità e i bassi prezzi.

Il mercato all'aperto di Piazza delle Cure a Firenze

In questi mercati si vende un po' tutto quello che serve per le necessità quotidiane: frutta e verdura, formaggi e salumi, oggetti per la casa (pentole,[4] bicchieri, piatti, coltelli, eccetera), biancheria, tessuti,[5] abbigliamento, scarpe. I prezzi sono buoni, certamente più bassi di quelli dei negozi e c'è sempre tanta gente che guarda, sceglie, discute animatamente per pagare di meno.

Ci sono, poi, in alcune città, dei mercati famosi, che si tengono[6] ogni giorno, dall'alba al tramonto.[7] Uno di questi è il mercato di San Lorenzo, a Firenze, che attira i turisti quasi quanto[8] la Galleria degli Uffizi.

[1]*outdoor* [2]*"wanderers"* [3]*they lay out* [4]*pots* [5]*biancheria... linens, textiles* [6]*si... take place* [7]*dall'alba... from dawn to dusk* [8]*quasi... almost as much as*

Parte 3

C. Pronomi doppi

COMMESSA: Allora, signora, ha provato la gonna
e la camicetta? Come Le stanno?

CLIENTE: La gonna è troppo stretta, ma la
camicetta va bene. La prendo.

COMMESSA: Gliela incarto?

CLIENTE: No; me la può mettere da parte?
Ora vado a fare la spesa e poi passerò
a prenderla quando tornerò a casa.

COMMESSA: Va bene, signora, gliela metto qui,
dietro al banco.

You already know how to use direct- and indirect-object pronouns.

> Scrivo **la lettera.** → **La** scrivo. (*oggetto diretto*)
> Scrivo **a te.** → **Ti** scrivo. (*oggetto indiretto*)

It is also possible to use indirect and direct objects together with the same
verb, forming double object pronouns (**pronomi doppi**).

> *I write it* (*the letter*) *to you:* **Te la scrivo.**

1. To form **pronomi doppi:**
   a. the indirect-object pronoun precedes the direct-object pronoun or **ne.**
   b. the indirect-object pronouns **mi, ti, ci,** and **vi** change their final **i** to **e.**
   c. the indirect-object pronouns **gli, Gli, le,** and **Le** become **glie-** and
      combine with the direct-object pronoun or **ne** to form one word.
      Note: All other **pronomi doppi** are two separate words.

PRONOMI INDIRETTI		PRONOMI DIRETTI			
	lo	la	li	le	ne
mi	me lo	me la	me li	me le	me ne
ti	te lo	te la	te li	te le	te ne
gli, le, Le	glielo	gliela	glieli	gliele	gliene
ci	ce lo	ce la	ce li	ce le	ce ne
vi	ve lo	ve la	ve li	ve le	ve ne
… loro	lo… loro	la… loro	li… loro	le… loro	ne… loro

—**Questo è senza coloranti. Ve lo garantisco!**

SALESPERSON: Well, ma'am, have you tried on the skirt and the blouse? How do they fit?
CUSTOMER: The skirt is too tight, but the blouse is fine. I'll take it.   SALESPERSON: Shall I wrap it
up for you?   CUSTOMER: No, can you put it aside for me? I'm going grocery shopping now
and I'll come by to get it on my way home.   SALESPERSON: Fine, ma'am, I'll put it here for you,
behind the counter.

2. Double object pronouns (like single pronouns) follow and attach to infinitives to form one word.

La cintura? Non **te la** vendo, preferisco regalar**tela!**	*The belt? I'm not going to sell it to you; I prefer to give it to you!*
La giacca? Non **gliela** vendo, preferisco regalar**gliela.**	*The jacket? I'm not going to sell it to them; I prefer to give it to them.*

When the infinitive is preceded by **dovere, potere,** or **volere,** the pronouns may attach to the infinitive or precede the conjugated verb.

Ti voglio presentare **un'amica.**	*I want to introduce a friend to you.*
Voglio presentar**tela.** / **Te la** voglio presentare.	*I want to introduce her to you.*

3. When the verb is in the **passato prossimo** or another compound tense, the past participle agrees in gender and number with the preceding direct-object pronoun, even when it is combined with an indirect-object pronoun.

Hai comprato **i guanti** a Giulia?	*Did you buy the gloves for Giulia?*
Li hai comprat**i** a Giulia?	*Did you buy them for Giulia?*
Glieli hai comprat**i?**	*Did you buy them for her?*
Hai preso **due matite** per Maria?	*Did you get two pencils for Maria?*
Ne hai prese due per Maria?	*Did you get two of them for Maria?*
Gliene hai prese due?	*Did you get her two of them?*

4. Reflexive pronouns can also combine with direct-object pronouns. The forms are identical to those in point 1c, with the exception of the third-person singular and plural forms: **se lo, se la, se li, se le,** and **se ne.**

Mi metto le scarpe.	*I put my shoes on.*
Me le metto.	*I put them on.*
Mauro **si** mette la cravatta.	*Mauro puts his tie on.*
Se la mette.	*He puts it on.*
Deve metter**sela.**	*He has to put it on.*

Here too, the past participle agrees in gender and number with the direct-object pronoun:

Anna, ti sei messa il cappello?	*Anna, did you put your hat on?*
Te **lo** sei mess**o?**	*Did you put it on?*

Esercizi

A. I negozianti. Completa le conversazioni, secondo l'esempio.

ESEMPIO: Chi ti ha venduto i salumi? → Me li ha venduti il salumiere.

1. —Chi ti ha venduto il latte?
   —Me l'ha venduto _____.
2. —Chi ti ha venduto la frutta?
   —Me l'ha venduta _____.
3. —Chi ti ha venduto il manzo?
   —Me l'ha venduto _____.
4. —Chi ti ha venduto il gelato alla fragola (*strawberry*)?
   —Me l'ha venduto _____.
5. —Chi ti ha venduto le paste?
   —Me le ha vendute _____.

B. Al mercato. Crea frasi nuove con pronomi doppi. Ricordati l'accordo tra il participio passato e il pronome di oggetto diretto.

ESEMPIO: Chi ti ha venduto i salumi? → Chi te li ha venduti?

1. Chi vi ha portato le pere?
2. Chi Le ha fatto lo sconto?
3. Chi gli ha comprato le paste?
4. Chi ti ha consigliato la torta di mele?
5. Chi gli ha venduto il pesce?

C. Volentieri! A turno con un compagno / una compagna, fate domande e rispondete secondo l'esempio.

ESEMPIO: comprarmi la frutta →
           S1: Mi compri la frutta?
           S2: Sì, te la compro volentieri!

1. prestarmi questo Cd
2. prestarmi questi DVD
3. portargli questa torta
4. portargli questi biscotti
5. offrirle un gelato
6. offrirle dolci
7. incartarci questo regalo
8. incartarci queste paste

D. Conversazione. Fai le seguenti domande ad un compagno / una compagna. Nella risposta bisogna usare pronomi doppi.

ESEMPIO: S1: Ti lavi i denti la mattina e la sera?
           S2: Sì, me li lavo la mattina, la sera e anche nel pomeriggio.

1. Ti lavi i capelli tutti i giorni? Ti fai la barba tutti i giorni?
2. Ti metti mai la gonna per venire all'università?
3. Devi metterti sempre il cappotto in inverno?
4. Ti compri mai vestiti italiani?
5. Ti sei comprato/comprata un maglione (*pullover*) recentemente? Una camicetta? Com'è?

D. Imperativo (*tu, noi, voi*)

Ricordati: ─────────

Quando vai a fare la spesa...
Rispetta l'ambiente[a] e non abbandonare
i sacchetti[b] plastici!

[a]*the environment* [b]*bags*

1. The imperative (**l'imperativo**) is used to give orders, advice, and exhortations: *be good, stay home, let's go.* The affirmative imperative forms for **tu, noi,** and **voi** are identical to the present-tense forms, with one exception: the **tu** imperative of regular **-are** verbs ends in **-a.**

	LAVORARE	SCRIVERE	DORMIRE	FINIRE
(tu)	Lavora!	Scrivi!	Dormi!	Finisci!
(noi)	Lavoriamo!	Scriviamo!	Dormiamo!	Finiamo!
(voi)	Lavorate!	Scrivete!	Dormite!	Finite!

Note that the **noi** imperative forms correspond to the English *let's:* **Andiamo** (*Let's go*)!

2. The negative imperative for **tu** in all conjugations is formed with **non** and the infinitive. The negative **noi** and **voi** forms are identical to those in the affirmative.

(tu)	Non lavorare!	Non scrivere!	Non dormire!	Non finire!
(noi)	Non lavoriamo!	Non scriviamo!	Non dormiamo!	Non finiamo!
(voi)	Non lavorate!	Non scrivete!	Non dormite!	Non finite!

Paga in contanti, Luciano!	*Pay cash, Luciano!*
Non pagare con un assegno!	*Don't pay with a check!*
Partiamo oggi!	*Let's leave today!*
Non partiamo domani!	*Let's not leave tomorrow!*
Correte, ragazzi!	*Run, guys!*
Non correte, ragazzi!	*Don't run, guys!*

—**Non cambiare, papà: vedi bene che sto guardando[a] il film!**

[a]*sto... I'm watching*

3. The verbs **avere** and **essere** have irregular imperative forms.

AFFIRMATIVE		
	AVERE	ESSERE
(tu)	abbi	sii
(noi)	abbiamo	siamo
(voi)	abbiate	siate

NEGATIVE		
	AVERE	ESSERE
(tu)	non avere	non essere
(noi)	non abbiamo	non siamo
(voi)	non abbiate	non siate

Abbi pazienza!	*Be patient! (lit., Have patience!)*
Siate pronti alle otto!	*Be ready at eight!*
Sii puntuale! **Non essere** in ritardo!	*Be on time! Don't be late!*

4. **Andare, dare, fare,** and **stare** have irregular **tu** imperatives that are frequently used instead of the present-tense form.

andare: **va'** or **vai**	Va' (Vai) ad aprire la porta!
dare: **da'** or **dai**	Da' (Dai) una mano a Luca!
fare: **fa'** or **fai**	Fa' (Fai) colazione!
stare: **sta'** or **stai**	Sta' (Stai) zitta un momento!

Dire has only one imperative **tu** form in the affirmative: **di'.**

   Di' la verità!

Remember, the negative imperative for **tu** is formed with **non** + *infinitive*.

   Non stare a casa!
   Non dire bugie!
   Non andare via adesso!
   Non fare questi errori!
   Non dare una festa stasera!

5. Object and reflexive pronouns, when used with the affirmative imperative are attached to the end of the verb to form one word.

Marco, alz**ati** subito e vest**iti!**	*Marco, get up right now and get dressed!*
Se vedete Cinzia, invitate**la!**	*If you see Cinzia, invite her!*
Vuoi il giornale? Sì, compra**melo!**	*Do you want the newspaper? Yes, buy it for me!*

ATTENZIONE! Note that the stressed syllable remains the same: **Vestiti! Invitatela! Compramelo!**

6. When a pronoun is attached to the short forms of the **tu** imperative of **andare, dare, dire, fare,** and **stare,** the apostrophe disappears and the first consonant of the pronoun is doubled, except in the case of **gli.**

Fa**mmi** un favore! Fa**mmelo!**	*Do me a favor! Do it for me!*
Di**lle** la verità! Di**gliela!**	*Tell her the truth! Tell it to her!*
Ti hanno invitato a casa loro e non ci vuoi andare? Va**cci!**	*They've invited you to their house and you don't want to go (there)? Go (there)!*

Esercizi

A. **Ma dai!** A turni con un compagno / una compagna, fate domande e poi rispondete con l'imperativo appropriato. Usate **su, dai,** o **avanti*** nelle risposte.

ESEMPIO: mangiare →
           S1: Posso mangiare?
           S2: Su, mangia!

1. entrare
2. parlare
3. prendere una pasta
4. venire

5. provare questo vestito
6. fare una domanda
7. dire qualcosa
8. mettersi i jeans

Fate pure! Adesso, rifate l'esercizio con le forme plurali dei verbi (**noi, voi**) e la parola **pure.**†

ESEMPIO: mangiare →
           S1: Possiamo mangiare?
           S2: Mangiate pure!

---

*These words are often used with the imperative to express encouragement, like English *Come on!*
†The imperative forms are often accompanied by **pure. Pure** softens the intensity of a command, like *go ahead* or *by all means.*

B. Lo fa Carlo... Gli amici di Carlo vogliono fare le stesse cose che fa lui. Di' cosa dovete fare tu e i tuoi amici per essere come Carlo.

ESEMPIO: Carlo ordina l'antipasto. → Ordiniamo l'antipasto anche noi!

1. Carlo va a Capri.
2. Carlo suona la chitarra.
3. Carlo porta sempre un berretto.
4. Carlo fa lo yoga.
5. Carlo mangia in una trattoria.
6. Carlo compra i pantaloni all'ultima moda.

C. Ordine e controdine Tu cambi sempre idea. Prima dai un ordine e poi lo contraddici (*contradict*). Segui l'esempio.

ESEMPIO: alzare la mano → Alza la mano! No, non alzare la mano!

1. andare dal pescivendolo
2. mettersi i jeans
3. provare il vestito
4. pulire il bagno
5. rispondere a Marco
6. finire i compiti
7. avere pazienza
8. fare la spesa

Piccolo ripasso

A. Glielo, gliela... Sostituisci le frasi in corsivo con pronomi doppi.

ESEMPIO: Il cameriere serve *la crostata alla signora.* →
Il cameriere gliela serve.

1. Io mostro *le foto a Carlo.*
2. Tu regali *la camicetta a Maria.*
3. Noi offriamo *il caffè al dottore.*
4. Diamo *un gelato al bambino!*
5. Chi ha parlato *dell'esame a Maria?*
6. Ripeti *la data al professore!*

B. Rispondere. Usa pronomi doppi per rispondere alle domande.

ESEMPIO: s1: Avete preso delle banane per Riccardo?
s2: Sì, gliene abbiamo prese cinque.

1. Hai dato i libri a Marcella?
2. I ragazzi hanno scritto una lettera ai nonni?
3. Hai comprato cinque etti di prosciutto per la madre di Salvatore?
4. Avete portato la torta a Luigi?
5. I genitori hanno dato molti soldi ai bambini?
6. Marcello ha scritto una lettera ai suoi amici?

C. Persone generose. Alcuni tuoi amici sono generosi e regalano le loro cose volentieri. Con un compagno / una compagna, create dei dialoghi secondo l'esempio.

ESEMPIO: maglietta
s1: Che bella maglietta! Me la dai?
s2: Se la vuoi, te la do!

1. vestito   **2.** giornali   **3.** scarpe   **4.** camicia   **5.** orologio   **6.** pere

D. Persone avare (*stingy*). Ad altri tuoi amici non piace dare le loro cose agli altri. Crea una frase per ogni parola o espressione secondo l'esempio.

ESEMPIO: la giacca → Se non me la vuoi dare, non darmela!

1. il dolce   **2.** le scarpe   **3.** il maglione   **4.** i guanti   **5.** il cappotto
6. i DVD   **7.** la mozzarella   **8.** molti Cd

Parte 4: Un po' di cultura

C'è posta per te!

Posta in arrivo Rispondi Elimina Opzioni Guida Aiuto

DA: robertoafirenze@tin.it   15 gennaio – 9.21

À...   delia.venturini@yahoo.it

Cc...

Oggetto: Un week-end a Milano

Cara Mamma,

finalmente sono stato a Milano. Ci sono andato venerdì scorso con Giuliana. Te la ricordi? L'hai conosciuta quando lei è venuta in America due anni fa. Io ero veramente curioso di vedere questa città che i miei amici milanesi definiscono «capitale economica del Paese» e i miei amici romani chiamano, con una parola sola, «la brutta»... Mi avevano detto: «Vedrai che piove!» Ho portato l'ombrello e ho avuto sole tutti i giorni! Mi avevano detto: «Guarda che i milanesi parlano solo di lavoro» e io ho trovato dei milanesi che mi hanno parlato di arte e di storia. A me e a Giuliana la città è piaciuta molto. Abbiamo visitato il Duomo e un paio[1] di musei; abbiamo ammirato i negozi eleganti del centro (ma abbiamo fatto spese nei mercatini...), l abbiamo assistito a una sfilata di alta moda, siamo andati al Teatro alla Scala a vedere il *Falstaff* di Verdi. Dimenticavo: abbiamo anche mangiato il famoso risotto allo zafferano.[2] Era come quello che prepari tu: giallo, cremoso e molto saporito.[3] Ora basta viaggi, almeno per un po': devo concentrarmi sul lavoro!
Sono contento di saperti bene.[4] Non lavorare troppo!

Un abbraccio,
Roberto

[1]*couple* [2]*allo… with saffron* [3]*tasty* [4]*di… to know that you are well*

La Galleria di Milano

In Lombardia

La Lombardia è una regione di laghi, e ce ne sono veramente molti: tra i più grandi, il lago di Como, una parte del lago Maggiore e una parte del lago di Garda. Su questi laghi ci sono bellissime località, turistiche, verdi d'inverno e fiorite[1] d'estate. La Lombardia è anche una delle regioni più ricche d'Italia. L'agricoltura è molto produttiva perché i terreni della pianura padana sono fertili e l'industria è assai sviluppata.

Milano, il capoluogo della regione, è la seconda città, dopo Roma, per numero di abitanti (circa 4.000.000). È sede di tante grandi industrie ed è anche la capitale italiana della finanza; è una città molto funzionale per quanto riguarda i servizi e molto vivace dal punto di vista culturale. Chi arriva per la prima volta a Milano ha l'impressione di essere in una capitale europea piuttosto che in una città italiana, perché Milano assomiglia molto di più a[2] Londra che a Roma o a Napoli. Il vero centro della città è costituito dalla piazza del Duomo, dalla Galleria, che è come un grande ed elegante salotto, e dalla piazza nella quale[3] si trova il famosissimo Teatro alla Scala, forse il teatro più importante del mondo per l'opera lirica.

Una mattina tranquilla sul Lago di Como

Alla moda è dedicato il famoso «Quadrilatero»,[4] formato da Via Montenapoleone, Via della Spiga, Corso Venezia e Via Manzoni. È il centro mondiale[5] del lusso[6] e ci si trovano i negozi di tutti i nomi degli stilisti più prestigiosi, come Armani, Prada, Dior, Pucci, Valentino, Ferragamo, Vuitton.

[1]*in bloom* [2]assomiglia... *looks much more like* [3]*nella... in which* [4]*four-sided (figure)* [5]*worldwide* [6]*luxury*

COMPRENSIONE

1. Dove troviamo le più belle località turistiche della Lombardia?
2. Su che cosa si basa l'economia della Lombardia?
3. Milano sembra una tipica città italiana?
4. Che cos'è il «Quadrilatero»?

Videoteca

Un po' di spesa

Giuliana e Roberto fanno la spesa per una festa. Sono entrati in una pasticceria per comprare il dolce.

ESPRESSIONI UTILI

di produzione propria made on the premises

Voglio assaggiarli tutti! I want to taste them all!
un vassoio a tray

Funzione: fare la spesa

PREPARAZIONE

GIULIANA: Un vassoio di paste assortite, per favore. Sono fresche, vero?
IMPIEGATA: Freschissime. Quante ne vuole?
GIULIANA: Venti, per favore. Ne metta due di ogni tipo.
IMPIEGATA: Benissimo. Vuole altro?

VERIFICA

Abbina la prima parte di ogni frase a sinistra con la conclusione più adatta a destra.

1. Questa è la migliore pasticceria
2. Forse è meglio
3. Dobbiamo portare anche

a. comprare un assortimento.
b. un'insalata alla festa.
c. della città.

COMPRENSIONE

Rispondi alle seguenti domande.

1. Quante paste vuole Giuliana?
2. Dove deve pagare le paste Giuliana?
3. Che cosa devono ancora comprare Giuliana e Roberto?

ATTIVITÀ

Con un compagno / una compagna, immaginate di dover organizzare una festa per sabato sera. Fate, insieme, una lista di tutte le cose che dovete comprare (cibi, bevande, eccetera) e di tutti i preparativi che dovete fare (pulire l'appartamento, telefonare agli amici, eccetera). Poi, ogni persona assegnerà a un'altra dei compiti da fare in preparazione.

ESEMPIO: S1: Vai al supermercato per comprare le bevande!
          S2: Pulisci l'appartamento e lava i piatti e i bicchieri!

Parole da ricordare

VERBI

*costare	to cost
credere (a + *noun*)	to believe (*in something*)
fare un affare	to get a bargain
fare uno sconto	to give a discount
fare la spesa	to go grocery shopping
fare spese/compere	to go shopping
incartare	to wrap
pensare (a + *noun*)	to think (*about something*)
provare	to try on
richiedere (*p.p.* richiesto)	to require
vendere	to sell

NOMI

l'affare (*m.*)	bargain
l'agnello	lamb
l'arancia	orange
la bancarella	stand, stall
la camicetta	blouse
il cappello	hat
la carota	carrot
il commesso / la commessa	salesperson
i fagioli	beans
il fruttivendolo / la fruttivendola	fruit vendor
il gelataio / la gelataia	ice-cream maker/vendor
la gelateria	ice-cream parlor
la gonna	skirt
il grande magazzino	department store
il lattaio / la lattaia	milkman/milkwoman
la latteria	dairy (*shop*)
il macellaio / la macellaia	butcher
la macelleria	butcher shop
il maglione	pullover, heavy sweater
la mela	apple
la melanzana	eggplant
il mercato	market
la moda	fashion, style
il/la negoziante	shopkeeper
il negozio di abbigliamento	clothing store
il negozio di alimentari	grocery store
il negozio di frutta e verdura	produce market
la panetteria	bread bakery
il panettiere / la panettiera	bread baker
la pasticceria	pastry shop
il pasticciere / la pasticciera	pastry cook, confectioner
il peperone	bell pepper
la pera	pear
la pescheria	fish market
il pescivendolo / la pescivendola	fishmonger
il resto	the rest; change (*from a transaction*)
la salumeria	delicatessen
il salumiere / la salumiera	delicatessen clerk
lo sconto	discount
gli stivali	boots
il supermercato	supermarket
la svendita	sale
l'uva	grapes
il venditore / la venditrice	vendor
la vetrina	shop window
lo yogurt	yogurt

AGGETTIVI

pesante	heavy
stretto	tight

ALTRE PAROLE E ESPRESSIONI

all'ultima moda	in the latest style, trendy
altro	anything else
Avanti!	Come on!
Dai!	Come on!
di moda	stylish, in style
fuori moda	out of style
in saldo, in svendita	on sale
pure	go ahead; by all means
Quanti ne abbiamo oggi?	What's today's date?
Su!	Come on!

---

*Words identified with an asterisk (*) are conjugated with **essere**.

Cercare casa

Un balcone tipico

Pratica

Practice the skills you learned in this chapter and learn more about the Italian-speaking world through the *In giro per l'Italia* supplements.
www.mhhe.com/ingiro2

Dialogo-Lampo

Trovare casa

ANTONELLA: Ho saputo che vi sposate tra
due settimane!

PATRIZIA: Eh sì, è quasi tutto pronto,
ma non abbiamo la casa…

ANTONELLA: La casa!? E dove andate a
abitare?

MASSIMO: Dai miei genitori… Non è la
soluzione migliore ma, come
sai, trovare casa oggi è quasi
impossibile: costa troppo!

PATRIZIA: E loro hanno una casa di
cinque stanze, con due bagni.

ANTONELLA: Quante camere da letto?

MASSIMO: Ce ne sono tre: due
matrimoniali e una singola,
per l'eventuale nipote, come dicono loro…

1. Dove vanno ad abitare Patrizia e Massimo quando si sposano?
2. Qual è il motivo principale?
3. Com'è la casa dei genitori di Massimo?
4. Per chi è la camera singola?

Case e appartamenti

LE ABITAZIONI
(*RESIDENCES*)

l'**affitto** rent
l'**appartamento** apartment
l'**arredamento** home furnishings
l'**ascensore** (*m.*) elevator
il **bagno** bathroom
la **camera da letto** bedroom
la **cantina** cellar
l'**entrata**, l'**ingresso** entrance,
   entryway
il **giardino** garden; yard
l'**indirizzo** address
l'**inquilino**/l'**inquilina** tenant

la **lavatrice** washing machine
il **mobile** piece of furniture
il **monolocale** studio apartment
il **padrone** / la **padrona di casa**
   landlord/landlady
il **palazzo** apartment building
il **piano** floor (*of a building*)
il **pianterreno*** ground floor
  a pianterreno on the ground floor
il **primo** (**secondo/terzo**) **piano** the
   first (second/third) floor
  al primo (**secondo/terzo**) **piano** on
   the first (second/third) floor
il **riscaldamento** heat, heating

—Chissà quanto paghi d'affitto!

*Italians distinguish the ground floor from the first floor, which Americans and Canadians call
the second floor. In Italy, the **primo piano** is the first floor above the ground floor.

il salotto living room
le scale stairs, staircase
i servizi facilities (kitchen and bath)
la soffitta, la mansarda attic
il soggiorno family room
la stanza room
lo studio study, office
il terrazzo, il balcone balcony
la vista view

affittare to rent
ammobiliare, arredare to furnish
**cambiare casa, traslocare, fare un
    trasloco** to move
trasferirsi (isc) to move (*to another
    town, state, etc.*)

ammobiliato, arredato furnished

in affitto, affittasi for rent
cercasi wanted
in periferia on the outskirts, in the
    suburbs
in vendita, vendesi for sale

I MOBILI (*FURNITURE*)

l'armadio a muro closet
il divano, il sofà sofa
la poltrona armchair
lo scaffale shelf
    lo scaffale per i libri bookshelf
la scrivania desk
la sedia straight-back chair
lo specchio mirror

POSIZIONI NELLO SPAZIO (*SPACE*)

accanto (a), di lato (a) beside, next to
davanti (a) in front of
dietro (a) behind
sopra above, over
sotto below, under

Esercizi
· ·

A. Quiz sulla casa. Che cos'è? Trova una risposta a queste definizioni.

ESEMPIO: È la parte della casa dove riceviamo gli amici. →
          È il salotto.

1. È un edificio (*building*) con molti appartamenti.
2. Si usa per salire al terzo piano.
3. Abita in casa d'altri.
4. Un sinonimo di *traslocare.*
5. È il piano allo stesso livello della strada.
6. La proprietaria di un'abitazione.
7. La stanza della casa che sta sopra tutte le altre.
8. La stanza della casa che sta sotto tutte le altre.

B. Attività casalinghe (*domestic*). Quali sono le cose che facciamo più spesso nelle varie stanze della casa? Pensa almeno a due o tre attività; se fai qualcosa di insolito (*unusual*), spiega perché.

ESEMPIO: in cucina →
          In cucina preparo i pasti, lavo i piatti, guardo la televisione…

1. in sala da pranzo
2. nello studio
3. in bagno
4. in camera da letto
5. in soggiorno
6. sul terrazzo

In ascolto
· · · · · · · · · ·

For listening comprehension activities related to the theme of this chapter, see the Workbook/Laboratory Manual or visit the *In giro per l'Italia* website.
www.mhhe.com/ingiro2

A. Aggettivi indefiniti

PAOLA: Ciao, Claudia! Ho sentito che hai cambiato casa. Dove abiti adesso?

CLAUDIA: Prima vivevo in un appartamentino in centro, ma c'era troppo traffico e troppo rumore; così sono andata a vivere in campagna. Ho trovato una casetta che è un amore… È tutta in pietra, ha un orto enorme e qualche albero da frutta.

PAOLA: Sono contenta per te! Sai cosa ti dico? Alcune persone nascono fortunate!

Indefinite adjectives, such as *every, any,* and *some,* do not refer to a particular person or thing. For example: *Some people love steak. Every plate is broken. Can we have some coffee?* In Italian, these adjectives always precede the noun.

1. Adjectives in Italian which express *each, every,* and *all* are described below.

    a. **Ogni** (*each, every*) is generally used only with a singular noun and is invariable.

    Ogni casa ha un terrazzo.   *Each house has a balcony.*
    Traslochiamo **ogni** anno.   *We move every year.*

    b. The indefinite adjective **tutto** (*all, every, the whole*) agrees with the modified noun and is always followed by the definite article. Both singular and plural forms are used, according to the context, and the English word *of* is never translated.

    Studio **tutto il** giorno.   *I study all day.*
    Tutti i mobili sono moderni.   *All the furniture is modern.*
    Tutti gli appartamenti sono in   *All (of) the apartments are for*
      affitto.   *rent.*
    Tutta la casa è pulita.   *The whole house is clean.*
    Tutte le case hanno una cantina.   *All (of) the houses have a cellar.*

PAOLA: Hi, Claudia! I heard (that) you've moved. Where are you living now?   CLAUDIA: At first I was living in a small apartment downtown, but there was too much traffic and too much noise, so I've moved to the country. I found a little house that's a real gem. . . . It's all stone, has an enormous vegetable garden and some fruit trees.   PAOLA: I'm happy for you! You know what? Some people are born lucky!

—Prima di accettare la Sua diagnosi, dottore, potrei[a] consultare qualche suo vecchio paziente?

[a]could I

2. Adjectives in Italian which express *some* or *any* are described below.

a. **Qualche** (*some, a few*) is used only with a singular noun and is invariable. **Alcuni/alcune** (*some, a few*) is used only with plural nouns and agrees in gender with the noun modified. Both have a plural meaning in English.

Qualche appartamento è libero.	*Some apartments are vacant.*
Qualche stanza è ammobiliata.	*A few rooms are furnished.*
Ho visto **alcuni** appartamenti.	*I've seen a few apartments.*
Alcune camere da letto sono piccole.	*Some bedrooms are small.*
Ci sono **alcune** case in vendita?	*Are there any houses for sale?*

b. The expression **un po' di** means *some, a little*. It is used with nouns commonly expressed in the singular.

Posso avere **un po' di** acqua?	*Can I have some water?*
Metto **un po' di** zucchero nel caffè.	*I put a little sugar in coffee.*

c. As you already know, another way to express *some* or *any* is to use the partitive (**il partitivo**): **di** + *definite article*. (See **Capitolo 5**.)

Ci sono **dei** garage liberi.	*There are some garages available.*
Cerchiamo **delle** camere ammobiliate.	*We're looking for some furnished rooms.*

Esercizi

A. **Non generalizzare...** Tu e il tuo compagno / la tua compagna di casa cercate una nuova casa. Correggi le sue generalizzazioni con **qualche**.

ESEMPIO: S1: Tutti i palazzi hanno l'ascensore. →
S2: Qualche palazzo ha l'ascensore.

1. Tutte le mansarde hanno una bella vista.
2. Ogni padrone di casa è gentile.
3. Tutti gli inquilini pagano l'affitto.
4. Tutti i nostri amici abitano in centro.
5. Ogni appartamento in periferia costa meno.
6. Ogni monolocale è carino.

B. **Cerchiamo casa.** Fai delle domande ad un compagno / una compagna. Nella risposta il compagno / la compagna deve usare un aggettivo indefinito.

ESEMPIO: trovare / annuncio (*ad*) interessante →
S1: Hai trovato annunci interessanti?
S2: Ho trovato qualche annuncio interessante. *o*
Ho trovato alcuni annunci interessanti.

1. trovare / appartamento libero
2. scrivere / indirizzo di case in affitto
3. vedere / appartamento con balcone
4. comprare / mobile
5. trovare / padrone simpatico
6. vedere / monolocale

B. Pronomi indefiniti

—Lassù^a in cielo, qualcuno deve aver lasciato^b aperto il frigorifero…

^a*Up there*   ^bdeve… *must have left*

As you know, pronouns take the place of nouns. Indefinite pronouns (**i pronomi indefiniti**) do not refer to a particular person or thing. For example: *Someone turned off the lights. I hear something. I bought everything we need.* Some indefinite pronouns refer to a person or thing previously mentioned: *All the apartments are furnished, and some have balconies.*

The most common indefinite pronouns appear in the following list. Notice that their forms resemble those of the indefinite adjectives you learned in the preceding section.

AGGETTIVI	PRONOMI
Tutti i ragazzi traslocano.	**Tutti** traslocano. (*all, everybody*)
Tutte le camere sono piccole.	**Tutte** sono piccole. (*all*)
Ogni studente trasloca.	**Ognuno** trasloca. (*each one, everyone*)
Ogni casa ha tre camere.	**Ognuna** ha tre camere. (*each one*)
Qualche palazzo è vecchio.	**Qualcuno** è vecchio. (*some*)
Qualche poltrona è rovinata (*fallen apart*).	**Qualcuna** è rovinata. (*some*)
Alcuni appartamenti sono liberi.	**Alcuni** sono liberi. (*some, a few*)
Alcune ville sono grandi.	**Alcune** sono grandi. (*some, a few*)
Un po' di zucchero va bene, grazie.	**Un po'** va bene, grazie. (*some, a little*)
Ho mangiato **tutto il panino e tutta la torta.**	Ho mangiato **tutto.** (*all, everything*)
Cerco **qualche regalo** in centro.	Cerco **qualcosa** in centro. (*something*)

In addition to the meanings above, **tutti** means *everyone* and **qualcuno** means *someone*. In contrast, **tutto** means *everything* and **qualcosa** means *something*.

Tutti vengono alla villa in campagna.	*Everyone is coming to the villa in the country.*
Qualcuno bussa alla porta.	*Someone is knocking on the door.*
Ho portato **tutto.**	*I brought everything.*
Il bambino ha mangiato **qualcosa.**	*The child ate something.*

Qualcosa is always treated as masculine for purposes of agreement.

È success**o qualcosa?**	*Did something happen?*

Esercizi

A. Una bella serata. Completa il seguente testo con le espressioni appropriate.

_____[1] (Ogni / Ognuna) cosa era al suo posto.[a] _____[2] (Tutti / Ognuno) si erano nascosti.[b] Avevamo preparato _____[3] (qualcuno / qualcosa) di molto buono per Claudio. C'erano _____[4] (ogni / alcuni) fiori sul tavolo, ma a parte[c] questo, _____[5] (tutti / tutto) era come al solito. Venti minuti di silenzio. E poi quando è entrato Claudio, _____[6] (ognuno / tutti) hanno gridato:[d] «Auguri! Buon compleanno!»

[a]al... *in its place* [b]nascondersi, *to hide* (*oneself*) [c]a... *besides* [d]*yelled*

B. Dite la vostra! Decidi se le seguenti cose sono **qualcosa di necessario, qualcosa di utile/inutile** (*useful/useless*) o **qualcosa di piacevole** (*pleasant*).

ESEMPIO: il caffè →
           Per me, il caffè è qualcosa di inutile.

1. il tè
2. il lavoro
3. le vacanze
4. il sonno
5. il balcone
6. il riscaldamento
7. la musica
8. la libertà

C. Due possibilità. Completa le frasi con la parola corretta. Poi, il compagno / la compagna fa una nuova frase con la parola che non hai scelto.

ESEMPIO: (Ogni / Tutti gli) studente studia. →
  S1: Ogni studente studia.
  S2: Tutti gli studenti studiano.

1. In inverno guardiamo (alcuni / qualche) film italiano nel nostro dipartimento.
2. Conosci (alcune / qualche) poesie italiane?
3. (Ognuno / Tutti) desidera la felicità (*happiness*).
4. Mi piacciono (ogni / tutti i) mobili della casa.
5. (Tutti / Ognuno) erano presenti e (tutti / ognuno) ha potuto esprimere la propria opinione.
6. Ho comprato (qualche / alcune) poltrone per il soggiorno ieri.

Nota culturale
Regali di nozze°

wedding

Arredamenti per tutti i gusti

Gli italiani amano festeggiare[1] il matrimonio con grandi feste. In genere si fa un pranzo o una cena dopo la cerimonia, con molti invitati,[2] oppure si fa una festa per gli amici e i parenti più lontani la settimana precedente e, il giorno delle nozze, si invitano solo i parenti stretti.[3]

Tutti gli invitati fanno un regalo agli sposi. Gli amici del cuore e i parenti più stretti fanno in genere regali di maggiore valore, mentre i parenti e gli amici più lontani fanno regali meno costosi. I genitori offrono la festa di nozze e partecipano alle spese per l'appartamento dove andrà a vivere la coppia.

Per i parenti lontani e per gli amici gli sposi preparano di solito una «lista di nozze», cioè un elenco delle cose desiderate. In alcuni negozi che vendono oggetti per la casa i negozianti tengono la lista e gli oggetti scelti dagli sposi sono a disposizione degli invitati fino alla data del matrimonio.

Negli ultimi anni, alcune coppie mettono nella lista anche il viaggio di nozze[4] dei sogni.[5] Chi vuole può andare all'agenzia di viaggi indicata dagli sposi e contribuire alla realizzazione del sogno!

[1]*to celebrate* [2]*guests* [3]*close* [4]viaggio… *honeymoon* [5]*dreams*

Parte 3

Grammatica

C. Negativi

MARITO: Sento un rumore in cantina: ci sarà qualcuno, cara…

MOGLIE: Ma no, non c'è nessuno: saranno i topi!

MARITO: Ma che dici? Non abbiamo mai avuto topi in questa casa. Vado a vedere. (*Alcuni minuti dopo.*)

MOGLIE: Ebbene?

MARITO: Ho guardato dappertutto ma non ho visto niente di strano.

MOGLIE: Meno male!

As you already know, an Italian sentence is usually made negative by inserting **non** in front of the verb. Only object pronouns are placed between **non** and the verb.

Questa casa ha troppi scalini.	*This house has too many steps.*
Quella casa non ha troppi scalini.	*That house does not have too many steps.*
Quella casa non ne ha troppi.	*That house doesn't have too many (of them).*

1. Other negative words or expressions are used in conjunction with **non**. When the negative expression follows the conjugated verb, **non** must precede the verb.

ESPRESSIONI AFFERMATIVE	ESPRESSIONI NEGATIVE
—Hai comprato **qualcosa?** (*something*) —Hai comprato **tutto?** (*everything*)	—No, **non** ho comprato **niente/nulla.** (*nothing*)
—Hai visto **qualcuno** alla festa? (*someone*) —Hai visto **tutti** alla festa? (*everyone*)	—No, **non** ho visto **nessuno.** (*no one, nobody*)
—Canti **sempre** nella doccia? (*always*) —Canti **qualche volta** nella doccia? (*sometimes*) —Canti **mai** nella doccia? (*ever*)	—No, **non** canto **mai.** (*never*)

—Tira su l'ancora:ª in questo posto non si pesca nulla!

ªTira… *Pull up the anchor*

HUSBAND: I hear a noise in the cellar. There must be someone there, dear. . . .   WIFE: No, there's nobody there. It must be mice!   HUSBAND: What are you talking about? We've never had any mice in this house. I'm going to have a look. (*A few minutes later.*)   WIFE: Well?   HUSBAND: I looked everywhere but I didn't see anything strange.   WIFE: Thank goodness!

—Hai **già** preparato la cena?
(*already, yet*)

—No, **non** ho **ancora**
preparato la cena. (*not yet*)

—Abiti **ancora** in via Rossi? (*still*)

—No, **non** abito **più** in via
Rossi. (*no longer*)

—Studi italiano **e/o** la chimica?
(*and/or*)

—No, **non** studio **né** l'italiano
né la chimica. (*neither/nor*)

2. When **niente** or **nessuno** precedes the verb, **non** is omitted.

Niente era facile.
Nessuno lo farà.

Nothing was easy.
No one will do it.

Similarly, when a construction with **né... né** precedes the verb, **non** is
omitted. Note that a plural verb is used in Italian.

Né Mario né Carlo hanno una
cantina.

*Neither Mario nor Carlo has a
cellar.*

—Va' via, non ti voglio più
vedere...

3. Just like **qualcosa, niente** (**nulla**) takes **di** in front of an adjective and **da**
before an infinitive.

Non ho niente di economico da
affittare.
C'è qualcosa di interessante in
televisione?

I have nothing cheap to rent.

*Is there anything interesting on
television?*

Esercizi

A. Domande personali. Decidi se queste affermazioni personali sono vere o
false. Correggi quelle false.

1. Non faccio niente il venerdì sera; sto a casa e guardo la TV.
2. Non sono mai stata in Italia/Spagna/Russia/Cina/Kansas.
3. Non mi sono ancora laureato/laureata.
4. Non ho ancora scelto.
5. Non ho né un soggiorno né uno studio in casa.
6. Non seguo più il corso di italiano.
7. Non conosco nessuno all'università / nel mio palazzo / nella classe
di italiano.

B. **Un amico sfortunato.** Paolo si è trasferito a Bari un mese fa e trova difficile sistemarsi (*getting settled*). Fai la parte di Paolo e rispondi alle domande in modo negativo.

ESEMPIO: Hai già trovato casa? → No, non ho ancora trovato casa.

1. Hai visto qualcosa di bello?
2. Il tuo amico Giorgio abita ancora a Bari?
3. Hai amici o parenti da quelle parti (*around there*)?
4. Conosci qualcuno a Bari?
5. Hai già fatto un giretto in campagna?
6. Gli amici di Roma ti telefonano qualche volta?

C. **Pessimisti!** Con un compagno / una compagna, create delle domande da fare ad un altro gruppo. Gli studenti dell'altro gruppo devono rispondere con un'espressione negativa.

ESEMPIO: tutti / studiare fino a mezzanotte il venerdì sera →
 GRUPPO 1: Tutti studiano fino a mezzanotte il venerdì sera?
 GRUPPO 2: Nessuno studia fino a mezzanotte il venerdì sera.

1. qualcuno / trasferirsi a Lecce
2. la professoressa / correggere sempre gli errori
3. voi / fare i biscotti qualche volta
4. noi / sistemare (*to arrange*) la poltrona e il divano
5. tutto / essere pronto

D. Imperativo (*Lei, Loro*)

SEGRETARIA: Dottoressa, il signor Biondi ha bisogno urgente di parlarLe: ha già telefonato tre volte.

DOTTORESSA MANCINI: Che seccatore! Gli telefoni Lei, signorina, e gli dica che sono già partita per Chicago.

SEGRETARIA: Pronto!… Signor Biondi?… Mi dispiace, la dottoressa è partita per un congresso a Chicago… Come dice?… L'indirizzo? Veramente, non glielo so dire: abbia pazienza e richiami tra dieci giorni!

SECRETARY: Doctor, Mr. Biondi needs to speak to you urgently. He has already called three times.
DR. MANCINI: What a nuisance! You call him, Miss, and tell him that I already left for Chicago.
SECRETARY: Hello! Mr. Biondi? I'm sorry, but the doctor left for a conference in Chicago . . . What was that? The address? Really, I couldn't tell you. Be patient and call back in ten days!

You learned the **tu, noi,** and **voi** forms of the imperative in **Capitolo 11.**

1. The formal **Lei** and **Loro** imperative is formed by adding **-i, -ino** endings to the first-person singular (**io**) present-tense stem of **-are** verbs, and **-a, -ano** endings to the stem of **-ere** and **-ire** verbs. The negative imperative is formed by inserting **non** before the affirmative form.

	LAVORARE (LAVOR-)	SCRIVERE (SCRIV-)	DORMIRE (DORM-)	FINIRE (FINISC-)
(Lei) (non)	lavori	scriva	dorma	finisca
(Loro) (non)	lavorino	scrivano	dormano	finiscano

	BERE (BEV-)	DIRE (DIC-)	VENIRE (VENG-)	USCIRE (ESC-)	ANDARE (VAD-)	FARE (FACCI-)
(non)	beva	dica	venga	esca	vada	faccia
(non)	bevano	dicano	vengano	escano	vadano	facciano

<table>
<tr><td>Signora, aspetti! Non entri ancora!</td><td>Ma'am, wait! Don't come in yet!</td></tr>
<tr><td>Signori, finiscano di mangiare e paghino alla cassa!</td><td>Gentlemen, finish eating and pay at the cash register!</td></tr>
<tr><td>Signora Bianchi, beva questa medicina e poi venga da me!</td><td>Mrs. Bianchi, drink this medicine and then come see me!</td></tr>
<tr><td>Signor Salvini, esca subito dal mio ufficio!</td><td>Mr. Salvini, leave my office at at once!</td></tr>
</table>

2. Several verbs are irregular in the formal imperative.

	SAPERE	DARE	STARE	AVERE	ESSERE
(Lei) (non)	sappia	dia	stia	abbia	sia
(Loro) (non)	sappiano	diano	stiano	abbiano	siano

3. With **Lei** and **Loro** commands, pronouns must always *precede* the verb.

<table>
<tr><td>Le telefoni subito!</td><td>Call her immediately!</td></tr>
<tr><td>Non gli dica quello che abbiamo deciso.</td><td>Don't tell him what we've decided.</td></tr>
<tr><td>Non si preoccupi, professore.</td><td>Don't worry, professor.</td></tr>
</table>

4. In modern usage, the **voi** form of the imperative (see **Capitolo 11**) commonly replaces the **Loro** form.

Nota bene: l'infinito invece dell'imperativo

The infinitive often replaces the imperative in directions, public notices, recipes, and so on.

Ritirare lo scontrino alla cassa. *Get a receipt at the cash register.*

Cuocere per un'ora. *Cook for an hour.*

Esercizi

A. A cena. Hai invitato a cena il tuo amico Tommaso e la tua professoressa del corso di economia e commercio, la professoressa Cavalli. Devi dire alla professoressa le stesse cose che dici a Tommaso.

ESEMPIO: Vieni a tavola! →
             Professoressa Cavalli, venga a tavola!

1. Aspettami in entrata!
2. Dimmi cosa ne pensi!
3. Bevi un po' di vino!
4. Non preoccuparti del cane!
5. Finisci pure i ravioli!
6. Prendi una fetta di torta!
7. Guarda questo quadro!
8. Va' in giardino!
9. Non dimenticare il cappotto!
10. Salutami tua figlia!

Adesso ripeti l'esercizio e di' le stesse cose alla professoressa Cavalli e a suo marito.

ESEMPIO: Signori, vengano a tavola!

B. Questi inquilini! I nuovi inquilini hanno molte domande. Fai la parte del padrone/della padrona di casa e di' agli inquilini quello che devono fare o non devono fare. Usa pronomi nelle frasi.

ESEMPIO: Possiamo aprire le finestre in inverno? →
             No, non apritele in inverno! (Sì, apritele pure!)

1. Possiamo sistemare i mobili come vogliamo?
2. Possiamo fare rumore a tutte le ore?
3. Possiamo parcheggiare la macchina davanti al palazzo?
4. Dobbiamo sempre chiudere a chiave (*lock*) la porta d'ingresso?
5. Possiamo affittare il garage a un parente?
6. Possiamo guardare la televisione fino a tardi?

—Mi faccia la camera da letto esattamente in questo punto.

Piccolo ripasso

A. Contrari. Trasforma le espressioni negative in espressioni positive e viceversa per creare frasi di significato contrario.

ESEMPI: Non ho ancora sistemato i mobili. →
Ho già sistemato i mobili.

Divide l'appartamento con qualcuno. →
Non divide l'appartamento con nessuno.

1. Affittano ancora una mansarda.
2. Non dormo mai sul divano.
3. Qualcuno ha il terrazzo.
4. Non hanno niente di buono nel frigo.
5. Donata ha già cambiato casa.
6. Abbiamo lo studio e la camera per gli ospiti (*guests*).

B. Scambi. Con un compagno / una compagna, completate le conversazione con le espressioni giuste.

1. S1: Giulia, come va la caccia (*hunt*) agli appartamenti? Avete trovato
_____ (qualcosa / qualcuno)?
S2: Niente, purtroppo. Ci sono _____ (qualche / alcuni) padroni di
casa che non vogliono studenti e _____ (ognuno / tutti) chiedono
troppo di affitto!
2. S1: Caro, mi dai _____ (qualche / un po' di) zucchero?
S2: Ecco subito! Vuoi anche _____ (del / alcune) latte?
3. S1: Franco, com'era Palermo? Non mi ha mandato i saluti _____
(qualche / nessuno).
S2: Ci siamo divertiti un mondo (*a ton*)! E _____ (ognuno / tutti) ti
mandano tanti saluti!
4. S1: Ragazzi, è _____ (successo / successa) qualcosa?
S2: Niente, mamma. Carletto ha visto _____ (qualche / alcuni) topi nel
garage e ha avuto paura.

C. Richieste. Con un compagno / una compagna, pensate a una richiesta da fare alle seguenti persone. Usate l'imperativo formale.

ESEMPIO: il professore / Per favore… →
Per favore, mi dica quale esercizio dobbiamo fare.

1. il dottore / Per favore…
2. la dentista / Per favore…
3. il macellaio / Per favore…
4. il barista / Per favore…
5. la farmacista / Per favore…
6. la gelataia / Per favore…

Parte 4: Un po' di cultura

C'è posta per te!

Posta in arrivo Rispondi Elimina Opzioni Guida Aiuto

DA: siventurini@unipg.it   1 febbraio – 15.24

À...   robertoafirenze@tin.it

Cc...

Oggetto: Casa nuova

Caro Roberto,

non sai cosa mi è successo: ho dovuto cambiare casa!
Io abitavo in un appartamentino vicino all'università. Lo dividevo con due
amiche: un'italiana della Puglia e un'australiana.
La padrona di casa ci ha telefonato un giorno per dirci che aveva bisogno
dell'appartamento: suo figlio, che è dottore, ritornava dall'Africa dove era andato
con il programma «Medici senza frontiere[1]» e non poteva stare da lei perché non
c'era abbastanza spazio.
Allora noi abbiamo dovuto trovare un'altra sistemazione.[2]
Abbiamo letto un sacco di annunci,[3] abbiamo telefonato a destra e a sinistra e
siamo andate a vedere non so quanti appartamenti. Non è stato facile: gli
appartamenti o costavano troppo o erano lontani dall'università. Finalmente,
dopo una settimana, abbiamo trovato quello che volevamo: un appartamento
abbastanza grande con due camere da letto, riscaldamento centrale, non troppo
caro. Siamo contente! E tu ora devi assolutamente venire a trovarci!

A presto!
Simona

[1]borders [2]arrangement [3]want-ads

Annunci interessanti

In Puglia

Eccoci in una regione perfetta per quelli che amano il mare.

La Puglia è il tacco[1] dello «stivale» della penisola italiana ed è una lunga pianura sul mare Adriatico e sul mare Ionio. Il mare della Puglia è generalmente pulito e le coste, soprattutto quelle del Gargano, offrono dei paesaggi bellissimi. Il Gargano è una zona ricca di boschi[2] e il loro verde contrasta con l'azzurro del mare e il bianco delle rocce calcaree.[3] Anche le case dei numerosi centri, come Peschici, Vieste, Mattinata, sono bianchissime, di solito piccole e basse, con il tetto piano,[4] usato spesso come terrazza.

Ma per vedere delle case veramente particolari, devi andare a Sud, fra le province di Bari, Brindisi e Taranto. Troverai qui i famosi trulli, costruzioni circolari, con il tetto a cono,[5] fatte con le pietre[6] calcaree della zona. I trulli sono per la maggior parte case di campagna, sparsi[7] in mezzo a viti[8] e olivi, ma si trovano anche raggruppati[9] in centri come Alberobello e Locorotondo.

Ogni trullo ha una sola stanza. Più trulli, costruiti uno accanto all'altro, permettono così alle famiglie più numerose di avere camere separate.

Se puoi, cerca di visitare una di queste strane abitazioni, dove i pugliesi riescono a vivere in così poco spazio. Ti piaceranno l'ordine, la pulizia e la grande bellezza dell'essenzialità.

I trulli, in Puglia

[1]*heel* [2]*woods* [3]*rocce… calcareous (containing calcium) rocks* [4]*tetto… flat roof* [5]*a… cone-shaped* [6]*stones* [7]*scattered* [8]*grapevines* [9]*grouped*

COMPRENSIONE

1. La Puglia è una regione soprattutto _____.
   a. di colline **b.** di montagne **c.** di pianure
2. Nel Gargano ci sono _____.
   a. boschi verdi, mare azzurro e rocce bianche **b.** pochi boschi e nessuna montagna **c.** laghi, boschi e montagne
3. Le case del Gargano _____.
   a. sono bianche e hanno il tetto a cono **b.** sono colorate e hanno molte terrazze **c.** sono bianche e hanno il tetto piano che è usato come terrazza
4. Un trullo è una costruzione _____.
   a. con il tetto a cono e una sola stanza **b.** con il tetto a cono e con diverse stanze **c.** di forma rotonda e con il tetto a terrazza
5. I trulli si trovano _____.
   a. sulla costa, nella zona del Gargano **b.** nella parte meridionale della regione **c.** nelle città di Bari, Brindisi e Taranto

Videoteca

Cercare un monolocale

Roberto cerca un appartamento a Palermo, in Sicilia. Telefona ad un'agenzia immobiliare per avere aiuto.

ESPRESSIONI UTILI

l'agenzia immobiliare rental agency
il prefisso area code

il sito della rete website
dà un'occhiata he looks it over, gives it a look

Funzione: cercare un appartamento

PREPARAZIONE

ROBERTO: Pronto, buongiorno. Senta, cerco un appartamento da affittare per un mese in Sicilia, a Palermo. Lei può aiutarmi?

AGENTE: Certo, che tipo di appartamento cerca?

ROBERTO: Piccolo, per una persona. Cerco un monolocale ammobiliato con riscaldamento, balcone e servizi, naturalmente.

VERIFICA

Decidi se le seguenti frasi sono **vere** o **false**.

	V	F
1. Roberto cerca un monolocale ammobiliato per il mese di agosto.	☐	☐
2. Roberto non vuole pagare più di 800 euro al mese per l'appartamento.	☐	☐
3. A Palermo è difficile trovare monolocali in città.	☐	☐

COMPRENSIONE

Rispondi alle seguenti domande.

1. Come si paga una telefonata, fatta da un telefono pubblico, in Italia?
2. In quale zona ci sono appartamenti da affittare a Palermo?
3. Dove può trovare Roberto l'indirizzo del sito Internet dell'agenzia immobiliare?

ATTIVITÀ

Da fare in coppia. Hai deciso di affittare il tuo appartamento per il mese che starai in Italia a studiare. Elenca su un foglio le caratteristiche del tuo appartamento e poi rispondi alla telefonata di un compagno / una compagna che chiama per chiedere dell'appartamento.

Parole da ricordare

VERBI

affittare	to rent
ammobiliare	to furnish
arredare	to furnish
cambiare casa	to move
dividere (*p.p.* diviso)	to share (*a residence*)
fare un trasloco	to move
sistemare	to arrange
sistemarsi	to get settled
trasferirsi (isc)	to move (*to another town, state, etc.*)
traslocare	to move

NOMI

l'abitazione (*f.*)	residence
l'affitto	rent
l'albero	tree
l'appartamento	apartment
l'armadio a muro	closet
l'arredamento	home furnishings
l'ascensore (*m.*)	elevator
il bagno	bathroom
il balcone	balcony
la camera da letto	bedroom
la cantina	cellar
il divano	sofa
l'entrata	entrance
il giardino	garden; yard
l'indirizzo	address
l'ingresso	entryway
l'inquilino/l'inquilina	tenant
la lavatrice	washing machine
il mobile	piece of furniture
il monolocale	studio apartment
l'ospite (*m./f.*)	guest
il padrone / la padrona di casa	landlord/landlady
il palazzo	apartment building
il piano	floor (*of a building*)
il pianterreno*	ground floor
il primo (secondo/terzo) piano	the first (second/third) floor
la poltrona	armchair
il riscaldamento	heat, heating

il rumore	noise
lo scaffale	shelf
lo scaffale per i libri	bookshelf
le scale	stairs, staircase
la scrivania	desk
la sedia	straight-back chair
i servizi	facilities (kitchen and bath)
il sofà	sofa
la soffitta	attic
il soggiorno	family room
lo specchio	mirror
la stanza	room
lo studio	study, office
il terrazzo	balcony
la vista	view

AGGETTIVI

ammobiliato	furnished
arredato	furnished
inutile	useless
matrimoniale	with a double bed
necessario	necessary
piacevole	pleasant
singolo	single
strano	strange
utile	useful

ALTRE PAROLE E ESPRESSIONI

accanto (a)	beside, next to
affittasi	for rent
a pianterreno	on the ground floor
al primo (secondo/terzo) piano	on the first (second/third) floor
dappertutto	everywhere
davanti (a)	in front of
di lato (a)	beside, next to
dietro (a)	behind
in affitto	for rent
in periferia	on the outskirts, in the suburbs
in vendita	for sale
sopra	above, over
sotto	below, under

Proteggere l'ambiente

Proteggere... *Protecting the environment*

IN BREVE

GRAMMATICA

A. Condizionale presente

B. **Dovere, potere** e **volere** al condizionale

C. Condizionale passato

D. Pronomi possessivi

NOTA CULTURALE

Il riciclaggio

UN PO' DI CULTURA

C'è posta per te!
In Abruzzo e in Molise

Il Parco Nazionale d'Abruzzo

Pratica

Practice the skills you learned in this chapter and learn more about the Italian-speaking world through the *In giro per l'Italia* supplements.
www.mhhe.com/ingiro2

Dialogo-Lampo

Rifiuti o riciclaggio?

MAMMA: Giorgio, fammi un piacere:[1] porta questi sacchetti[2] pieni di carta, vetro e plastica giù[3] in strada e mettili negli appositi[4] recipienti.

GIORGIO: Ma perché non possiamo mettere tutto nella spazzatura[5] normale?

MAMMA: Vedi, tutto può essere riciclato; così non inquineremo di più il nostro ambiente.

GIORGIO: Ma io non so dove depositare i sacchetti...

MAMMA: Metterai la plastica nel recipiente giallo, il vetro in quello verde e la carta in quello bianco.

1. Che cosa c'è nei sacchetti?
2. Dove li deve mettere Giorgio?
3. Perché la mamma di Giorgio ricicla tutto?
4. Come saprà dove mettere i tre sacchetti Giorgio?

[1]*favor* [2]*bags* [3]*down* [4]*provided* [5]*trash*

L'ambiente

L'AMBIENTE E LA PROTEZIONE DELL'AMBIENTE (*ENVIRONMENTALISM*)

il clima climate
il colle, la collina hill
il disboscamento deforestation
l'effetto serra greenhouse effect
la fascia di ozono ozone layer
il fiume river
la foresta pluviale rain forest
l'inquinamento pollution
il lago lake
il recipiente container
il riciclaggio recycling

i rifiuti garbage
lo scarico exhaust; discharge

depurare to purify
inquinare to pollute
proteggere (*p.p.* **protetto**) to protect
riciclare to recycle
risolvere (*p.p.* **risolto**) to solve
scaricare to unload; to discharge

ecologico environmentally safe

I MATERIALI RICICLABILI

l'alluminio aluminum
la carta paper

USA, RIUSA, RICICLA

il **cartone** cardboard
la **plastica** plastic
il **vetro** glass

IL TRAFFICO *(TRAFFIC)*

l'**automobilista** (*m./f.; m. pl.* **gli automobilisti**) motorist, driver
l'**autostrada** highway
la **benzina** gasoline
il **chilometro** kilometer
il **distributore di benzina** gas pump
il **divieto di sosta** no-parking zone
l'**incidente** (*m.*) accident
il **limite di velocità** speed limit
il **meccanico** mechanic
i **mezzi di trasporto** means of transportation
il **parcheggio** parking space
la **patente** driver's license
il **segnale** sign

la **stazione di servizio** gas station; service station
la **targa** license plate
il/la **vigile** traffic officer

allacciare la cintura di sicurezza to fasten one's seat belt
chiedere/dare un passaggio to ask for / give a lift
controllare l'olio/l'acqua/le gomme to check the oil/water/tires
fare benzina to get gas
fare la multa to give a ticket, to fine
fare il pieno to fill up (the gas tank)
parcheggiare to park
prendere la multa to get a ticket
*****rimanere** (*p.p.* **rimasto**) **senza benzina** to run out of gas
rispettare to respect; to obey
superare to exceed
vietare to forbid; to prohibit

—Così vedo dove posso parcheggiare.

Esercizi

A. Situazioni. Cosa fai nelle seguenti situazioni?

1. Sei rimasto/rimasta senza benzina.
   a. Controlli le gomme.
   b. Fai il pieno.
2. Hai preso la multa.
   a. Paghi senza protestare.
   b. Litighi (*argue*) con il vigile.
3. La macchina non si mette in moto.
   a. Controlli la benzina.
   b. Guardi i segnali stradali (*street signs*).

---

*Words identified with an asterisk (*) are conjugated with **essere.** (For the conjugation of the present tense of **rimanere,** see p. A8, Appendix 2.)

4. Oggi non hai la macchina e devi andare a lavorare.
   a. Prendi l'autobus.
   b. Dai un passaggio a un amico.
5. Non trovi la patente e la tua macchina è senza targa.
   a. Guidi lo stesso.
   b. Usi i mezzi di trasporto.
6. Sei sull'autostrada; la polizia stradale è in giro (*on patrol*).
   a. Rispetti il limite di velocità.
   b. Dimentichi di allacciare la cintura di sicurezza.
7. Vuoi inquinare il meno possibile.
   a. Parcheggi in divieto di sosta.
   b. Guidi raramente.
8. Durante un viaggio in macchina, hai perso la strada.
   a. Ti fermi a una stazione di servizio.
   b. Continui a viaggiare senza chiedere aiuto.

B. Sondaggio. E voi, cosa fate per proteggere l'ambiente? In gruppi di cinque o sei, rispondete alle seguenti domande e presentate i vostri risultati alla classe in percentuale (*percentage*).

ESEMPIO: Usate sacchetti di carta o di plastica quando fate la spesa? →
          Nel nostro gruppo il 40% usa sacchetti di carta quando va a fare la spesa. Il 40% usa sacchetti di plastica. E il 20% non usa sacchetti.

1. Come sono i mezzi di trasporto nella vostra città?
2. Prendete mezzi pubblici o la vostra macchina per andare all'università o al lavoro?
3. Riciclate il vetro? La carta? La plastica?
4. Comprate prodotti riciclati?
5. Date soldi a qualche associazione per la protezione dell'ambiente?
6. Parcheggiate mai in divieto di sosta? Dove? Perché?
7. Avete mai preso la multa? Perché?

In ascolto

For listening comprehension activities related to the theme of this chapter, see the Workbook/Laboratory Manual or visit the *In giro per l'Italia* website.
www.mhhe.com/ingiro2

donne&motori
io & la mia moto
Non quella del mio fidanzato. Ma quella con cui io mi diverto. O lavoro

Parte 2

A. Condizionale presente

SANDRO: Pronto, Paola? Senti, oggi sono senza macchina. È dal meccanico per un controllo. Mi daresti un passaggio per andare in ufficio?

PAOLA: Ma certo! A che ora devo venire a prenderti? Va bene alle otto e un quarto?

SANDRO: Non sarebbe possibile un po' prima: diciamo alle otto? Mi faresti un vero piacere! Devo essere al lavoro alle otto e mezzo.

PAOLA: Va bene, ci vediamo giù al portone alle otto.

1. The present conditional (**il condizionale presente**) corresponds to English *would + verb* (*I would work*). Like the future, the present conditional is formed by dropping the final **-e** of the infinitive and adding a set of endings that is identical for **-are, -ere,** and **-ire** verbs. As in the future tense, verbs ending in **-are** change the **a** of the infinitive ending to **e.**

LAVORARE	SCRIVERE	FINIRE
lavor**erei**	scriver**ei**	finir**ei**
lavor**eresti**	scriver**esti**	finir**esti**
lavor**erebbe**	scriver**ebbe**	finir**ebbe**
lavor**eremmo**	scriver**emmo**	finir**emmo**
lavor**ereste**	scriver**este**	finir**este**
lavor**erebbero**	scriver**ebbero**	finir**ebbero**

2. The conditional stem is always the same as the future stem, even in the case of irregular verbs. (See **Capitolo 10** for a chart of verbs with irregular future stems.)

Non sai cosa farei per non guidare!	*You don't know what I would do not to drive!*
Verrebbero a prenderti alle otto.	*They would come to pick you up at eight.*

SANDRO: Hello, Paola? Listen, I don't have my car today. It's at the mechanic's for a tune-up. Would you give me a lift to the office? PAOLA: Sure! What time shall I come get you? Is 8:15 OK? SANDRO: Would it be possible a little earlier, say at 8:00? You'd be doing me a real favor! I have to be at work at 8:30. PAOLA: OK, see you down at the main entrance at 8:00.

3. For verbs ending in **-care** and **-gare,** and in **-ciare, -giare,** and **-sciare,** the same spelling changes that occur in the future also occur in the conditional.

Non dimenti**che**rei mai le chiavi della macchina.	*I would never forget my car keys.*
Pa**ghe**remmo ora, ma non possiamo.	*We would pay now, but we can't.*
Dove par**che**ggeresti?	*Where would you park?*
Comin**ce**rebbero alle cinque.	*They would begin at 5:00.*

4. In general, the present conditional is used (like its English equivalent) to express polite requests, wishes, and preferences.

Mi presteresti la tua macchina?	*Would you lend me your car?*

Esercizi

A. Cosa faresti? Cosa faresti con queste cose?

1. con 100.000 dollari?   **a.** li risparmierei   **b.** li userei per comprare del terreno (*terrain*) di foresta pluviale per preservarlo   **c.** li darei ai poveri
2. con la Ferrari?   **a.** la guiderei sull'Autostrada del Sole   **b.** la venderei e darei i soldi ai poveri   **c.** la farei correre nella Formula Uno
3. con un mese di vacanza?   **a.** starei a casa a leggere libri   **b.** viaggerei per il mondo   **c.** lavorerei per guadagnare soldi
4. con le risposte dell'esame di matematica?   **a.** le butterei (*throw away*) nel cestino (*wastebasket*)   **b.** le darei agli amici   **c.** le porterei all'esame
5. con una casa al mare?   **a.** ci passerei l'estate   **b.** l'affitterei   **c.** la darei agli amici che non hanno molti soldi per fare le vacanze
6. con l'aereo privato?   **a.** viaggerei per il mondo per sei mesi all'anno con tutti gli amici   **b.** lo darei alla Croce Rossa (*Red Cross*)   **c.** lo userei per fare un viaggio ogni week-end

B. Favori. Usa il condizionale presente per rendere (*make*) le seguenti affermazioni e richieste più gentili.

ESEMPIO: Mi dai il biglietto per la partita di calcio? →
Mi daresti il biglietto per la partita di calcio?

1. Mi dà un passaggio?   **2.** Ci presti la moto?   **3.** Preferisco parcheggiare qui.   **4.** Mi lascia (*let*) guidare?   **5.** La accompagnate a casa?   **6.** Vogliamo noleggiare una macchina.   **7.** Mi compri una bici italiana?   **8.** Non mi piace fare l'autostop (*to hitchhike*).

C. Tanti favori. Chiedi ad un compagno / una compagna di farti i seguenti favori. Il compagno / La compagna risponde liberamente.

ESEMPIO: comprarti un panino perché hai finito i soldi →
s1: Ho finito i soldi. Mi compreresti un panino?
s2: Certo, ne prendo uno anche per me. (Mi dispiace ma non posso. Ho finito i soldi anch'io.)

—Sarei curioso di sapere cosa capiranno quando leggeranno questa roba:[a] ho lasciato fuori gli articoli, gli aggettivi, i pronomi e i verbi!

[a]*stuff*

1. passarti il sale   2. prestarti la macchina   3. darti un passaggio
4. invitarti alla sua festa   5. aiutarti con i compiti perché non capisci
la matematica   6. controllare l'olio della tua macchina perché non sai
controllarlo   7. parlare con il vigile che vuole farti la multa   8. venire
con te in macchina da Miami a Los Angeles

D. Conversazione.

1. Dove ti piacerebbe essere in questo momento?
2. Che cosa ti piacerebbe fare?
3. Avresti il coraggio di fare un volo spaziale?
4. Compreresti una macchina brutta ma ecologica?
5. Saresti contento/contenta di nascere un'altra volta?
6. Che cosa non faresti mai?
7. Parteciperesti a una manifestazione per la protezione dell'ambiente?
8. Berresti l'acqua di un fiume o di un lago?

B. *Dovere, potere e volere al condizionale*

—Secondo la carta[a] dovrebbe essere l'isola dei Pinguini.

[a]*map*

The present conditional of **dovere, potere,** and **volere** is often used instead
of the present tense to soften the impact of a statement or request.

1. **Dovere: Dovrei** means *I should* or *I ought to* (in addition to *I would have to*), in contrast to the present tense **devo** (*I must, I have to*).

—Prima vorrei sapere il prezzo
della camera...

Il comune **dovrebbe** fornire più recipienti per i materiali riciclabili.	*The city government should provide more containers for recyclable materials.*
Dovremmo cercare subito un parcheggio.	*We ought to look for a parking spot right away.*

2. **Potere: Potrei** is equivalent to English *I could, I would be able,* and *I would be allowed.*

> **Potresti** darmi l'orario dei treni? | *Could you give me the train schedule?*
>
> Se vuoi, **potrei** andare io a prendere Giulia. | *If you want, I could go pick up Giulia.*

3. **Volere: Vorrei** means *I would want* or *I would like*; it is much more polite than the present-tense form **voglio.**

> **Vorresti** venire ad una festa a casa mia? | *Would you like to come to a party at my house?*
>
> **Vorrei** andare in un aereo supersonico. | *I would like to go in a supersonic jet.*

Note: *would like* can also be expressed using the conditional form of **piacere.**

> **Ti piacerebbe** andare in vacanza in un clima tropicale? | *Would you like to go on vacation in a tropical climate?*
>
> **Mi piacerebbe** vedere la foresta pluviale Amazzonica. | *I would like to see the Amazon rain forest.*

Esercizi

A. Siamo capaci? Decidi se potresti fare queste attività.

1. Potresti cambiare le gomme?
2. Potresti chiedere o dare un passaggio a uno sconosciuto o una sconosciuta (*stranger*)?
3. Potresti guidare senza occhiali?
4. Potresti riparare (*repair*) la tua macchina?
5. Potresti salire le colline di San Francisco in bici?

Adesso decidi se le persone indicate potrebbero fare queste attività.

1. Il tuo migliore amico / La tua migliore amica potrebbe riciclare più materiali?
2. Il presidente potrebbe risolvere il problema dell'effetto serra?
3. Le Nazioni Unite potrebbero risolvere il problema del disboscamento?
4. Le fabbriche (*factories*) potrebbero inquinare di meno?
5. Potremmo usare una macchina che non consuma benzina e che non inquina?

B. Dovrei… Usa il condizionale di **dovere** per completare le seguenti frasi.

ESEMPIO: Per stare bene, io… →
Per stare bene, io dovrei dormire molto.

1. Per guidare meno, si… 2. Per essere buoni automobilisti, noi…
3. Per proteggere meglio l'ambiente, si… 4. Per facilitare il riciclaggio, i comuni… 5. Per evitare (*avoid*) le multe, i cittadini (*citizens*)…

Si dice così:
potere

The English *could* expresses both the conditional (*would be able to*) and the past (*was able to*). In Italian these tenses are clearly differentiated.

Ieri **non ho potuto** studiare; oggi lo **potrei** fare ma non voglio. *Yesterday I couldn't (wasn't able to) study; today I could (would be able to) do it but I don't want to.*

As in the example, the **passato prossimo** expresses a completed action and the **condizionale** expresses conjecture about the present or the future.

C. Ti piacerebbe? Con un compagno / una compagna, usate il condizionale di **piacere** e di **volere** per fare domande e dare risposte.

ESEMPIO: passare le vacanze in Abruzzo →
   S1: Ti piacerebbe passare le vacanze in Abruzzo?
   S2: Sì, vorrei passare le vacanze in Abruzzo. (No, vorrei passare le vacanze in Sardegna.) E tu?

1. prendere il sole sulle spiagge dell'Adriatico
2. mangiare al ristorante stasera
3. studiare un'altra lingua
4. andare in campeggio con gli amici
5. stare all'estero per un paio di anni

Riciclaggio differenziato
a Roma

Nota culturale
Il riciclaggio

Negli ultimi anni lo Stato italiano ha preso molti provvedimenti[1] e ha fatto leggi per la tutela[2] ambientale. Dal 2001, per esempio, è vietata la circolazione alle auto che non usano benzina verde. E molte città, soprattutto al Nord e al Centro d'Italia, hanno chiuso al traffico il loro centro e hanno favorito la circolazione dei pedoni[3] o dei ciclisti.

   In tutti i centri, dalle grandi città ai piccoli paesi di provincia, è stata organizzata la raccolta[4] differenziata dei rifiuti. I cittadini sono obbligati a utilizzare diversi recipienti per diversi tipi di rifiuti: carta, plastica e vetro, materie organiche, pile esaurite[5] e medicinali scaduti.[6] Questo tipo di raccolta dà la possibilità di riciclare gran parte dei rifiuti e di avere meno problemi per distruggerli. L'Italia è un paese con un'alta densità di popolazione e ci sono grosse difficoltà per distruggere i rifiuti di quasi 60 milioni di persone.

   In molte scuole italiane, si fanno programmi di educazione ambientale per i bambini. Alcuni comuni danno ad ogni alunno[7] delle scuole elementari una borsa in cui[8] devono raccogliere plastica o carta da riconsegnare[9] alla scuola.

[1]*measures* [2]*government protection* [3]*pedestrians* [4]*collection* [5]*pile… dead batteries* [6]*medicinali… expired medications* [7]*pupil* [8]*in… in which* [9]*return*

C. Condizionale passato

IL CARABINIERE:	Signore, Lei sa che faceva 90 chilometri all'ora? Il limite è 50 in questa zona.
IL SIGNORE:	Sì, lo so. Chiedo scusa. Ho fretta perché mia moglie sta per partorire. Sarei dovuto essere in ospedale mezz'ora fa, ma ho incontrato un ingorgo enorme e sono stato fermo per venti minuti.
IL CARABINIERE:	Lei sa che ha una freccia che non funziona?
IL SIGNORE:	Sì, lo so. È colpa mia. Avrei dovuto portare la macchina dal meccanico ieri, ma mio figlio si è rotto il braccio e l'ho dovuto portare all'ospedale.
IL CARABINIERE:	Com'è che non ha la targa?
IL SIGNORE:	Ho comprato la macchina la settimana scorsa. Avrei fatto la targa subito, ma il mio cane è stato male e ho dovuto curarlo.
IL CARABINIERE:	Beh, dovrei farLe la multa, ma visto che ha avuto tante tragedie in questi giorni, lascio perdere. Buona giornata! L'accompagno all'ospedale da Sua moglie.

1. The **condizionale passato** (conditional perfect: *I would have worked, they would have left*) is formed with the conditional of **avere** or **essere** + *past participle*.

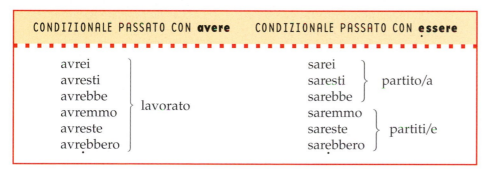

CONDIZIONALE PASSATO CON **avere**	CONDIZIONALE PASSATO CON **essere**
avrei avresti avrebbe avremmo avreste avrebbero } lavorato	sarei saresti sarebbe } partito/a saremmo sareste sarebbero } partiti/e

—La mia maestra me lo diceva che la pittura mi avrebbe portato in alto.[a]

[a]portato… *take me places*

2. The Italian conditional perfect corresponds to English *would have + verb.*

Avrei chiesto un passaggio a uno sconosciuto, ma avevo paura.	*I would have asked a stranger for a lift, but I was afraid.*
Mi sarei fermata alla stazione di servizio, ma avevo ancora metà serbatoio.	*I would have stopped at the gas station, but I still had half a tank.*

3. **Dovere, potere, volere**

   a. The conditional perfect of **dovere** + *infinitive* is equivalent to English *should have* or *ought to have + past participle.*

Il vigile **avrebbe dovuto** fargli la multa.	*The traffic officer should have given him a ticket.*
Il ristorante **avrebbe dovuto** riciclare le bottiglie.	*The restaurant should have recycled the bottles.*

   b. The conditional perfect of **potere** + *infinitive* is equivalent to English *could (might) have + past participle.*

Avremmo potuto ballare tutta la notte.	*We could have danced all night.*
Marco **avrebbe potuto** telefonare prima.	*Marco could have called earlier.*

   c. The conditional perfect of **volere** + *infinitive* is equivalent to English *would have liked to + infinitive.*

Mio nonno **avrebbe voluto** guidare una Ferrari.	*My grandfather would have liked to drive a Ferrari.*

4. In Italian, the conditional perfect (instead of the present conditional, as in English) is used in indirect discourse to express a future action seen from a point in the past.

La meccanica ha detto: «Riparerò la macchina entro lunedì sera».	*The mechanic said, "I'll fix the car by Monday evening."*
La meccanica ha detto che **avrebbe riparato** la macchina entro lunedì sera.	*The mechanic said that she would fix the car by Monday evening.*
Il benzinaio ha detto: «Controllerò l'olio».	*The gas station attendant said, "I'll check the oil."*
Il benzinaio ha detto che **avrebbe controllato** l'olio.	*The gas station attendant said that he would check the oil.*

Esercizi

A. Trasformazioni. Sostituisci il soggetto con gli elementi tra parentesi e fai tutti i cambiamenti necessari.

1. Io avrei voluto fare il pieno. (i ragazzi / anche tu / Claudia / tu e Gino)
2. Mirella aveva paura che sarebbe rimasta senza benzina. (i signori Neri / tu, Piera / anche noi / io)
3. Tu hai detto che ci avresti dato un passaggio. (Giorgio / voi / Lei / le ragazze)
4. Franco ha detto che sarebbe andato al distributore di benzina. (le signore / noi / io / Laura)

B. Le ultime parole famose. Mauro fa sempre molte promesse. Spiega quello che aveva promesso di fare e poi se l'ha fatto o no. Segui l'esempio.

ESEMPIO: Finirò presto. →
           Ha detto che avrebbe finito presto e ha finito prima delle otto.
           (Ha detto che avrebbe finito presto ma ha lavorato fino a mezzanotte.)

1. Scriverò una volta alla settimana.
2. Ritornerò a casa prima di mezzanotte.
3. Berrò solo acqua minerale.
4. Non mangerò più gelati.
5. Mi alzerò presto ogni giorno.
6. Non mi arrabbierò.
7. Metterò sempre i materiali riciclabili nei recipienti.
8. Andrò sempre a piedi.

C. Cose non fatte. Completa le frasi liberamente.

1. L'anno scorso, Marco avrebbe voluto fare un viaggio in Europa, ma…
2. Ieri, Tina avrebbe potuto parlare al telefono con l'amica tutta la sera, ma…
3. Ieri sera, avrei dovuto studiare per l'esame di fisica, ma…
4. Il mese scorso, Gino e Luca avrebbero voluto andare dai nonni per un week-end, ma…
5. Sabato scorso, Mirella avrebbe potuto comprare una macchina nuova, ma…
6. Ieri, Salvatore avrebbe dovuto pulire la camera da letto, ma…

Adesso, racconta quello che avresti potuto / avresti voluto / avresti dovuto fare in questi momenti.

ESEMPIO: il mese scorso →
           Avrei potuto fare un viaggio con gli amici, ma non avevo abbastanza soldi.

1. ieri **2.** l'anno scorso **3.** l'estate scorsa **4.** due giorni fa
5. venerdì sera

D. Pronomi possessivi

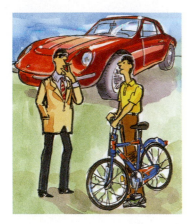

DANIELE: La mia macchina è una Ferrari; è velocissima. Com'è la tua?

ANTONIO: La mia è un po' vecchia, ma funziona.

DANIELE: La mia bici è una Bianchi. Che marca è la tua?

ANTONIO: Ma, non lo so. È una bici qualsiasi.

DANIELE: I miei vestiti sono tutti di Armani. Che vestiti compri tu?

ANTONIO: I miei non sono di marche famose. Di solito li compro al mercato.

DANIELE: Mi piacciono solamente le cose di qualità.

ANTONIO: Io ho i gusti semplici e non ho tanti soldi da spendere.

1. Possessive pronouns (**i pronomi possessivi**), like possessive adjectives, express ownership. They correspond to English *mine, yours, his, hers, its, ours,* and *theirs.* In Italian they are identical in form to possessive adjectives; a possessive pronoun, however, stands alone, while a possessive adjective always accompanies a noun. Possessive pronouns agree in gender and number with the nouns they replace.

Lui è uscito con la sua **ragazza;** io sono uscito con **la mia.**	*He went out with his girlfriend; I went out with mine.*
Tu ami il tuo **paese** e noi amiamo **il nostro.**	*You love your country and we love ours.*
Tu hai i tuoi **problemi,** ma anch'io ho **i miei.**	*You have your problems, but I have mine too.*
Ho passato le mie **vacanze** invernali in un clima tropicale; Giorgio ha passato **le sue** in un clima continentale.	*I spent my winter vacation in a tropical climate; Giorgio spent his in a continental (inland) climate.*

2. Possessive pronouns normally retain the article even when they refer to relatives.

Mia moglie sta bene; come sta la Sua?	*My wife is well; how is yours?*
Ecco nostro padre; dov'è il vostro?	*There's our father; where's yours?*

3. When possessives are used after **essere** to express ownership, the article is usually omitted.

—È Sua quella macchina?	*—Is that car yours?*
—Sono Suoi quei bambini?	*—Are those children yours?*

DANIELE: My car is a Ferrari; it's very fast. What is yours like? ANTONIO: Mine is a bit old, but it runs. DANIELE: My bike is a Bianchi. What brand is yours? ANTONIO: Hmm, I don't know. It's just any old bike. DANIELE: My clothes are all Armani. What clothes do you buy? ANTONIO: Mine aren't designer clothes. I usually buy my clothes at the outdoor market. DANIELE: I only like things of high quality. ANTONIO: I have simple tastes and I don't have a lot of money to spend.

Esercizi

A. Quali preferisci? Rispondi alle domande. Poi spiega ad un compagno / una compagna i motivi della tua risposta.

1. Quale stile di vita preferisci?   **a.** quello di Cher   **b.** il mio (Perché?)
2. Quale macchina preferisci?   **a.** quella dei miei genitori   **b.** la mia (Perché?)
3. Quale appartamento preferisci?   **a.** quello di un amico / un'amica   **b.** il mio (Perché?)
4. Quali mobili preferisci?   **a.** quelli di un amico / un'amica   **b.** i miei (Perché?)
5. Quale letto preferisci?   **a.** quello a casa dei miei genitori   **b.** il mio all'università (Perché?)

B. Preferisco il mio! Con un compagno / una compagna, fate domande e date risposte secondo l'esempio.

ESEMPIO: l'abito di Marco →
            S1: Ti piace l'abito di Marco?
            S2: Sì, ma preferisco il mio.

1. la casa di Giulia
2. lo stereo di Claudio
3. le scarpe di Dario
4. le gomme di Luigi
5. la bici di Franco
6. il garage del signor Muti
7. le valige di Mara
8. i Cd di Giorgio

—Papà, quella è una tua vecchia pagella:[a] adesso ti mostro la mia...

[a]*grade report*

C. A ciascuno il suo. Completa le frasi con il pronome possessivo appropriato (con o senza preposizione).

ESEMPIO: Io faccio i miei esercizi e tu fai i tuoi.

1. Io pago il mio caffè e Lei paga _____.
2. Io ho portato il mio avvocato e loro hanno portato _____.
3. Noi scriviamo a nostra madre e voi scrivete _____.
4. Tu ricicli i tuoi rifiuti e lei ricicla _____.
5. Io ho detto le mie ragioni; ora voi dite _____.
6. Io ho parlato ai miei genitori; adesso tu parla _____.

Piccolo ripasso

A. Come siamo educati/educate (*polite*)! Trasforma le frasi imperative in domande gentili con il verbo **potere** al condizionale.

ESEMPIO: Prestami l'automobile! → Potresti prestarmi l'automobile?

1. Dimmi dove sono i soldi! **2.** Fammi una fotografia! **3.** Dammi qualcosa da bere! **4.** Accompagnatemi a casa! **5.** Compratemi una bicicletta! **6.** Guida meglio!

B. Cosa faresti? Cosa faresti nelle seguenti situazioni?

ESEMPIO: La tua ditta (*company, firm*) inquina molto. →
Eliminerei gli scarichi pericolosi per l'ambiente.

1. La tua macchina non si mette in moto e sei in ritardo per la lezione di italiano.
2. Cerchi un parcheggio, ma l'unico (*only*) spazio che rimane è un divieto di sosta.
3. Il vigile ti ferma perché hai superato il limite di velocità. Ti vuole fare la multa.
4. La macchina che vuoi comprare costa poco ed è in buone condizioni ma non ha il lettore Cd.
5. Rimani senza benzina sull'autostrada.

C. Le solite giustificazioni! Con un compagno / una compagna, spiegate perché le seguenti persone non hanno potuto fare queste attività. Usate **il condizionale passato** nelle vostre risposte.

ESEMPIO: Piera / venire al festival →
S1: Non è venuta al festival Piera?
S2: Ha detto che sarebbe venuta, ma si è sentita male.

1. Maurizio / riparare la macchina
2. Gianni / comprare i biglietti
3. Gino e Silvio / accompagnarvi al concerto rock
4. Luigi / riciclare le bottiglie
5. Mirella / arrivare presto a teatro
6. I ragazzi / fare il pieno alla macchina del padre

D. Paragoni. Con un compagno / una compagna, paragonate le vostre esperienze, oggetti o persone che conoscete. Seguite l'esempio.

ESEMPIO: il professore di chimica →
S1: Mi piace (Non mi piace) il mio professore di chimica. Com'è il tuo?
S2: Il mio è molto intelligente e simpatico. (Non seguo un corso di chimica.)

1. la bicicletta
2. il compagno / la compagna di stanza
3. il corso di letteratura
4. la città di origine
5. i vestiti
6. la camera da letto

Parte 4: Un po' di cultura

C'è posta per te!

DA: robertoafirenze@tin.it   14 febbraio – 8.33

À...	prenotazioni@albergoorsobruno.com
Cc...	
Oggetto:	Prenotazioni

Albergo L'Orso Bruno
Rivisondoli (Aquila)

Vi scrivo per conto di[1] alcuni amici americani (una famiglia
composta di padre, madre e due bambini piccoli più la nanny).
Vorrebbero prenotare due camere nel vostro albergo dal 15 maggio
al 30 maggio. Hanno bisogno di una camera matrimoniale e di
una camera a tre letti, due letti per i bambini e uno per la nanny
che divide la camera con loro.
Avete disponibilità[2]? Che prezzo fate? È ancora bassa stagione[3]
in quel periodo? Spero di sentirvi presto. In caso affermativo,
posso fare io un deposito per i miei amici con la mia carta di credito.

Distinti saluti.
Roberto Venturini

[1]per... *on behalf of* [2]*vacancies* (lit. *availability*) [3]bassa... *low season*

Una veduta del Parco Nazionale d'Abruzzo

In Abruzzo e in Molise

Se sei in Abruzzo è perché sicuramente ami la natura. Quasi tutta la parte montuosa dell'Abruzzo, con montagne alte quasi 3.000 metri, fa parte del Parco Nazionale, una delle aree protette più grandi d'Italia. Il Parco è bellissimo, sia d'estate che[1] d'inverno; conserva foreste di aceri[2] che hanno secoli di vita[3] e infinite specie[4] di fiori. Nel parco vivono animali che altrove[5] sono scomparsi,[6] come gli orsi bruni e i lupi.[7] Se ami gli sport invernali, puoi divertirti in centri attrezzati[8] come Pescasseroli e Roccaraso.

Se invece ti piace il mare, la costa dell'Adriatico è bella e varia in Abruzzo e diventa ancora più bella in Molise. Da Termoli, il centro più importante della costa del Molise, puoi raggiungere le piccolissime isole Tremiti e trovare una natura ancora selvaggia[9] e un mare davvero[10] splendido.

Il Molise è infatti una regione con pochi abitanti[11] e scarso sviluppo[12] turistico. È una terra di emigranti: all'inizio del '900[13] e anche dopo la Seconda Guerra Mondiale, circa metà della popolazione è partita per l'America con gli ultimi risparmi[14] e tante speranze.[15] Molti di quelli che hanno avuto successo sono tornati in Italia e si sono reinseriti nella società italiana senza problemi.

[1]sia… *both in summer and* [2]*maple trees* [3]secoli… *centuries of life* [4]*species* [5]*elsewhere* [6]*disappeared* [7]orsi… *brown bears and wolves* [8]*well-equipped* [9]*wild, untamed* [10]*truly* [11]*inhabitants* [12]scarso… *minimal development* [13]*1900s* [14]*savings* [15]*hopes*

Uno degli animali protetti del Parco Nazionale: l'orso bruno

COMPRENSIONE

Scegli la risposta corretta.

1. Nel Parco Nazionale d'Abruzzo ci sono _____.
   a. alberi scomparsi altrove e uccelli rari
   b. alberi molto antichi e animali protetti
   c. foreste giovani e spiagge splendide
2. Le isole Tremiti si possono raggiungere più direttamente _____.
   a. dalle coste dell'Abruzzo   b. dalle coste della Puglia
   c. dalle coste del Molise
3. In Molise _____.
   a. la natura è ancora selvaggia   b. ci sono molti turisti
   c. si trovano animali scomparsi altrove
4. Nel ventesimo secolo, la metà dei molisani _____.
   a. sono ritornati dall'America
   b. sono andati a fare un viaggio in America
   c. sono andati a vivere e a lavorare in America

Videoteca

Fare il pieno

Roberto e Giuliana si sono fermati per fare il pieno lungo la strada. Parlano di chi dovrebbe guidare.

ESPRESSIONI UTILI

Consuma molto? Does it use a lot?   **senza piombo** unleaded

PREPARAZIONE

ROBERTO: Vedo che anche in Italia hanno la benzina senza piombo.

GIULIANA: Certo, Roberto! Anche l'Italia è un paese moderno e evoluto! Noi la chiamiamo anche «benzina verde». Quasi tutte le macchine la usano, anche la mia.

VERIFICA

Scegli il completemento giusto per le seguenti frasi.

1. La benzina senza piombo _____.
   a. è meglio per l'ambiente   **b.** contribuisce all'inquinamento
   c. è meno cara che negli Stati Uniti
2. Roberto vuole controllare _____.
   a. le gomme   **b.** il traffico   **c.** come guida Giuliana
3. Secondo Giuliana, Roberto non deve guidare perché _____.
   a. lui non sa guidare bene   **b.** si dice in Italia che gli americani
   guidano lentamente   **c.** lui non conosce la strada

Funzione: parlare di automobili e abitudini di guida

COMPRENSIONE

Rispondi alle seguenti domande.

1. La macchina di Giuliana fa molte o poche miglia (*miles*) con un gallone?
2. La benzina in Italia è più o meno cara che nel tuo paese?
3. Cosa dice Giuliana per convincere Roberto a non guidare?

ATTIVITÀ

Con un compagno / una compagna, organizzate un viaggio in macchina in Italia. Prima, fate una lista delle cose che dovete fare per controllare la macchina prima di partire. Poi, scegliete le città che volete visitare e, con le mappe di questo libro o altre mappe, calcolate quanti chilometri potete fare al giorno e quanti giorni ci vorranno (*it will take*) per completare il viaggio. Dopo, presentate il vostro programma completo alla classe.

Parole da ricordare

VERBI

allacciare	to buckle
*andare a prendere	to go pick up
chiedere un passaggio	to ask for / give a ride
controllare l'olio / l'acqua / le gomme	to check the oil / water / tires
dare un passaggio	to give a ride
depurare	to purify
fare benzina	to get gas
fare la multa	to give a ticket, fine
fare il pieno	to fill up (the gas tank)
funzionare	to function, work
inquinare	to pollute
parcheggiare	to park
prendere la multa	to get a ticket, fine
proteggere (*p.p.* **protetto**)	to protect
riciclare	to recycle
*rimanere senza benzina	to run out of gas
risolvere (*p.p.* **risolto**)	to solve
rispettare	to respect; to obey
scaricare	to unload; to discharge
superare	to exceed
*venire a prendere	to come pick up
vietare	to forbid; to prohibit

NOMI

l'alluminio	aluminum
l'ambiente (*m.*)	environment
l'automobilista (*m/f.; m. pl.* **gli automobilisti**)	motorist, driver
l'autostrada	highway
la benzina	gasoline
la carta	paper
il cartone	cardboard
il chilometro	kilometer
la cintura di sicurezza	seatbelt
il cittadino / la cittadina	citizen
il clima	climate
il colle	hill
la collina	hill
il controllo	check-up; tune-up
il disboscamento	deforestation
il distributore di benzina	gas pump
il divieto di sosta	no-parking zone
l'effetto serra	greenhouse effect
la fascia di ozono	ozone layer
il fiume	river
la foresta pluviale	rain forest
la gomma	tire
il gusto	taste (*in all senses*)
l'incidente (*m.*)	accident
l'inquinamento	pollution
il lago	lake
il limite di velocità	speed limit
la marca	brand, brand name
il meccanico	mechanic
i mezzi di trasporto	means of transportation
la multa	ticket, fine
l'olio	oil
il parcheggio	parking space
la patente	driver's license
la plastica	plastic
il problema (*pl.* **i problemi**)	problem
la protezione dell'ambiente	environmentalism
il recipiente	container
il riciclaggio	recycling
i rifiuti	garbage
lo scarico	exhaust; discharge
lo sconosciuto / la sconosciuta	stranger
il segnale	sign
lo spazio	space (*in all senses*)
la stazione di servizio	gas station; service station
la targa	license plate
il traffico	traffic
il vetro	glass
il/la vigile	traffic officer

AGGETTIVI

disponibile	available
ecologico	ecological
unico	only

---

*Words identified with an asterisk (*) are conjugated with **essere**.

La musica e il palcoscenico *stage*

14

Rappresentazione dell'opera lirica *Tosca* al Teatro dell'Opera di Roma

IN BREVE

GRAMMATICA
A. Pronomi relativi
B. Chi
C. Costruzioni con l'infinito
D. Nomi e aggettivi in **-a**

NOTA CULTURALE
Il Festival di San Remo

UN PO' DI CULTURA
C'è posta per te!
In Piemonte e in Liguria

Pratica

Practice the skills you learned in this chapter and learn more about the Italian-speaking world through the *In giro per l'Italia* supplements.
www.mhhe.com/ingiro2

Capitolo 14

Vocabolario

Parte 1

Dialogo-Lampo

Con chi esco? Un musicista!

SIGNOR CECCHI: Con chi esci stasera?

CATERINA: Con Enrico. È un musicista di professione. Vedrai, ti piacerà.

SIGNOR CECCHI: Non vedo l'ora[1] di incontrarlo! Lo potrei invitare a venire all'opera con me…

CATERINA: Beh, papà, Enrico non è un tipo[2] da vestirsi elegante per andare ai concerti o all'opera…

SIGNOR CECCHI: E perché no?

CATERINA: A lui piacciono il jazz e la musica alternativa. Non so se gli piace l'opera…

SIGNOR CECCHI: Ah sì? Suona il sassofono? Ha i capelli lunghi?

CATERINA: Ma sì. Lo conosci per caso[3]?

SIGNOR CECCHI: No. Ma te l'ho chiesto perché, a dire il vero, ero così anch'io da giovane! Ma l'opera comunque[4] mi piaceva!

1. Che professione ha Enrico? Che strumento suona?
2. Cosa piacerebbe fare al signor Cecchi con Enrico?
3. Che tipo di musica piace a Enrico?
4. Qual è lo stereotipo del musicista alternativo che ha in mente il signor Cecchi?
5. Perché pensa a questo stereotipo il signor Cecchi?

[1]Non… *I can't wait* [2]*type, sort* [3]*per… by any chance* [4]*anyhow*

Lo spettacolo (*show*)

LA MUSICA

l'aria aria
il baritono baritone
il basso bass
il/la cantante singer
il cantautore / la cantautrice
  singer-songwriter
la canzone song
  la canzonetta popular song

il compositore / la compositrice
  composer
il coro choir, chorus
il direttore / la direttrice d'orchestra
  conductor
il musical musical
il/la musicista musician
la sinfonia symphony
il/la soprano soprano

il **tenore** tenor
la **voce** voice

comporre (*p.p.* **composto**) to compose
dirigere (*p.p.* **diretto**) to conduct

dilettante amateur
lirico operatic
professionista professional
seguito popular

GLI STRUMENTI MUSICALI

la **batteria** drums
il **clarinetto** clarinet
il **flauto** flute
la **tromba** trumpet
il **violino** violin

IL TEATRO

l'**autore** / l'**autrice** author
il **balletto** ballet
la **commedia** comedy
la **danza** dance
la **diva** leading lady; star
il **palcoscenico** stage
la **prima** premiere, opening night
il **pubblico** audience
la **rappresentazione** performance
il/la **regista** director
lo **spettatore** / la **spettatrice** spectator
la **tragedia** tragedy

applaudire to applaud
fischiare to boo (*lit.,* to whistle)
mettere in scena to stage, put on, produce
recitare to act; to play a part; to perform

Esercizi

A. Indovinelli. Guarda il **Vocabolario** e poi risolvi questi indovinelli.

ESEMPIO: È la voce femminile più alta. → il soprano

1. È il direttore di una rappresentazione.
2. Scrive canzoni e le canta.
3. Suona uno strumento musicale.
4. Scrive musica.
5. Non è un musicista professionista.
6. È la donna che dirige un'orchestra.
7. È la gente che assiste a (*attend*) uno spettacolo.
8. Sono le voci maschili nella lirica.
9. Incomincia bene e finisce male.
10. È la prima serata di uno spettacolo.

B. **Il lessico della rappresentazione.** Completa le seguenti frasi con la forma adatta del verbo.

Verbi: applaudire, cantare, comporre, dirigere, fischiare, mettere in scena, recitare

1. Il concerto di Vivaldi al Maggio Musicale Fiorentino è stato un grande successo. Il pubblico _____ per venti minuti.
2. Che fiasco! Tutti _____ i due nuovi musicisti.
3. Quante sinfonie _____ Beethoven?
4. Il tenore ha cantato bene, ma non sapeva muoversi sul palcoscenico. Non sa _____.
5. Claudio Abbado, Giuseppe Sinopoli e Riccardo Muti _____ le orchestre più famose del mondo.
6. Il Teatro alla Scala ogni anno _____ opere memorabili.

—Sì, va bene, ma il teatro è tutta un'altra cosa!

In ascolto

For listening comprehension activities related to the theme of this chapter, see the Workbook/Laboratory Manual or visit the *In giro per l'Italia* website.
www.mhhe.com/ingiro2

C. **Dilettante o professionista?** Con un compagno / una compagna rispondete alle seguenti domande.

1. Suoni qualche strumento musicale? Se sì, sai leggere la musica o suoni a orecchio (*by ear*)?
2. Fai parte di un gruppo che suona o di una compagnia che danza o recita?
3. Hai mai pensato di fare il/la musicista di professione? Perché sì o perché no?
4. Conosci qualcuno che fa il/la musicista di professione?
5. Qual è il tuo cantante preferito / la tua cantante preferita?
6. Hai un'opera preferita? O un musical? Conosci qualche aria o qualche canzone?

A. Pronomi relativi

ANTONIO: Conosci quel ragazzo?

BRUNO: No, non lo conosco. È il ragazzo con cui è uscita ieri Roberta?

ANTONIO: No.

BRUNO: È il ragazzo di cui è innamorata Gianna?

ANTONIO: No.

BRUNO: Allora, chi è?

ANTONIO: Tu, ovviamente, non ti intendi di musica pop. Lui è il cantautore Alex Britti di cui tutti parlano e che è conosciuto in tutto il mondo.

BRUNO: Oh! Allora, andiamo a parlargli!

1. Relative pronouns (*who, whom, which, that*) link one clause to another.

   Abbiamo comprato il violino. Volevamo il violino.
   We bought the violin. We wanted the violin.

   Abbiamo comprato il violino **che** volevamo.
   We bought the violin that *we wanted.*

   Whom and *that* can often be omitted in English (*the violin that I wanted = the violin I wanted*), but they must be expressed in Italian. The Italian relative pronouns are **che, cui,** and **quello che, quel che,** or **ciò che.** The clause that contains the relative pronoun is called the relative clause.

2. **Che** corresponds to *who, whom, that,* and *which;* it is the most frequently used relative pronoun. It is invariable, can refer to people or things, and functions as either a subject or a direct object.

   Conosco la ragazza. La ragazza suona il piano.

Conosco la ragazza **che** suona il piano.	*I know the girl who is playing the piano.*

   Come si chiama il musicista? Hai invitato il musicista.

Come si chiama il musicista **che** hai invitato?	*What's the name of the musician (whom) you've invited?*

ANTONIO: Do you know that guy?   BRUNO: No, I don't know him. Is he the guy Roberta went out with yesterday?   ANTONIO: No.   BRUNO: Is he the guy that Gianna is in love with?
ANTONIO: No.   BRUNO: Well then, who is he?   ANTONIO: You obviously don't follow pop music.
He's the singer Alex Britti that everyone is talking about and that is known all over the world.
BRUNO: Oh! Well, let's go talk to him!

Ascoltiamo il Cd di Bocelli. Abbiamo comprato il Cd ieri.

Ascoltiamo il Cd di Bocelli **che** abbiamo comprato ieri.	*We are listening to the Bocelli CD that we bought yesterday.*

3. **Cui** is used instead of **che** to link two clauses when the relative clause begins with a preposition.

Il ragazzo è simpatico. Sono uscita **con** il ragazzo.

Il ragazzo **con cui** sono uscita è simpatico.	*The boy with whom I went out is nice.*

La mia amica abita in Brasile. Ho telefonato **alla** mia amica.

La mia amica **a cui** ho telefonato abita in Brasile.	*The friend I called (to whom I telephoned) lives in Brazil.*

Il professore parte domani. Ho comprato il libro **per** il professore.

Il professore **per cui** ho comprato il libro parte domani.	*The professor for whom I bought the book leaves tomorrow.*

4. **Quello che** (or its short form **quel che** or alternate form **ciò che**) corresponds to *that which* or *what*. Unlike **che** and **cui, quello che** has no antecedent; that is, it does not refer to an earlier noun.

Andiamo a vedere **quello che** (**quel che** / **ciò che**) vuoi.	*Let's go see what you want (to see).*
Non raccontarmi **quello che** (**quel che** / **ciò che**) succede nella commedia!	*Don't tell me what happens in the play!*

—**Quello che più mi indispettisce**[a] **è che gli unici spettatori sono entrati con un biglietto omaggio**[b]!

[a]*bothers*   [b]*free*

Esercizi

A. **Due in una.** Forma una frase unica. Ricorda: si usa **cui** con una preposizione, **che** senza preposizione.

ESEMPIO: Chi è la ragazza? + Ho conosciuto la ragazza ieri. = Chi è la ragazza che ho conosciuto ieri?

1. Vedo un cane. + Il cane mangia.
2. Il professore è simpatico. + Ieri ho parlato con il professore.
3. Mi piace il quadro (*painting*). + Mario ha comprato il quadro.
4. Stasera vado a vedere l'opera. + L'opera piace a Silvia.
5. Leggo il libro. + Il libro è sul tavolo.
6. Ho visto la ragazza. + Tutti parlano di quella ragazza.

B. Piccoli dialoghi. Completate le conversazioni con un pronome relativo (e una preposizione se è necessaria).

1. s1: Non è quella la cantautrice _____ hanno dato il premio (*prize*)?
   s2: Sì, è proprio lei! Mi piacciono molto le canzoni _____ canta.
2. s1: Come si chiama il compositore _____ hai conosciuto?
   s2: Si chiama Bertoli. È quello _____ piace a tutti.
3. s1: La donna _____ esce Paolo è pianista.
   s2: Allora _____ mi avevano detto era vero!
4. s1: Lo spettacolo _____ recita Cristina comincia stasera. Perché non andiamo a vederlo?
   s2: Ottima idea! Un po' di distrazione è proprio quello _____ vogliamo.

C. Giochiamo a «Jeopardy»! Con un compagno / una compagna, create la risposta e poi fornite la domanda corrispondente. Seguite l'esempio.

ESEMPIO: la persona / vendere prosciutto e salame →
   s1: È la persona che vende prosciutto e salame.
   s2: Che cos'è un salumiere?

1. la persona / dirigere uno spettacolo teatrale
2. la cabina / trasportare le persone da un piano all'altro
3. la donna / recitare nei teatri o nei film
4. il documento / essere necessario per guidare
5. la persona / servire a tavola in ristoranti, trattorie e caffè
6. la persona / riparare il motore della macchina
7. l'uomo / scrivere e cantare le proprie (*his own*) canzoni
8. la donna / scrivere libri e commedie

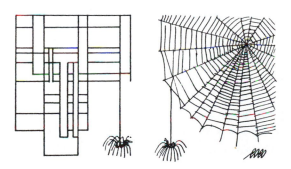

—Quello che non mi piace di te, è che sei troppo legato al passato.

B. *Chi*

—Litigano per chi deve portare
il simbolo della pace...

Chi can mean *the one(s) who(m)*, *he/she who(m)*, or *those who(m)*. **Chi** can substitute for **la persona che** and **le persone che,** and for **quello che** and **quelli che** when they refer to people. **Chi** is *always* used with a singular verb and is frequently used in proverbs and in making generalizations.

Chi sta attento capisce.	*Those who pay attention understand.*
Chi dorme non piglia pesci.	*One who sleeps doesn't catch any fish. (The early bird catches the worm.)*
Non parlare con **chi** non conosci.	*Don't talk to (those) people (whom) you don't know.*

Esercizi

A. Vero o falso? Decidi se queste frasi sono vere o false. Correggi quelle false.

1. Chi parla in classe mentre parla la professoressa non è gentile.
2. C'è chi non risponde mai ai messaggi lasciati sulla segreteria telefonica (*answering machine*).
3. Chi comincia a fare aerobica senza riscaldare (*warm up*) i muscoli è certamente un esperto.
4. Chi studia per gli esami prende sempre bei voti.

B. Chi. Usa **chi** per trasformare le seguenti frasi.

ESEMPIO: Quelli che scrivono bene avranno successo. →
            Chi scrive bene avrà successo.

1. Non approvo quelli che fischiano a teatro.
2. Quelli che non capiscono il russo possono leggere il libretto.
3. Ricordi il nome di quello che ha messo in scena questo spettacolo?
4. Quelli che hanno parcheggiato in divieto di sosta hanno preso la multa.
5. Le persone che cantano danno l'impressione di non avere preoccupazioni.
6. Cosa succede a quelli che mangiano troppo e non fanno abbastanza esercizio?
7. L'opera sarà più interessante per le persone che hanno già letto il libretto.

Nota culturale
Il Festival di Sanremo

In Italia ci sono ogni anno diversi festival musicali. Quello più conosciuto e più seguito è il Festival della Canzone Italiana. Questo Festival si svolge ogni anno in febbraio nella bella cittadina di Sanremo, sulla costa ligure,[1] a pochi chilometri dalla Francia.

La prima del Festival di Sanremo al teatro Ariston

 Sanremo è considerata la capitale italiana dei fiori e i più importanti floricultori[2] fanno ogni anno una gara per decorare il teatro Ariston, dove si fa il Festival, con composizioni floreali originali ed eleganti. Al Festival di Sanremo una ventina[3] di cantanti famosi ed alcuni giovani presentano delle nuove canzoni che sono votate[4] da gruppi di telespettatori sparsi[5] in tutta l'Italia. La canzone che ottiene più voti è la vincitrice. Non sempre vince la canzone che poi avrà più successo e venderà più dischi, ma dal 1951—anno in cui si è fatto il primo Festival—ad oggi, il Festival ci ha regalato molte belle canzoni. La più famosa è stata senza dubbio «Nel blu dipinto di blu» (più nota come «Volare»), cantata da Domenico Modugno, che ha vinto il Festival del 1958.

 Naturalmente, nel corso degli anni, il Festival di Sanremo è cambiato. Oggi è uno spettacolo molto più ricco, che dura cinque giorni, con la partecipazione (naturalmente fuori gara[6]) di gruppi musicali stranieri e di bellissime modelle.

 Ancora, però, il Festival è considerato un appuntamento tradizionale a cui non si può mancare[7] e ogni anno ci sono circa trenta milioni di spettatori che lo seguono. Veramente un bel numero!

[1]*of Liguria* [2]*cultivators of flowers* [3]*una… about twenty* [4]*sono… are voted on* [5]*scattered* [6]*fuori… not in competition* [7]*a… not to be missed*

Parte 3

C. Costruzioni con l'infinito

MARCELLO: Ho sentito che ormai trovare biglietti per il concerto di Zucchero è impossibile. Hai ricordato di chiedere al tuo amico se conosce qualcuno con biglietti da vendere?

PIETRO: Oh no! Ho dimenticato!

MARCELLO: Non ti preoccupare, ho ricordato di cercarli io. Li ho comprati da mio cugino perché sapevo che avresti dimenticato.

The infinitive is used in many constructions in Italian.

1. The infinitive form of a verb can function as the subject or direct object in Italian. In English, by contrast, either the infinitive or the gerund (the *-ing* form) can be used.

Cercare lavoro è molto faticoso.	{ *To look for a job is very tiring.* { *Looking for a job is very tiring.*
Amo **cantare.**	*I love to sing.*

2. Some verbs require a preposition, **a** or **di,** before an infinitive that follows. The most common such verbs are listed below.

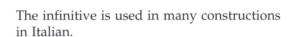

```
VERBO + A + INFINITO
```

aiutare *to help*	insegnare *to teach*
andare *to go*	invitare *to invite*
cominciare *to begin*	mandare *to send*
continuare *to continue*	riuscire *to succeed*
fermarsi *to stop oneself*	venire *to come*
imparare *to learn*	

Piera vuole **andare a studiare** a Lisbona l'anno prossimo.	*Piera wants to go to study in Lisbon next year.*
Carlo mi **ha invitato ad accompagnarlo** al concerto.	*Carlo invited me to accompany him to the concert.*
Giulia **comincia a prendere** lezioni di recitazione.	*Giulia is starting to take acting lessons.*
Mi fermo spesso al teatro vicino a casa mia **a guardare** l'elenco degli spettacoli.	*I often stop at the theater near my house to look at the list of shows.*

—Non riuscivo più a trovare l'uscita.

MARCELLO: I heard that by now it's impossible to get tickets for the Zucchero concert. Did you remember to ask your friend if he knows someone with tickets to sell? PIETRO: Oh no! I forgot! MARCELLO: Don't worry, I remembered to look for them. I bought them from my cousin because I knew you would forget.

VERBO + *DI* + INFINITO

avere bisogno *to need*	pensare *to plan*
avere paura *to be afraid*	permettere (*p.p.* permesso)
cercare *to try*	*to allow*
chiedere *to ask*	promettere (*p.p.* promesso)
credere *to believe*	*to promise*
decidere *to decide*	ricordare *to remember*
dimenticare *to forget*	smettere (*p.p.* smesso)
dire *to say*	*to stop, cease*
finire *to finish*	sperare *to hope*

Spero di studiare italiano a Siena durante l'estate.	*I'm hoping to study Italian in Siena during the summer.*
Hai ricordato di comprare i biglietti per lo spettacolo di stasera?	*Did you remember to buy the tickets for the show tonight?*
Durante il nostro viaggio in Italia, **pensiamo di andare** a Sanremo.	*During our trip in Italy, we are planning to go to Sanremo.*
Devo **smettere di fumare.**	*I have to quit smoking.*

3. Remember that although an infinitive alone may be used in English to express purpose (implying *in order to*), **per** accompanies the infinitive in Italian.

Ho telefonato **per** salutarti.	*I called (in order) to say hello to you.*

Esercizi

A. Andiamo a... Completa le frasi in modo logico.

1. Compro la bicicletta per…
2. Avevamo bisogno di…
3. La professoressa ci insegna a…
4. Stasera, io e i miei amici andiamo a…
5. La mia amica ha smesso di…
6. Telefonerò al medico per…

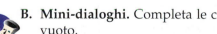

B. Mini-dialoghi. Completa le conversazioni con **a** o **di** o lascia lo spazio vuoto.

1. s1: Signora Marino, vorrei _____ presentarLe il dottor Guidotti.
    s2: Piacere! Finalmente sono riuscita _____ conoscerLa di persona!
2. s1: Piera, i tuoi figli sanno _____ giocare a tennis?
    s2: Sì, hanno cominciato _____ prendere lezioni l'estate scorsa.
3. s1: Ermanno, mi potresti aiutare _____ scrivere questo articolo?
    s2: Certo, ma prima devo _____ finire _____ correggere questa relazione.
4. s1: Signori, desiderano _____ mangiare sul terrazzo?
    s2: Veramente preferiremmo _____ mangiare dentro.

C. Pensieri vari. Completa ogni frase in modo logico.

ESEMPIO: Molte persone riescono… →
Molte persone riescono a trovare lavoro senza difficoltà.

1. Non posso dimenticare…   2. Sono finalmente riuscito/riuscita…
3. Domani devo ricordare…   4. È bene…   5. I fumatori (*smokers*) devono smettere…   6. Gli studenti hanno paura…   7. Spero…
8. L'anno prossimo comincio…

MUSICA DA VEDERE È l'originale mostra allestita fino al 26 marzo alla Galleria La Cornice di Desenzano del Garda. La trama è la musica che trova corrispondenza nella scala dei colori usati dal giovane artista. Il catalogo è un «cd» con le cartoline delle sue opere *(una nella foto)*. Orari: 10-18. Per informazioni: telefono 030/9141508.

● BRESCIA

D. Nomi e aggettivi in *-a*

—Pare che[a] la prima ballerina sia un'accesa[b] femminista.

[a]Pare… *It seems that*   [b]sia… *is an ardent*

1. You already know that nouns ending in **-a** are usually feminine and that the **-a** changes to **-e** in the plural. There are a few nouns ending in **-a** that are masculine. Their plural ends in **-i**.

SINGOLARE	PLURALE
il poet**a** *poet*	i poet**i**
il programm**a** *program*	i programm**i**
il panoram**a** *view*	i panoram**i**
il pap**a** *pope*	i pap**i**
il problem**a** *problem*	i problem**i**
il sistem**a** *system*	i sistem**i**
il tem**a** *theme, topic*	i tem**i**

—Paesaggista[a]?
—No, ritrattista.[b]

[a]*Landscape artist*   [b]*portrait painter*

2. Nouns ending in **-ista** can be either masculine or feminine, depending on whether they indicate a male or a female. The plural ends in **-isti** (*m.*) or **-iste** (*f.*).

SINGOLARE	PLURALE
il tur**ista**	i tur**isti**
la tur**ista**	le tur**iste**
l'art**ista**	{ gli art**isti** { le art**iste**

3. Adjectives ending in **-ista**, such as **ottimista**, **femminista**, and **comunista**, follow the same pattern.

SINGOLARE	PLURALE
il ragazzo ottim**ista**	i ragazzi ottim**isti**
la ragazza ottim**ista**	le ragazze ottim**iste**

Esercizi

A. Plurali. Dai la forma plurale.

ESEMPIO: il deputato progressista →
         i deputati progressisti

1. il grande artista   **2.** la famosa pianista   **3.** il movimento femminista
4. il programma socialista   **5.** quel poeta pessimista   **6.** il problema difficile

B. Conversazione.

1. Ti consideri pessimista o ottimista? Perché?
2. Sei femminista? Secondo te, una donna sposata deve stare in casa e occuparsi (*take care*) dei bambini? La donna deve guadagnare tanto quanto l'uomo per lo stesso lavoro? L'uomo deve collaborare alle faccende (*chores*) domestiche?
3. Ci sono cose di cui sei entusiasta, per esempio, del tuo lettore DVD? Del tuo stereo? Della tua macchina? Di un bel tramonto (*sunset*)? Di un bel panorama?

Nota bene:
ancora i nomi e gli aggettivi in -*a*

Other words ending in **-a** follow the same pattern as words ending in **-ista**.

il ragazzo entusiasta
la ragazza entusiasta
i ragazzi entusiasti
le ragazze entusiaste

il collega (*m.*) *colleague*
la collega (*f.*)
i colleghi
le colleghe

Piccolo ripasso

. . . .

A. **Tutto è relativo.** Completa con il pronome relativo o **chi** e la preposizione, se è necessaria.

1. Giorgio è il ragazzo _____ vado al cinema.
2. Sandra è la persona _____ mando il pacco.
3. La ragazza _____ esce Paolo è un'attrice.
4. La studentessa _____ ho dato il libro è simpatica.
5. Per imparare l'italiano, devi parlare con _____ già conosce bene la lingua.
6. Questo è il ragazzo _____ abbiamo venduto la macchina.
7. Siamo andati a vedere il balletto _____ tutti parlano.
8. I libri _____ mi piacciono sono i gialli (*mysteries*).
9. _____ mangia molti dolci diventa grasso.

B. **Combinazioni.** Usa un pronome relativo (e una preposizione se è necessaria) per unire le due frasi.

ESEMPIO: Questo è il titolo. Non dovete dimenticarlo. →
Questo è il titolo che non dovete dimenticare.

1. È arrivata molta gente. Tra la gente ci sono personalità famose.
2. Mi è piaciuta la commedia. Nella commedia ha recitato Mariangela Melato.
3. Avrebbero dovuto vendere quel teatro. Il teatro aveva bisogno di molte riparazioni (*repairs*).
4. È una sinfonia molto interessante. Ne parla spesso la professoressa.
5. Vi faccio vedere (*show*) una tragedia importante. Dovete fare attenzione (*pay attention*) a questa tragedia.
6. Vorrei conoscere il baritono. Il baritono è entrato in questo momento.

C. **Una lettera.** Completa la lettera di Angela con le preposizioni **a** o **di.** Se non c'è bisogno di una preposizione, lascia lo spazio vuoto.

Cara Franca,

eccomi a Genova finalmente! Sono molto soddisfatta del (*satisfied with*) mio nuovo lavoro e penso proprio _____[1] rimanere qui per tre o quattro anni. Non mi piace _____[2] alzarmi tutti i giorni alle sei di mattina e non riesco ancora _____[3] andare a letto prima di mezzanotte. Devo assolutamente cercare _____[4] cambiare i miei vecchi orari!

Gianni mi ha aiutato _____[5] traslocare in un monolocale vicino alla Cattedrale di San Lorenzo. È abbastanza caro e non so se posso già _____[6] permettermi[a] _____[7] pagare un affitto del genere, ma credo _____[8] farcela.[b] Al massimo, andrò _____[9] mangiare tutte le sere a casa di Gianni!

Buone notizie: ho smesso _____[10] fumare e ho deciso _____[11] cominciare _____[12] giocare a tennis. Basta _____[13] avere un po' di buona volontà[c]! Adesso ti lascio perché tra poco Gianni passa _____[14] prendermi. Ah, dimenticavo _____[15] dirti che il mese prossimo penso _____[16] venire a casa per tre o quattro giorni.

Spero _____[17] sentirti presto!

Un bacione.
Angela

[a]*afford*   [b]*manage*   [c]*will*

Un po' di cultura

C'è posta per te!

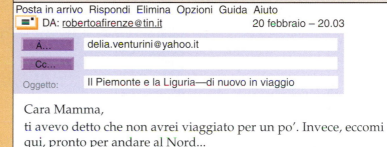

Posta in arrivo Rispondi Elimina Opzioni Guida Aiuto

DA: robertoafirenze@tin.it   20 febbraio – 20.03

À...   delia.venturini@yahoo.it

Cc...

Oggetto: Il Piemonte e la Liguria—di nuovo in viaggio

Cara Mamma,

ti avevo detto che non avrei viaggiato per un po'. Invece, eccomi qui, pronto per andare al Nord...

Andrea, sai, quell'amico di cui ti avevo parlato in un'e-mail, ha uno zio che è esportatore di vini in Piemonte, più precisamente ad Asti (la città dello Spumante). Lo zio ci ha invitato a visitare le sue cantine e a degustare[1] i suoi vini. Abbiamo accettato il suo invito con entusiasmo!

Da Asti andremo a Sanremo, in Liguria, per assistere al Festival della Canzone Italiana. Sono così contento! Ci saranno tanti cantanti italiani e stranieri e tante canzoni, nuove e vecchie.

Ci saranno anche tanti fiori, almeno, lo spero! Dopo tutto, quella parte della Riviera non è chiamata «La Riviera dei Fiori»?

Alla fine del Festival andremo a Genova e visiteremo il porto, la città e i suoi magnifici palazzi. Non mi avevi detto che è per questi palazzi che Genova è detta «La Superba»[2]?

Ti manderò delle belle foto dalle due regioni.

Sta' bene!

Saluti affettuosi.
Roberto

[1]taste [2]"The Proud"

Pubblicità per Sanremo

In Piemonte e in Liguria

Il Piemonte e la Liguria, nell'Italia del Nord-Ovest, hanno sempre avuto stretti rapporti[1] e legami[2] storici e commerciali.

Il Piemonte è una regione molto vasta in cui prosperano l'industria (meccanica, tessile[3] e chimica) e l'agricoltura (riso, frumento,[4] vino).

Il capoluogo Torino, ai piedi delle Alpi, è la città dell'automobile (la FIAT, Fabbrica Italiana Automobili Torino, ha sede a Torino) e delle Olimpiadi invernali[5] del 2006. È una città grande e elegante, famosa per la regolarità della pianta[6] e la simmetria delle costruzioni. Altre città importanti sono Asti, centro del commercio dei vini; Vercelli e Novara, importanti per la produzione del riso; Alessandria, Biella e Novara.

La Liguria è, dopo la Valle d'Aosta, la più piccola delle regioni italiane; è come una sottile lingua di terra,[7] stretta[8] tra i monti e il Mare Ligure. Il terreno è poco adatto all'agricoltura; in compenso, la costa pittoresca gode di[9] clima dolce (si coltivano l'olivo, gli agrumi,[10] i fiori) e attira turisti da tutte le parti del mondo.

Genova, in magnifica posizione tra mare e colline, è il capoluogo ed il primo porto commerciale d'Italia. Altre città da ricordare sono Imperia, Sanremo, Savona, Rapallo, Sestri Levanti. A Sanremo si tiene ogni anno il Festival della Canzone Italiana, una delle manifestazioni musicali più conosciute e seguite, in Italia e anche all'estero.

Portofino, vicino a Genova

[1]stretti... *close contacts* [2]*ties* [3]*textile* [4]*wheat* [5]*winter* [6]*city plan* [7]sottile... *narrow strip of land* [8]*squeezed* [9]gode... *enjoys* [10]gli... *citrus fruit*

COMPRENSIONE

Rispondi alle seguenti domande.

1. Quale delle due regioni è più grande?
2. Per che cosa è famosa Torino?
3. Qual è la città piemontese più nota per la produzione dei vini?
4. Che cosa favorisce la coltivazione dei fiori in Liguria?
5. Perché Genova è una città importante?

Videoteca

Beati i primi!

Giuliana e Roberto fanno la fila (*are waiting in line*) per comprare dei biglietti per uno spettacolo musicale.

ESPRESSIONI UTILI

in anticipo ahead of time

I posti non sono assegnati. The seats are not assigned.

alle prime file in the first rows

PREPARAZIONE

ROBERTO: Ma guarda che confusione! Questo cantante deve essere molto popolare. Chi è?

GIULIANA: Un cantautore locale, quello di cui ti ho parlato l'altro giorno; suona il jazz. Non è molto conosciuto in tutta l'Italia ma a noi toscani piace molto.

ROBERTO: L'atmosfera è diversa ad un concerto di musica italiana. Ci sono tante persone vestite così bene! È come un evento importante!

VERIFICA

Decidi se le frasi seguenti sono **vere** o **false**.

	V	F
1. Le persone che vanno a un concerto in Italia si vestono in modo sportivo.	☐	☐
2. A Giuliana piace molto la musica classica.	☐	☐
3. I posti al concerto sono assegnati.	☐	☐

Funzione: comprare biglietti per uno spettacolo

COMPRENSIONE

Rispondi alle seguenti domande.

1. Che cosa non piace fare a Giuliana quando va a un concerto?
2. Quando si possono comprare i biglietti per un concerto importante in Italia?
3. Che cosa fa Roberto prima del concerto?

ATTIVITÀ

Con un compagno / una compagna, parlate di alcuni cantanti di canzonette. Perché vi piacciono o non vi piacciono questi cantanti? Andreste a vederli? Chi invitereste ad accompagnarvi al concerto? Preferite concerti in cui i posti sono assegnati o quelli in cui chi arriva prima prende i posti migliori?

Parole da ricordare

VERBI

applaudire	to applaud
avere luogo	to take place
comporre (*p.p.* composto)	to compose
credere (di + *inf.*)	to believe
dirigere (*p.p.* diretto)	to conduct
fischiare	to boo (*lit., to whistle*)
forzare (a + *inf.*)	to force
mettere in scena	to stage, put on, produce
pensare (di + *inf.*)	to plan (*to do something*)
permettere (di + *inf.*) (*p.p.* permesso)	to allow
promettere (di + *inf.*) (*p.p.* promesso)	to promise
recitare	to act; to play a part; to perform
*riuscire (a + *inf.*)	to succeed
sperare (di + *inf.*)	to hope (*to do something*)

NOMI

l'aria	aria
l'autore/l'autrice	author
il balletto	ballet
il baritono	baritone
il basso	bass (*singer*)
la batteria	drums
il/la cantante	singer
il cantautore / la cantautrice	singer-songwriter
la canzone	song
la canzonetta	popular song
il clarinetto	clarinet
la commedia	comedy
il compositore / la compositrice	composer
il coro	choir, chorus
la danza	dance
il direttore / la direttrice d'orchestra	conductor
la diva	leading lady; star
il flauto	flute
il mondo	world
il musical	musical
il/la musicista	musician
il palcoscenico	stage
la prima	premiere, opening night
il pubblico	audience
la rappresentazione	performance
il/la regista	(*film or theater*) director
la sinfonia	symphony
il/la soprano	soprano
lo spettacolo	show
lo spettatore / la spettatrice	spectator
lo stereotipo	stereotype
il tenore	tenor
il tipo	type, sort
la tragedia	tragedy
la tromba	trumpet
il violino	violin
la voce	voice

AGGETTIVI

dilettante	amateur
professionista	professional
proprio	one's own
seguito	popular

ALTRE PAROLE E ESPRESSIONI

basta	it is enough
bisogna	it is necessary
comunque	anyhow
di professione	professional
è bene	it is good
è giusto	it is right
in tutto il mondo	all over the world
per caso	by any chance

---

*Words identified with an asterisk (*) are conjugated with **essere**.

Quando nacque° Dante?

was born

Dante e Beatrice sul Ponte Santa Trinita a Firenze,
dipinto di Henry Holiday (1883)

IN BREVE

GRAMMATICA
A. Passato remoto
B. Numeri ordinali
C. **Volerci** v. **metterci**

NOTA CULTURALE
Dante e le sue opere

UN PO' DI CULTURA
C'è posta per te!
In Toscana

Pratica

Practice the skills you learned in this chapter and learn more about the
Italian-speaking world through the *In giro per l'Italia* supplements.
www.mhhe.com/ingiro2

Parte 1

Dialogo-Lampo

Un esame orale sulla lingua italiana

PROFESSORESSA GORI: Lorenzo, puoi dirmi quanti italiani parlavano davvero l'italiano nel 1861, al momento dell'Unificazione?

LORENZO: Secondo il libro, solo il 2,5 per cento. L'italiano, come lo chiamiamo oggi, corrispondeva al dialetto fiorentino e nella penisola era principalmente una lingua scritta, non parlata.

PROFESSORESSA GORI: Perché il fiorentino è diventato la lingua nazionale?

LORENZO: Era più prestigioso di altri dialetti in Italia perché aveva una sua letteratura, con Dante, Petrarca, Boccaccio… E gli abitanti del resto d'Italia hanno dovuto impararlo a scuola come lingua straniera.

PROFESSORESSA GORI: E adesso?

LORENZO: Adesso tutti gli italiani parlano italiano. Anche la lingua italiana si è un po' trasformata e molte parole ed espressioni dei dialetti delle varie regioni fanno parte del patrimonio[1] linguistico nazionale….

1. Quanti italiani parlavano italiano nel 1861? Perché?
2. Perché il fiorentino è diventato la lingua nazionale?
3. Dove hanno imparato l'italiano gli abitanti del resto della penisola italiana?
4. Com'è l'italiano adesso?

[1]fanno… *are part of the heritage*

Arte, letteratura e archeologia

ARTE E LETTERATURA

l'affresco fresco
l'architettura architecture
l'argomento subject, topic
le belle arti fine arts
il brano extract, selection, passage
il capolavoro masterpiece
la citazione quotation

il dipinto painting (*individual work*)
il mosaico (*pl.* **i mosaici**) mosaic
la novella, il racconto short story
l'opera work (*individual work*)
  l'opera d'arte artwork, work of art (*individual work*)
il paesaggio landscape

la pittura painting (*in general*)
la poesia poetry; poem
il/la protagonista protagonist
il quadro painting (*individual work*)
la relazione paper, report
il restauro restoration
il riassunto summary
la ricerca research
la rima rhyme
il ritratto portrait
il romanzo novel
la scultura sculpture (*in general and as an individual work*)
la statua statue
lo stile style
il tema theme

citare to quote
costruire (isc) to build
fare ricerche to do research
restaurare to restore

riassumere (*p.p.* **riassunto**)
    to summarize
scolpire (isc) to sculpt

ARCHEOLOGIA

l'archeologo / l'archeologa (*pl.*, **gli archeologi**) archeologist
le rovine / i ruderi ruins, remains
lo scavo archeologico archeological dig

ARTISTI

l'architetto (*m./f.*) architect
l'artista (*m./f.*) artist
il pittore / la pittrice painter
il poeta / la poetessa poet
lo scrittore / la scrittrice writer
lo scultore / la scultrice sculptor

Esercizi

A. In altre parole. Abbina le parole della lista A con le definizioni della lista B.

A
1. _____ un affresco
2. _____ un capolavoro
3. _____ un racconto
4. _____ un mosaico
5. _____ una poesia
6. _____ un ritratto
7. _____ un protagonista
8. _____ le rovine

B
a. un'opera in rima
b. quello che rimane di una civiltà
c. un personaggio principale
d. la migliore opera di un artista / un'artista
e. una rappresentazione di una persona
f. un dipinto sul muro
g. un'opera fatta di piccoli pezzi di pietra, ceramica o vetro
h. una breve storia

—**Quando scrivi articoli sulla mia pittura cerca di essere più chiaro, perché neanch'io[a] riesco a capire quello che faccio!**

[a]*not even I*

B. Quiz-lampo. Di' in poche parole cosa fanno questi artisti e professionisti.

ESEMPIO: l'architetto →
L'architetto costruisce edifici.

1. lo scultore e la scultrice
2. il poeta e la poetessa
3. il pittore e la pittrice
4. l'archeologo e l'archeologa
5. lo scrittore e la scrittrice

C. Una relazione. Giulietta è una studentessa di lettere. Leggi il brano che racconta quello che lei ha fatto questa settimana, poi completalo con le forme corrette delle espressioni elencate.

Parole utili: citazione, personaggio, protagonista, relazione, romanzo, scrittrice, tema

Questa settimana Giulietta ha letto un _____[1] molto interessante e ha deciso di farne una _____[2] per la classe. Vuole parlare soprattutto della _____[3] femminile, un _____[4] molto particolare. Secondo Giulietta, con questo libro, la _____[5] Virginia Woolf ha trattato il _____[6] più importante per lei. Giulietta cercherà di dimostrare la sua teoria con molte _____[7] dal testo.

In ascolto

For listening comprehension activities related to the theme of this chapter, see the Workbook/Laboratory Manual or visit the *In giro per l'Italia* website.
www.mhhe.com/ingiro2

A. Passato remoto

PROF. MARCENARO: Oggi vi parlerò di Michelangelo, di questo grandissimo artista che si affermò come pittore, scultore, architetto ed anche come poeta. Studiò con il Ghirlandaio e poi lavorò per principi, duchi, vescovi e papi. La sua opera più famosa sono gli affreschi della volta della Cappella Sistina. Questo immenso lavoro che Michelangelo volle eseguire senza nessun aiuto durò ben quattro anni (1508–1512). Gli affreschi illustrano episodi del Vecchio Testamento e culminano con il Giudizio Universale...

Michelangelo, *Sibilla libica* (*Libyan prophetess*), circa 1510*

The **passato remoto** is another past tense that reports actions completed in the past. Unlike the **passato prossimo,** the **passato remoto** is a one-word tense. It is used commonly in narrative writing. The **passato prossimo** is more widely used in conversation.

1. With the exception of the third-person singular form of regular **-are** verbs, all persons of the **passato remoto** retain the characteristic vowel of the infinitive. The third-person singular ending of regular **-are** verbs is **-ò,** that of **-ere** verbs is **-è,** and that of **-ire** verbs is **-ì.**

LAVORARE	CREDERE	FINIRE
lavora**i**	crede**i**	fini**i**
lavora**sti**	crede**sti**	fini**sti**
lavor**ò**	cred**è**	fin**ì**
lavora**mmo**	crede**mmo**	fini**mmo**
lavora**ste**	crede**ste**	fini**ste**
lavora**rono**	crede**rono**	fini**rono**

Giotto affrescò la Cappella dell'Arena verso il 1305.
Petrarca finì *Il Canzoniere* nel 1374.

Giotto frescoed the Arena Chapel around 1305.
Petrarca finished The Canzoniere *in 1374.*

PROF. MARCENARO: Today I will tell you about Michelangelo, about this great artist who established himself as a painter, a sculptor, an architect, and also as a poet. He studied with Ghirlandaio; then he worked for princes, dukes, bishops, and popes. His most famous works are the frescoes on the ceiling of the Sistine Chapel. This immense work that Michelangelo insisted on completing without help took four full years (1508–1512). The frescoes illustrate episodes from the Old Testament and culminate with the Last Judgment. . . .

*Detail of a fresco (before restorations) on the ceiling of the Sistine Chapel, Vatican City, Rome. (Photo: Scala / Art Resource, New York)

2. Note the **passato remoto** of **essere, dare, dire, fare,** and **stare:**

ESSERE	DARE	DIRE	FARE	STARE
fui	diedi	dissi	feci	stetti
fosti	desti	dicesti	facesti	stesti
fu	diede	disse	fece	stette
fummo	demmo	dicemmo	facemmo	stemmo
foste	deste	diceste	faceste	steste
furono	diedero	dissero	fecero	stettero

3. Many other verbs that are irregular in the **passato remoto** follow a 1–3–3 pattern: they are irregular only in the first person singular and the third person singular and plural. Their irregular forms follow the pattern shown below for **avere:** *irregular stem* + **-i, -e,** and **-ero.**

avere *(irregular stem:* **ebb-**)	
ebbi	avemmo
avesti	aveste
ebbe	**ebbero**

COMMON VERBS THAT FOLLOW THE 1–3–3 PATTERN	
avere	**ebbi**
chiedere	**chiesi**
conoscere	**conobbi**
decidere	**decisi**
dipingere	**dipinsi**
leggere	**lessi**
mettere	**misi**
nascere	**nacqui**
prendere	**presi**
ridere (*to laugh*)	**risi**
rispondere	**risposi**
scrivere	**scrissi**
sorridere (*to smile*)	**sorrisi**
vedere	**vidi**
venire	**venni**
vincere	**vinsi**
vivere	**vissi**
volere	**volli**

Sorrise quando gli **feci** la foto.	*He smiled when I took his picture.*
Prese la penna e **rispose** subito alla lettera.	*She took the pen and answered the letter immediately.*
Gianni mi **raccontò** la barzelletta e io **risi** subito.	*Gianni told me the joke and I laughed immediately.*

4. To describe a condition or express a habitual or ongoing action in the past, the **imperfetto** is used with the **passato remoto** exactly as it is used with the **passato prossimo.**

Non **comprai / ho comprato** il quadro perché non **avevo** abbastanza soldi.	*I didn't buy the painting because I didn't have enough money.*
Mi **chiesero / hanno chiesto** perché **ridevo.**	*They asked me why I was laughing.*

E s e r c i z i

A. Persone famose. Abbina la persona con la sua descrizione.

1. Era uno scrittore italiano che visse nel Medioevo (*Middle Ages*) e scrisse la *Divina Commedia*.
2. È l'esempio eterno dell'umiltà (*humility*) umana.
3. Era un generale e politico romano.
4. Era il signore di Firenze durante il Rinascimento (*Renaissance*).
5. Era un artista famosissimo del Rinascimento che lavorò per i Medici. Fece il *David*.
6. Questa persona dimostrò che la terra gira intorno al sole (*turns around the sun*).
7. Era un pittore del Medioevo che fece molti affreschi ad Assisi.
8. Era un musicista che scrisse tante opere—una delle più famose è *Aida*.

a. Galileo Galilei
b. Giuseppe Verdi
c. Giotto
d. Michelangelo
e. Lorenzo de' Medici
f. Giulio Cesare
g. San Francesco
h. Dante Alighieri

B. **Un po' di tutto.** Sostituisci il **passato remoto** con il **passato prossimo**.

ESEMPIO: Quando vide la statua, la comprò subito. →
Quando ha visto la statua, l'ha comprata subito.

1. Dove nacque e dove morì Raffaello?
2. Presero l'autobus per andare agli scavi; non andarono a piedi.
3. A chi diedi il biglietto di ingresso (*entrance*)?
4. Cercammo di entrare nel museo ma non potemmo.
5. La guida aprì la porta e noi ammirammo (*admired*) i dipinti.
6. Ebbero molti problemi prima della mostra.
7. Agli Uffizi Rachele vide molti quadri di Botticelli.
8. I signori Contrada seguirono un corso di archeologia molti anni fa.

C. **Ricordi del passato.** Riscrivi le seguenti frasi. Prima riscrivi ogni frase con il **passato prossimo** e l'**imperfetto,** poi riscrivi ognuna con il **passato remoto** e l'**imperfetto**.

1. Non visitiamo Santa Croce perché è troppo tardi.
2. Gli chiedo se ha l'orario degli Uffizi.
3. Mi dicono che non conoscono la letteratura del Rinascimento.
4. Alberto telefona a Cinzia perché vuole il suo romanzo.
5. Non puoi vedere bene gli affreschi perché c'è poca luce (*light*).
6. Non riescono a trovare l'opera nel museo perché non hanno la guida.

B. Numeri ordinali

L'ufficio reclami[a] è al
diciottesimo piano...

[a]*complaints*

The Italian ordinal numbers (**i numeri ordinali**) correspond to English *first, second, third, fourth* and so on.

	NUMERI CARDINALI				NUMERI ORDINALI			
1	uno	9	nove	1°	primo	9°	nono
2	due	10	dieci	2°	secondo	10°	decimo
3	tre	11	undici	3°	terzo	11°	undicesimo
4	quattro	12	dodici	4°	quarto	12°	dodicesimo
5	cinque	50	cinquanta	5°	quinto	50°	cinquantesimo
6	sei	100	cento	6°	sesto	100°	centesimo
7	sette	500	cinquecento	7°	settimo	500°	cinquecentesimo
8	otto	1000	mille	8°	ottavo	1000°	millesimo

1. Each of the first ten ordinal numbers has a distinct form. After **decimo**, ordinal numbers are formed by dropping the final vowel of the cardinal number and adding **-esimo**. Numbers ending in **-tré** and **-sei** retain the final vowel.

undici	undic**esimo**
ventitré	ventitre**esimo**
trentasei	trentasei**esimo**

2. Unlike cardinal numbers, ordinal numbers agree in gender and number with the nouns they modify.

la prima volta	*the first time*
il centesimo anno	*the hundredth year*

3. As in English, ordinal numbers normally precede the noun. Abbreviations are written with a small superscript ° (masculine) or ᵃ (feminine).

il 5° piano	*the fifth floor*
la 3ᵃ scala	*the third staircase*

4. Ordinal numbers are used when referring to royalty, popes (**papi**), and centuries (**secoli**). They are usually written as Roman numerals following the noun.

Luigi XV (Quindicesimo)	*Louis XV*
Papa Giovanni Paolo II (Secondo)	*Pope John Paul II*
il secolo XIX (diciannovesimo)	*the nineteenth century*

● **PIACENZA**

IL GOTICO,ª MAE-STRI E BOTTEGHEᵇ
Dal 21 marzo al 28 giugno, a palazzo Gotico, in vetrina circa 70 pezzi del '300 e '400: pitture, messali,ᶜ miniature, oreficerie,ᵈ disegni, codici miniati... (*nella foto un polittico*ᵉ *del XV secolo*). **Orari:** 10-18, lunedì chiusura. **Per informazioni:** tel. 0523/322074.

ªGothic ᵇshops ᶜprayerbooks ᵈworks in gold ᵉpolyptych

Esercizi

A. I secoli. Esprimi i secoli con una forma più breve.

ESEMPIO: il tredicesimo secolo = il Duecento

1. il ventesimo secolo
2. il quindicesimo secolo
3. il quattordicesimo secolo
4. il diciottesimo secolo
5. il diciassettesimo secolo
6. il diciannovesimo secolo
7. il sedicesimo secolo

B. Ma sì! Rispondi a ogni domanda secondo l'esempio. Usa un numero ordinale in ogni risposta.

ESEMPIO: Scusi, è la lezione numero otto? →
          Sì, è l'ottava lezione.

1. Scusi, è il capitolo numero tredici?
2. Scusi, è la sinfonia numero nove?
3. Scusi, è il piano numero quattro?
4. Scusi, è la scala numero tre?
5. Scusi, è la fila (*row*) numero sette?
6. Scusi, è la pagina numero ventisette?

C. Pezzi grossi. (*Big shots.*) Esprimi ogni numero ordinale.

1. Paolo VI
2. Carlo V
3. Elisabetta II
4. Giovanni Paolo II
5. Giovanni XXIII
6. Benedetto XVI
7. Enrico VIII
8. Luigi XIV

Nota culturale
Dante e le sue opere

Dante Alighieri nacque nel 1265 da una famiglia della piccola nobiltà di Firenze, che era allora una delle città più importanti d'Europa.

Diventò Priore[1] del Comune di Firenze nel 1300, ma un anno dopo i rappresentanti del partito avverso[2] riuscirono ad avere il dominio[3] di Firenze. Dante, ingiustamente accusato di gravi colpe,[4] dovè andare in esilio,[5] dove rimase fino alla morte.

Da giovane Dante partecipò al gruppo dei poeti del «dolce stil nuovo» che, nelle loro poesie, cantavano l'amore per la donna idealizzata, che per Dante fu Beatrice. In un'importante opera teorica scritta in latino, il *De vulgari eloquentia*, difese[6] la lingua parlata dal popolo[7] (volgo), cioè i dialetti delle diverse regioni. Per questi suoi pensieri e perché contribuì ad affermare il dialetto fiorentino come lingua nazionale, è considerato il padre della lingua italiana.

L'opera maggiore di Dante è la *Divina Commedia*. È un'opera in versi divisa in tre parti, l'*Inferno*, il *Purgatorio* e il *Paradiso*,* in cui il poeta descrive un suo viaggio attraverso i tre regni dell'aldilà[8] e gli incontri con tantissimi personaggi famosi, vissuti in tempi più o meno lontani.

Dante's Dream at the Time of the Death of Beatrice, dipinto di Dante Gabriel Rossetti (1856)

[1]*Magistrate* [2]*partito… opposing political party* [3]*control* [4]*crimes* [5]*exile* [6]*he defended* [7]*populace* [8]*of the afterlife*

---

*The poem's three parts correspond to the three realms of life after death, according to Roman Catholic doctrine: Hell, Purgatory, and Heaven.

Parte 3

C. *Volerci v. metterci*

AUTOMOBILISTA: Quanto ci vuole per arrivare a Cutrofiano?

PASSANTE: Dipende da quale strada sceglie. Potrebbe metterci mezz'ora o potrebbe metterci due ore.

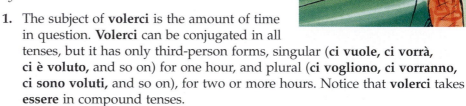

Two verbs, **volerci** and **metterci,** can be used with time expressions in Italian to express the amount of time it takes to perform an activity: *to take (a length of) time. It takes two hours to get there by car. It takes me four hours to get there by bus.*

1. The subject of **volerci** is the amount of time in question. **Volerci** can be conjugated in all tenses, but it has only third-person forms, singular (**ci vuole, ci vorrà, ci è voluto,** and so on) for one hour, and plural (**ci vogliono, ci vorranno, ci sono voluti,** and so on), for two or more hours. Notice that **volerci** takes **essere** in compound tenses.

Ci vuole un'ora per fare quella torta.	*It takes an hour to make that cake.*
Ci vogliono trenta minuti per arrivare a Firenze da Pistoia.	*It takes thirty minutes to get to Florence from Pistoia.*
Ci vogliono tre ore per andare a Napoli in macchina mentre in treno **ce ne vorrebbero** cinque.	*It takes three hours to go to Naples by car, while it would take five by train.*

Volerci can also be used to express the number of things or people needed.

Ci vuole un po' di zucchero.	*It needs a little sugar.*
Ci sono voluti tre uomini per spostare quel divano.	*It took three men to move that couch.*
Ci vorranno otto scatole.	*It will take eight boxes.*
Ci vuole una busta per questi fogli.	*One envelope is needed for these papers.*

DRIVER: How long does it take to get to Cutrofiano?   PASSER-BY: It depends on which road you choose. It could take you half an hour, or it could take you two hours.

2. The subject of the verb **metterci** is the person performing the action. Thus **metterci** can be conjugated in all persons and tenses. **Metterci** takes **avere** in compound tenses.

Ci hanno messo tre ore per scrivere la relazione.	*They took (It took them) three hours to write the paper.*
Tu sei veloce! Io **ci metterei** due ore per pulire questa casa!	*You are fast! I would take (It would take me) two hours to clean this house!*
Ci metteremo circa due mesi per finire la casa.	*We will take (It will take us) about two months to finish the house.*

Esercizi

A. Quanto ci vuole? Dai risposte logiche.

1. Ci vogliono _____ studenti per cambiare una lampadina (*light bulb*).
2. Ci vogliono _____ ore per andare da New York a Roma in aereo.
3. Ci vogliono _____ ore per andare da Washington D.C. a Seattle in aereo, ma ci vorrebbero _____ ore in macchina.
4. Gli studenti ci metteranno _____ minuti per fare il quiz di questo capitolo.
5. Ci metto _____ minuti la mattina per prepararmi.

B. La forma è giusta! Completa le frasi con la forma giusta del verbo.

1. Roberto (ci mette / ci mettono) due ore per preparare il poster per la festa.
2. Secondo mio padre, (ci vuole / ci vogliono) mezz'ora per andare in centro in bici.
3. L'anno prossimo, (ci metteranno / ci vorranno) otto studenti per lo spettacolo.
4. L'anno scorso i ragazzi (ci volevano / ci mettevano) due ore per andare a Napoli; ora con l'autostrada nuova, loro (ci vuole / ci mettono) un'ora.
5. Con il treno (ci vorrebbe / ci vorrebbero) due ore per andare da Firenze a Bologna, ma con la macchina (ci vuole / ci vogliono) un'ora e mezzo.

C. Siete d'accordo? Con un compagno / una compagna, indovinate quanto ci vorrà per fare queste attività. Paragonate le vostre risposte con quelle di un altro gruppo. (Usiamo il futuro perché non siamo certi delle risposte.)

ESEMPIO: persone per costruire una casa →
S1: Quante persone ci vorranno per costruire una casa?
S2: Non lo so, ci vorranno cento persone.

1. persone per spostare una macchina
2. anni per affermarsi come pittore famoso / pittrice famosa
3. autobus per portare 100 studenti ad un museo
4. ore per dipingere la Cappella Sistina
5. lampadine sull'albero nazionale di Natale della Casa Bianca
6. poliziotti ad un concerto di Linkin Park
7. benzina per riempire il serbatoio (*gas tank*) di una Ferrari
8. tessere (*tiles*) per creare i mosaici di Ravenna

Piccolo ripasso

A. Oggi e ieri. Esprimi le frasi con il **passato prossimo** e l'**imperfetto,** e poi con il **passato remoto** e l'**imperfetto.**

ESEMPIO: Non visito gli scavi perché sono stanco. →
Non ho visitato gli scavi perché ero stanco.
Non visitai gli scavi perché ero stanco.

1. Gli chiedo se studia il Medioevo.
2. Mi risponde che preferisce il Rinascimento.
3. Non andiamo alla conferenza perché dobbiamo finire la ricerca.
4. Non leggono romanzi perché preferiscono racconti brevi.
5. Dici che ti piacciono molto i paesaggi.

B. Qualcosa su Goldoni. Completa il brano con la forma corretta del verbo tra parentesi. Usa l'**imperfetto** o il **passato remoto;** puoi sostituire il **passato remoto** con il **passato prossimo.**

Lo zio Pasquale (chiamare)[1] il nipote Luigino e (cominciare)[2] una lezione di letteratura italiana.

«Oggi ti parlerò di un grande commediografo[a] italiano.» Luigino (esclamare)[3] subito: «Vuoi dire Carlo Goldoni!» Lo zio (apprezzare[b])[4] l'intervento del nipote e (continuare):[5] «Figlio di un medico, Carlo Goldoni (nascere)[6] a Venezia nel 1707. (Studiare)[7] prima a Perugia, poi a Rimini e poi all'Università di Pavia. (Laurearsi)[8] in legge a Padova ma non (esercitare[c])[9] la professione di avvocato perché (avere)[10] una grande passione per il teatro. La sua prima opera importante (essere)[11] *La vedova scaltra,*[d] a cui (seguire)[12] rapidamente molte altre, come *La bottega del caffè, La famiglia dell'antiquario, La locandiera.*[e] Nel 1762 (trasferirsi)[13] a Parigi, dove nel 1787 (pubblicare)[14] i tre volumi delle *Mémoirs* con cui (finire)[15] la sua carriera di scrittore.»

[a]*comedy writer/playwright*   [b]*to appreciate*   [c]*to practice*   [d]*La… The Shrewd Widow*   [e]*innkeeper*

C. Il tempo vola. Completa con la forma corretta di **volerci.**

1. _____ quattro ore per preparare il tacchino (*turkey*).
2. L'anno prossimo _____ molti ragazzi per completare il progetto.
3. Ieri, _____ tre meccanici per riparare la mia macchina.
4. _____ una persona simpatica e allegra per fare questo lavoro.
5. Tanti anni fa, quando non esistevano gli aerei, _____ molto tempo per andare da una città all'altra.

Parte 4:
Un po' di cultura

C'è posta per te!

Posta in arrivo Rispondi Elimina Opzioni Guida Aiuto

DA: roberto afirenze@tin.it   26 marzo – 17.26

A...	amiciRV@list.aol.com
Cc...	

Oggetto: Itinerario

Salve, ragazzi!

Così avete deciso: venite in Italia, ma venite proprio quando io non ci sono…
Vi voglio dare dei consigli[1] utili. Mi avete detto che avete poco tempo, dieci giorni, e che avete noleggiato una macchina: vi preparo io l'itinerario e il programma.
Arrivate a Milano; ci rimanete due giorni e in quei due giorni trovate il tempo di andare al Lago di Como. Da Milano andate a Venezia e, strada facendo,[2] vi fermate a Verona per una visita: due giorni in tuttto. Da Venezia andate a Bologna e poi a Firenze, la mia città d'adozione.[3] Dovete passarci almeno tre giorni: tra piazze, chiese, musei, ponti e statue non vi annoierete…
E non dimenticate di andare a Siena a vedere la medievale Piazza del Campo dove fanno il Palio (che è una corsa di cavalli) e a Pisa, sulle rive[4] del fiume Arno, con lo straordinario complesso architettonico[5] di Campo dei Miracoli (Duomo, Battistero[6] e la Torre Pendente[7]). Passate gli ultimi tre giorni a Roma. L'itinerario che vi ho suggerito è l'itinerario d'obbligo[8] per chi viene in Italia per la prima volta. Quando verrete per la seconda volta (sono sicuro che ci sarà una seconda volta), ve ne preparerò un altro.
Allora, buon viaggio e buon divertimento!

Salutissimi.
Roberto

[1]advice [2]strada… on the way [3]città… adopted hometown [4]banks [5]complesso…
architectural complex [6]Baptistery [7]Torre… Leaning Tower [8]obligatory

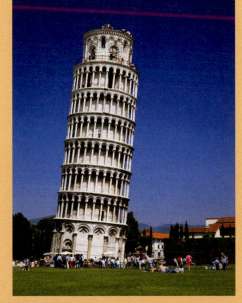

La torre di Pisa, restaurata recentemente
con l'ingegneria moderna

In Toscana

Eccoci in Toscana! Siamo in una delle regioni italiane più conosciute nel mondo e più visitate dai turisti. Quasi tutte le città toscane, anche quelle più piccole e sconosciute, sono ricche di opere d'arte. La sua campagna è bellissima e molto amata soprattutto da inglesi, tedeschi e americani.

Certamente vorrai vedere la famosa torre pendente di Pisa e certamente visiterai Firenze, il capoluogo, una città molto famosa. Ti affascineranno lo splendore dei monumenti rinascimentali di Firenze, la ricchezza dei suoi musei, la vivacità della sua vita culturale. E potrai godere[1] l'atmosfera incantata di una città che è stata una grande capitale dell'arte e della letteratura ed è la patria di Dante, il padre della lingua italiana.

Se vuoi sentire parlare l'italiano più bello e più dolce della penisola, dicono che devi andare a Siena. E se poi vuoi studiare di più questa bella lingua, sei nel posto giusto. Proprio a Siena c'è una famosa Università per Stranieri, dove studenti di tutto il mondo imparano la lingua e la cultura italiana. Il soggiorno[2] sarà piacevole. Siena è una piccola città medievale, con un'ottima qualità della vita. I suoi monumenti sono magnifici, le opere dei suoi grandi artisti, da Duccio di Buoninsegna a

La bellissima Piazza del Campo a Siena

Simone Martini, straordinarie. E dopo le lezioni, ti basterà fare due passi per andare a prendere il sole o a bere un cappuccino in Piazza del Campo, considerata da molti la piazza più bella del mondo.

[1]*enjoy* [2]*stay*

COMPRENSIONE

Rispondi.

1. Qual è una ragione per cui la Toscana è una delle regioni più visitate da turisti di tutto il mondo?
2. Qual è il capoluogo della Toscana?
3. A quale periodo storico appartiene la maggior parte dei monumenti di Firenze?
4. Perché a Siena ci sono tanti studenti stranieri?
5. Cosa potresti fare dopo le lezioni a Siena per sentirti parte della vita della città?

Videoteca

Firenze da vedere

Roberto ha deciso di intervistare Giuliana per uno dei suoi articoli. Le chiede quali sono le tre cose più importanti da vedere a Firenze.

ESPRESSIONI UTILI

non si può mancare one shouldn't miss   **affollati** crowded
contenente (*verb:* **contenere**) containing

PREPARAZIONE

ROBERTO: Allora Giuliana, sei pronta? Oggi voglio intervistarti per uno dei miei articoli. Voglio parlare di quello che è indispensabile vedere a Firenze.

GIULIANA: Roberto, Firenze è una città che ospita il 70% dell'arte italiana. Ci vuole una vita per vedere tutto! È difficile scegliere.

VERIFICA

Metti le seguenti frasi in ordine cronologico, secondo quello che hai visto nell'episodio del video.

_____ Primo, non si può mancare il Duomo.
_____ Dovresti andare la mattina perché sono meno affollati.
_____ Quali sono le tre cose più importanti da vedere?
_____ A che ora aprono i musei?

Funzione: parlare di arte e di architettura

COMPRENSIONE

Rispondi alle seguenti domande.

1. Quali tre cose da vedere a Firenze suggerisce Giuliana?
2. Quale edificio (*building*) era la residenza della famiglia dei Medici nel Rinascimento?
3. Quale museo contiene quadri di Raffaello?

ATTIVITÀ

Da fare in coppia. Fai l'agente di viaggio. Un/Una cliente si presenta per chiedere delle informazioni sulla tua città. Suggerisci le cose da vedere e da visitare (musei, monumenti, ristoranti, discoteche, negozi, luoghi belli e interessanti, eccetera) secondo gli interessi del tuo / della tua cliente.

Parole da ricordare

VERBI

affermarsi	to establish oneself
ammirare	to admire
citare	to quote
costruire (isc)	to build
fare parte (di)	to take part (in)
fare ricerche	to do research
metterci	to take (time)
(+ time expression)	
restaurare	to restore
riassumere (p.p. riassunto)	to summarize
ridere (p.p. riso)	to laugh
scolpire (isc)	to sculpt
sentire parlare (di)	to hear (about)
*volerci	to take (time)
(+ time expression)	

NOMI

l'abitante (m./f.)	inhabitant
l'affresco	fresco
l'archeologia	archeology
l'archeologo / l'archeologa (pl., gli archeologi)	archeologist
l'architetto (m./f.)	architect
l'architettura	architecture
l'argomento	subject, topic
l'artista (m./f.)	artist
le belle arti	fine arts
il brano	extract, selection, passage
il campo	field (in all senses)
il capolavoro	masterpiece
la citazione	quotation
il mosaico (pl. i mosaici)	mosaic
la novella	short story
l'opera	work (individual work)
l'opera d'arte	artwork, work of art (individual work)

il paesaggio	landscape
il papa	pope
la penisola	peninsula (often referring to Italy)
il pittore / la pittrice	painter
la poesia	poetry; poem
la pittura	painting (in general)
il poeta / la poetessa	poet
il/la protagonista	protagonist
il quadro	painting (individual work)
il racconto	short story
la relazione	paper, report
il restauro	restoration
il riassunto	summary
la ricerca	research
la rima	rhyme
il ritratto	portrait
il romanzo	novel
le rovine	ruins, remains
i ruderi	ruins, remains
lo scavo archeologico	archeological dig
lo scrittore / la scrittrice	writer
lo scultore / la scultrice	sculptor
la scultura	sculpture (in general and as an individual work)
il secolo	century
la statua	statue
lo stile	style
il tema	theme

ALTRE PAROLE E ESPRESSIONI

davvero	really, truly
principalmente	primarily, mainly

---

*Words identified with an asterisk (*) are conjugated with **essere**.

Per chi voti?

Una sessione del Parlamento italiano a Roma

Pratica

Practice the skills you learned in this chapter and learn more about the Italian-speaking world through the *In giro per l'Italia* supplements.
www.mhhe.com/ingiro2

Parte 1

Dialogo-Lampo

L'Unione Europea e le elezioni

MARISA: Finalmente un'Europa unita, con una sola moneta!

ADRIANA: Sì, ora tutti gli stati della Comunità Europea hanno l'euro. E un po' mi dispiace che la lira sia scomparsa[1]...

MARISA: Spero che questa unità porti più lavoro e meno disoccupazione.

ADRIANA: Speriamo! Ma intanto[2] oggi dobbiamo votare per il nuovo Parlamento Europeo.

MARISA: E tu, per chi voti?

ADRIANA: Per chi difende la democrazia, gli interessi di tutti i cittadini ... e dell'Italia in Europa!

MARISA: E quale sarebbe il partito giusto?

ADRIANA: Devo ancora deciderlo!

1. Cos'è l'euro?
2. Cosa spera Marisa dall'unificazione economica dell'Europa?
3. Per quale tipo di partito vuole votare Adriana?

[1]*sia... disappeared* [2]*meanwhile*

La politica (*politics*)

LO STATO

la campagna elettorale election campaign

il candidato / la candidata candidate

il capitalismo capitalism

la coalizione coalition

il conservatore / la conservatrice conservative

la costituzione constitution

la crisi di governo political crisis

la democrazia democracy

la dittatura dictatorship

le elezioni elections

il Governo government; executive branch; administration

  il Consiglio dei Ministri Council of Ministers

  il ministro (*m./f.*) minister (*in government*)

  il Presidente del Consiglio, il Primo Ministro prime minister

  il Presidente (della Repubblica) president (of the Republic)

il **Parlamento** Parliament
  la **Camera dei Deputati** Chamber of Deputies (*lower house of Parliament*)
  il **deputato** / la **deputata** representative (*in the Chamber of Deputies*)
  il **Senato** Senate (*upper house of Parliament*)
  il **senatore** / la **senatrice** senator
il **partito politico** political party
  di **centro** centrist
  di **destra** right-wing
  di **sinistra** left-wing
il/la **progressista** progressive, liberal
il **sistema politico** political system
il **voto** vote

eleggere (*p.p.* **eletto**) to elect
votare to vote

L'UNIONE EUROPEA

la **banconota** banknote; bill
la **Comunità Europea** European Community
l'**euro** euro (*denomination of shared European currency*)
la **moneta** currency; coin

I PROBLEMI SOCIALI

l'**aumento** raise, increase
la **classe sociale** social class
la **diminuzione, la riduzione** reduction

il **diritto** (*legal*) right
il **discorso** speech; conversation
la **disoccupazione** unemployment
il/la **femminista** feminist
l'**impiegato**/l'**impiegata** white-collar worker
la **manifestazione** demonstration
l'**operaio**/l'**operaia** blue-collar worker
il **pensionato** / la **pensionata** retired person
la **pensione** pension, retirement
il **salario** wage
lo **sciopero** strike
lo **stipendio** salary
le **tasse** taxes

*****andare in pensione** to retire
aumentare to raise, increase
contrattare to negotiate
*****crescere** to grow; to increase
diminuire (isc) to reduce
*****essere in pensione** to be retired
*****essere in sciopero** to be on strike
  fare sciopero, scioperare to strike
informarsi (su) to become informed (about)
occuparsi (di) to involve oneself (in), concern oneself (with)

attuale current; present
disoccupato unemployed
informato informed, up-to-date

Esercizi

A. La parola giusta. Guarda il **Vocabolario,** poi abbina parole e definizioni.

1. _____ il voto
2. _____ la coalizione
3. _____ il disoccupato
4. _____ la femminista
5. _____ il conservatore
6. _____ la deputata
7. _____ l'operaio
8. _____ le tasse

a. chi lavora in fabbrica (*factory*)
b. i contributi pagati allo stato
c. la rappresentante alla Camera
d. chi lotta (*fights*) per i diritti delle donne
e. un gruppo di molti partiti
f. chi non ha lavoro
g. uno strumento della democrazia
h. chi non è progressista

---

*Words identified with an asterisk (*) are conjugated with **essere.**

B. **Fuori luogo!** (*Out of place!*) Trova il nome o espressione che sembra fuori luogo e spiega perché.

ESEMPIO: il deputato, il ministro, l'impiegata, la senatrice →
L'impiegata è il nome fuori luogo, perché non è una carica pubblica (*public office*) e non riguarda la politica.

1. il salario, il Senato, lo stipendio, l'operaio
2. la disoccupazione, il partito politico, eleggere, il voto
3. il primo ministro, il direttore generale della RAI, la Camera dei Deputati, il Senato
4. la campagna elettorale, il candidato, le elezioni, la pensione

C. **Conversazione.**

1. Sai come si chiamano i tuoi senatori / le tue senatrici? E il tuo deputato / la tua deputata?
2. Come si chiama l'attuale Presidente degli Stati Uniti? Sai chi è il Presidente della Repubblica Italiana?
3. Hai votato alle ultime elezioni nazionali? Perché sì o perché no?
4. Come ti informi sulla politica? Leggi il giornale? Guardi il telegiornale? Parli con le persone informate?
5. Hai mai partecipato a una campagna elettorale? Dove, quando e per quale candidato/candidata?

In ascolto

For listening comprehension activities related to the theme of this chapter, see the Workbook/Laboratory Manual or visit the *In giro per l'Italia* website.
www.mhhe.com/ingiro2

—Di lui non si può certamente dire che fu un grande faraone.

A. Congiuntivo presente

SIGNOR TESTA: Ho l'impressione che i problemi del mondo siano in continuo aumento: mi pare che aumenti il problema della povertà e anche quello della disoccupazione; mi sembra che crescano i problemi delle minoranze e degli immigrati; credo che siano molto gravi i problemi ecologici… chi vuoi che pensi ai pensionati?

SIGNOR MAZZOLA: Ma anche i nostri problemi sono importanti e sembra che nessuno pensi ai pensionati! È necessario che tutti si occupino dei problemi di tutti, non solo dei propri!

In both Italian and English, verb forms have three defining characteristics: tense (the time of action), voice (active or passive), and mood, which conveys the attitude of the speaker. The verb forms you have learned so far (except the conditional and imperative) belong to the *indicative* mood (**l'indicativo**), which states facts and conveys certainty or objectivity.

Gli studenti **organizzano** una manifestazione.	*Students are organizing a demonstration.*
Anche gli insegnanti **fanno** sciopero.	*Instructors are striking too.*
Il governo non **applica** le riforme.	*The government isn't enforcing the reforms.*

The *subjunctive* mood (**il congiuntivo**), by contrast, expresses uncertainty, doubt, possibility, or personal feelings rather than fact. It conveys the opinions and attitudes of the speaker.

Credo che **organizzino** una manifestazione.	*I believe they are organizing a demonstration.*
È probabile che anche gli insegnanti **facciano** sciopero.	*It's probable that teachers will strike too.*
È male che il governo non **applichi** le riforme.	*It's bad that the government isn't enforcing the reforms.*

SIGNOR TESTA: I have the feeling that there are more and more problems in the world. It seems to me that the problem of poverty is on the rise, and also that of unemployment; it seems to me that minorities' and immigrants' problems are also increasing. I think that our ecological problems are also very serious . . . Who do you think is going to think about retired people? SIGNOR MAZZOLA: But our problems are significant, too, and it seems that no one thinks about retired people! It's essential for all of us to concern ourselves with each other's problems, not just our own!

In English, the subjunctive is used infrequently: *I move that the meeting* **be** *adjourned; We suggest that he* **go** *home immediately.* In Italian, however, the subjunctive is used often in both speaking and writing.

1. The subjunctive is generally preceded by a main (independent) clause and the conjunction **che.**

INDICATIVO		CONGIUNTIVO
independent clause +	**che** +	*dependent clause*
Credo	che	**organizzino** una manifestazione.

The subjunctive mood has four tenses: present, past, imperfect, and pluperfect.

2. The present subjunctive (**il congiuntivo presente**) is formed by adding the appropriate endings to the verb stem. Verbs ending in **-ire** that insert **-isc-** in the present indicative also do so in the present subjunctive.

	LAVORARE	SCRIVERE	DORMIRE	CAPIRE
che io	lavor**i**	scriv**a**	dorm**a**	cap**isca**
che tu	lavor**i**	scriv**a**	dorm**a**	cap**isca**
che lui/lei	lavor**i**	scriv**a**	dorm**a**	cap**isca**
che	lavor**iamo**	scriv**iamo**	dorm**iamo**	cap**iamo**
che	lavor**iate**	scriv**iate**	dorm**iate**	cap**iate**
che	lavor**ino**	scriv**ano**	dorm**ano**	cap**iscano**

Notice that the first- and second-person plural (**noi** and **voi**) endings are identical in all three conjugations, and that the other forms of **-are** verbs have **i** endings while those of **-ere** and **-ire** verbs have **a** endings.

Since the three singular forms are identical (in all conjugations), subject pronouns are often used with them to avoid confusion.

Vogliono che **io voti.**   *They want me to vote.*

a. Verbs whose infinitives end in **-care** and **-gare** add an **h,** in all persons, between the stem and the present subjunctive endings.

È bene che il governo cer**ch**i di diminuire le tasse per i pensionati.   *It's good that the government is trying to reduce taxes for retired people.*

Purtroppo, bisogna che tutti pa**gh**ino le tasse!   *Unfortunately, it's necessary for everyone to pay taxes!*

b. Verbs ending in **-iare** drop the **i** from the stem before adding the present subjunctive endings.

È necessario che cominc**i**ate a organizzarvi!	*It's necessary for you to start getting organized!*
Quando si è disoccupati, è probabile che si mang**i** meno.	*When one is unemployed, it is likely that one eats less.*

3. The following verbs have irregular present-subjunctive forms.

VERBI CON FORME IRREGOLARI DEL CONGIUNTIVO

andare	**vada,** andiamo, andiate, **vadano**
avere	**abbia,** abbiamo, abbiate, **abbiano**
bere	**beva,** beviamo, beviate, **bevano**
dare	**dia,** diamo, diate, **diano**
dire	**dica,** diciamo, diciate, **dicano**
dovere	**debba,** dobbiamo, dobbiate, **debbano**
essere	**sia,** siamo, siate, **siano**
fare	**faccia,** facciamo, facciate, **facciano**
piacere	**piaccia,... piacciano**
potere	**possa,** possiamo, possiate, **possano**
sapere	**sappia,** sappiamo, sappiate, **sappiano**
stare	**stia,** stiamo, stiate, **stiano**
uscire	**esca,** usciamo, usciate, **escano**
venire	**venga,** veniamo, veniate, **vengano**
volere	**voglia,** vogliamo, vogliate, **vogliano**

Esercizi

A. Trasformazioni. Sostituisci le parole in corsivo con le parole tra parentesi e fai tutti i cambiamenti necessari.

1. Credo che *tu* non capisca la politica italiana. (voi / Giulia / gli americani / lui)
2. È necessario che *tutti* votino. (ognuno / anche tu / Lei / io)
3. Spero che *gli italiani* eleggano le persone giuste. (voi / tu / il signore / noi)

B. Consigli. Il tuo compagno / La tua compagna di casa ha avuto un check-up annuale e ha delle abitudini (*habits*) che deve cambiare. Con un compagno / una compagna, seguite l'esempio e create degli scambi usando **vuole che** e **bisogna che.**

ESEMPIO: usare poco sale →
    S1: Il dottore vuole che io usi poco sale.
    S2: Ha ragione; bisogna che tu usi poco sale.

1. mangiare molta frutta
2. andare in palestra
3. bere meno caffè
4. stare più tranquillo/tranquilla
5. avere più pazienza
6. fare passeggiate all'aria aperta (*in the fresh air*)
7. cercare di evitare lo stress
8. prendere un po' di sole

C. **Cosa credi?** Sei d'accordo o no con le seguenti affermazioni? Spiega perché.

1. Credo che non sia bene votare alle elezioni quando non si è informati sui candidati.
2. Penso che il presidente abbia troppo potere (*power*).
3. È giusto che gli operai scioperino quando il costo della vita aumenta e il salario rimane lo stesso.
4. Credo che i giovani debbano essere attivi nella politica e nella società invece di pensare esclusivamente ai propri problemi.
5. È assolutamente necessario che i ricchi contribuiscano con una certa percentuale del loro guadagno (*earnings*) ai programmi sociali.

B. Verbi e espressioni che richiedono il congiuntivo

CAMERIERE: Professore, vuole che Le porti il solito caffè o preferisce un poncino?*

PROFESSORE: Fa un po' fresco… Forse è meglio che prenda un poncino. Scalda di più.

CAMERIERE: Speriamo che questo sciopero finisca presto, professore.

PROFESSORE: Certo, ma bisogna che prima gli insegnanti abbiano un miglioramento delle loro condizioni di lavoro.

WAITER: Professor, do you want me to bring you the usual cup of coffee or would you prefer a **poncino?** PROFESSOR: It's a bit chilly. Maybe it's better for me to have a **poncino.** It warms you up more. WAITER: Let's hope that this strike ends soon, Professor. PROFESSOR: Definitely, but first it's necessary for teachers to obtain better working conditions.

***Poncino** is a hot drink made with water, sugar, and rum or other liqueurs. The word is an adaptation of the English word *punch.*

When two conjugated verbs are connected by **che,** the verb in the independent clause determines whether the indicative or the subjunctive should be used in the dependent clause.

1. When the verb or expression in the independent clause denotes certainty, the indicative is used in the dependent clause. When the verb or expression in the independent clause expresses emotion, opinion, doubt, or uncertainty, the subjunctive is used in the dependent clause. Compare these pairs of sentences.

So che i prezzi non **diminuiscono.**	*I know that prices aren't going down.*
Ho l'impressione che i prezzi non **diminuiscano.**	*I have the impression that prices aren't going down.*
È vero che **c'è** un aumento della disoccupazione.	*It's true that there is an increase in unemployment.*
È probabile che **ci sia** un aumento della disoccupazione.	*It's likely that there is an increase in unemployment.*

Expressions that denote certainty and that therefore take the indicative include **so che, è vero che, sono sicuro/sicura che, sono certo/certa che, vedo che, è ovvio che, riconosco che,** and **dimostro che.**

2. The following verbs and expressions are normally followed by the subjunctive.

EXPRESSIONS INDICATING EMOTION

Sono contento/felice
Mi (dis)piace
Ho paura } che il Presidente e i senatori siano d'accordo.
Preferisco
Spero

EXPRESSIONS INDICATING OPINION, DOUBT, UNCERTAINTY

Credo
Dubito (*I doubt*)
Ho l'impressione } che il Primo Ministro vada in Cina.
Immagino (*I imagine*)
Penso

EXPRESSIONS INDICATING A COMMAND OR WISH

Chiedo
Desidero } che i professori abbiano migliori condizioni di lavoro.
Voglio

Nota bene:
gli aggettivi nelle espressioni impersonali

In impersonal expressions, as well as in the impersonal **si** construction, all adjectives are in the plural form.

È importante stare **attenti** a quello che succede in Parlamento. *It is important to pay attention to what happens in Parliament.*

Si è più **rilassati** quando si è in vacanza. *One is more relaxed when one is on vacation.*

IMPERSONAL VERBS AND EXPRESSIONS

È bene
Bisogna
È importante
È (im)possibile
È (im)probabile
È incredibile
È male
È meglio ⎫
È necessario ⎬ che riprendano le discussioni con i lavoratori.
È ora (*It's time*)
Pare (*It appears*)
(È) peccato ([*It's*] *too bad*)
È peggio
Sembra (*It seems*)
È strano ⎭

—Ho l'impressione che sia un ristorante molto esclusivo.

Esercizi

A. Il contrario. Crea nuove frasi; comincia con l'espressione indicata e cambia il verbo dal congiuntivo all'indicativo.

ESEMPIO: **Non credo che** lui **possa** venire. → **So che** lui **può** venire.

1. Non credi che il capo (*boss*) aumenti il tuo stipendio. / Sei sicuro/sicura che…
2. Dubitiamo che gli impiegati scioperino. / È vero che…
3. Ci dispiace che la polizia non riesca a controllare la manifestazione. / Siamo certi che…
4. Non mi sembra che la senatrice sia progressista. / Sappiamo che…
5. Non è possibile che lo sciopero dei treni sia finito. / Vedo che…

B. **La famiglia Cesarini.** Completa il brano con la forma corretta del verbo al presente indicativo o al congiuntivo.

Sembra che Davide e Paola non _____[1] (avere) abbastanza soldi e che non _____[2] (potere) mandare il figlio Matteo all'università. Peccato che lui non _____[3] (avere) una borsa di studio.[a] È certo che lui _____[4] (avere) intenzione di frequentare l'università. Può darsi che la nonna lo _____[5] (aiutare) finanziariamente. Speriamo che la famiglia _____[6] (potere) risolvere questo problema. Matteo a volte[b] è un po' pigro ma è anche vero che _____[7] (essere) un ragazzo molto intelligente e che _____[8] (meritare[c]) di essere aiutato!

[a]borsa… *scholarship*   [b]a… *sometimes*   [c]*to deserve*

C. **Conversazioni.** Completate le conversazioni con la forma corretta dell'indicativo o del congiuntivo.

1. S1: Senti, vuoi che (io) ti _____ (dare) una mano in giardino?
   S2: No, Franco, ma grazie lo stesso. So che tu _____ (essere) molto occupato: è ora che io _____ (aiutare) te.
2. S1: Sai, ho saputo che Maria e Antonio non _____ (andare) in Italia quest'estate.
   S2: Davvero? Peccato che Maria non _____ (potere) andare a trovare la madre: credo che lei _____ (stare) poco bene.

Nota culturale
Quando si vota

Gli italiani sono «chiamati alle urne»[1] per tre tipi diversi di elezioni, oltre a[2] quelle per il Parlamento Europeo: referendum popolari, elezioni politiche, elezioni amministrative.

Un candidato si pubblicizza con un billboard.

Il referendum è un tipo particolare di votazione:[3] quando è necessario, si chiede ai cittadini di dire sì o no al cambiamento o all'abolizione di una legge dello Stato. Le elezioni politiche si tengono,[4] di norma,[5] ogni cinque anni. Nelle elezioni politiche si rinnova[6] il Parlamento (Camera dei Deputati e Camera dei Senatori) e, a seconda dei risultati ottenuti dai diversi schieramenti[7] di destra o di sinistra, il voto decide chi sarà il capo del Governo.

A votare per la Camera dei Deputati sono chiamati tutti i cittadini che hanno compiuto[8] 18 anni di età. Per votare per il Senato bisogna invece aver compiuto 25 anni.

Le elezioni amministrative rinnovano gli organi delle amministrazioni locali: Consiglio Regionale, Consiglio Provinciale, Consiglio Comunale e Consiglio delle Circoscrizioni, che, nelle città più grandi, corrispondono a zone della città. Queste votazioni si tengono ogni cinque anni e, a volte, in alcune città, coincidono con le elezioni politiche.

[1]«chiamati… » *"called to the polls (lit. urns)"*   [2]oltre… *in addition to*   [3]*voting*   [4]si… *are held*   [5]di… *as a rule*   [6]si… *is renewed/replaced*   [7]*(political) line-ups*   [8]*reached*

Parte 3

C. Congiuntivo passato

FRANCESCO: Perché Maria non si è licenziata?
Ieri mi ha detto che non le
piaceva il suo lavoro e che
avrebbe dato le dimissioni oggi.

DINO: Penso che le abbiano aumentato
lo stipendio.

FRANCESCO: Ah, bene. Sono contento per lei!

DINO: Pare che abbia già speso
l'aumento e che si sia comprata
una bella macchina sportiva!

1. The past subjunctive (**il congiuntivo
passato**) is formed with the present
subjunctive of **avere** or **essere** plus the
past participle of the main verb.

VERBI CONIUGATI CON **avere**	VERBI CONIUGATI CON **essere**
che io abbia che tu abbia che lui/lei abbia } lavorato che abbiamo che abbiate che abbiano	che io sia che tu sia } partito/a che lui/lei sia che siamo che siate } partiti/e che siano

2. The past subjunctive is used in place of the **passato prossimo** or the
passato remoto of the indicative whenever the subjunctive is required.

Hanno superato la crisi.	*They overcame the crisis.*
Credo che **abbiano superato** la crisi.	*I think they overcame the crisis.*
Anche i pensionati **scioperarono.**	*The retirees also went on strike.*
Ho l'impressione che anche i pensionati **abbiano scioperato.**	*I think that the retirees also went on strike.*
Non **c'è stata** una diminuzione delle tasse.	*There wasn't a tax reduction.*
Peccato che non **ci sia stata** una diminuzione delle tasse.	*It's too bad there wasn't a tax reduction.*

FRANCESCO: Why didn't Maria quit? Yesterday she told me that she didn't like her job
and that she was going to give her resignation today.   DINO: I think they raised her salary.
FRANCESCO: Ah, good. I'm happy for her!   DINO: It seems she has already spent her raise and
has bought herself a beautiful sports car!

Esercizi

A. Trasformazioni. Sostituisci le parole in corsivo con le parole tra parentesi e fai tutti i cambiamenti necessari.

1. Credo che *i signori* abbiano votato. (il dottore / tu / voi / Lei)
2. Ci dispiace che *Renata* non si sia informata bene. (i tuoi cugini / voi / tu / le signore)
3. È strano che *le tue amiche* non siano venute alla manifestazione. (l'avvocato / voi due / tu / gli altri)

—Ho un mucchio^a di cose da fare: bisogna che mi svegli prima di aprile...

^aun... *a lot*

B. Spiegazioni. Offri una possibile spiegazione per le seguenti situazioni, con l'uso di **credo che** o **è possibile che.**

ESEMPIO: La professoressa non è in classe oggi. →
           Credo che non sia stata bene ieri sera.

1. Il presidente della ditta (*company*) è andato in pensione.
2. Le ragazze non sono partite per le vacanze.
3. Gli impiegati hanno fatto sciopero per un mese.
4. Renata non è venuta alla festa con Paolo.
5. I genitori di Cesare sono andati a votare.
6. Maria non vuole venire alla riunione (*meeting*).

D. Congiuntivo o infinito?

FIORELLA: Valentina, come mai in giro a quest'ora? Non sei andata in ufficio?

VALENTINA: Non lo sapevi? Ho chiesto altri sei mesi di aspettativa per avere più tempo per mio figlio.

FIORELLA: Sei contenta di stare a casa?

VALENTINA: Per ora sì, ma tra sei mesi bisogna che io torni a lavorare.

FIORELLA: Valentina, what are you doing out at this hour? Didn't you go to work? VALENTINA: Didn't you know? I asked for six more months of maternity leave to have more time for my son. FIORELLA: Are you happy staying home? VALENTINA: Yes, for now, but in six months I'll have to go back to work.

The subjunctive is used when the subjects of the verbs in the independent and dependent clauses are different: *Io* **voglio che** *tu* **voti!** When the subject of both verbs is the same, the infinitive is used instead of the subjunctive.

1. As you already know, the infinitive alone follows verbs indicating preference (**desiderare, preferire, volere**) when the subject is the same. Compare the following:

Voglio **votare** presto.	*I want to vote early.*
Voglio **che votiate** presto.	*I want you to vote early.*
Preferisco lavorare di notte.	*I prefer working at night.*
Preferisco che **lavorino** di notte.	*I prefer that they work at night.*

2. After most other verbs and expressions, **di** + *infinitive* is used when the subject is the same.

Spero **di votare** presto.	*I hope to vote early.*
Spero **che votiate** presto.	*I hope you vote early.*
Sono contenta **di aiutare** i senzatetto.	*I'm glad to help homeless people.*
Sono contenta **che il governo aiuti** i senzatetto.	*I'm glad the government helps homeless people.*

3. The past infinitive (**avere** or **essere** + *past participle*) is used to refer to an action that has already occurred. In the case of a past infinitive (**infinito passato**) with **essere**, the past participle agrees with the subject in gender and number.

VERBI CONIUGATI CON **avere**	VERBI CONIUGATI CON **essere**
infinito: votare	andare
infinito passato: avere votato	essere andat**o**/**a**/**i**/**e**

Ho paura **di non aver* capito.**	*I'm afraid I didn't understand.*
Ho paura che non abbiate capito.	*I'm afraid you didn't understand.*
Sono contenti **di esser* venuti.**	*They are happy they came (to have come).*
Sono contenti che tu sia venuta.	*They are happy you came.*

Nota bene:
le espressioni impersonali

After impersonal expressions that take the subjunctive, the subjunctive is used if the verb of the dependent clause has an expressed subject. If no subject is expressed, the infinitive is used.

Non è possibile **che lui ricordi tutto.** *It isn't possible for him to remember everything.*

Non è possibile **ricordare** tutto. *It isn't possible to remember everything.*

---

*The final *e* in an infinitive is often omitted when followed by another word.

Esercizi

A. **Di, X, che.** Scegli la parola che completa ogni frase. La X significa che la frase è già corretta.

1. Penso (di / X / che) andare in ufficio alle nove invece che alle otto.
2. Gli impiegati sono contenti (di / X / che) aver ricevuto un aumento.
3. Mia madre crede (di / X / che) Salvatore voglia organizzare la manifestazione.
4. Non è possibile (di / X / che) il presidente della ditta faccia sciopero.
5. Non è possibile (di / X / che) contrattare con il presidente della ditta.
6. I ragazzi vogliono (di / X / che) informarsi sui candidati.
7. L'insegnante vuole (di / X / che) i ragazzi si informino sui candidati.

B. **Sembra, è vero...** Crea frasi nuove che comincino con le espressioni tra parentesi. Usa **che** + *l'indicativo*, **che** + *il congiuntivo*, o *l'infinito* con o senza **di**.

ESEMPIO: Vi occupate di politica. (sembra / è vero / non pensate) →
Sembra che vi occupiate di politica.
È vero che vi occupate di politica.
Non pensate di occuparvi di politica.

1. Ho un aumento. (voglio / non vogliono / è probabile)
2. Conoscono bene le teorie femministe. (pare / credono / sono sicuro)
3. Organizzate uno sciopero. (sperate / è possibile / è importante)
4. Riprendo il lavoro tra poco. (è vero / non credo / siete contenti)
5. Mi hanno fatto un bel regalo. (è incredibile / sono sicura / credono)

C. **Opinioni personali.** Completa le frasi in modo logico.

ESEMPI: Voglio... →
Voglio votare alle prossime elezioni.

Voglio che... →
Voglio che ci sia una riforma del sistema politico.

1. È vero che...
2. È ora che...
3. Non credo di...
4. Non credo che...
5. Spero che...
6. Sono contento/contenta di...
7. Non sono felice di...
8. Mi dispiace che...

Piccolo ripasso

A. **Sei d'accordo?** Crea delle frasi con le espressioni che seguono e un compagno / una compagna (o il gruppo) deve dire se è d'accordo o no e perché.

ESEMPIO: Credo che… → Credo che il professore lavori poco.
Non è vero! Il professore lavora moltissimo.

1. Credo che…
2. È possibile che…
3. È importante che…
4. Sono contento/contenta che…
5. Spero che…
6. È male che…

B. **Mini-dialoghi.** Con un compagno / una compagna, completate le conversazioni con il passato prossimo o il congiuntivo passato dei verbi tra parentesi.

1. S1: Gino, hai visto i risultati delle elezioni? Non ti pare strano che la gente _____ (votare) ancora per questi partiti?
   S2: Può darsi che _____ (avere) paura di cambiare. È vero che molte persone _____ (capire) che il vecchio sistema non funziona, ma è probabile che non _____ (essere) entusiaste nemmeno (*not even*) dei nuovi partiti.
2. S1: Sembra che gli insegnanti _____ (ottenere) un aumento di stipendio.
   S2: Era ora! (*It was about time!*) Tutti dicono che l'istruzione è importante ma è vero che gli insegnanti non _____ (ricevere) mai stipendi decenti.

C. **Ho tanto da fare.** Fai una lista di tre cose che devi fare oggi. Usa il congiuntivo e comincia tutte le frasi con **Bisogna che.** Poi, fai una lista di tre cose che purtroppo non hai fatto ieri. Comincia le frasi con **Peccato che io non…**

ESEMPIO: Bisogna che io studi il congiuntivo!
Peccato che io non abbia studiato il congiuntivo ieri!

D. **Reazioni.** Reagisci (*React*) in modo positivo alle domande che il compagno / la compagna ti fa. Cominciate con **sono contento/contenta che** + *il congiuntivo presente* o *passato,* o **sono contento/contenta di** + *l'infinito* o *l'infinito passato.*

ESEMPI: tu / dare le dimissioni
S1: Hai dato le dimissioni?
S2: Sì, e sono contento/contenta di aver dato le dimissioni.

lo sciopero dei treni / finire domani →
S1: Lo sciopero dei treni finisce domani?
S2: Sì, e sono contento/contenta che finisca domani.

1. tu / avere un aumento di stipendio la settimana scorsa
2. gli insegnanti / riprendere il lavoro domani
3. tu / andare in pensione l'anno prossimo
4. tu / occuparsi della manifestazione la settimana scorsa
5. i tuoi amici / votare nelle ultime elezioni
6. il governo / applicare le nuove riforme

Parte 4: Un po' di cultura

C'è posta per te!

DA: robertoafirenze@tin.it   3 maggio – 12.10

À...   delia.venturini@yahoo.it

Cc...

Oggetto: Arrivederci, Roma!

Cara Mamma,
sembra impossibile che sia già arrivata l'ora di ritornare in America:
parto il 24 maggio da Roma con la Continental e arrivo a Boston lo
stesso giorno alle 20,11.
È possibile che io faccia ancora un viaggetto in Sicilia ma se no,
passerò gli ultimi tre giorni a Roma, la città dove tu sei nata. Roma:
l'Eterna, la Bellissima, la Barocca, la Cristiana, l'Antichissima, la
Contemporanea. Gli aggettivi non mancano![1]
Roma dei grandi parchi, delle mille fontane, di colonne, acquedotti,
teatri, archi, terme, anfiteatri... Non pensi che io scriva come una
guida turistica?
Questa volta voglio visitare soprattutto i musei del Vaticano. C'è
un'altra cosa che spero di fare: andare a Palazzo Madama e assistere
a una sessione del Senato. La politica italiana è così complicata e io
faccio una grande confusione con tutti i partiti che ci sono! Questa è
l'ultima e-mail che ti mando dall'Italia; avrò poi il tempo di
raccontarti tante cose a viva voce.[2]

Saluti e baci e... a presto!
Roberto

[1]non... *aren't lacking* [2]a... *in person*

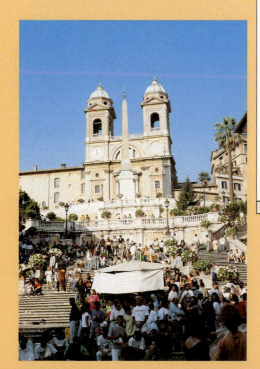

Trinità dei Monti, Piazza di Spagna a Roma

In Lazio

Il Palazzo del Quirinale a Roma, sede del Presidente della Repubblica

Eccoci finalmente in Lazio, a Roma, la città «Eterna», sognata da italiani e stranieri, dove vive o lavora la maggior parte degli abitanti dell'intero Lazio.

Roma è la capitale d'Italia, sede delle più importanti istituzioni politiche. È anche la capitale di tutto il mondo cristiano e una delle città più ricche di storia del mondo intero. E non ti basteranno[1] pochi giorni per vedere le tante opere d'arte delle varie epoche, dall'Impero romano al Rinascimento, al Seicento, all'Ottocento.

Il fascino[2] di Roma è veramente grande, poiché unisce[3] quello dei magnifici monumenti con quello del suo clima dolce, la luce[4] dei suoi tramonti[5] magici, il verde dei colli e l'oro del mitico fiume Tevere.[6]

Anche i palazzi dove hanno sede le istituzioni dello Stato sono bellissimi; alcuni di essi,[7] in alcuni giorni, sono aperti al pubblico.

Sei a Roma il primo sabato del mese? Bene, puoi visitare Palazzo Madama, sede del Senato. Il palazzo, completato definitivamente[8] nel '600, ha sale[9] grandiose, per la maggior parte ristrutturate e decorate nell'800. Al palazzo del Quirinale potrai invece vedere bellissime mostre che si fanno nelle antiche scuderie[10] del palazzo, ristrutturate di recente.[11] Questo palazzo, oggi sede del Presidente della Repubblica, fu fatto costruire dai Papi, tra il '500 e il '600, per essere una residenza estiva[12] ed ha magnifici giardini.

Proprio nel cuore di Roma si trova poi lo Stato del Vaticano. È un vero stato estero[13] rispetto all'Italia. È il più piccolo stato del mondo ed ha il Papa come sovrano. I suoi palazzi contengono ricchezze artistiche immense.

[1]*non... will not be enough for you* [2]*charm* [3]*poiché... since it joins* [4]*light* [5]*sunsets* [6]*l'oro... the gold of the mythical river Tiber* [7]*these* [8]*once and for all* [9]*halls* [10]*stables* [11]*di... recently* [12]*summer* [13]*foreign*

COMPRENSIONE

Rispondi.

1. A quali epoche o periodi storici appartengono (*belong*) i monumenti di Roma?
2. Come si chiama il fiume che passa per Roma?
3. Quando si può visitare Palazzo Madama e di che cosa è sede il palazzo? Di quali stili e periodi artistici è il Palazzo?
4. Dove si possono vedere mostre importanti?
5. Che cos'è e dove si trova lo Stato del Vaticano?

Videoteca

Non ho un soldo!

Roberto, sul punto di partire per Roma, è rimasto senza soldi. Insieme a Giuliana, si ferma a un bancomat (*ATM*) per ritirare dei soldi.

ESPRESSIONI UTILI

prelevare to withdraw
una tassa sull'importo a service charge
  (*on the amount cashed*)

digita il codice enter the pin number
Mannaggia! Darn it!
non disponibile not available

PREPARAZIONE

GIULIANA: Ma perché vai a Roma?
ROBERTO: Scrivo un articolo sull'antica Roma e bisogna che faccia delle fotografie.
GIULIANA: A che ora parte il treno?
ROBERTO: Presto! Comunque, faccio presto a prelevare con la mia carta. Per fortuna non devo andare in banca.

Funzione: come usare un bancomat

VERIFICA

Abbina la prima parte di ogni frase a sinistra con la conclusione più adatta a destra.

1. Prima
2. Lo sportello è momentaneamente
3. Posso prestarti io

a. non disponibile.
b. un po' di soldi.
c. inserisci la carta.

COMPRENSIONE

Rispondi alle seguenti domande.

1. Perché Roberto ha bisogno di prelevare dei soldi?
2. Dov'è migliore il cambio: in banca, in albergo o al bancomat?
3. Che cosa non deve pagare Roberto sui soldi avuti in prestito (*had on loan*) da Giuliana?

ATTIVITÀ

Da fare in coppia. Sei impiegato/impiegata in una banca. Si presenta un/una cliente che sta per andare in Italia e ti domanda se può usare la sua carta bancomat in Italia. Il/La cliente ha dei dubbi e ti fa tante domande su come si fa con la carta americana/canadese in un paese straniero, sul cambio in un ufficio cambio o all'albergo, sulle tasse, sui limiti di quanto si può prelevare al giorno, eccetera. Rispondi a tutte le sue domande (se non sai la risposta, prova a indovinare).

Parole da ricordare

VERBI

*andare in pensione	to retire
applicare	to apply; to enforce
aumentare	to raise, increase
bisognare	to be necessary
contrattare	to negotiate
*crescere	to grow; to increase
dare le dimissioni	to give one's resignation
diminuire (isc)	to reduce
dubitare	to doubt
eleggere (p.p. eletto)	to elect
*essere in pensione	to be retired
*essere in sciopero	to be on strike
fare sciopero	to strike
immaginare	to imagine
informarsi (su)	to become informed (about)
meritare	to deserve
occuparsi (di)	to involve oneself (in), concern oneself (with)
organizzare	to organize
*parere (p.p. parso)	to seem
scioperare	to strike
*sembrare	to seem
votare	to vote

NOMI

l'aumento	raise, increase
la banconota	banknote, bill
il cambiamento	change
la Camera dei Deputati	Chamber of Deputies (lower house of Parliament)
la campagna elettorale	election campaign
il candidato / la candidata	candidate
il capitalismo	capitalism
il cittadino / la cittadina	citizen
la classe sociale	social class
la coalizione	coalition
la Comunità Europea	European Community
il conservatore / la conservatrice	conservative
il Consiglio dei Ministri	Council of Ministers
la costituzione	constitution
la crisi di governo	political crisis
la democrazia	democracy
il deputato / la deputata	representative (in the Chamber of Deputies)
la diminuzione	reduction
il diritto	(legal) right
la dittatura	dictatorship
il discorso	speech; conversation
la disoccupazione	unemployment
l'elezione (f.)	election
l'euro	euro (shared European currency)
la fabbrica	factory
il/la femminista	feminist
il Governo	government; executive branch; administration
l'impiegato/l'impiegata	white-collar worker
la manifestazione	demonstration, rally
il ministro (m./f.)	minister (in government)
la moneta	currency; coin
l'operaio/l'operaia	blue-collar worker
il Parlamento	Parliament
il partito politico	political party
di centro	centrist
di destra	right-wing
di sinistra	left-wing
la pensione	pension, retirement
il pensionato / la pensionata	retired person
la politica	politics
la povertà	poverty
il Presidente (della Repubblica)	president (of the Republic)
il Presidente del Consiglio, il Primo Ministro	prime minister
il/la progressista	progressive, liberal
la riduzione	reduction
la riunione	meeting
il salario	wage
lo sciopero	strike
il Senato	Senate (upper house of Parliament)
il senatore / la senatrice	senator
il sistema politico	political system
lo Stato	the State, the federal government
lo stipendio	salary
le tasse	taxes
il voto	vote

AGGETTIVI

attuale	current, present
disoccupato	unemployed
europeo	European
informato	informed, up-to-date
unito	united

ALTRE PAROLE E ESPRESSIONI

così come	just like
è ora	it's time
intanto	in the meantime

---

*Words identified with an asterisk (*) are conjugated with essere.

Appendix

A. Avere e essere

Coniugazione del verbo *avere*

INFINITO
PRESENTE: avere
PASSATO: avere avuto

PARTICIPIO: avuto
GERUNDIO: avendo

INDICATIVO

PRESENTE	IMPERFETTO	PASSATO REMOTO	FUTURO
ho	avevo	ebbi	avrò
hai	avevi	avesti	avrai
ha	aveva	ebbe	avrà
abbiamo	avevamo	avemmo	avremo
avete	avevate	aveste	avrete
hanno	avevano	ebbero	avranno

PASSATO PROSSIMO	TRAPASSATO	TRAPASSATO REMOTO	FUTURO ANTERIORE
ho	avevo	ebbi	avrò
hai	avevi	avesti	avrai
ha — avuto	aveva — avuto	ebbe — avuto	avrà — avuto
abbiamo	avevamo	avemmo	avremo
avete	avevate	aveste	avrete
hanno	avevano	ebbero	avranno

CONDIZIONALE

PRESENTE	PASSATO
avrei	avrei
avresti	avresti
avrebbe	avrebbe — avuto
avremmo	avremmo
avreste	avreste
avrebbero	avrebbero

CONGIUNTIVO

PRESENTE	IMPERFETTO	PASSATO	TRAPASSATO
abbia	avessi	abbia	avessi
abbia	avessi	abbia	avessi
abbia	avesse	abbia — avuto	avesse — avuto
abbiamo	avessimo	abbiamo	avessimo
abbiate	aveste	abbiate	aveste
abbiano	avessero	abbiano	avessero

IMPERATIVO

—
abbi (non avere)
abbia
abbiamo
abbiate
abbiano

Coniugazione del verbo *essere*

INFINITO
PRESENTE: essere
PASSATO: essere stato/a/i/e

PARTICIPIO: stato/a/i/e
GERUNDIO: essendo

INDICATIVO

PRESENTE	IMPERFETTO	PASSATO REMOTO	FUTURO
sono	ero	fui	sarò
sei	eri	fosti	sarai
è	era	fu	sarà
siamo	eravamo	fummo	saremo
siete	eravate	foste	sarete
sono	erano	furono	saranno

PASSATO PROSSIMO	TRAPASSATO	TRAPASSATO REMOTO	FUTURO ANTERIORE
sono	ero	fui	sarò
sei — stato/a	eri — stato/a	fosti — stato/a	sarai — stato/a
è	era	fu	sarà
siamo	eravamo	fummo	saremo
siete — stati/e	eravate — stati/e	foste — stati/e	sarete — stati/e
sono	erano	furono	saranno

CONDIZIONALE

PRESENTE	PASSATO
sarei	sarei
saresti	saresti — stato/a
sarebbe	sarebbe
saremmo	saremmo
sareste	sareste — stati/e
sarebbero	sarebbero

CONGIUNTIVO

PRESENTE	IMPERFETTO	PASSATO	TRAPASSATO
sia	fossi	sia	fossi
sia — stato/a	fossi	sia — stato/a	fossi — stato/a
sia	fosse	sia	fosse
siamo	fossimo	siamo	fossimo
siate — stati/e	foste	siate — stati/e	foste — stati/e
siano	fossero	siano	fossero

IMPERATIVO

—
sii (non essere)
sia
siamo
siate
siano

B. Verbi regolari

Coniugazione del verbo *lavorare*

INFINITO — PRESENTE: lavorare PASSATO: avere lavorato
PARTICIPIO: lavorato
GERUNDIO: lavorando

INDICATIVO

PRESENTE	IMPERFETTO	PASSATO REMOTO	FUTURO
lavoro	lavoravo	lavorai	lavorerò
lavori	lavoravi	lavorasti	lavorerai
lavora	lavorava	lavorò	lavorerà
lavoriamo	lavoravamo	lavorammo	lavoreremo
lavorate	lavoravate	lavoraste	lavorerete
lavorano	lavoravano	lavorarono	lavoreranno

PASSATO PROSSIMO	TRAPASSATO	TRAPASSATO REMOTO	FUTURO ANTERIORE
ho	avevo	ebbi	avrò
hai	avevi	avesti	avrai
ha	aveva	ebbe	avrà
abbiamo (lavorato)	avevamo (lavorato)	avemmo (lavorato)	avremo (lavorato)
avete	avevate	aveste	avrete
hanno	avevano	ebbero	avranno

CONDIZIONALE

PRESENTE	PASSATO
lavorerei	avrei
lavoreresti	avresti
lavorerebbe	avrebbe
lavoreremmo	avremmo (lavorato)
lavorereste	avreste
lavorerebbero	avrebbero

CONGIUNTIVO

PRESENTE	PASSATO	IMPERFETTO	TRAPASSATO
lavori	abbia	lavorassi	avessi
lavori	abbia	lavorassi	avessi
lavori	abbia	lavorasse	avesse
lavoriamo	abbiamo (lavorato)	lavorassimo	avessimo (lavorato)
lavoriate	abbiate	lavoraste	aveste
lavorino	abbiano	lavorassero	avessero

IMPERATIVO

—
lavora (non lavorare)
lavori
lavoriamo
lavorate
lavorino

Coniugazione del verbo *credere*

INFINITO — PRESENTE: credere PASSATO: avere creduto
PARTICIPIO: creduto
GERUNDIO: credendo

INDICATIVO

PRESENTE	IMPERFETTO	PASSATO REMOTO	FUTURO
credo	credevo	credei	crederò
credi	credevi	credesti	crederai
crede	credeva	credé	crederà
crediamo	credevamo	credemmo	crederemo
credete	credevate	credeste	crederete
credono	credevano	crederono	crederanno

PASSATO PROSSIMO	TRAPASSATO	TRAPASSATO REMOTO	FUTURO ANTERIORE
ho	avevo	ebbi	avrò
hai	avevi	avesti	avrai
ha	aveva	ebbe	avrà
abbiamo (creduto)	avevamo (creduto)	avemmo (creduto)	avremo (creduto)
avete	avevate	aveste	avrete
hanno	avevano	ebbero	avranno

CONDIZIONALE

PRESENTE	PASSATO
crederei	avrei
crederesti	avresti
crederebbe	avrebbe
crederemmo	avremmo (creduto)
credereste	avreste
crederebbero	avrebbero

CONGIUNTIVO

PRESENTE	PASSATO	IMPERFETTO	TRAPASSATO
creda	abbia	credessi	avessi
creda	abbia	credessi	avessi
creda	abbia	credesse	avesse
crediamo	abbiamo (creduto)	credessimo	avessimo (creduto)
crediate	abbiate	credeste	aveste
credano	abbiano	credessero	avessero

IMPERATIVO

—
credi (non credere)
creda
crediamo
credete
credano

Coniugazione del verbo *dormire*

INFINITO — PRESENTE: dormire PASSATO: avere dormito
PARTICIPIO: dormito
GERUNDIO: dormendo

INDICATIVO

PRESENTE	IMPERFETTO	PASSATO REMOTO	FUTURO
dormo	dormivo	dormii	dormirò
dormi	dormivi	dormisti	dormirai
dorme	dormiva	dormì	dormirà
dormiamo	dormivamo	dormimmo	dormiremo
dormite	dormivate	dormiste	dormirete
dọrmono	dormivano	dormirono	dormiranno

PASSATO PROSSIMO		TRAPASSATO		TRAPASSATO REMOTO		FUTURO ANTERIORE	
ho		avevo		ebbi		avrò	
hai		avevi		avesti		avrai	
ha	dormito	aveva	dormito	ebbe	dormito	avrà	dormito
abbiamo		avevamo		avemmo		avremo	
avete		avevate		aveste		avrete	
hanno		avẹvano		ẹbbero		avranno	

CONDIZIONALE

PRESENTE	PASSATO	
dormirei	avrei	
dormiresti	avresti	
dormirebbe	avrebbe	dormito
dormiremmo	avremmo	
dormireste	avreste	
dormirẹbbero	avrẹbbero	

CONGIUNTIVO

PRESENTE	PASSATO		IMPERFETTO	TRAPASSATO	
dorma	abbia		dormissi	avessi	
dorma	ạbbia		dormissi	avessi	
dorma	abbia	dormito	dormisse	avesse	dormito
dormiamo	abbiamo		dormissimo	avẹssimo	
dormiate	abbiate		dormiste	aveste	
dọrmano	ạbbiano		dormịssero	avẹssero	

IMPERATIVO

—
dormi (non dormire)
dorma
dormiamo
dormite
dọrmano

Coniugazione del verbo *capire*

INFINITO — PRESENTE: capire PASSATO: avere capito
PARTICIPIO: capito
GERUNDIO: capendo

INDICATIVO

PRESENTE	IMPERFETTO	PASSATO REMOTO	FUTURO
capisco	capivo	capii	capirò
capisci	capivi	capisti	capirai
capisce	capiva	capì	capirà
capiamo	capivamo	capimmo	capiremo
capite	capivate	capiste	capirete
capịscono	capịvano	capirono	capiranno

PASSATO PROSSIMO		TRAPASSATO		TRAPASSATO REMOTO		FUTURO ANTERIORE	
ho		avevo		ebbi		avrò	
hai		avevi		avesti		avrai	
ha	capito	aveva	capito	ebbe	capito	avrà	capito
abbiamo		avevamo		avemmo		avremo	
avete		avevate		aveste		avrete	
hanno		avẹvano		ẹbbero		avranno	

CONDIZIONALE

PRESENTE	PASSATO	
capirei	avrei	
capiresti	avresti	
capirebbe	avrebbe	capito
capiremmo	avremmo	
capireste	avreste	
capirẹbbero	avrẹbbero	

CONGIUNTIVO

PRESENTE	PASSATO		IMPERFETTO	TRAPASSATO	
capisca	abbia		capissi	avessi	
capisca	ạbbia		capissi	avessi	
capisca	abbia	capito	capisse	avesse	capito
capiamo	abbiamo		capịssimo	avẹssimo	
capiate	abbiate		capiste	aveste	
capịscano	ạbbiano		capịssero	avẹssero	

IMPERATIVO

—
capisci (non capire)
capisca
capiamo
capite
capịscano

C. Verbi irregolari

Forms and tenses not listed here follow the regular pattern.

Verbi irregolari in -are

There are only four irregular **-are** verbs: **andare, dare, fare,** and **stare.**

andare to go

PRESENTE: vado, vai, va; andiamo, andate, vanno
FUTURO: andrò, andrai, andrà; andremo, andrete, andranno
CONDIZIONALE: andrei, andresti, andrebbe; andremmo, andreste, andrebbero
CONGIUNTIVO PRESENTE: vada, vada, vada; andiamo, andiate, vadano
IMPERATIVO: va' (vai), vada; andiamo, andate, vadano

dare to give

PRESENTE: do, dai, dà; diamo, date, danno
FUTURO: darò, darai, darà; daremo, darete, daranno
CONDIZIONALE: darei, daresti, darebbe; daremmo, dareste, darebbero
PASSATO REMOTO: diedi (detti), desti, diede (dette); demmo, deste, diedero (dettero)
CONGIUNTIVO PRESENTE: dia, dia, dia; diamo, diate, diano
IMPERFETTO DEL CONGIUNTIVO: dessi, dessi, desse; dessimo, deste, dessero
IMPERATIVO: da' (dai), dia; diamo, date, diano

fare to do; to make

PARTICIPIO: fatto
GERUNDIO: facendo
PRESENTE: faccio, fai, fa; facciamo, fate, fanno
IMPERFETTO: facevo, facevi, faceva; facevamo, facevate, facevano
FUTURO: farò, farai, farà; faremo, farete, faranno
CONDIZIONALE: farei, faresti, farebbe; faremmo, fareste, farebbero
PASSATO REMOTO: feci, facesti, fece; facemmo, faceste, fecero
CONGIUNTIVO PRESENTE: faccia, faccia, faccia; facciamo, facciate, facciano
IMPERFETTO DEL CONGIUNTIVO: facessi, facessi, facesse; facessimo, faceste, facessero
IMPERATIVO: fa' (fai), faccia; facciamo, fate, facciano

stare to stay

PRESENTE: sto, stai, sta; stiamo, state, stanno
FUTURO: starò, starai, starà, staremo, starete, staranno
CONDIZIONALE: starei, staresti, starebbe; staremmo, stareste, starebbero
PASSATO REMOTO: stetti, stesti, stette; stemmo, steste, stettero
CONGIUNTIVO PRESENTE: stia, stia, stia; stiamo, stiate, stiano
IMPERFETTO DEL CONGIUNTIVO: stessi, stessi, stesse; stessimo, steste, stessero
IMPERATIVO: sta' (stai), stia; stiamo, state, stiano

Verbi irregolari in -ere

assumere to hire

PARTICIPIO:	assunto
PASSATO REMOTO:	assunsi, assumesti, assunse; assumemmo, assumeste, assunsero

bere to drink

PARTICIPIO:	bevuto
GERUNDIO:	bevendo
PRESENTE:	bevo, bevi, beve; beviamo, bevete, bevono
IMPERFETTO:	bevevo, bevevi, beveva; bevevamo, bevevate, bevevano
FUTURO:	berrò, berrai, berrà; berremo, berrete, berranno
CONDIZIONALE:	berrei, berresti, berrebbe; berremmo, berreste, berrebbero
PASSATO REMOTO:	bevvi, bevesti, bevve; bevemmo, beveste, bevvero
CONGIUNTIVO PRESENTE:	beva, beva, beva; beviamo, beviate, bevano
IMPERFETTO DEL CONGIUNTIVO:	bevessi, bevessi, bevesse; bevessimo, beveste, bevessero
IMPERATIVO:	bevi, beva; beviamo, bevete, bevano

cadere to fall

FUTURO:	cadrò, cadrai, cadrà; cadremo, cadrete, cadranno
CONDIZIONALE:	cadrei, cadresti, cadrebbe; cadremmo, cadreste, cadrebbero
PASSATO REMOTO:	caddi, cadesti, cadde; cademmo, cadeste, caddero

chiedere to ask

PARTICIPIO:	chiesto
PASSATO REMOTO:	chiesi, chiedesti, chiese; chiedemmo, chiedeste, chiesero

chiudere to close

PARTICIPIO:	chiuso
PASSATO REMOTO:	chiusi, chiudesti, chiuse; chiudemmo, chiudeste, chiusero

condividere to share

PARTICIPIO:	condiviso
PASSATO REMOTO:	condivisi, condividesti, condivise; condividemmo, condivideste, condivisero

conoscere to know   **riconoscere** to recognize

PARTICIPIO:	conosciuto
PASSATO REMOTO:	conobbi, conoscesti, conobbe; conoscemmo, conosceste, conobbero

convincere to convince

PARTICIPIO:	convinto
PASSATO REMOTO:	convinsi, convincesti, convinse; convincemmo, convinceste, convinsero

correre to run

PARTICIPIO: corso

PASSATO REMOTO: corsi, corresti, corse; corremmo, correste, corsero

crescere to grow (up); to raise; to increase

PARTICIPIO: cresciuto

cuocere to cook

PARTICIPIO: cotto

PRESENTE: cuocio, cuoci, cuoce; cociamo, cocete, cuociono

PASSATO REMOTO: cossi, cocesti, cosse; cocemmo, coceste, cossero

CONGIUNTIVO PRESENTE: cuocia, cuocia, cuocia; cociamo, cociate, cuociano

IMPERATIVO: cuoci, cuocia; cociamo, cocete, cuociano

decidere to decide

PARTICIPIO: deciso

PASSATO REMOTO: decisi, decidesti, decise; decidemmo, decideste, decisero

dipendere to depend

PARTICIPIO: dipeso

PASSATO REMOTO: dipesi, dipendesti, dipese; dipendemmo, dipendeste, dipesero

dipingere to paint

PARTICIPIO: dipinto

PASSATO REMOTO: dipinsi, dipingesti, dipinse; dipingemmo, dipingeste, dipinsero

discutere to discuss

PARTICIPIO: discusso

PASSATO REMOTO: discussi, discutesti, discusse; discutemmo, discuteste, discussero

distinguere to distinguish

PARTICIPIO: distinto

PASSATO REMOTO: distinsi, distinguesti, distinse; distinguemmo, distingueste, distinsero

dividere to divide

PARTICIPIO: diviso

PASSATO REMOTO: divisi, dividesti, divise; dividemmo, divideste, divisero

dovere to have to

PRESENTE: devo (debbo), devi, deve; dobbiamo, dovete, devono (debbono)

FUTURO: dovrò, dovrai, dovrà, dovremo, dovrete, dovranno

CONDIZIONALE: dovrei, dovresti, dovrebbe; dovremmo, dovreste, dovrebbero

CONGIUNTIVO PRESENTE: debba, debba, debba; dobbiamo, dobbiate, debbano

iscriversi to join; to enroll
PARTICIPIO: iscritto
PASSATO REMOTO: iscrissi, iscrivesti, iscrisse; iscrivemmo, iscriveste, iscrissero

leggere to read
PARTICIPIO: letto
PASSATO REMOTO: lessi, leggesti, lesse; leggemmo, leggeste, lessero

mettere to put   **scommettere** to bet
PARTICIPIO: messo
PASSATO REMOTO: misi, mettesti, mise; mettemmo, metteste, misero

muovere to move
PARTICIPIO: mosso
PASSATO REMOTO: mossi, muovesti, mosse; muovemmo, muoveste, mossero

nascere to be born
PARTICIPIO: nato
PASSATO REMOTO: nacqui, nascesti, nacque; nascemmo, nasceste, nacquero

offendere to offend
PARTICIPIO: offeso
PASSATO REMOTO: offesi, offendesti, offese; offendemmo, offendeste, offesero

parere to seem
PARTICIPIO: parso
PRESENTE: paio, pari, pare; paiamo, parete, paiono
FUTURO: parrò, parrai, parrà; parremo, parrete, parranno
CONDIZIONALE: parrei, parresti, parrebbe; parremmo, parreste, parrebbero
PASSATO REMOTO: parvi, paresti, parve; paremmo, pareste, parvero
CONGIUNTIVO PRESENTE: paia, paia, paia; paiamo, paiate, paiano

piacere to be pleasing
PARTICIPIO: piaciuto
PRESENTE: piaccio, piaci, piace; piacciamo, piacete, piacciono
PASSATO REMOTO: piacqui, piacesti, piacque; piacemmo, piaceste, piacquero
CONGIUNTIVO PRESENTE: piaccia, piaccia, piaccia; piacciamo, piacciate, piacciano
IMPERATIVO: piaci, piaccia; piacciamo, piacete, piacciano

piangere to cry

PARTICIPIO:	pianto
PASSATO REMOTO:	piansi, piangesti, pianse; piangemmo, piangeste, piansero

potere to be able

PRESENTE:	posso, puoi, può; possiamo, potete, possono
FUTURO:	potrò, potrai, potrà; potremo, potrete, potranno
CONDIZIONALE:	potrei, potresti, potrebbe; potremmo, potreste, potrebbero
CONGIUNTIVO PRESENTE:	possa, possa, possa; possiamo, possiate, possano

prendere to take   **riprendere** to resume   **sorprendere** to surprise

PARTICIPIO:	preso
PASSATO REMOTO:	presi, prendesti, prese; prendemmo, prendeste, presero

produrre to produce   **tradurre** to translate

PARTICIPIO:	prodotto
PRESENTE:	produco, produci, produce; produciamo, producete, producono
IMPERFETTO:	producevo, producevi, produceva; producevamo, producevate, producevano
PASSATO REMOTO:	produssi, producesti, produsse; producemmo, produceste, produssero
CONGIUNTIVO PRESENTE:	produca, produca, produca; produciamo, produciate, producano
IMPERFETTO DEL CONGIUNTIVO:	producessi, producessi, producesse; producessimo, produceste, producessero

promettere to promise

PARTICIPIO:	promesso
PASSATO REMOTO:	promisi, promettesti, promise; promettemmo, prometteste, promisero

rendere to give back

PARTICIPIO:	reso
PASSATO REMOTO:	resi, rendesti, rese; rendemmo, rendeste, resero

richiedere to require

PARTICIPIO:	richiesto
PASSATO REMOTO:	richiesi, richiedesti, richiese; richiedemmo, richiedeste, richiesero

ridere to laugh

PARTICIPIO:	riso
PASSATO REMOTO:	risi, ridesti, rise; ridemmo, rideste, risero

rimanere to remain

PARTICIPIO:	rimasto
PRESENTE:	rimango, rimani, rimane; rimaniamo, rimanete, rimangono

FUTURO: rimarrò, rimarrai, rimarrà, rimarremo, rimarrete, rimarranno

CONDIZIONALE: rimarrei, rimarresti, rimarrebbe; rimarremmo, rimarreste, rimarrebbero

PASSATO REMOTO: rimasi, rimanesti, rimase; rimanemmo, rimaneste, rimasero

CONGIUNTIVO PRESENTE: rimanga, rimanga, rimanga; rimaniamo, rimaniate, rimangano

IMPERATIVO: rimani, rimanga; rimaniamo, rimanete, rimangano

rispondere to answer

PARTICIPIO: risposto

PASSATO REMOTO: risposi, rispondesti, rispose; rispondemmo, rispondeste, risposero

rompere to break   **interrompere** to interrupt

PARTICIPIO: rotto

PASSATO REMOTO: ruppi, rompesti, ruppe; rompemmo, rompeste, ruppero

sapere to know

PRESENTE: so, sai, sa; sappiamo, sapete, sanno

FUTURO: saprò, saprai, saprà; sapremo, saprete, sapranno

CONDIZIONALE: saprei, sapresti, saprebbe; sapremmo, sapreste, saprebbero

PASSATO REMOTO: seppi, sapesti, seppe; sapemmo, sapeste, seppero

CONGIUNTIVO PRESENTE: sappia, sappia, sappia; sappiamo, sappiate, sappiano

IMPERATIVO: sappi, sappia; sappiamo, sappiate, sappiano

scegliere to choose

PARTICIPIO: scelto

PRESENTE: scelgo, scegli, sceglie; scegliamo, scegliete, scelgono

PASSATO REMOTO: scelsi, scegliesti, scelse; scegliemmo, sceglieste, scelsero

CONGIUNTIVO PRESENTE: scelga, scelga, scelga; scegliamo, scegliate, scelgano

IMPERATIVO: scegli, scelga; scegliamo, scegliete, scelgano

scendere to descend; to go down; to get off

PARTICIPIO: sceso

PASSATO REMOTO: scesi, scendesti, scese; scendemmo, scendeste, scesero

scrivere to write

PARTICIPIO: scritto

PASSATO REMOTO: scrissi, scrivesti, scrisse; scrivemmo, scriveste, scrissero

sedere to sit

PRESENTE: siedo, siedi, siede; sediamo, sedete, siedono

CONGIUNTIVO PRESENTE: sieda, sieda, sieda (segga); sediamo, sediate, siedano (seggano)

IMPERATIVO: siedi, sieda (segga); sediamo, sedete, siedano (seggano)

succedere to happen

PARTICIPIO: successo

PASSATO REMOTO: successi, succedesti, successe; succedemmo, succedeste, successero

svolgere to carry out; **svolgersi** to take place

PARTICIPIO: svolto

PASSATO REMOTO: svolsi, svolgesti, svolse; svolgemmo, svolgeste, svolsero

tenere to hold   **appartenere** to belong   **ottenere** to obtain

PRESENTE: tengo, tieni, tiene; teniamo, tenete, tengono

FUTURO: terrò, terrai, terrà; terremo, terrete, terranno

CONDIZIONALE: terrei, terresti, terrebbe; terremmo, terreste, terrebbero

PASSATO REMOTO: tenni, tenesti, tenne; tenemmo, teneste, tennero

CONGIUNTIVO PRESENTE: tenga, tenga, tenga; teniamo, teniate, tengano

IMPERATIVO: tieni, tenga; teniamo, tenete, tengano

uccidere to kill

PARTICIPIO: ucciso

PASSATO REMOTO: uccisi, uccidesti, uccise; uccidemmo, uccideste, uccisero

vedere to see

PARTICIPIO: visto *or* veduto

FUTURO: vedrò, vedrai, vedrà; vedremo, vedrete, vedranno

CONDIZIONALE: vedrei, vedresti, vedrebbe; vedremmo, vedreste, vedrebbero

PASSATO REMOTO: vidi, vedesti, vide; vedemmo, vedeste, videro

vincere to win

PARTICIPIO: vinto

PASSATO REMOTO: vinsi, vincesti, vinse; vincemmo, vinceste, vinsero

vivere to live

PARTICIPIO: vissuto

FUTURO: vivrò, vivrai, vivrà; vivremo, vivrete, vivranno

CONDIZIONALE: vivrei, vivresti, vivrebbe; vivremmo, vivreste, vivrebbero

PASSATO REMOTO: vissi, vivesti, visse; vivemmo, viveste, vissero

volere to want

PRESENTE: voglio, vuoi, vuole; vogliamo, volete, vogliono

FUTURO: vorrò, vorrai, vorrà; vorremo, vorrete, vorranno

CONDIZIONALE:	vorrei, vorresti, vorrebbe; vorremmo, vorreste, vorrebbero
PASSATO REMOTO:	volli, volesti, volle; volemmo, voleste, vollero
CONGIUNTIVO PRESENTE:	voglia, voglia, voglia; vogliamo, vogliate, vogliano
IMPERATIVO:	vogli, voglia; vogliamo, vogliate, vogliano

Verbi irregolari in *-ire*

aprire to open

PARTICIPIO:	aperto

dire to say, tell

PARTICIPIO:	detto
GERUNDIO:	dicendo
PRESENTE:	dico, dici, dice; diciamo, dite, dicono
IMPERFETTO:	dicevo, dicevi, diceva; dicevamo, dicevate, dicevano
PASSATO REMOTO:	dissi, dicesti, disse; dicemmo, diceste, dissero
CONGIUNTIVO PRESENTE:	dica, dica, dica; diciamo, diciate, dicano
IMPERFETTO DEL CONGIUNTIVO:	dicessi, dicessi, dicesse; dicessimo, diceste, dicessero
IMPERATIVO:	di', dica; diciamo, dite, dicano

morire to die

PARTICIPIO:	morto
PRESENTE:	muoio, muori, muore; moriamo, morite, muoiono
CONGIUNTIVO PRESENTE:	muoia, muoia, muoia; moriamo, moriate, muoiano
IMPERATIVO:	muori, muoia; moriamo, morite, muoiano

offrire to offer

PARTICIPIO:	offerto

salire to climb

PRESENTE:	salgo, sali, sale; saliamo, salite, salgono
CONGIUNTIVO PRESENTE:	salga, salga, salga; saliamo, saliate, salgano
IMPERATIVO:	sali, salga; saliamo, salite, salgano

scoprire to discover

PARTICIPIO:	scoperto

soffrire to suffer

PARTICIPIO:	sofferto

uscire to go out   **riuscire** to succeed

PRESENTE:	esco, esci, esce; usciamo, uscite, escono
CONGIUNTIVO PRESENTE:	esca, esca, esca; usciamo, usciate, escano
IMPERATIVO:	esci, esca; usciamo, uscite, escano

venire to come   **avvenire** to happen

PARTICIPIO:	venuto
PRESENTE:	vengo, vieni, viene; veniamo, venite, vengono

FUTURO: verrò, verrai, verrà, verremo, verrete, verranno
CONDIZIONALE: verrei, verresti, verrebbe; verremmo, verreste, verrebbero
PASSATO REMOTO: venni, venisti, venne; venimmo, veniste, vennero
CONGIUNTIVO PRESENTE: venga, venga, venga; veniamo, veniate, vengano
IMPERATIVO: vieni, venga; veniamo, venite, vengano

Verbi con participi passati irregolari

aprire *to open*	aperto	perdere *to lose*	perso *or* perduto
assumere *to hire*	assunto	permettere *to allow*	permesso
avvenire *to happen*	avvenuto	persuadere *to persuade*	persuaso
bere *to drink*	bevuto	piacere *to be pleasing*	piaciuto
chiedere *to ask*	chiesto	piangere *to cry*	pianto
chiudere *to close*	chiuso	prendere *to take*	preso
comporre *to compose*	composto	produrre *to produce*	prodotto
condividere *to share*	condiviso	promettere *to promise*	promesso
conoscere *to know*	conosciuto	promuovere *to promote*	promosso
convincere *to convince*	convinto	proteggere *to protect*	protetto
convivere *to live together*	convissuto	rendere *to return, give back*	reso
correre *to run*	corso	resistere *to resist*	resistito
crescere *to grow (up); to raise; to increase*	cresciuto	richiedere *to require*	richiesto
		riconoscere *to recognize*	riconosciuto
cuocere *to cook*	cotto	ridere *to laugh*	riso
decidere *to decide*	deciso	rimanere *to remain*	rimasto
dimettersi *to resign*	dimesso	riprendere *to resume*	ripreso
dipendere *to depend*	dipeso	risolvere *to solve; to resolve*	risolto
dipingere *to paint*	dipinto	rispondere *to answer*	risposto
dire *to say, tell*	detto	rompere *to break*	rotto
dirigere *to direct*	diretto	scegliere *to choose*	scelto
discutere *to discuss*	discusso	scendere *to get off*	sceso
distinguere *to distinguish*	distinto	scommettere *to bet*	scommesso
dividere *to divide*	diviso	scoprire *to discover*	scoperto
eleggere *to elect*	eletto	scrivere *to write*	scritto
esistere *to exist*	esistito	smettere *to stop (doing something)*	smesso
esprimere *to express*	espresso		
essere *to be*	stato	soffrire *to suffer*	sofferto
fare *to do, make*	fatto	sopravvivere *to survive*	sopravvissuto
interrompere *to interrupt*	interrotto	sorprendere *to surprise*	sorpreso
iscriversi *to enroll*	iscritto	sorridere *to smile*	sorriso
leggere *to read*	letto	spingere *to push*	spinto
mettere *to put*	messo	succedere *to happen*	successo
morire *to die*	morto	svolgersi *to take place*	svolto
muovere *to move*	mosso	trasmettere *to broadcast*	trasmesso
nascere *to be born*	nato	uccidere *to kill*	ucciso
nascondersi *to hide (oneself)*	nascosto	vedere *to see*	visto *or* veduto
offendere *to offend*	offeso	venire *to come*	venuto
offrire *to offer*	offerto	vincere *to win*	vinto
parere *to seem*	parso	vivere *to live*	vissuto

D. Verbi coniugati con *essere*

andare *to go*
arrivare *to arrive*
avvenire *to happen*
bastare *to suffice, be enough*
bisognare *to be necessary*
cadere *to fall*
cambiare* *to change, become different*
capitare *to happen*
cominciare* *to begin*
costare *to cost*
crescere *to grow (up); to increase*
dipendere *to depend*
dispiacere *to be sorry*
diventare *to become*
durare *to last*
entrare *to enter*
esistere *to exist*
essere *to be*
finire* *to finish*
fuggire *to run away*
guarire *to get well*
ingrassare *to put on weight*

mancare *to be missing*
morire *to die*
nascere *to be born*
parere *to seem*
partire *to leave, depart*
passare† *to stop by*
piacere *to like, be pleasing*
restare *to stay*
rimanere *to remain*
ritornare *to return*
riuscire *to succeed*
salire‡ *to go up; to get in*
scappare *to run away*
scendere* *to go down; to get off*
sembrare *to seem*
stare *to stay*
succedere *to happen*
tornare *to return*
uscire *to leave, go out*
venire *to come*
vivere *to live*
volerci *to take (time)*

In addition to these verbs, all reflexive verbs are conjugated with **essere.**

---

*Conjugated with **avere** when used with a direct object.
†Conjugated with **avere** when the meaning is *to pass, to spend (time).*
‡Conjugated with **avere** when the meaning is *to climb.*

Vocabulary

This vocabulary contains contextual meanings of most words used in this book. Active vocabulary is indicated by the number of the chapter in which the word first appears (the designation P refers to the **Capitolo preliminare**). Proper and geographical names are not included in this list. Exact cognates do not appear unless they have an irregular plural or irregular stress.

The gender of nouns is indicated by the form of the definite article, or by the abbreviation *m.* or *f.* if neither the article nor the final vowel reveals gender. Adjectives are listed by their masculine form. Irregular stress is indicated by a dot under the stressed vowel. Idiomatic expressions are listed under the major word(s) in the phrase, usually a noun or a verb. An asterisk (*) before a verb indicates that the verb requires **essere** in compound tenses. Verbs ending in **-si** always require **essere** in compound tenses and therefore are not marked. Verbs preceded by a dagger (†) usually take **essere** in compound tenses unless followed by a direct object, in which case they require **avere**. Verbs followed by **(isc)** are third-conjugation verbs that insert **-isc-** in the present indicative and subjunctive and in the imperative. The following abbreviations have been used:

abbr.	abbreviation	*f.*	feminine	*m.*	masculine
adj.	adjective	*fig.*	figurative	*n.*	noun
adv.	adverb	*form.*	formal	*p.p.*	past participle
arch.	archaic	*gram.*	grammar	*pl.*	plural
art.	article	*inf.*	infinitive	*prep.*	preposition
conj.	conjunction	*inform.*	informal	*pron.*	pronoun
coll.	colloquial	*inv.*	invariable	*s.*	singular
def.	definite article	*lit.*	literally	*subj.*	subjunctive

Italian–English Vocabulary

A

a, ad (*before vowels*) at, to, in (*a city*);
a destra to/on the right (1); **a sinistra**
to/on the left (1)

abbastanza enough (2); **abbastanza bene**
pretty good (P)

abbattere to chop down, destroy

l'abbigliamento clothing (7); **il negozio
di abbigliamento** clothing store (11)

abbinare to match, pair

abbondante abundant

l'abbondanza abundance

abbottonarsi to button up (*clothes*)

abbracciare to embrace; **abbracciarsi**
to embrace (*each other*) (7)

abbronzarsi to get tan

l'abete *m.* fir tree, spruce tree

l'abitante *m./f.* inhabitant (15)

abitare to live (*in a place*) (3)

l'abitazione *f.* residence (12)

l'abito dress; suit (7)

abituale habitual

abitualmente usually

abituarsi (**a** + *inf.*) to get used to
(*doing something*)

l'abitudine *f.* habit

l'abolizione *f.* abolition

abusivo illegal

accademico (*m. pl.* **accademici**) academic;
l'anno accademico academic year (3)

accanto (a) next to (12)

l'accattonaggio begging

accendere (*p.p.* **acceso**) to turn on

acceso ardent

l'accesso access

accettare (**di** + *inf.*) to accept

l'acciaio steel

accidenti! darn!

l'accoglienza reception, welcome

accogliere (*p.p.* **accolto**) to receive;
to welcome

accomodarsi to make oneself at home

accompagnare to accompany

l'accordo agreement; **d'accordo** agreed;
**andare d'accordo to get along (3);
**essere d'accordo to agree (3)

accusare to accuse

l'acero maple tree

l'acqua (minerale / gassata / naturale)
(mineral / carbonated / noncarbonated)
water (5); **controllare l'acqua** to check
the water (13)

acquatico (*m. pl.* **acquatici**) *adj.* acquatic,
water; **lo sci acquatico** water skiing

acquistare to acquire

adagio slowly

adattarsi to adapt

adatto suitable, appropriate

addormentarsi to fall asleep (7)

adeguato adequate

adesso now, right now (4)

l'adolescente *m./f.* adolescent

adorare to adore

adriatico (*m. pl.* **adriatici**) *adj.* Adriatic

l'adulto adult

l'aeroplano, l'aereo (*pl.* **gli aerei**)
airplane (1); **andare in aereo to fly,
go by plane (3)

l'aerobica aerobics; **fare aerobica** to do
aerobics (4)

l'aeroporto airport (1)

l'affare *m.* bargain (11); **gli affari**
business, affairs; **un brutto affare** an
unpleasant matter; **fare un affare**
to get a bargain (11)

affascinante charming

affascinare to fascinate, enchant

affermare to affirm, assert

affermarsi to establish oneself (15)

affermativo affirmative

l'affermazione *f.* statement, assertion

gli affettati cold cuts

affettuoso affectionate, loving

affinché so that

affittare to rent (12); **affittare (una casa)** to
rent (a house) (10); **affittasi** for rent (12)

l'affitto rent (12); **in affitto** for rent (12);
prendere in affitto (una casa) to rent
(a house) (10)

l'afflusso influx

affollato crowded

affrescare to fresco

l'affresco (*pl.* **gli affreschi**) fresco (15)

l'agente *m./f.* agent

l'agenzia agency; **agenzia di viaggi**
travel agency; **agenzia immobiliare**
real estate agency

l'aggettivo adjective

aggiornato up-to-date

aggiungere (*p.p.* **aggiunto**) to add

aggressivo aggressive

agitato restless, agitated

l'agnello lamb (11)

agosto August (P)

l'agricoltura agriculture

aiutare (**a** + *inf.*) to help (*do something*);
aiutarsi to help (*each other*) (7)

l'aiuto help; aid; assistance

l'alba dawn

l'albergo (*pl.* **gli alberghi**) hotel (1);
**albergo di lusso / di costo medio /
economico** deluxe/moderately
priced/inexpensive hotel (10)

l'albero tree (12)

l'alcolico (*pl.* **gli alcolici**) alcoholic drink

alcolico (*m. pl.* **alcolici**) *adj.* alcoholic

l'alcolismo alcoholism

alcuni/alcune some, a few

l'aldilà *m.* afterlife

l'alfabeto alphabet

l'alga (*pl.* **le alghe**) seaweed

alimentare *adj.* food

gli alimentari *m. pl.* food; **il negozio di
alimentari** grocery store (11)

l'alimentazione *f.* nutrition (9)

allacciare to buckle (13)

allegare to attach

l'allegria happiness

allegro cheerful (2)

allenarsi to train (*in a sport*)

l'allenatore/l'allenatrice coach

allergico (*m. pl.* **allergici**) allergic

allestire (isc) to produce; **allestire (uno
spettacolo)** to stage (a production)

alloggiare to lodge, be accommodated

l'alloggio lodging; **vitto e alloggio** food
and lodging

allora at that time (8); so (8); in that case (8)

l'alluminio aluminum (13)

almeno at least (8)

le Alpi the Alps

alternativo *adj.* alternative

alto tall (2); high; **ad alta voce** out loud;
alta borghesia upper middle class;
alta moda high fashion

altrettanto likewise; the same to you

altro other, another (2); anything else
(11); **d'altra parte** on the other hand;
senz'altro definitely; **un altro / un'altra**
another

altrove *adv.* elsewhere
l'alunno pupil
alzare to raise, lift; **alzarsi** to stand up, get up (7)
amare to love (2)
amaro bitter
ambientale environmental
l'ambientalista *m./f.* environmentalist
ambientare to set
l'ambientazione *f.* setting
l'ambiente *m.* environment (13); **la protezione dell'ambiente** environmentalism (13)
ambizioso ambitious
americano American (2); **il football americano** football
l'amicizia friendship; **fare amicizia** to make friends
l'amico/l'amica (*pl.* **gli amici / le amiche**) friend (1)
ammalarsi to get sick (9)
ammalato sick (5)
ammettere (*p.p.* **ammesso**) to admit
amministrare to administer
l'amministratore *m.* administrator
l'amministrazione *f.* administration, management
ammirare to admire (15)
ammobiliare to furnish (12)
ammobiliato furnished (12)
l'amore *m.* love
l'anatra duck
anche also, too (2); even; **anche se** even though (7); **anch'io** I also (4); me too (4)
ancora still (7); **ancora una volta** once more; **non... ancora** not yet
*andare to go (3); *andare (a + *inf.*) to go (*to do something*) (3); *andare da + *art.* to go to (*a place of business*); *andare d'accordo to get along (3); *andare in aereo to fly, go by plane (3); *andare in autobus to go by bus (3); *andare in banca (centro/chiesa) to go to the bank (downtown/church); *andare in barca a vela to go sailing (4); *andare in bicicletta to ride a bicycle (3); *andare in campagna to go to the country (10); *andare in campeggio to go camping (10); *andare a casa to go home; *andare a cavallo to go horseback riding; *andare al cinema to go to a movie (4); *andare a un concerto to go to a concert (4); *andare a dormire to go to bed, retire; *andare all'estero to go abroad (10); *andare in ferie to go on vacation (10); *andare in macchina to drive, go by car (3); *andare male to go badly; *andare al mare to go to the seashore (10); *andare in montagna to go to the mountains (10); *andare all'ospedale to go to the hospital, be hospitalized (9); *andare in palestra to go to the gym (4); *andare in pensione to retire (16); *andare a piedi to walk, go on foot (3); *andare in piscina to go swimming (4); *andare a prendere to pick up (13); *andare al ristorante to go to a restaurant (4); *andare in spiaggia to go to the beach (10); *andare a teatro to go to the theater (4); *andare in treno to go by train (3); *andare a trovare (*una persona*) to go visit (*a person*) (10); *andare in vacanza to go on vacation (4); *andare via to get going, get out, go away; *andarsene to go away, **va bene?** is that OK? (1); **va bene** OK (2)
l'angelo angel
l'animale *m.* animal
animatamente animatedly
l'anniversario anniversary
l'anno year (P); **(l'anno) duemila** the year 2000 (P); **avere... anni** to be . . . years old (1); **anno accademico** academic year (3); **nel corso degli anni** over the years; **Quanti anni ha?** How old are you? (*form.*); **Quanti anni hai?** How old are you? (*inform.*)
annoiarsi to get bored (7)
annuale yearly
annullare to delete
l'annunciatore/l'annunciatrice announcer
l'annuncio (*pl.* **gli annunci**) ad, notice; **rispondere a un annuncio** to answer an ad
l'antibiotico (*pl.* **gli antibiotici**) antibiotics
l'antichità ancient times
antico (*m. pl.* **antichi**) very old, ancient (2)
l'antipasto appetizer (6)
antipatico (*m. pl.* **antipatici**) unlikeable, unfriendly (2)
l'antiquariato antiques, antique dealing
l'antiquario (*pl.* **gli antiquari**) antique dealer
anzi and even; but rather, on the contrary
anziano old, elderly (*people*)
apatico apathetic
aperto open; **all'aperto** outdoor; **all'aria aperta** outside
apparecchiare la tavola to set the table (6)
l'apparenza appearance
l'appartamento apartment (12)
appartenere to belong
appassionato (di) crazy (about)
appena just (10); as soon as (10)
gli Appennini Appenines (mountains)
applaudire to applaud (14)
applicare to apply (16); to enforce (16)
apprezzare to appreciate
appropriato appropriate
approvare to approve
l'appuntamento appointment (4); date (4); **fissare un appuntamento** to make an appointment
gli appunti notes (7); **prendere appunti** to take notes
appunto exactly
aprile *m.* April (P)
aprire (*p.p.* **aperto**) to open (4); **aprite il libro!** open your books!
l'aquila eagle
l'arabo Arab
l'aragosta lobster
l'arancia orange (*fruit*) (11); **il succo d'arancia** orange juice (5)
l'aranciata orange soda (1)
l'archeologia archeology (15)
archeologico (*m. pl.* **archeologici**) archeological; **lo scavo archeologico** archeological dig (15)
l'archeologo/l'archeologa (*m. pl.* **gli archeologi**) archeologist (15)
l'architetto *m./f.* architect (15)
architettonico architectural
l'architettura architecture (3)
l'arcipelago archipelago
l'area area, zone; field
l'argento silver
l'argomento subject, topic (15)
l'aria air; aria (*opera*) (14); appearance; **all'aria aperta** outside; **con aria condizionata** with air conditioning (10)
l'arma *f.* weapon; **armi da fuoco** firearms
l'armadio (*pl.* **gli armadi**) wardrobe, closet; **l'armadio a muro** closet (12)
l'armonia harmony
l'aroma *m.* (*pl.* **gli aromi**) aroma
arrabbiarsi to get angry (7)
arrabbiato angry (2)
arrangiarsi to make do
l'arredamento home furnishings (12)
arredare to furnish (12)
arredato furnished (12)
arrestare to arrest
*arrivare to arrive (3)
arrivederci good-bye (P)
arrivederLa good-bye (*form.*)
l'arrivo arrival (10)
l'arrosto roast (6)
l'arte *f.* art; **l'opera d'arte** artwork, work of art (15); **la storia dell'arte** art history (3); **le arti marziali** martial arts; **le belle arti** fine arts (15)
l'articolo article (8); item
artificiale artificial
l'artista *m./f.* (*m. pl.* **gli artisti**) artist (15)
artisticamente artistically
artistico (*m. pl.* **artistici**) artistic
l'ascensore *m.* elevator (12)
asciugarsi to dry (oneself)
ascoltare to listen, listen to (3); **ascoltare la musica** to listen to music (4)
l'ascolto listening
aspettare to wait, wait for (3)
aspettarsi to expect
l'aspettativa maternity/paternity leave
l'aspetto waiting; **la sala d'aspetto** waiting room
l'aspirapolvere *m.* vacuum cleaner; **passare l'aspirapolvere** to vacuum
assaggiare to taste, take a taste of
assai fairly, rather
l'assegno check; **pagare con l'assegno** to pay by check (5)
assente absent
assicurare to ensure
assicurato guaranteed
l'assistente *m./f.* assistant
l'assistenza assistance; **assistenza medica** health insurance; **assistenza sanitaria nazionale** national health care
assistere to attend

associare to associate
l'associazione *f.* association
assolutamente absolutely
assoluto *adj.* absolute
l'assortimento assortment
assortito assorted
assumere (*p.p.* assunto) to hire
assurdo *adj.* absurd
l'astrologia astrology
l'astronomia astronomy
l'atleta *m./f.* (*m. pl.* gli atleti) athlete
l'atletica leggera track and field
l'atmosfera atmosphere
attaccare to attack
attento careful; attentive; *stare attento to pay attention (3); to be careful (3)
l'attenzione *f.* attention; attenzione! pay attention!; fare attenzione to pay attention; prestare attenzione to pay attention
attirare to attract
l'attività *f.* activity
attivo active
l'atto act; record, document
l'attore/l'attrice actor (8)
attorno around
attraversare to cross
attraverso across, through
attrezzato equipped
le attrezzature facilities
attuale current, present (16)
l'attualità current events (8)
attuare to implement
augurare to wish
l'augurio (*pl.* gli auguri) wish; auguri! best wishes!
l'aula classroom (2)
aumentare to raise, increase (16)
l'aumento raise, increase (16)
austriaco Austrian
l'autista *m./f.* (*m. pl.* gli autisti) driver
l'autobus *m.* (*pl.* gli autobus) bus (1); *andare in autobus to go by bus (3); prendere l'autobus to take the bus
l'autodidatta *m./f.* (*m. pl.* gli autodidatti) self-taught person
l'automobile, l'auto *f.* (*pl.* le auto) car (1)
l'automobilista *m./f.* (*m. pl.* gli automobilisti) motorist, driver (13)
automobilistico *adj.* car, motor
l'autore/l'autrice author (14)
l'autorità authority
l'autoritratto self-portrait
l'autostop *m.* hitchhiking; fare l'autostop to hitchhike
l'autostrada highway (13)
l'autunno autumn (4)
avanti forward; before; Avanti! Come on! (11)
avanzato advanced
avere to have (1); avere... anni to be . . . years old; avere bisogno (di) to need (1); avere caldo to feel hot, warm (1); avere un colloquio to have an interview; avere fame to be hungry (1); avere fortuna to be lucky; avere freddo to be cold (1); avere fretta

to be in a hurry (1); avere l'impressione to have the impression; avere intenzione (di) to intend (to) (10); avere luogo to take place (14); avere mal di... (testa / denti / stomaco) to have a . . . (headache / toothache / stomachache) (9); avere paura (di) to be afraid (of) (1); avere pazienza to be patient; avere programmi to have plans (10); avere ragione to be right (1); avere sete to be thirsty (1); avere sonno to be sleepy (1); avere successo to be successful; avere voglia (di) to want (1); to feel like (1); Quanti ne abbiamo oggi? What's today's date? (11)
avido greedy
l'avvenimento event
l'avventura adventure
avventuroso adventurous
l'avverbio (*pl.* gli avverbi) adverb
l'avversità (*pl.* le avversità) adversity
l'avvertimento warning
l'avvocato/l'avvocatessa *m./f.* lawyer
l'azienda firm, business
aziendale *adj.* business
l'azione *f.* action
azzurro (sky) blue (2)

B

il babbo daddy (3)
il/la baby-sitter baby-sitter
il baccano ruckus; fare baccano to carry on loudly
baciare to kiss; baciarsi to kiss (*each other*) (7)
il bacio (*pl.* i baci) kiss; il bacione big kiss
i baffi moustache
i bagagli baggage
bagnarsi to get (oneself) wet
bagnato wet
il bagno bathroom (12); bath; bathtub; con bagno with bath (10) fare il bagno to take a bath
il balcone balcony (12)
ballare to dance (3)
il ballerino / la ballerina ballet dancer; il primo ballerino / la prima ballerina principal dancer
il balletto ballet (14)
il ballo dancing (4); il ballo liscio ballroom dancing la lezione di ballo dancing lesson
il bambino / la bambina child (2); little boy/girl (2)
la banana banana
la banca bank (1)
la bancarella stand, stall (11)
il banco student desk (2); counter (5); al banco at the counter (5)
il bancomat ATM
la banconota banknote, bill (16)
il bar (*pl.* i bar) bar (1); café (1)
la barba beard; farsi la barba to shave (*men*)
il barbaro barbarian
la barca boat (10); barca a vela sailboat; *andare in barca a vela to go sailing (4); noleggiare una barca to rent a boat (10);

prendere a nolo una barca to rent a boat (10)
il/la barista (*m. pl.* i baristi) bar attendant, bartender (5)
il baritono baritone (14)
il Barocco Baroque period
barocco *adj.* Baroque
la barzelletta joke
la base base
il basket basketball (*sport*) (4)
il basso bass (*singer*) (14)
basso short (*in height*) (2)
*bastare to suffice, be enough; basta it is enough (14); basta! enough!; stop!
la battaglia battle
battere to beat; to type
il battistero baptistery
la batteria drums, percussion section (14)
be', beh well, um
beato lucky, fortunate; Beato/Beata te! Lucky you! (3)
la bellezza beauty
bello beautiful, handsome (*person*) (2); nice (*thing*) (2); ciao, bella! bye, dear!; fare bello to be nice weather (3); le belle arti fine arts (15)
benché although
bene well (P); abbastanza bene pretty good (P); benissimo very well!; very good!; *stare bene to be well; è bene it is good (14); va bene? is that OK? (1); va bene OK (2)
i benefici benefits
il benessere well-being
benvenuto (a) welcome (to)
la benzina gasoline; benzina (verde / senza piombo) (unleaded) gasoline; il distributore di benzina gas pump (13); fare benzina to get gas (13); *rimanere senza benzina to run out of gas (13)
il benzinaio gas-station attendant
bere (*p.p.* bevuto) to drink (4); qualcosa da bere something to drink (5)
il berretto baseball cap (7)
la bevanda beverage (5)
la biancheria linens
bianco (*m. pl.* bianchi) white (2); la settimana bianca a week-long skiing vacation
la bibita soda, soft-drink (5)
la biblioteca library (2); in biblioteca at/to/in the library
il bicchiere drinking glass (1)
la bicicletta, la bici (*pl.* le bici) bicycle, bike (1); *andare in bicicletta to ride a bicycle, go by bicycle (3); fare un giro in bici to go for a bike ride (4)
la biglietteria ticket office
il biglietto ticket (1); biglietto di andata e ritorno round-trip ticket; biglietto da visita business card; biglietto omaggio complimentary ticket
il bigotto / la bigotta bigot
la biologia biology (3)
biondo blond (2)
la birra beer (1)
il biscotto cookie (5)

*bisognare to be necessary (16); **bisogna** it is necessary (14)

il bisogno need; **avere bisogno (di)** to need (1)

la bistecca steak (6)

bloccare to block

blu *inv.* blue (7)

il blues blues (*music*)

bo' well; I don't know

la bocca mouth (9)

bollire to boil

bolognese meat sauce; **alla bolognese** with meat sauce (6)

la borsa bag (1); **borsa di studio** scholarship

il boscaiolo lumberjack

il bosco (*pl.* **i boschi**) woods

la bottega shop, store

la bottiglia bottle

il bottone button (7)

la boutique (*pl.* **le boutique**) boutique, shop

il braccio (*pl.* **le braccia**) arm (9)

il brano extract, selection, excerpt (15)

bravo good (2); able, capable (2); **bravo in** good at (*a subject of study*) (3)

breve short (*in duration*), brief

la brioche (*pl.* **le brioche**) sweet roll (5); croissant (5)

i broccoli broccoli

il brodo broth; **in brodo** in broth (6)

il bronzo bronze (*statue*)

bruno dark (*hair*) (2)

brutto ugly (2); **un brutto affare** an unpleasant matter; **fare brutto** to be bad weather (3)

il bucato laundry (7); **fare il bucato** to do laundry (7)

il bue (*pl.* **i buoi**) ox

buffo funny, comical

la bugia lie (2)

bugiardo *adj.* lying, untruthful

il bugiardo liar

il buio darkness

buono good (1); **buon compleanno!** happy birthday!; **buona giornata!** have a nice day!; **buon giorno** good morning, good afternoon (P); **buon lavoro!** enjoy your work!; **buona notte** good night (P); **buona sera** good afternoon, good evening (P); **buon viaggio!** bon voyage!; **buonissimo** very good

burocratico bureaucratic

il burro butter (5)

il bus bus (1)

bussare to knock

la bussola compass

la busta envelope (15)

buttare to throw; to toss away; **buttare via** to throw away

C

la cabina cabin; compartment

la caccia hunt; **a caccia di (lavoro)** in search of (work)

cadente dilapidated, crumbling

il caffè coffee (strong Italian coffee) (1); cafè (1); espresso (5); **caffè macchiato** espresso with a few drops of milk

il caffellatte espresso coffee and steamed milk

il calamaro squid

calcareo calcareous (containing calcium)

calcolare to calculate

il calcio soccer (4)

il caldo heat; **avere caldo** to be warm, hot (1); **fare caldo** to be hot (*weather*) out (3)

caldo hot, warm

il calendario calendar

calmo calm

il calore enthusiasm

il calzino sock; **i calzini** socks (7)

il cambiamento change (16)

†cambiare to change; **cambiare casa** to move (12)

il cambio: l'ufficio cambio currency exchange (1)

la camera room (4); **Camera dei Deputati** Chamber of Deputies (*lower house of Parliament*) (16); **camera da letto** bedroom; **camera per gli ospiti** guestroom; **camera doppia/matrimoniale** double room (10); **camera singola** single room (10); **camera con bagno / con doccia / con aria condizionata** room with bath / with shower / with air conditioning (10)

il cameriere / la cameriera server (1); waiter/waitress (5)

la camicetta blouse (11)

la camicia shirt (7); **camicia da notte** nightgown (7)

il camino chimney; fireplace

il camion truck

camminare to walk

il camoscio chamois (*type of antelope*)

la campagna country, countryside; campaign; ***andare in campagna** to go to the country (10); **campagna elettorale** election campaign (16)

la campana bell; **stonato come una campana** tone-deaf

il campeggio camping; campsite; ***andare in campeggio** to go camping (10)

il/la campione champion

il campo field (15)

canadese Canadian (2)

il canale (televisivo) TV channel (8)

il cancro cancer

il candidato / la candidata candidate (16)

il cane dog (1)

il canottaggio canoeing, rowing

il/la cantante singer (14)

cantare to sing (3)

il cantautore / la cantautrice singer-songwriter (14)

la cantina cellar (12)

la canzone song (14)

la canzonetta popular song (14)

il canzoniere collection of songs or lyric poetry

capace capable

i capelli hair (2)

capire (isc) to understand (4)

la capitale capital

il capitalismo capitalism (16)

*capitare to happen, happen to, happen to be

il capitolo chapter

il capo head; boss; article (*of clothing*)

il Capodanno New Year's Day (10)

il capolavoro masterpiece (15)

il capoluogo capital of a region

la cappella chapel

il cappello hat (11)

il cappotto coat (7)

Cappuccetto Rosso Little Red Riding Hood

il cappuccino cappuccino (*espresso infused with steamed milk*)

il cappuccio hood

la capra goat

il capriccio (*pl.* **i capricci**) prank

il carabiniere traffic cop; police officer

la caramella candy

il carattere character

la caratteristica characteristic; quality

carbonara: alla carbonara with a sauce of eggs, bacon and grated cheese (6)

il carbone coal

il carcere (*pl.* **le carceri**) prison, jail

il carciofo artichoke

cardinale cardinal; **i numeri cardinali** cardinal numbers

la carica charge (duty); **carica pubblica** public office

carino pretty, cute (2)

la carità charity; **per carità!** no way! God forbid!

la carne meat (6)

il carnevale carnival

caro expensive (2); dear (2)

la carota carrot (11)

il carrello serving cart

la carriera career

il carro cart

la carrozza carriage; rail coach; car

la carta paper (8); playing card; map; **carta di credito** credit card; **il foglio di carta** sheet of paper (P); **giocare a carte** to play cards; **pagare con la carta di credito** to pay with a credit card (5)

la cartolina postcard (10); greeting card

il cartone cardboard (13)

la casa house, home (3); **a casa** at home; **a casa (di)** at the home (of); **affittare una casa** to rent a house (10); ***andare a casa** to go home; **cambiare casa** to move (12); **casa dello studente** dormitory; **in casa** at home; **il compagno / la compagna di casa** housemate (2); **il padrone / la padrona di casa** landlord/landlady (12); **prendere in affitto una casa** to rent a house (10); ***stare a casa / in casa** to be home; ***uscire di casa** to leave the house

casalingo (*m. pl.* **casalinghi**) domestic, related to the home

la casetta single-family house

il caso chance; **per caso** by chance (14)

la **cassa** cashier's desk (5)
la **cassetta** tape, cassette
la **cassettiera** chest of drawers
il **cassiere** / la **cassiera** cashier (5)
castano brown (*hair, eyes*) (2)
il **castello** castle
il **catalogo** (*pl.* **i cataloghi**) catalogue
la **categoria** category
la **catena** chain
la **cattedrale** cathedral
cattivo bad (2); naughty (2); mean (2); **di cattivo umore** in a bad mood
la **causa** cause; **a causa di** because of
il **cavallo** horse; **a cavallo** on horseback; *andare a cavallo** to go horseback riding
il **Cd** (*pl.* **i Cd**) compact disc, CD (4); il **lettore Cd** CD player
c'è... , c'è... ? there is . . . , is there . . . ? (1)
celebrare to celebrate
cellulare cellular
cemento cement
la **cena** dinner (6); **la cenetta** light supper
il **Cenacolo** *depiction of* The Last Supper
cenare to eat dinner (4)
Cenerentola Cinderella
il **centesimo** cent
il **centinaio** (*pl.* **le centinaia**) about a hundred
cento one hundred; **per cento** percent
centomila one-hundred thousand
centrale central
il **centro** center (5); **al centro** in the center; **di centro** centrist (*politics*) (16); **in centro** downtown (5)
la **ceramica** ceramics
c'era una volta once upon a time (8)
cercare to look for (3); **cercare (di)** to try (to) (9); **cercare di** (+ *inf.*) to try to (*do something*); **cercare lavoro** to look for a job; **in cerca di** searching for; **cercasi** wanted
i **cereali** cereal (5)
la **ceremonia** ceremony
certamente certainly
certo sure, certain; **certo!** certainly! **certo che** of course
il **cervello** brain
il **cestino** wastepaper basket
chattare to chat (online)
che who, whom; that, which; **che...** what / what a . . . (1); **che... ?** what . . . ?, what kind of . . . ?; **a che ora?** at what time? (4); **che cosa?** what? (3); **che ora è? / che ore sono?** what time is it? (4); **Che tempo fa?** How's the weather?, What's the weather like?; **ciò che** that which (14); what (14); **quello che** that which (14); what (14)
chi who (2); he who, she who, the one who (6); **chi?** who?, whom?; **di chi è... ?** whose is . . . ?; **di chi sono... ?** whose are . . . ?
la **chiacchiera** chat; **fare due chiacchiere** to have a chat
chiacchierare to chat

chiamare to call (*someone*) (7); **chiamarsi** to call oneself, be named; **mi chiamo...** my name is . . . ; **Come si chiama?** What's your name? (*form.*); **Come ti chiami?** What's your name? (*inform.*)
chiaro clear (9)
la **chiave** key (4); **chiavi della macchina** car keys
chiedere (*p.p.* **chiesto**) to ask for (5); **chiedere un passaggio** to ask for a ride (13)
la **chiesa** church (1)
il **chilo** kilogram
il **chilometro** kilometer (13)
la **chimica** chemistry (3)
Chissà! Who knows! (10)
la **chitarra** guitar (4)
chiudere (*p.p.* **chiuso**) to close (4)
chiunque whoever, whomever
la **chiusura** closing
ci *pron.* us; to/for us; ourselves; **ci sono... , ci sono... ?** there are . . . , are there . . . ? (1)
ciao hi, hello (P); bye (*inform.*) (P); **ciao, bella!** hi/bye, dear!
ciascuno each, each one
il **cibo** food (6)
cicciotto chubby
il **ciclismo** cycling
il/la **ciclista** (*m. pl.* **i ciclisti**) bicyclist
il **cielo** sky; heaven; **santo cielo!** good heavens!
il **ciglio** (*pl.* **le ciglia**) eyelash
in cima at the top
il **cinema** (*pl.* **i cinema**) movie theater (1); films; *andare al cinema** to go to a movie (4)
cinematografico *adj.* film, screen
il/la **cinese** Chinese person; **il cinese** Chinese language
cinese *adj.* Chinese (2)
la **cintura** belt (7); **cintura di sicurezza** seatbelt (13)
ciò this, that; **ciò che** that which (14); what (14)
la **cioccolata** (hot) chocolate (5)
il **cioccolato** chocolate (*flavor*); **al cioccolato** chocolate flavored
cioè that is
circa approximately, about, around
circolare circular
la **circolazione** circulation
circondato surrounded
la **circoscrizione** district
citare to quote (15)
la **citazione** quotation, excerpt (15)
la **città** (*pl.* **le città**) city (1); **la cittadina** small city (10)
il **cittadino** / la **cittadina** citizen (16)
cittadino (*adj.*) city
civile civil
la **civiltà** (*pl.* **le civiltà**) civilization
clandestino clandestine; **gli immigrati clandestini** illegal immigrants
il **clarinetto** clarinet (14)
la **classe** class (*group of students*) (3); classroom; **la classe sociale** social class (16)

classico (*pl.* **classici**) classic, classical
cliccare to click
il/la **cliente** customer (5)
il **clima** (*pl.* **i climi**) climate (13)
la **clinica** (*pl.* **le cliniche**) clinic
la **coalizione** coalition (16)
il **cocchiere** coachman
il **codice** pin number, code; **codice postale** zip code
il **cognato** / la **cognata** brother-/sister-in-law
il **cognome** last name (1)
la **coincidenza** connecting flight
coincidere (*p.p.* **coinciso**) to coincide
la **colata** flow; **le colate di lava** lava flows
la **colazione** breakfast (5); **la prima colazione** breakfast; **fare colazione** to have breakfast (3)
il **colesterolo** cholesterol
la **colite** colitis
collaborare to collaborate
il **colle** hill (13)
il/la **collega** (*pl.* **i colleghi** / **le colleghe**) colleague
collegare to link
la **collezione** collection
la **collina** hill (13)
collinare hilly
il **collo** neck
la **collocazione** placement
il **colloquio** (*pl.* **i colloqui**) interview; **avere un colloquio** to have an interview; **fissare un colloquio** to set up an interview
la **colonna** column; **la colonna sonora** soundtrack (8)
colorato colorful
il **colore** color
la **colpa** fault, crime
colpire (**isc**) to strike; to hit
colpo: il colpo di fulmine bolt of lightning (love at first sight)
il **coltello** knife (6)
coltivare to cultivate, farm
la **coltivazione** cultivation
il **combattente** *m./f.* fighter; serviceman/servicewoman
combattere to fight
la **combinazione** combination; coincidence
come how; like; as; **come?** how?; **Come?** I beg your pardon?, What? (P); **come mai?** how come?; **come se** as if; **Come si dice... ?** How do you say . . . ? (P); **come si pronuncia/scrive... ?** how do you pronounce/write . . . ?; **Come si chiama?** What's your name? (*form.*) (P); **Come ti chiami?** What's your name? (*inform.*) (P); **Come sta?** How are you? (*form.*) (P); **Come stai?** How are you? (*inform.*) (P); **come va?** how's it going? (P); **com'è... ?** what is he/she/it like?; **come sono?** what are they like?; **così come** just like (16) **così... come** as . . . as (9)
comico (*m. pl.* **comici**) comic; comical
*cominciare** to begin, start (3); **cominciare** (**a** + *inf.*) to start (*to do something*)

la **commedia** comedy (14)

il **commediografo / la commediografa** playwright

commentare to comment on

il **commento** comment

il/la **commerciante** businessperson; merchant; wholesaler

il **commercio** business, trade; **economia e commercio** business administration (3)

il **commesso / la commessa** salesperson (11)

commovente moving

la **commozione** emotion

il **comodino** nightstand

comodo comfortable (9); convenient (9)

la **compagnia** company

il **compagno / la compagna** classmate (2); **compagno/compagna di stanza (di casa)** roommate (housemate) (2)

compere: fare le compere to go shopping (11)

competente competent

la **competenza** ability, competency

il **compito** homework assignment (2)

compiuto reached

il **compleanno** birthday (6); **buon compleanno!** happy birthday!

il **complesso** band; group

completare to complete

completo complete; **al completo** full (*hotel, etc.*); **la pensione completa** full board (three meals a day) (10)

complicato complicated

il **complimento** compliment; **fare un complimento** to pay a compliment

comporre (*p.p.* **composto**) to compose (14)

il **comportamento** behavior

comportarsi (da) to behave (like a)

il **compositore / la compositrice** composer (14)

la **composizione** composition

composto (di) composed of

il **computer** computer (4); **giocare con il computer** to play on the computer (4)

comprare to buy (3)

compreso including; **tutto compreso** all costs included (10)

comunale municipal

il **comune** city; city hall

comune common

la **comunicazione** communication

il/la **comunista** (*m. pl.* **i comunisti**) Communist

la **comunità** community; **Comunità Europea (CE)** European Community (EC) (16)

comunque anyhow (14); no matter how

con with

concentrarsi to concentrate

il **concerto** concert (4); *andare a un concerto to go to a concert (4)

il **concetto** concept

la **conchiglia** shell

il **concilio** council

la **conclusione** conclusion

il **concorso** exam, contest; **partecipare a un concorso** to take a civil-service exam

condividere (*p.p.* **condiviso**) to share (*a residence*) (12)

il **condizionale** conditional (*verb mood*)

condizionato: l'aria condizionata air conditioning; **con aria condizionata** with air conditioning (10)

la **condizione** condition; **a condizione che** provided that

il **conduttore** conductor

la **conferenza** lecture; conference

confermare to confirm

confinare to border

il **confine** border

confrontare to confront; to compare

il **confronto** comparison

la **confusione** confusion; **che confusione!** what a mess!; **fare confusione** to make noise, make a mess

confuso confused

il **congiuntivo** subjunctive (*verb mood*)

la **congiunzione** conjunction

il **congresso** congress; meeting, conference

coniugare to conjugate

la **coniugazione** conjugation

il **cono** cone

la **conoscenza** knowledge; acquaintance

conoscere (*p.p.* **conosciuto**) to know, be acquainted with (5); to meet (*in past tense*) (5)

conosciuto known, well-known

conquistare to conquer

consecutivo consecutive

consegnare to award; to hand over

conseguenza: di conseguenza consequently, as a result

conservare to preserve

il **conservatore / la conservatrice** conservative (16)

considerare to consider

consigliare (di) to recommend (6); to advise (*to do something*) (6)

il **consigliere / la consigliera** advisor

il **consiglio** (*pl.* **i consigli**) advice (10); (piece of) advice (10); board, council; **il Consiglio dei Ministri** Council of Ministers (16); **il Presidente del Consiglio** prime minister (16)

consistere to consist

la **consonante** consonant

consueto usual

consultare to consult

consumare to consume

il **consumismo** consumerism

il **contabile** *m./f.* bookkeeper, accountant

il **contadino / la contadina** farmer

contadino *adj.* country, rural

contanti: pagare in contanti to pay in cash (5)

contare to count; **contare su (di)** to count on

il **contatto** contact; *entrare in contatto to come into contact; **le lenti a contatto** contact lenses (9)

contemporaneo (*adj.*) contemporary

contenere to contain

contento glad, happy, satisfied; **contento di** (+ *inf.*) happy to (*do something*)

il **contesto** context

il **continente** continent

continuare to continue; **continuare a** (+ *inf.*) to continue (*to do something*) (8)

la **continuazione** continuation

continuo continuous

il **conto** bill, check (5); (bank) account; **pagare il conto** to pay the bill (6); **portare il conto** to bring the bill (6); **per conto di** on behalf of

il **contorno** side dish (6)

il **contrario** (*pl.* **i contrari**) opposite

contrario (a) opposite (to); *essere contrario (a) to be against

contrattare to negotiate (16)

contribuire (isc) to contribute

il **contributo** contribution; tax

contro against; *essere contro to be against

controllare to check, check up on (9); **controllare l'olio / l'acqua / le gomme** to check the oil / water / tires (13)

il **controllo** test, check, check-up (9); control; tune-up (13)

la **conversazione** conversation

convincere (**a** + *inf.*) (*p.p.* **convinto**) to convince

*convivere (*p.p.* **convissuto**) to live together

il **coperto** cover charge (6)

coperto *adj.* covered

la **coppa** cup; **la coppa del mondo** world cup

la **coppia** pair, couple; **in coppia** as a pair

il **coraggio** courage

il **cornetto** sweet roll (5)

il **coro** choir, chorus (14)

il **corpo** body (9)

correggere (*p.p.* **corretto**) to correct

†**correre** (*p.p.* **corso**) to run (4)

corretto correct

corrispondente corresponding

la **corrispondenza** correspondence

corrispondere to correspond

la **corsa** running; race

il **corsivo** italics

il **corso** class (3); course (*of study*) (3); **seguire un corso** to take a class (4)

corto short (*in length*) (2)

la **cosa** thing

(che) cosa? what? (3); **che cos'è?** what is (it)?; **Cosa vuol dire… ?** What does . . . mean? (P); **qualche cosa** something; **qualunque cosa** whatever

la **coscia** (*pl.* **le cosce**) thigh

così so (7); **così come** just like (16); **così… come** as . . . as; **così così** so-so (P); **così è** that's how it is; **così tanto** so much; **e così via** and so forth; **si dice così** that's what they say; **va bene così** that's enough, that's fine

la **costa** coast

*costare to cost (11)

la **costituzione** Constitution (16)

il **costo** cost; **il costo della vita** cost of living; **l'albergo di costo medio** moderately priced hotel (10)

costoso expensive, costly

costruire (isc) to build (15)
la costruzione construction
il costume costume; custom
cotto cooked (6)
la cozza mussel
la cravatta tie (7)
creare to create
il creatore creator
la creazione creation
credere (a + n.) to believe (in something) (11); credere (di + inf.) to believe (14)
il credito credit; la carta di credito credit card; pagare con la carta di credito to pay with a credit card (5)
*crescere (p.p. cresciuto) to grow (up); to raise; to increase (16)
la crescita growth
criminale criminal
il crimine crime (individual act)
la crisi crisis
il cristallo crystal
il cristianesimo Christianity
cristiano Christian; la Democrazia Cristiana Christian Democratic Party
la croce cross; Croce Rossa Red Cross
la crocetta check-mark
la crociera cruise; fare una crociera to take a cruise (10)
la cronaca local news (8); cronaca nera crime news
il/la cronista (m. pl. i cronisti) reporter (8)
la crostata pie (6)
il crostino canapé
il cucchiaio spoon (6)
la cucina cuisine (5); kitchen (5); cooking (6); in cucina in the kitchen; il libro di cucina cookbook (6)
cucinare to cook (4)
il cugino / la cugina cousin (1)
cui whom; which; art. + cui whose
culminare to culminate
culturale cultural
cuocere (p.p. cotto) to cook
il cuoco / la cuoca cook, chef
il cuore heart (9)
la cura treatment (9); cure; care
curare to care for, treat, heal (9); curarsi to take care of oneself (9)
curativo curative
curioso curious
il curriculum curriculum, CV, resumé

D

da from; at; by; da molto tempo for a long time; da parte aside (11); da quando since; da quanto tempo (for) how long (7); da quelle parti around there (12); da solo/sola alone (4)
Dai! Come on! (11)
la danza dance (14)
dappertutto everywhere (12)
dare to give (3); dare le dimissioni to give one's resignation (16); dare un esame to take a test (3); dare fastidio (a) to annoy; dare (in televisione) to show (on television) (8); dare una mano to lend a hand; dare un'occhiata a to glance at; dare un passaggio to give a ride (13); può darsi it could be
la data date (calendar)
dato che since
il datore / la datrice di lavoro employer
davanti a in front of
davvero really, truly (15)
decente decent
decidere (p.p. deciso) (di + inf.) to decide (to do something)
decimo tenth
decisamente decidedly; definitely
la decisione decision prendere una decisione to make a decision
decorare to decorate
dedicare to dedicate
dedicato devoted
definire (isc) to define; to determine
definitivamente definitely
la definizione definition
degustare to taste
delicato tender
il delitto crime (individual act)
la delinquenza crime (in general)
deludere (p.p. deluso) to disappoint
deluso disappointed
la demagogia demagogy
la democrazia democracy (16)
la densità density
il dente tooth (9); lavarsi i denti to brush one's teeth; avere mal di denti to have a toothache (9)
il/la dentista (m. pl. i dentisti) dentist
dentro inside
il deposito deposit; lasciare un deposito to leave a deposit (10); pagare un deposito to pay a deposit (10)
la depressione depression
depresso depressed
depurare to purify (13)
il deputato / la deputata representative (in the Chamber of Deputies) (16); la Camera dei Deputati Chamber of Deputies (lower house of Parliament) (16)
descrivere (p.p. descritto) to describe
la descrizione description
desiderare to desire
il desiderio (pl. i desideri) desire, wish
desideroso desirous; eager
la destinazione destination
destra right (direction); a destra to/on the right (1); di destra right-wing (16)
destro adj. right (9)
il deterioramento deterioration
determinativo: l'articolo determinativo definite article
deviante deviant
di of, by; about; from; than (in comparison); di chi è... ? whose is . . . ? (2); di chi sono... ? whose are . . . ? (2); di dove sei? where are you from?; di dov'è? where is he/she from?; di lato (a) beside, next to (12); di lusso (adj.) luxury; di meno less; di moda in fashion; di nuovo again; di più more; di professione professional (14); di solito usually (4); di Susanna Susanna's; di tutti i giorni everyday (7); dopo di (+ pron.) after; un po' di a little bit of
il dialetto dialect
il dialogo (pl. i dialoghi) dialogue
il diamante diamond
il dibattito debate
dicembre m. December (P)
dichiarare to declare
la dieta diet (5); *essere a dieta to be on a diet (5)
dietro (a) behind (5); dietro (a/di) behind (12)
difendere (p.p. difeso) to defend
la differenza difference
differenziato: la raccolta differenziata dei rifiuti separated or sorted collection of trash and recycling
differita: in differita tape-delayed, pre-recorded broadcast (8)
difficile difficult, hard (3)
la difficoltà difficulty
diffondere (p.p. diffuso) to diffuse
diffuso widespread (10)
digestivo digestive
digitale digital
la digressione digression
dilettante adj. amateur (14)
la dimensione size, dimension
dimenticare to forget (3); dimenticare (di + inf.) to forget (to do something)
dimettersi (p.p. dimesso) to resign (an office)
†diminuire (isc) to reduce (16)
la diminuzione reduction (16)
la dimissione resignation; dare le dimissioni to give one's resignation (16)
dimostrare to demonstrate
dimostrativo demonstrative
la dimostrazione demonstration
la dinamica dynamics
il dipartimento department
il/la dipendente employee
dipendere (p.p. dipeso) to depend; dipende it depends
dipingere (p.p. dipinto) to paint (4)
il dipinto painting (individual work)
il diploma (pl. i diploma) high-school diploma; diploma magistrale teaching certificate; diploma di maturità high-school graduation certificate; diploma universitario junior college diploma
diplomarsi to graduate (high school) (7)
dire (p.p. detto) to say, tell (4); Come si dice... ? How do you say . . . ? (P); Cosa vuol dire... ? What does . . . mean? (P); dire una bugia to tell a lie; a dire il vero to tell the truth (10); si dice così this is how you say it
la diretta live broadcast; in diretta live (8)
diretto direct; directed
il direttore / la direttrice director; direttore/direttrice d'orchestra conductor (14)
il/la dirigente executive, manager; fare il/la dirigente to be an executive
dirigere (p.p. diretto) to direct (8); to conduct (14)
il diritto (legal) right (8); i diritti rights (8)

dirottare to detour; re-route
disabitato uninhabited
il disastro disaster
il disboscamento deforestation (13)
la discesa libera downhill (skiing)
il dischetto diskette
il disco (*pl.* **i dischi**) phonograph record; disc; **disco fisso** hard drive
il discorso speech (16); conversation (16); discourse
la discoteca discothèque
la discussione discussion
discutere (di) (*p.p.* **discusso**) to discuss
disegnare to draw (4)
il/la disegnatore designer
il disegno drawing
disfare le valige to unpack (10)
disoccupato unemployed (16)
la disoccupazione unemployment (16)
disordinato messy; disorganized; untidy
*dispiacere (*p.p.* **dispiaciuto**) to be sorry (6); **mi dispiace** I'm sorry (6)
disponibile available (13)
la disposizione disposition; arrangement; **avere a disposizione** to have at one's disposal, for one's use
disposto (**a** + *inf.*) willing (*to do something*)
distante distant
la distanza distance
distinto distinguished, refined; **distinti saluti** best regards
distratto distracted; absent-minded
la distrazione distraction
il distributore di benzina gas pump (13)
distruggere (*p.p.* **distrutto**) to destroy
la distruzione destruction
disturbare to disturb, trouble, bother
il disturbo ailment
il dito (*pl.* **le dita**) finger (9); toe
la ditta firm, business
la dittatura dictatorship (16)
la diva star (*opera*) (14)
il divano sofa, couch (12)
*diventare to become (5)
la diversità diversity
diverso (da) different (from); **diversi/e** several, various
divertente fun-loving, entertaining
il divertimento fun, entertainment (2); **buon divertimento!** have fun!
divertirsi to enjoy oneself, have a good time (7); **divertirsi un mondo** to have a great time
dividere (*p.p.* **diviso**) to divide, share
il divieto prohibition; **divieto di sosta** no-parking zone (13)
divino divine
divorziare to divorce
il dizionario dictionary (2)
la doccia shower; **con doccia** with shower (10); **fare la doccia** to take a shower
il documentario (*pl.* **i documentari**) documentary
il documento document (1)
il dolce dessert (6); **i dolci** sweets (5)
dolce (*adj.*) sweet, gentle **la dolce vita** the easy life

la dolcezza sweetness, mildness
il dollaro dollar
il dolore pain (9)
la domanda question (2); **fare domanda** to apply; **fare una domanda** to ask a question; **domanda di lavoro** job application
domandare to ask (6)
domani tomorrow (P); **a domani** see you tomorrow
la domenica Sunday (P)
domestico (*m. pl.* **domestici**) domestic; **le faccende domestiche** household chores
il dominio (*pl.* **i domini**) domination; rule
donare to donate, give
il dono donation, gift
la donna woman; **donna d'affari** businesswoman
dopo *prep.* after (3); *adv.* afterwards; **dopo che** *conj.* after
la dopoguerra post-war period
il doppiaggio dubbing (8)
doppiare to dub (8)
doppio (*m. pl.* **i doppi**) double; **la camera doppia** double room (10)
dormire to sleep (4); *andare a dormire to go to bed, retire; **chi dorme non piglia pesci** the early bird gets the worm; **dormire fino a tardi** to sleep late
dotarsi to equip oneself
dotato gifted
il dottorato doctorate
il dottore / la dottoressa doctor (9); university graduate
dove where (1); **dove?** where?; **dov'è** where is (1); **di dove sei?** where are you from?; **di dov'è?** where is he/she from?
dovere (+ *inf.*) to have to, must (*do something*) (4)
il dovere duty
dovunque wherever
dovuto (a) due (to)
downlodare to download
il drago dragon
il dramma (*pl.* **i dramma**) drama
drammatico dramatic
dritto straight (1); **sempre dritto** straight ahead (1)
la droga drugs
il drogato / la drogata drug addict
il dubbio (*pl.* **i dubbi**) doubt
dubitare to doubt (16)
il duca / la duchessa (*m. pl.* **i duchi**) duke/duchess
dunque therefore
il duomo major church of a city
durante during
*durare to last
il DVD (*pl.* **i DVD**) DVD (8); **il lettore DVD** DVD player (8)

E

è is (P); **è di...** it belongs to . . . ; **c'è** there is
e (P), **ed** (*before vowels*) and
ebbene well then; so; **ebbene?** so? and?
eccellente excellent

eccetera (*abbr.* **ecc.**) et cetera (etc.)
eccezionale exceptional
ecco here (it) is, here (they) are (1); there (it) is, there (they) are (1); here you are; look
ecologico (*m. pl.* **ecologici**) ecological (13); environmentally safe
l'economia economics; economy; **economia e commercio** business administration (3)
economico (*m. pl.* **economici**) inexpensive; **l'albergo economico** inexpensive hotel (10)
l'edicola newspaper stand
l'edificio (*pl.* **edifici**) building (13)
educare to educate; to bring up
educato polite
l'educazione *f.* education
l'effetto effect; **effetto serra** green-house effect (13); **in effetti** in fact
efficace effective
efficiente efficient
l'egoista (*m. pl.* **egoisti**) egotist
elegante elegant
elegantemente elegantly
l'eleganza elegance
eleggere (*p.p.* **eletto**) to elect (16)
elementare elementary; **le elementari** elementary school
l'elemento element
elencare to list
l'elenco (*pl.* **elenchi**) list
elettorale electoral; **la campagna elettorale** election campaign (16)
elettrico (*pl.* **elettrici**) electric; electrical
elettronico (*m. pl.* **elettronici**) electronic, **la posta elettronica** e-mail (4)
l'elezione *f.* election (16)
eliminare to eliminate
l'e-mail *f.* (*pl.* **le e-mail**) e-mail (4); e-mail message (4)
emailare to e-mail
emarginare to marginalize
l'emarginazione *f.* marginalization
l'emigrante *m./f.* emigrant
l'emigrazione *f.* emigration
l'emozione *f.* emotion
l'energia energy
energico (*m. pl.* **energici**) energetic (2)
enfatico emphatic
enorme enormous
l'ente *m.* agency
*entrare to enter (5); to go in (5)
l'entrata entrance, entryway (12)
entro within, by (*a certain time*)
l'entusiasmo enthusiasm
entusiasta (*m. pl.* **entusiasti**) enthusiastic
l'episodio (*pl.* **episodi**) episode
l'epoca era, age, period (15)
eppure and yet
equilibrato balanced
l'equitazione *f.* horseback riding; horsemanship
l'equivalente *m.* equivalent
l'erba grass; **le erbe** herbs
l'erboristeria herbalist's shop
l'eroe/l'eroina hero/heroine

l'errore *m.* mistake, error
l'eruzione *f.* eruption
l'esame *m.* exam, test (3); **dare un esame** to take a test (3); **esame di maturità** comprehensive high-school exam
esaminare to examine
l'esamino quiz
esatto exact; **esatto!** exactly!
esaurito exhausted, worn out; dead (*batteries*)
esclamare to exclaim
esclusivamente exclusively
eseguire (isc) to execute, do, carry out
l'esempio (*m. pl.* esempi) example; **ad/per esempio** for example; **secondo l'esempio** according to the example
esercitare to practice, exercise
l'esercizio (*pl.* gli esercizi) exercise; **fare esercizio** to exercise
l'esigenza demand
esigere to insist
l'esilio exile
l'esistenzialismo existentialism
esistere to exist
espediente makeshift; **vivere di espedienti** to live by one's wits
l'esperienza experience
l'esperto expert
l'esposizione *f.* show
l'espressione *f.* expression; **espressione idiomatica** idiomatic expression
espressivamente expressively
l'espresso strong Italian coffee (5)
esprimere (*p.p.* espresso) to express
espulso expelled
l'essenza essence
l'essenzialità essentiality
*essere (*p.p.* stato) to be (2); *essere + *professione* to be a + *profession*; *essere d'accordo to agree (3); *essere al completo to be full (*hotel*); *essere contro/contrario (a) to be against; *essere di (+ *city*) to be from (*city*); *essere a dieta to be on a diet (5); *essere a favore (di) to be in favor (of); *essere impegnato to be politically engaged; *essere nebbioso to be foggy weather (4); *essere in pensione to be retired (16); *essere puntuale to be punctual; *essere in ritardo to be late; *essere in sciopero to be on strike (16); *essere sereno to be clear weather (4); è bene it is good (14); è giusto to be right (14); è ora it's time (16); è peccato it's too bad (16); *esserci to be there, be in (*a place*)
l'est *m.* east (10)
l'estate *f.* summer (4); **l'estate scorsa** last summer
esterno external
estero foreign; *andare all'estero to go abroad (10); **la politica estera** foreign affairs
estetico *adj.* aesthetic
estivo *adj.* summer
estroverso extroverted
l'età moderna the modern period

eterno eternal
l'etnia ethnic group
l'etnicità ethnicity
etnico ethnic
l'etto hectogram
l'euro euro (*shared European currency*) (1)
l'Europa Europe
europeo European (16); **la Comunità Europea (CE)** European Community (EC) (16)
l'evento event
eventuale eventual, future
evidenziare to point out, highlight
evitare to avoid
evoluto evolved
l'evoluzione *f.* evolution
l'extracomunitario/l'extracomunitaria (*m. pl.* gli extracomunitari) person from outside the European Community

F

fa ago (5)
la fabbrica factory (16); **in fabbrica** in a factory
la faccenda household chore
la faccia (*pl.* le facce) face (9)
la facciata facade
facile easy (3)
facilitare to facilitate
facilmente easily
la facoltà department, school (*within a university*) (3); **che facoltà fai/frequenti?** what's your major?
i fagioli beans (11)
falso false
la fama fame
la fame hunger; **avere fame** to be hungry (1)
la famiglia family (3)
famoso famous
la fantasia fantasy, imagination
fantastico (*m. pl.* fantastici) fantastic
fare (*p.p.* fatto) to do (3); to make (3); **fare** (+ *inf.*) to cause something to be done; **fare il/la** + *professione* to be a + *profession*; **fare aerobica** to do aerobics (4); **fare amicizia** to make friends; **fare un affare** to get a bargain (11); **fare l'autostop** to hitchhike; **fare baccano** to carry on loudly; **fare il bagno** to take a bath; **fare il bucato** to do laundry (7); **fare bella figura** to look good (7); to make a good impression (7); **fare bello/brutto** to be nice/bad weather; **fare bene a** to be good for; **fare benzina** to get gas (13); **fare caldo / freddo / fresco** to be hot / cold / cool out; **fare colazione** to have breakfast (3); **fare le compere** to go shopping (11); **fare un complimento** to pay a compliment; **fare una crociera** to go on a cruise (10); **fare il/la dirigente** to be an executive; **fare la doccia** to take a shower; **fare una domanda** to ask a question; **fare domanda** to apply; **fare due chiacchiere** to chat; **fare esercizio** to exercise; **fare le ferie** to go on vacation (10); **fare il**

footing (il jogging) to jog; **fare una fotografia** to take a photograph; **fare un giro in bici / in macchina / a piedi** to go for a bike ride / car ride / walk (4); **fare una gita** to take a short trip; **fare il letto** to make the bed; **fare male (a)** to hurt (9); **fare la parte di** to play the part of; **fare parte (di)** to take part (in) (15); **fare una passeggiata** to take a walk; **fare il pieno** to fill up (the gas tank) (13); **fare una prenotazione** to make a reservation (6); **fare presto** to hurry; **fare un programma** to plan, make plans (4); **fare programmi** to make plans (10); **fare un regalo (a)** to give (*someone*) a present; **fare ricerche** to do research (15); **fare lo sci acquatico/nautico** to go waterskiing (4); **fare lo sci di fondo** to go cross-country skiing (4); **fare sciopero** to strike (16); **fare uno sconto** to give a discount (11); **fare lo scontrino** to get a receipt (5); **fare sollevamento pesi** to lift weights (4); **fare la spesa** to go grocery shopping (11); **fare le spese** to go shopping (11); **fare uno sconto** to give a discount (11); **fare uno sport** to play a sport (4); **fare uno spuntino** to have a snack (5); **fare un trasloco** to move (12); **fare le vacanze** to go on vacation (10); **fare le valige** to pack (10); **fare un viaggio** to take a trip; **farcela** to succeed; **farsi la barba** to shave (*men*); **farsi male** to hurt oneself, get hurt (9); **farsi regali** to exchange gifts; **farsi sentire** to make oneself heard (16); **Che tempo fa?** How's the weather?, What's the weather like?
la farina flour
la farmacia (*f. pl.* le farmacie) pharmacy (1)
il farmaco medicine, drug
il/la farmacista pharmacist
la fascia di ozono (*pl.* le fasce) ozone layer (13)
fasciare to bind
il fascino fascination
il fascismo fascism
il fastidio (*pl.* i fastidi) annoyance, bother; **dare fastidio (a)** to annoy (14)
fastidioso annoying (9)
la fata fairy
la fatica effort, trouble
faticoso tiring (9)
il fattore factor
la favola fable
il favore favor; *essere a favore (di) to be in favor (of); **per favore** please (P)
favorire (isc) to favor
febbraio February (P)
la febbre fever (9)
fedele loyal, faithful
il fegato liver
felice happy
la felicità happiness
la felpa sweatshirt (7); sweatsuit (7)
la femmina female
femminile feminine
il femminismo feminism

il/la femminista (*m. pl.* i femministi) feminist (16)

le ferie vacation; *andare in ferie to go on vacation (10); fare le ferie to go on vacation (10)

fermare to stop (*someone or something*); fermarsi to stop (*oneself from moving*) (7)

fermo still; *stare fermo to stay still

il ferragosto holiday of August 15th

il ferro iron

la festa party (3); holiday; festa a sorpresa surprise party

festeggiare to celebrate

il festival (*pl.* i festival) festival

la fetta slice (5)

le fettuccine type of pasta

il fianco flank, side

il fiasco fiasco, disaster, mess

la fiction TV series (8)

fidanzarsi (con) to get engaged (*to be married*) (to)

il fidanzato fiancé

fidarsi (di) to trust, have faith (in)

fiero proud (15)

il figlio / la figlia (*m. pl.* i figli) son/ daughter (3); figlio unico only child

la figura figure; fare bella figura to look good (7); to make a good impression (7)

la fila row, line

il file (*pl.* i file) file

il filetto fillet

il film (*pl.* i film) film, movie

filmare to film

il filmato film clip, short film

la filosofia philosophy (3)

finale final

finalmente finally

la finanza finance, finances

finanziare to finance

finanziariamente financially

la fine end (6)

la finestra window (4); il finestrino window in a train, car, airplane

finire (isc) to finish (4); finire (di + *inf.*) to finish (*doing something*)

fino a until; fino a tardi until late

il fiore flower (6)

fiorente flourishing

fiorentino Florentine

fiorito in bloom

fischiare to boo (*lit.* to whistle) (14)

la fisica physics (3)

fisico (*m. pl.* fisici) physical

fissare to set, establish, fix; fissare un appuntamento to make an appointment; fissare un colloquio to set up an interview

fisso fixed, set (10); il disco fisso hard drive

il fiume river (13)

il flauto flute (14)

floreale floral

floricultore floriculturalist

fluviale *adj.* river

la focaccia (*pl.* le focacce) type of flat Italian bread

il foglio (*pl.* i fogli) di carta sheet of paper (2)

folcloristico folkloric

la folla crowd

fondare to found

i fondi funds, resources

il fondo: lo sci di fondo cross-country skiing

fondo *adj.* il piatto fondo soup bowl

la fontana fountain

la fontina soft Italian cheese

il football football (soccer)

il footing jogging; fare il footing to go jogging

la forchetta fork (6)

la foresta forest; la foresta pluviale rain forest (13)

la forma form

il formaggio (*pl.* i formaggi) cheese (6)

formare to form

formato formed, composed

formattare to format

la formazione formation

la formula: formula uno formula one speed racing

fornire (isc) to provide, supply

fornito supplied

il forno oven; al forno baked (6)

forse maybe (10)

forte strong (9)

fortemente strongly, loudly

la fortuna luck, fortune; avere fortuna to be lucky; buona fortuna! good luck! per fortuna luckily

fortunatamente luckily, fortunately

fortunato lucky, fortunate

forwardare to forward

la forza strength

Forza! Come on!

forzare (a + *inf.*) to force (14)

la fotografia, la foto (*pl.* le foto) photograph, photo (1); photography; fare una fotografia to take a photograph

fotografico: la macchina fotografica camera

fra between, among, in, within (+ *time expressions*)

fragile fragile

la fragola strawberry

il frammento fragment

francescano Franciscan

il/la francese French person; il francese French language

francese *adj.* French (2)

la frase phrase; sentence

il fratello brother (3); fratellino little brother

la freccia (*pl.* le frecce) arrow

il freddo cold; avere freddo to be cold (1); fare freddo to be cold (*weather*) out

freddo *adj.* cold; il tè freddo iced tea (5)

frequentare to attend (*a school, a class*); to go often to (*a place*); to associate with (*people*)

frequente frequent

il fresco coolness

fresco (*m. pl.* freschi) fresh (6); cool; fare fresco to be cool (*weather*) out

la fretta hurry, haste; avere fretta to be in a hurry (1); in fretta in a hurry (5)

il frigo (*from* frigorifero) (*pl.* i frigo) refrigerator

fritto fried (6)

la frontiera border

la frutta fruit (6); il negozio di frutta e verdura produce market (11)

il fruttivendolo / la fruttivendola fruit vendor (11)

il frutto: frutti di mare seafood

il fulmine lightning; il colpo di fulmine lightning bolt; love at first sight

fumare to smoke

il fumatore / la fumatrice smoker (14)

il fungo mushroom

funzionare to function, work (13)

la funzione function

il fuoco (*pl.* i fuochi) fire; burner; le armi da fuoco firearms

fuori out, outside (6); fuori luogo out of place; fuori moda out of fashion

il futuro future; future tense; in futuro in the future

G

la galleria gallery; tunnel; arcade

il gallone gallon

la gamba leg (9); in gamba capable, "with it"

la gara competition, match (4)

il garage (*pl.* i garage) garage

il garofano carnation

gassato: l'acqua gassata carbonated water (5)

la gastrite gastritis

il gatto cat (1)

il gelataio / la gelataia (*m. pl.* i gelatai) ice-cream maker/vendor (11)

la gelateria ice-cream parlor (11)

il gelato ice cream (1)

geloso jealous

i gemelli / le gemelle twins (9)

il generale general

generale *adj.* general

generalizzare to generalize

la generalizzazione generalization

generalmente generally

il genere type; kind; gender; genre; in genere generally

generico generic

la generosità generosity

generoso generous

genetico genetic

il genio genius

i genitori parents (3)

gennaio January (P); il primo gennaio January 1st (P)

la gente people (5)

gentile kind (2)

gentilmente *adv.* kindly

genuino genuine, authentic

geografico (*m. pl.* geografici) geographic, geographical

il gesso chalk (2)

gettarsi to throw oneself

il ghiaccio ice (5)

già already (5); you're right

la giacca jacket (7)

il **giallo** mystery novel, detective story
giallo *adj.* yellow (7)
il/la **giapponese** Japanese person;
   il **giapponese** Japanese language
giapponese *adj.* Japanese (2)
il **giardino** garden (12), yard (12)
il **ginocchio** (*pl.* le ginocchia) knee
giocare (a) to play (*a sport, a game*) (3);
   giocare a carte to play cards; **giocare
   con il computer** to play on the
   computer (4)
il **giocatore / la giocatrice** player (4)
il **gioco** (*pl.* i giochi) game
la **gioia** joy
il **gioiello** jewel
il **giornale** newspaper (4); **sul giornale**
   in the newspaper
giornaliero everyday, daily
il **giornalismo** journalism (3)
il/la **giornalista** (*m. pl.* i giornalisti)
   journalist (8)
la **giornata** day; the whole day;
   buona giornata! have a nice day!
il **giorno** day (P); **buon giorno** good
   morning, good afternoon (P);
   Che giorno è? What day is it? (P);
   di tutti i giorni everyday
il/la **giovane** young person; **i giovani**
   young people, the young
giovane *adj.* young (2)
il **giovedì** Thursday (P)
la **gioventù** youth (7)
girare to turn; to rotate; to stir; to film (8);
   to shoot film (8)
il **giro** tour; trip; **fare un giro** to take a trip;
   **fare un giro in bici / in macchina /
   a piedi** to take a bike ride / car ride /
   walk (4); **in giro** around; on patrol
la **gita** excursion **fare una gita** to take a
   short trip
il **giubbotto** jacket
giudicare to judge
il **giudizio** judgment; **il giudizio
   universale** Last Judgment
giugno June (P)
la **giungla** jungle
la **giurisprudenza** law (3)
giustificare to justify
la **giustificazione** justification
la **giustizia** justice
Giusto! Right! (P); **è giusto** it is right (14)
Gli to/for you (*m. and f. pl., form.*);
   gli to/for him, to/for them
gli gnocchi dumplings (6)
la **goccia** (*pl.* le gocce) drop
godere to enjoy
la **gola** throat (9)
il **golf** golf; sweater (3)
il **gomito** elbow
la **gomma** tire (13); **controllare le gomme**
   to check the tires (13)
la **gonna** skirt (11)
gotico (*m. pl.* gotici) Gothic
il **Governo** government (16); executive
   branch (16); administration (16); **la crisi
   del governo** political crisis (16)
la **grammatica** grammar

il **grammo** gram
grande big (2); great (2); large; **il grande
   magazzino** department store (11);
   più grande bigger, older
grandioso grand, grandiose
grasso fat (2)
grave serious, grave (9)
la **grazia** grace
grazie thanks, thank you (P)
grazioso pretty, charming
il **greco / la greca** (*m. pl.* i greci) Greek
   person; il **greco** Greek language
greco (*m. pl.* greci) *adj.* Greek (2)
gridare to shout (12)
grigio (*m. pl.* grigi) gray (7)
la **griglia** grill; **alla griglia** grilled (6)
grosso big (8); **il pezzo grosso** big shot
il **gruppo** group
guadagnare to earn; **guadagnarsi da
   vivere** to earn a living
il **guadagno** earnings, income (16)
il **guanto** glove; **i guanti** gloves (7)
guardare to watch, look at (3); **guardare
   la televisione (la TV)** to watch
   television (TV) (4)
la **guarigione** recovery, cure (9)
****guarire (isc)** to heal (9); to get well (9)
la **guerra** war; **la prima/seconda guerra
   mondiale** First/Second World War
il **guerriero** warrior
la **guida** guide; guidebook
guidare to drive
gustare to taste
il **gusto** taste (*in all senses*) (13); preference

H

ho... anni I'm . . . years old (P)

I

l'**idea** idea **idea luminosa** brilliant idea;
   ottima idea! great idea!
ideale ideal
l'**idealista** *m./f.* idealist
idealizzato idealized
identificare to identify
l'**identikit** profile; ID sketch
l'**identità** (*pl.* le identità) identity
idiomatico (*m. pl.* idiomatici):
   l'**espressione idiomatica** idiomatic
   expression
l'**idolo** idol
l'**idromassaggio** water-massage
ieri yesterday (5); **ieri sera** last night (5)
ignorante ignorant
ignorare to ignore; be unaware of
l'**Illuminismo** the Enlightenment
   (*18th-century European cultural movement
   that celebrated rationality and optimism*)
illustrare to illustrate
l'**imbarazzo** embarassment; trouble; **avere
   l'imbarazzo della scelta** to have a
   wealth of choices
l'**imbarco** boarding (10)
imbottito padded
immaginare to imagine (16)
l'**immaginazione** *f.* imagination

l'**immagine** *f.* image
immediatamente immediately
immenso immense
l'**immigrato/l'immigrata** immigrant
l'**immigrazione** *f.* immigration
immobiliare: l'agenzia immobiliare real
   estate agency
imparare to learn (3); **imparare a** (+ *inf.*)
   to learn how (*to do something*)
impegnarsi to be/get involved
impegnato politically engaged; busy;
   ****essere impegnato** to be politically
   engaged
l'**imperativo** imperative (*verb mood*)
l'**imperfetto** imperfect (*verb tense*)
imperiale imperial
l'**impermeabile** *m.* raincoat (7)
l'**impero** empire
impersonale impersonal
l'**impiegato/l'impiegata** clerk (1);
   white-collar worker (16)
importante important
l'**importanza** importance
****importare** to matter
l'**importo** amount, sum
impossibile impossible
impressionabile impressionable
l'**impressione** *f.* impression; **avere
   l'impressione** to have the impression
imprestare to lend (6)
improvvisamente suddenly
impulsivo impulsive
in in; to; into; **in gamba** smart, "with it"
inaspettato unexpected
inaugurare to inaugurate
incandescente incandescent
incantare to enchant
incantevole enchanting, charming
l'**incarico** (*pl.* gli incarichi) task (8)
incartare to wrap (*in paper*) (11)
incerto uncertain
l'**incidente** *m.* accident (9)
includere (*p.p.* incluso) to include
incollato glued
*†***incominciare** to begin, start; **incominciare
   (a** + *inf.*) to start (*to do something*)
incontrare to meet; to run into (*someone*);
   incontrarsi to run into (*each other*) (7)
l'**incontro** meeting, encounter
incoraggiare (a + *inf.*) to encourage;
   to promote (18); to foster
incredibile incredible
l'**incrocio** intersection
incurabile incurable
indefinito indefinite
**indeterminativo: l'articolo
   indeterminativo** indefinite article
indiano Indian
indicare to point out, indicate
l'**indicativo** indicative (*verb mood*)
l'**indicazione** *f.* direction
indietro behind
indifferente indifferent
l'**indifferenza** indifference
l'**indigestione** *f.* indigestion
indimenticabile unforgettable
indiretto indirect

l'indirizzo address (12)
indispensabile indispensable
indispettire (isc) to rankle, irritate
individuale individual
indovinare to guess (13)
l'indovinello riddle
l'industria industry
l'industriale *m./f.* tycoon, industrialist, manufacturer
industriale *adj.* industrial
l'ineguaglianza inequality
l'infanzia childhood (7)
infatti in fact
infelice unhappy
l'infermiere/l'infermiera nurse (9)
l'inferno hell
infine in the end, finally
l'infinito infinitive
l'inflazione *f.* inflation
l'influenza influenza, flu
influenzare to influence
informarsi (su) to become informed (about) (16); to be acquainted (with) (16)
l'informatica computer science (3)
informato informed, up-to-date (16)
l'informatizzazione *f.* computerization
l'informazione *f.* (piece of) information (1); **ufficio informazioni** tourist information office (1)
l'ingegnere *m./f.* engineer
l'ingegneria engineering (3)
l'ingiustizia injustice
ingiustamente unjustly
l'inglese *m./f.* English person; English language
inglese *adj.* English (2)
l'ingorgo (*pl.* **gli ingorghi**) traffic jam
ingrandire (isc) to grow larger
l'ingrediente *m.* ingredient
l'ingresso entrance, entryway (12); entrance (*permission to enter*) (15)
†**iniziare** to begin
l'inizio (*pl.* **gli inizi**) beginning
innamorarsi (di) to fall in love (with)
innamorato (di) in love (with)
inoltre futhermore; also
l'inquilino/l'inquilina tenant (12)
l'inquinamento pollution (13)
inquinare to pollute (13)
l'insalata salad (6)
l'insegnante *m./f.* teacher (3)
insegnare to teach (3)
insensibile insensitive (2)
inserire (isc) to insert
l'insetticida *m.* pesticide
l'insetto insect
insicuro insecure (2)
insieme together; **insieme a** together with; **tutti insieme** all together; **l'insieme (di)** the totality (of), all (of) (8)
insoddisfatto (di) unsatisfied/unhappy (with)
insolito unusual
l'insonnia insomnia
insopportabile unbearable
l'instabilità instability
installare to install

intanto in the meantime (16)
integrale whole wheat
integrarsi (in) to become integrated (into)
l'integrazione *f.* integration
l'intellettuale *m./f.* intellectual
intellettuale *adj.* intellectual
intelligente intelligent
l'intelligenza intelligence
intendere (*p.p.* **inteso**) to intend, plan
intendersi (di) (*p.p.* **inteso**) to know a lot about (*something*)
intensivo intensive
intenso intense, intensive
l'intenzione *f.* intention; **avere l'intenzione (di)** to intend (to) (10)
interamente entirely, completely
interessante interesting
interessare to interest; **interessarsi (di)** to be interested (in)
interessato (di/a) interested in
l'interesse *m.* **(per)** interest (in)
interferire (isc) to interfere
internazionale international
Internet: il sito Internet website
interno internal; **all'interno** inside; **la politica interna** domestic politics
intero entire
interpretare to interpret
l'interpretazione *f.* interpretation
l'interprete *m./f.* interpreter; actor
interrogare to interrogate, question
l'interrogativo interrogative expression
interrompere (*p.p.* **interrotto**) to interrupt
l'interruzione *f.* interruption
l'intervento intervention
l'intervista interview (8)
intervistare to interview
intitolato titled
l'intolleranza intolerance
l'intoppo obstacle
intorno (a) around
intossicarsi to poison (oneself)
intraprendere (*p.p.* **intrapreso**) to embark on; to undertake
introdotto introduced
l'introduzione *f.* introduction
inutile useless (12)
invece instead; on the other hand; **invece di** instead of
inventare to invent
l'inventore/l'inventrice inventor
invernale *adj.* winter
l'inverno winter (4)
l'invio (*pl.* **gli invii**) sending; mailing
invitare to invite (4)
l'invitato/l'invitata guest
l'invito invitation
io I
l'ipermercato warehouse-style supermarket, hypermarket
l'irlandese *m./f.* Irish person; Irish language
irlandese *adj.* Irish (2)
irregolare irregular
irresponsabile irresponsible
iscriversi (a) (*p.p.* **iscritto**) to join, enroll (in)
l'isola island

ispirare to inspire
l'ispirazione *f.* inspiration
l'istituto institute
l'istituzione *f.* institution
l'istruzione *f.* instruction
l'italiano/l'italiana Italian person; **l'italiano** Italian language
italiano *adj.* Italian (2)
l'itinerario (*pl.* **gli itinerari**) itinerary (10)

J

il jazz jazz
i jeans jeans
il jogging jogging; **fare il jogging** to go jogging

K

il karatè karate
il kilometro kilometer

L

là there (1)
La *pron.* you (*m. and f., form.*); **la** *pron.* her; it
il labbro (*pl.* **le labbra**) lip
il laboratorio (*pl.* **i laboratori**) laboratory
la lacrima tear
il lago (*pl.* **i laghi**) lake (13)
lamentarsi (di) to complain (about) (7)
la lampadina lightbulb
il lampo lightning; lightning flash
la lana wool (11)
lanciarsi to throw (*at each other*)
largo (*m. pl.* **larghi**) wide (2)
le lasagne type of pasta
lasciare to leave; to leave (*someone, something*) behind; **lasciare** (+ *inf.*) to allow, let (*something be done*); **lasciamo perdere** let's forget about it; **lasciare un deposito** to leave a deposit (10)
lassù up there
il latino Latin (*language*)
latino *adj.* Latin; **l'America latina** Latin America
lato: di lato (a) beside, next to (12)
il lattaio / la lattaia (*pl.* **i lattai**) milkman/milkwoman (11)
il latte milk (1)
la latteria dairy (*shop*) (11)
il latticino (*pl.* **i latticini**) dairy product
la lattina aluminum can (5)
la laurea doctorate (*from an Italian university*); college diploma, degree
laurearsi to graduate (*college*) (7); **laurearsi in** to graduate with a degree in
la lavagna chalkboard (2)
la lavanderia laundry room; laundromat
il lavandino sink
lavare to wash; **lavarsi** to wash (*oneself*) (7); **lavarsi i denti** to brush one's teeth
la lavastoviglie (*pl.* **le lavastoviglie**) dishwasher
la lavatrice washing machine (12)
lavorare to work (3)
il lavoratore / la lavoratrice worker
il lavoro job (1); work (1); **buon lavoro!** enjoy your work!; **cercare lavoro** to

look for a job; **il datore / la datrice di lavoro** employer **il posto di lavoro** workplace; **riprendere il lavoro** to get back to work

Le *pron.* you (*f., form.*); to/for you (*m. and f., form.*); **le** *pron.* them (*f.*); to/for her

legale legal

legare to tie

la legge law (3)

leggere (*p.p.* **letto**) to read (4); **leggete!** read!

leggero slight, light; **la musica leggera** pop music (14)

il legionario legionary

il legname lumber

il legno wood

Lei you (*form.*); **E Lei?** And you? (*form.*) (P)

lei she

lentamente slowly

la lente lens; **lenti a contatto** contact lenses (9)

lento slow

il lessico lexicon

la lettera letter (4)

il letterato / la letterata man/woman of letters, literary person, scholar of literature (15)

la letteratura literature (3); **le lingue e letterature straniere** foreign languages and literatures (3)

le lettere liberal arts (3)

il letto bed (3); **a letto** in bed; **la camera da letto** bedroom (4); **fare il letto** to make the bed

il lettore / la lettrice reader; **il lettore Cd** CD player; **il lettore DVD** DVD player (8)

la lettura reading

la lezione lesson (1); class (1)

lì there (1)

Li *pron.* you (*m., form.*) (4); **li** *pron.* them (*m.*) (4)

liberamente freely

la liberazione liberation, freedom

libero free (unoccupied) (4); unoccupied (*room, seat, etc.*) (10); **la discesa libera** downhill (skiing)

la libertà (*pl.* **le libertà**) liberty, freedom

la libreria bookstore (3); **in libreria** at/to/in the bookstore

il libretto libretto (*music*); small book

il libro book (2); **aprite il libro!** open your books!; **chiudete il libro!** close your books!; **libro di cucina** cookbook (6)

licenziare to fire; **licenziarsi** to quit (*a job*)

il liceo high school; **liceo scientifico** high school for the sciences

limitare to limit

il limite limit; **il limite di velocità** speed limit (13); **rispettare il limite di velocità** to obey the speed limit (13)

il limone lemon (5)

la linea line; **in linea** online

la lingua language (3); **le lingue e le letterature straniere** foreign languages and literatures (3)

il linguaggio (*pl.* **i linguaggi**) jargon, specialized language (8)

linguistico (*m. pl.* **linguistici**) linguistic

la lira lira (*former Italian currency*)

la lirica opera; lyric poetry

lirico *adj.* (*m. pl.* **lirici**) operatic

liscio (*m. pl.* **lisci**) straight (*hair*) (2); **il ballo liscio** ballroom dancing

la lista list

litigare to argue

il litro liter

il livello level

lo *pron.* him, it

il locale public place

locale local

la località locality

il locandiere / la locandiera innkeeper (*arch.*)

logico (*m. pl.* **logici**) logical

la lontananza distance

lontano (da) far (from), distant (1)

Loro you (*pl. form.*); their (3); to/for you (*m. and f. pl., form.*) (6)

loro they; their (3); to/for them (6)

lottare to fight

la lotteria lottery

la luce light

luglio July (P)

lui he

luminoso brilliant; **l'idea luminosa** brilliant idea

la luna moon

il lunedì Monday (P)

lungo (*m. pl.* **lunghi**) long (2)

il luogo (*pl.* **i luoghi**) place (1); **avere luogo** to take place (14); **fuori luogo** out of place

il lupo wolf

lusso luxury; **di lusso** *adj.* luxurious; **l'albergo di lusso** deluxe hotel (10)

M

ma but (1)

macché! oh, come on!; what are you talking about!; no way!

la macchia stain, spot; scrub

macchiare to stain, spot; **caffè macchiato** coffee with a few drops of milk (5)

la macchina car (1); machine; **in macchina** by car, in the car; ***andare in macchina** to drive, go by car (3); **le chiavi della macchina** car keys; **fare un giro in macchina** to go for a car ride (4); **macchina fotografica** camera; **noleggiare una macchina** to rent a car (10); **prendere a nolo una macchina** to rent a car (10); **scrivere a macchina** to type

la macedonia fresh fruit cocktail (6)

il macellaio / la macellaia (*m. pl.* **i macellai**) butcher (11)

la macelleria butcher shop (11)

la madre mother (3)

la madrelingua mother tongue, native language

il maestro / la maestra elementary school teacher; master (*artist*)

magari perhaps; if only

il magazzino: il grande magazzino department store (11)

maggio May (P)

maggiore bigger, greater (9); older (9); **la maggior parte (di)** the majority (of)

magico (*m. pl.* **magici**) magic(al)

la maglia sweater (7)

la maglietta t-shirt (7)

il maglione pullover, heavy sweater (11)

magnifico (*m. pl.* **magnifici**) magnificent

magro thin (2)

mah! well!

mai ever (5); **come mai?** how come?; **non... mai** never (3)

il maiale pork (6)

malato sick (9)

la malattia illness (9)

il male injury; evil

male bad (P); badly; ***andare male** to go badly; **avere mal di testa** to have a headache; **fare/farsi male** to hurt / hurt oneself (9); **Meno male!** Thank goodness! (12); **non c'è male** not bad (P); **sentirsi male** to feel bad (7); ***stare male** to be unwell

la mamma mom (3); **mamma mia!** good heavens!

il/la manager (*pl.* **i/le manager**) manager, boss

la mancanza lack; need; absence

*mancare to be missing; to miss; to be lacking

la mancia (*pl.* **le mance**) tip (5)

mandare to send (6); **mandare in onda** to broadcast (8)

mangiare to eat (3); **qualcosa da mangiare** something to eat (5)

il manicomio (*pl.* **i manicomi**) mental hospital

la maniera manner

la manifestazione demonstration, rally, protest (16); show

la mano (*pl.* **le mani**) hand (9); **dare una mano** to lend a hand; **mano d'opera** labor

la mansarda attic

la mansione function, duty (*professional*)

la mantella cape

mantenere to maintain, keep, stay

il manzo beef (6)

la mappa map (2)

la marca brand (13); brand name; label

il marchio trademark

il mare sea; ***andare al mare** to go to the seashore (10)

la margarina margarine

marginale fringe, marginal

il marito husband (3)

marittimo *adj.* sea

la marmellata marmalade, jam (5)

la marmotta marmot

marrone brown (2)

il martedì Tuesday (P)

marziale martial; **le arti marziali** martial arts

marzo March (P)

la **maschera** mask
maschile masculine
il **maschio** (*pl.* **i maschi**) male
il **massaggio** massage
il **massimo** maximum; **al massimo** at the most
la **matematica** mathematics (3)
la **materia (di studio)** subject matter (3)
il **materiale** material
il **materialismo** materialism
materialista (*m. pl.* **materialisti**) materialistic
materno maternal
la **matita** pencil (2)
matrimoniale with a double bed (12); **camera matrimoniale** double room (10)
il **matrimonio** marriage
la **mattina** morning (3); **di/la mattina** in the morning
la **maturità: l'esame di maturità** comprehensive high-school exam
la **mazza** club; **la mazza da golf** golf club
il **meccanico / la meccanica** (*m. pl.* **i meccanici**) mechanic (13)
la **medaglia** medal
i **media** the media
la **medicina** medicine (3); medicine, drug (9)
il **medicinale** medicine
il **medico** *m./f.* (*pl.* **i medici**) doctor (9)
medico (*m. pl.* **medici**) *adj.* medical; **l'assistenza medica** health insurance
medio (*m. pl.* **medi**) medium, average; **di media statura** of medium height; **l'albergo di costo medio** moderately priced hotel (10); **la scuola media** middle school; **la scuola media superiore** high school
il **Medioevo** the Middle Ages, Medieval Period
medievale medieval
mediterraneo Mediterranean
meglio *adv.* better; **il meglio** the best
la **mela** apple (11)
la **melanzana** eggplant (11)
il **melodramma** (*pl.* **i melodrammi**) opera
il **melone** melon (6)
il **membro** member
memorabile memorable
meno less (3); fewer; minus; *art.* + **meno** least; **a meno che... non** unless; **le cinque meno un quarto** quarter to five; **meno... di (che)** less . . . than; **Meno male!** Thank goodness!
la **mensa** dining hall, cafeteria
il **mensile** monthly publication (8)
la **mente** mind
mentre while
il **menu** (*pl.* **i menu**) menu
la **meraviglia** marvel, wonder
il **mercato** market (11)
la **merce** goods, merchandise
il **mercoledì** Wednesday (P)
la **merenda** mid-afternoon snack (5)
meridionale southern
meritare to deserve (16)
mescolare to mix

il **mese** month (P)
il **messaggio** message
il **messale** missal, prayerbook
il **messicano / la messicana** Mexican person
messicano *adj.* Mexican (2)
il **mestiere** profession, trade, occupation
il **mestolo** ladle
la **meta** destination
la **metà** (*pl.* **le metà**) half, mid
la **metamorfosi** metamorphosis, transformation
il **metodo** method
mettere (*p.p.* **messo**) to put, place (4); **mettere da parte** to put aside; **mettere piede** to set foot; **mettere in scena** to stage, put on, produce (14); **metterci** (+ *time expression*) to take (*time*) (15); **mettersi** to put on (*clothes*) (7); **mettersi in moto** to start (*a car, a machine*) (10)
mezzanotte midnight; **è mezzanotte** it's midnight
i **mezzi di trasporto** means of transportation (1); **i mezzi pubblici di trasporto** public (*means of*) transportation (13)
il **mezzo** half (4); **le sette e mezzo** seven-thirty
mezzo, mezza *adj.* half; **la mezza pensione** half board (two meals a day: breakfast and lunch or dinner) (10); **in mezzo** in the middle
mezzogiorno noon; **è mezzogiorno** it's noon
mi *pron.* me; to/for me; myself; **mi chiamo...** my name is . . . (P)
la **microcriminalità** petty crime
il **miele** honey (5)
il **miglio** (*pl.* **le miglia**) mile
il **miglioramento** improvement (16)
†**migliorare** to improve
migliore *adj.* better (9); *art.* + **migliore** the best
il **miliardo** billion (7)
il **milione** million (7)
mille (*pl.* **mila**) thousand
minerale mineral; **l'acqua minerale** mineral water (5)
la **minestra** soup
il **minestrone** hearty vegetable soup (6)
il **ministero** ministry, department (*of government*) (16); **Ministero della Finanza** Treasury Department
il **ministro** *m./f.* minister (*in government*) (16); **il Consiglio dei Ministri** Council of Ministers; **il primo ministro** prime minister
la **minoranza** minority
minore smaller, lesser (9); younger (9); *art.* + **minore** the least, smallest, youngest
il **minuto** minute
mio my
miope nearsighted
la **miseria** poverty
misto mixed (6)
mite mild

mitico mythical
la **mitologia** mythology
il **mobile** piece of furniture (12); **i mobili** furniture
la **moda** fashion, style (11); **all'ultima moda** trendy (11); **di moda** in fashion (11); **la casa di moda** house of fashion; **fuori moda** out of fashion (11)
il **modello** model; example
il **modello / la modella** fashion model
il **modernariato** modern antiques
la **modernità** the modern period
moderno modern; **l'età moderna** the modern period
il **modo** manner, way
il **modulo** form; **riempire un modulo** to fill out a form
la **moglie** (*pl.* **le mogli**) wife (3)
molto *adj.* much, many, a lot of (2); *adv., inv.* very, a lot (2); **da molto tempo** (for) a long time; **molto bene!** very good!
momentaneamente momentarily
il **momento** moment
il **mondiale** world championship
mondiale *adj.* worldwide; **la prima/ seconda guerra mondiale** the First/ Second World War
il **mondo** world (14); **divertirsi un mondo** to have a great time; **in tutto il mondo** all over the world (14)
la **moneta** currency (16); coin (16)
monetario monetary
il **monolocale** studio apartment (12)
la **montagna** mountain; *andare in montagna go to the mountains (10)
il **monte** mountain
montuoso mountainous
il **monumento** monument
*morire (*p.p.* **morto**) to die (5)
la **morte** death
morto dead
il **mosaico** (*pl.* **i mosaici**) mosaic (15)
la **mostra** exhibit
mostrare to show (6)
il **motivo** reason (8)
il **moto** motion; **mettersi in moto** to start (*a car, a machine*) (10)
la **motocicletta, la moto** (*pl.* **le moto**) motorcycle (1)
il **motore** motor; **il motore di ricerca** search engine
il **motorino** moped, motorscooter (1)
il **mouse** (*pl.* **i mouse**) mouse (*computer*)
il **movimento** movement
la **mozzarella** mozzarella (6)
la **multa** ticket, fine (13); **prendere la multa** to get a ticket/fine (13)
multiculturale multicultural
il **multiculturalismo** multiculturalism
multietnico (*m. pl.* **multietnici**) multiethnic
muovere (*p.p.* **mosso**), **muoversi** to move
il **muro** wall
il **muscolo** muscle
il **museo** museum (1)
la **musica** music (4); **ascoltare la musica** to listen to music (4); **musica leggera** pop music

il musical musical (*production*) (14)
musicale musical
il/la musicista (*m. pl.* i musicisti) musician (14)
le mutande underwear
muto mute; silent

N

il narratore / la narratrice narrator
*nascere (*p.p.* nato) to be born (5); Quando sei nato/nata? When were you born? (*informal*); Sono nato/nata... I was born . . .
la nascita birth
nascondere (*p.p.* nascosto) to hide; nascondersi to hide (oneself)
il naso nose (9)
il Natale Christmas (10); Buon Natale! Merry Christmas!
natio (*m. pl.* natii) native (2)
la natura nature
naturale natural; l'acqua naturale noncarbonated water (5); le scienze naturali natural sciences
naturalmente naturally
nautico: lo sci nautico water skiing
navigare to navigate
nazionale national; l'assistenza sanitaria nazionale national health care; il sistema sanitario nazionale national health care; il volo nazionale domestic flight
la nazionalità nationality
la nazione nation
ne some of it; about it; Quanti ne abbiamo oggi? What's today's date? (11); Quanto ne vuoi? How much (of it) do you want?
né... né neither . . . nor
neanche not even; neanch'io neither do I
la nebbia fog (4)
nebbioso foggy; *essere nebbioso to be foggy weather (4)
necessario (*m. pl.* necessari) necessary (12)
la necessità (*pl.* le necessità) necessity
negativo negative
il/la negoziante shopkeeper (11)
il negozio (*pl.* i negozi) shop, store (1); negozio d'abbigliamento clothing store (11); negozio di alimentari grocery store (11); negozio di frutta e verdura produce market (11)
il nemico / la nemica (*m. pl.* nemici) enemy
nemmeno not even
neoclassico neoclassical
il neorealismo neorealism
nero black (7); la cronaca nera crime news; il lavoro nero illegal work (off the books)
nervoso nervous
nessuno *pron.* no one, nobody; *adj.* any (*in negative contexts*); nessuna cosa nothing; (non...) nessuno no one, nobody
la neve snow (4)
nevicare to snow (4)

niente nothing; niente da fare nothing to do niente di interessante/strano nothing interesting/strange; niente di speciale nothing special (10); (non...) niente nothing; per niente at all
il/la nipote grandson/granddaughter (3); nephew/niece (3)
no no (P)
nobile noble
la nobiltà nobility
la nocciolina peanut
noi we
la noia boredom; che noia! what a bore!
noioso boring (2)
noleggiare (una macchina / una barca) to rent (a car / a boat)
nolo rental; prendere a nolo (una macchina / una barca) to rent (a car / a boat) (10)
il nome first name (1); noun (1)
nominare to name; nominate
non not (1); non... ancora not . . . yet (12); non c'è male not bad; non è vero? isn't it true? non... mai never (3); non... nemmeno not even; (non...) nessuno no one, nobody (12); (non...) niente/nulla nothing (12); non... più not anymore, no longer
il nonno / la nonna grandfather/ grandmother (3)
nono ninth
nonostante in spite of; notwithstanding
il nord north (10)
norma: di norma as a rule
normale normal; la benzina normale regular gasoline
nostro our
la nota note
notare to notice, note
notevole noteworthy
la notizia (*pl.* le notizie) (piece of) news; le notizie news (8)
noto well-known, famous
la notte night; buona notte good night (P); la camicia da notte nightgown (7); di/la notte at night
la novella short story (15)
novembre *m.* November (P)
la novità novelty (4)
le nozze wedding
nulla *m.* nothing; (non...) nulla nothing
il numero number; numero di telefono telephone number
numeroso numerous, several; big
nuotare to swim (3)
il nuoto swimming (4)
nuovo new (2); di nuovo again
nutrirsi to nourish (oneself)

O

o or; o... o either . . . or (10)
obbligare (a + *inf.*) to obligate (14)
obbligatorio, d'obbligo obligatory
l'obiettivo objective
l'occasione *f.* occasion; opportunity
gli occhiali eyeglasses (9)

l'occhiata glance; dare un'occhiata (a) to glance (at), take a look (at)
l'occhio (*pl.* gli occhi) eye (2)
occidentale western
*occorrere (*p.p.* occorso) to be necessary
occupare to occupy; occuparsi (di) to involve oneself (in) (16); to concern oneself (with) (16)
occupato busy (4)
odiare to hate
l'offerta offer
offrire (*p.p.* offerto) to offer (4); to offer (to pay), to "treat" (5)
l'oggetto object
oggi today (P); Quanti ne abbiamo oggi? What's today's date? (11)
ogni (*inv.*) every, each (3)
ognuno/ognuna each one, everyone
le Olimpiadi the Olympics
l'olio (*pl.* gli oli) oil (13); controllare l'olio to check the oil (13)
l'oliva olive
oltre beyond, further, more than; oltre a in addition to; besides; past; beyond
l'omaggio (*pl.* gli omaggi): il biglietto omaggio complimentary ticket
l'ombra shade, shadow
l'omeopatia homeopathy
omeopatico homeopathic
l'onda wave; mandare in onda to broadcast (8)
onestamente honestly
onesto honest
l'onore honor
l'opera opera; work (*individual work*) (15); l'opera d'arte artwork, work of art (15); mano d'opera labor
l'operaio/l'operaia (*m. pl.* gli operai) blue-collar worker (16)
operativo operating; il sistema operativo operating system
l'operatore/l'operatrice operator
l'operazione *f.* operation
l'opinione *f.* opinion
l'opportunità opportunity
opposto *adj.* opposite
oppure or, or rather
l'ora hour; time; a che ora? at what time?; che ora è? che ore sono? what time is it?; è ora it's time (16); mezz'ora half-hour; non vedere l'ora (di) not to be able to wait (for); un quarto d'ora quarter of an hour
ora now (7); per ora for the time being
gli orali oral exams
l'orario (*pl.* gli orari) schedule
l'orchestra orchestra; il direttore / la direttrice d'orchestra conductor (14)
ordinale ordinal
ordinare to order (5)
ordinato neat
l'ordine *m.* order
gli orecchini earrings
l'orecchio (*pl.* le orecchie / gli orecchi) ear (9); suonare a orecchio to play by ear
l'oreficeria goldsmith's shop

organico organic

l'organista *m./f.* (*m. pl.* gli organisti) organist

organizzare to organize (16); organizzarsi to get organized

l'organizzatore/l'organizzatrice organizer

l'organizzazione *f.* organization

l'organo organ

orgoglioso proud

originale original

l'origine *f.* origin; la città d'origine hometown

l'orizzonte *m.* horizon

ormai by now, by then

l'oro gold

l'orologio (*pl.* gli orologi) clock; watch

l'oroscopo horoscope

orribile horrible; ugly

l'orso bear

l'orto vegetable garden

l'ospedale *m.* hospital (1)

ospitale hospitable

ospitare to host

l'ospite *m./f.* guest (12); la camera per gli ospiti guest room

osservare to observe

l'ostello hostel (10)

l'ostilità hostility

ottavo eighth

ottenere to obtain

l'ottimismo optimism

l'ottimista *m./f.* (*m. pl.* gli ottimisti) optimist

ottimista *adj.* (*m. pl.* ottimisti) optimistic

ottimo excellent (8); ottima idea! excellent idea!

ottobre *m.* October (P)

l'ovest *m.* west (10)

ovviamente obviously

ovvio (*pl.* ovvi) obvious

l'ozono ozone; la fascia di ozono ozone layer (13)

P

il pacco (*pl.* i pacchi) package

la pace peace

la padella pan

il padre father (3)

il padrone/la padrona di casa landlord/landlady

il/la paesaggista landscape artist

il paesaggio (*pl.* i paesaggi) landscape (10)

il paese country (5); town (5)

pagare to pay, to pay for (5); pagare (con la carta di credito / con un assegno / in contanti) to pay (with a credit card / by check / in cash) (5); pagare il conto to pay the bill (6); pagare un deposito to pay a deposit (10)

la pagina page

il paio (*pl.* le paia) couple (5); pair (5)

il palazzo apartment building (12)

il palcoscenico (*pl.* i palcoscenici) stage (14)

la palestra gym; *andare in palestra to go to the gym (4)

la palla ball (4)

la pallacanestro basketball (*sport*); giocare a pallacanestro to play basketball

il pallone basketball, soccerball; giocare a pallone to play ball

il pallavolo volleyball (*sport*); giocare a pallavolo to play volleyball

la pancetta bacon

la panchina bench

il pane bread (5)

la panetteria bread bakery (11)

il panettiere / la panettiera bread baker (11)

il panettone Christmas cake

il panino sandwich (1); hard roll (1); il panino al formaggio cheese sandwich; il panino al prosciutto ham sandwich; il panino al salame salami sandwich (5)

la panna cream

il panorama (*pl.* i panorami) panorama, view

i pantaloni pants

il Papa (*pl.* i Papa) Pope (15)

il papà dad (3)

la pappa baby food, mush

il paracadute parachute

il paradiso paradise

paragonare to compare (9)

il paragone comparison

parcheggiare to park (13)

il parcheggio (*pl.* i parcheggi) parking space (13)

il parco (*pl.* i parchi) park

il/la parente relative (1)

*parere (*p.p.* parso) to seem, appear; (mi) pare it seems (to me)

parigino Parisian

il Parlamento Parliament (16)

parlare to speak, to talk (3); chi parla? who is it? (*on the phone*); sentire parlare (di) to hear (about) (15)

parlato spoken (15)

il parmigiano parmesan cheese (6); alla parmigiana with parmesan cheese

la parola word (2)

la parolaccia (*pl.* le parolacce) dirty word

la parte part, role; a parte besides (12); da parte aside; d'altra parte on the other hand; da nessuna parte nowhere; da quelle parti around there; fare la parte di to play the part of; fare parte (di) to take part (in) (15); in parte partially; la maggior parte di the majority of; mettere da parte to put, set aside

il/la partecipante participant

partecipare (a) to participate (in); partecipare a un concorso to take a civil-service exam

la partecipazione participation

la partenza departure (10)

il participio (*pl.* i participi) participle

particolare particular

particolarmente particularly

*partire to leave, depart (4); to start (*car, machine*)

la partita game, match (4)

il partitivo (*gram.*) partitive

il partito politico political party (16)

la partitura musical score

il/la partner (*pl.* i/le partner) partner

partorire (isc) to give birth

la Pasqua Easter (10); Buona Pasqua! Happy Easter!

il passaggio (*pl.* i passaggi) lift, ride; chiedere un passaggio to ask for a ride (13); dare un passaggio to give a ride (13)

il passaporto passport (1)

†passare to pass (by); to spend (*time*); passare l'aspirapolvere to vacuum; il passar degli anni the passage of time

il passatempo pastime (4)

il passato the past (5)

passato *adj.* last (*with time expressions*)

passeggiare to go for a stroll, walk

la passeggiata stroll, walk: fare una passeggiata to take a walk (4)

la passione passion

la pasta pasta (6); (*piece of*) pastry (5)

la pasticceria pastry shop (5)

il pasticciere / la pasticciera pastry cook, confectioner (11)

il pasto meal (6)

pastorale pastoral, bucolic; related to shepherds or sheep-raising

la pastorizia sheep-raising

la patata potato (6)

le patatine potato chips

la patente driver's license (13)

la patria native land, homeland

il patrimonio (*pl.* i patrimoni) heritage

il pattinaggio skating (4)

pattinare to skate

patto: a patto che provided that, on the condition that

la paura fear; avere paura (di) to be afraid (of) (1); fare paura (a) to frighten

la pausa break

il/la paziente patient (9)

la pazienza patience; avere pazienza to be patient

pazzo crazy

peccato! too bad!; peccato che it's a shame that; (è) peccato it's too bad

la pecora sheep

pedalare to pedal

il pedone / la pedona pedestrian

peggio *adv.* worse; *art.* + peggio the worst

peggiore *adj.* worse (9); *art.* + peggiore the worst

la pelle skin

la pelliccia fur coat

la pellicola film

la pena penalty, pain; vale la pena it's worth it

pendente: la Torre Pendente the Leaning Tower

il pendolino pendulum

la penisola peninsula (15)

la penna pen (2); le penne *type of pasta*

pensare to think; pensare (a + *n.*) to think (*about something*) (11); pensare (di + *inf.*) to plan to (*do something*) (14);

pensare (*di* + *n.*) to think of, regard, have an opinion of

il pensiero thought

il pensionato / la pensionata retired person (16)

la pensione inn, bed-and-breakfast (10); pension, retirement (16); **pensione completa** full board (three meals a day) (10); **mezza pensione** half board (two meals a day: breakfast and lunch or dinner) (10); *andare in pensione to retire (16); *essere in pensione to be retired (16)

la pentola pot

il peperone bell pepper (11)

per for, through; in order to; **per cento** percent; **per esempio** for example; **per favore, per piacere,** please (P); **per quanto** although; **per caso** by any chance (14); **per niente** at all (14); **per conto di** on behalf of

la pera pear (11)

la percentuale percentage

perché because (2); why (3); **perché?** why?; **il perché** the reason why

il percorso route

perdere (*p.p.* **perduto** or **perso**) to lose (4); waste (4); to miss (*a train, an airplane, etc.*) (4); **lasciamo perdere** let's forget about it

perfetto perfect

perfino even

il pericolo danger

pericoloso dangerous (9)

la periferia outskirts, suburb; **in periferia** on the outskirts, in the suburbs (12)

il periodico periodical

il periodo period

la perla pearl

la permanenza stay; **buona permanenza!** have a nice stay!

il permesso permission; **il permesso di soggiorno** residence permit

permettere (*di* + *inf.*) (*p.p.* **permesso**) to allow (14)

però however

perplesso puzzled, uncertain

persino even

***persistere** (*p.p.* **persistito**) to persist

la persona person

il personaggio (*pl.* **i personaggi**) character (8); famous person

il personale staff, personnel

personale *adj.* personal

la personalità personality

personalmente personally

persuadere (*a* + *inf.*) (*p.p.* **persuaso**) to persuade

pesante heavy (11)

il pesce fish (6); **chi dorme non piglia pesci** the early bird catches the worm

la pescheria fish market (11)

il pescivendolo / la pescivendola fishmonger (11)

i pesi weights; **fare sollevamento pesi** to lift weights (4)

il/la pessimista (*m. pl.* **i pessimisti**) pessimist

pessimista (*m. pl.* **pessimisti**) pessimistic

la peste plague

pesto: al pesto with a sauce of basil, garlic, grated parmesan cheese, and pine nuts (6)

pettinarsi to brush/comb one's hair

il petto chest

il pezzo piece; **pezzo grosso** big shot

***piacere** (*p.p.* **piaciuto**) to please, to be pleasing to (6); to like (6)

il piacere pleasure (7); **piacere** pleased to meet you (P); **per piacere** please (P); **avere il piacere di** (+ *inf.*) to have the pleasure of (*doing something*)

piacevole pleasant (12)

la piadina *type of sandwich*

piangere (*p.p.* **pianto**) to cry

il/la pianista (*m. pl.* **i pianisti**) pianist

il piano piano (4); floor (*of a building*) (12); **il primo (secondo/terzo) piano** the first (second/third) floor (12); **al primo (secondo/terzo) piano** on the first (second/third) floor (12)

piano *adj.* flat

la pianta plant; floor plan

il pianterreno ground floor (12); **a pianterreno** on the ground floor (12)

la piantina small map

la pianura plain

il piatto plate, dish (6); **il piatto fondo** soup bowl (6); **primo piatto** first course (6); **secondo piatto** main course (6)

la piazza town square (1); **in piazza** in the square

piccante spicy

picco: rocce a picco sheer cliffs

piccolo small, little (2)

il piede foot (9); **a piedi** on foot; *andare a piedi to walk, go on foot (3); **fare un giro a piedi** to go for a walk (4); **mettere piede** to set foot; *stare in piedi to stand

pieno full; **fare il pieno** to fill up (the gas tank) (13)

la pietra stone

pigliare to take; **chi dorme non piglia pesci** the early bird catches the worm

pigro lazy (2)

il pigrone/la pigrona lazybones

la pillola pill

il/la pilota pilot (*airplane*); driver (*car*)

il pino pine tree

la pioggia rain (4)

il piombo lead; **la benzina senza piombo** unleaded gas (13)

piovere to rain (4)

la piscina swimming pool (3); **in piscina** in/to the pool; *andare in piscina to go swimming

i piselli peas

il pittore / la pittrice painter (15)

pittoresco picturesque

la pittura painting (*in general*) (15)

più more, plus (2); **più… di (che)** more . . . than; -er than (9); **di più** more; *art.* + **più** the most; **non… più** not anymore, no longer (7); **per di più** furthermore

piuttosto *inv.*, instead, rather (5); **piuttosto che** rather than

la pizza pizza

la pizzeria pizzeria; **in pizzeria** in/to the pizzeria

la plastica plastic (13); **il sacchetto di plastica** plastic bag

plausibile plausible

plurale *adj.* plural

pluviale *adj.* rain; **la foresta pluviale** rain forest (13)

po': **un po' (di)** a little bit (of) (2), some

pochi/poche few (3)

poco (*m. pl.* **pochi**) little, few (3); not many, not very (3); **tra poco** in a little while

la poesia poetry (4); poem (15)

il poeta / la poetessa poet (*m. pl.* **i poeti**) (15)

poi then (1)

poiché since

la politica politics (16); **politica estera** foreign affairs; **politica interna** domestic politics

il politico / la politica politician

politico (*m. pl.* **politici**) *adj.* political; **il partito politico** political party (16); **le scienze politiche** political science (3); **il sistema politico** political system (16)

la polizia police (force)

poliziesco police drama (*TV show*)

il poliziotto police officer

il pollo chicken (6)

il polmone lung (9)

il polpo octopus

la poltrona armchair (12)

il pomeriggio (*pl.* **i pomeriggi**) afternoon (3); **di/il pomeriggio** in the afternoon

il pomodoro tomato (6); **al sugo di pomodoro** with tomato sauce (6)

il poncino mulled alcoholic drink

il ponte bridge

il pop pop music

popolare popular; **la musica popolare** folk music

la popolazione population

il popolo people

la porta door (2)

portare to carry (3); to bring (3); to lead (3); to wear (7); **portare il conto** to bring the bill (5)

la portata range; **alla portata di tutti** available to everyone

il porto port

il portone main entrance, street door

le posate silverware (6)

positivo positive

la posizione position

possibile possible; **tutto il possibile** everything possible

la possibilità (*pl.* **le possibilità**) possibility, chance

la posta mail; postal service; **posta elettronica** e-mail (4)

postale postal; **codice postale** zip code; **ufficio postale** post office (1)

il postino mail carrier

il **postmoderno** the postmodern period
il **posto** place (10); space (10); room (10); **posto di lavoro** place of work
il **potere** power
potere (+ *inf.*) to be able to (can, may) (*do something*) (4); **può darsi** it could be (16)
povero unfortunate; poor; **poverino/poverina!** poor thing!; **Povero me!** Poor me!
la **povertà** poverty (16)
pranzare to eat lunch (4)
il **pranzo** lunch (5); **la sala da pranzo** dining room (5)
la **pratica** practice
praticare to practice; **praticare uno sport** to play a sport (4)
precario precarious
la **precauzione** precaution
precedente preceding, earlier
precedere to precede
predicare to preach
la **preferenza** preference; **di preferenza** preferably
preferire (isc) (+ *inf.*) to prefer (*to do something*) (4)
preferito preferred, favorite
il **prefisso** area code
pregare to pray, to beg; **prego** you're welcome (P) come in!; make yourself at home!; **ti prego!** I beg you!
la **preghiera** prayer, plea
il **pregiudizio** (*pl.* **i pregiudizi**) prejudice
prelevare to withdraw
preliminare preliminary
il **premio** (*pl.* **i premi**) prize (9)
prendere (*p.p.* **preso**) to take (4); **prendere in affitto (una casa)** to rent (a house) (10); **prendere appunti** to take notes; **prendere l'autobus** to take the bus; **prendere una decisione** to make a decision; **prendere la multa** to get a ticket, fine (13); **prendere a nolo (una macchina / una barca)** to rent (a car / a boat) (10); **prendere il raffreddore** to catch a cold (9); **prendere il sole** to sunbathe; *andare a prendere** to pick up (13); *venire a prendere** to pick up (13)
prenotare to reserve (6)
la **prenotazione** reservation; **fare una prenotazione** to make a reservation (6); **ufficio prenotazioni** reservation bureau
preoccupare to worry (*someone*); **preoccuparsi (di)** to worry (about)
preoccupato worried
la **preoccupazione** worry
preparare to prepare (6); to make (*a dish*); to study
i **preparativi** preparations
la **preposizione** preposition; **preposizione articolata** articulated preposition
presentare to present, introduce; to show (*a film, TV show, etc.*)
la **presentazione** presentation, introduction
il **presente** present; present tense; **presente progressivo** present progressive

presente *adj.* present
la **presenza** presence
il **presidente** *m./f.* president; il **Presidente (della Repubblica)** president (of the Republic) (16); il **Presidente del Consiglio** prime minister (16)
la **pressione** pressure
prestare to lend (6)
prestigioso prestigious
prestito: in prestito on loan
presto early (3); quickly; soon; **a presto** see you soon (P)
il **prete** priest
prevalentemente predominantly
prevedere to foresee, anticipate
prezioso precious
il **prezzo** price (7)
il **prigioniero** prisoner
la **prima** premiere, opening night (14)
prima first; before; **prima che** (+ *subj.*) before; **prima di** *prep.* before; **la prima volta** the first time
la **primavera** spring (4)
primitivo primitive
primo *adj.* first; **primo ballerino / prima ballerina** principal dancer; il **primo** the first (*day of the month*) (P); il **primo gennaio** January 1st (P); il **primo ministro** prime minister (16); il **primo (secondo/terzo) piano** the first (second/third) floor (12); **al primo piano (secondo/terzo)** on the first (second/third) floor (12)
il **primo (piatto)** first course (6)
principale principal
principalmente primarily, mainly (15)
il **principe / la principessa** prince/princess
il/la **principiante** beginner
il **priore** prior (monastic office)
privato private
probabile probable
la **probabilità** (*pl.* **le probabilità**) probability
probabilmente probably
il **problema** (*pl.* **i problemi**) problem (13)
problematico (*m. pl.* **problematici**) problematic
il **procedimento** procedure
la **procedura** procedure
procurare to cause, bring about
il **procuratore / la procuratrice** attorney
il **prodotto** product
produrre (*p.p.* **prodotto**) to produce (8)
il **produttore / la produttrice** producer (8)
la **produzione** production
professionale *adj.* professional
la **professionalità** professionalism; skill, competence
la **professione** profession, trade, occupation; **di professione** professional (14)
il/la **professionista** professional
professionista *adj.* professional (14)
il **professore / la professoressa** professor (P)
il **profugo / la profuga** (*m. pl.* **i profughi**) refugee

profumato scented
la **profumeria** perfume shop
il **profumo** perfume
il **progetto** project, plan (10)
il **programma** (*pl.* **i programmi**) plan (4); (*TV or radio*) program; **avere programmi** to have plans (10); **fare un programma** to plan, make plans (4); **fare programmi** to make plans (10)
programmare to plan (9)
il **programmatore / la programmatrice** programmer
progredito developed, advanced
il/la **progressista** (*m. pl.* **i progressisti**) progressive (16)
proibire (isc) to prohibit
la **promessa** promise
promettere (**di** + *inf.*) (*p.p.* **promesso**) to promise (*to do something*) (14)
promuovere (*p.p.* **promosso**) to promote
il **pronome** pronoun; **pronome tonico** disjunctive pronoun
pronto ready (6); **pronto in tavola!** come and get it!; **pronto!** hello (*on telephone*)
la **pronuncia** (*pl.* **le pronunce**) pronunciation
pronunciare to pronounce; **come si pronuncia... ?** how do you pronounce . . . ?
la **propaganda** propaganda
proporre (*p.p.* **proposto**) to propose
a proposito di speaking of, with regard to
la **proposizione** proposition
la **proprietà** property
il **proprietario** (*pl.* **i proprietari**) / la **proprietaria** owner, proprietor
proprio (*m. pl.* **propri**) one's own (14)
proprio (*inv.*) really, just (1)
il **prosciutto** cured ham (6)
la **prospettiva** perspective
la **prossimità** proximity
prossimo next, upcoming
la **prostituzione** prostitution
il/la **protagonista** (*m. pl.* **i protagonisti**) protagonist (15)
proteggere (*p.p.* **protetto**) to protect (13)
protestare to protest
la **protezione** protection; **protezione dell'ambiente** environmentalism (13)
provare to try (6); **provare** (**a** + *inf.*) to try (*to do something*); to prove; to try on (11)
proveniente originating
il **proverbio** (*pl.* **i proverbi**) proverb
la **provincia** (*pl.* **le province**) province
provinciale provincial
provocare to provoke
provvedere (*p.p.* **provvisto**) to provide for
il **provvedimento** measure
la **psicologia** psychology (3)
pubblicare to publish (8)
la **pubblicazione** publication (8)
la **pubblicità** advertisement (8), advertising (8)
pubblicitario (*m. pl.* **pubblicitari**) advertising
il **pubblico** public; audience (14)

pubblico (*m. pl.* **pubblici**) public; **i mezzi pubblici di trasporto** public (*means of*) transportation (13)
pulire (isc) to clean (4)
la pulizia cleaning
il pullman bus, coach
il punto point; period; **in punto** exactly, on the dot; **sul punto** just about
puntuale on time (3); *essere puntuale to be on time
può darsi it could be
purché provided that
pure go ahead (11); by all means (11)
puro pure
purtroppo unfortunately (5)

Q

qua here (1)
il quaderno notebook (2)
quadrato square; **il metro quadrato** square meter
il quadro painting (*individual work*) (15)
qualche some, a few; **qualche volta** sometimes (4)
qualcosa (di) something; **qualcosa di piacevole** something pleasant; **qualcosa da bere/mangiare** something to drink/eat (5)
qualcuno/qualcuna some; someone
quale? *adj.* which?, *pron.* which one?; **qual è... ?** what is . . . ?
la qualità (*pl.* **le qualità**) quality
qualsiasi (*inv.*) any; whatever (13)
qualunque *adj.* whatever, whichever; **qualunque cosa** *pron.* whatever, no matter what
quando when; **da quando** since; **Quando sei nato/nata?** When were you born? (*inform.*) (P)
quanti/quante how many; **Quanti anni ha?** How old are you? (*form.*) (P); **Quanti anni hai?** How old are you? (*inform.*) (P); **Quanti ne abbiamo oggi?** What is today's date? (11); **quante volte?** how many times? (4)
la quantità quantity
quanto how much; how many; **da quanto tempo** (for) how long (7); **per quanto** although, inasmuch as; **quanto tempo?** how long?; **(tanto)... quanto** as . . . as, as much . . . as (9)
quantunque although
il quartiere neighborhood
il quarto quarter (4); **quarto d'ora** quarter of an hour
quarto *adj.* fourth
quasi almost
quello that; that one; **quello che** that which; what; **da quelle parti** around there (12)
il questionario (*pl.* **i questionari**) questionnaire
la questione issue (18)
questo this; this one
qui here (1); **qui vicino** nearby (1)
quindi *adv.* then; *conj.* therefore
quinto fifth

il Quirinale Quirinal (seat of the President of Italy)
il quotidiano daily newspaper (8)
quotidiano *adj.* daily

R

la racchetta racket
raccogliere (*p.p.* **raccolto**) to gather
la raccolta collection
la raccomandazione recommendation
raccontare to tell, narrate (3)
il racconto short story (4)
la radio (*pl.* **le radio**) radio (8); radio station (8)
raffinato refined
il raffreddore cold (*infection*) (9); **prendere il raffreddore** to catch a cold (9)
il ragazzo / la ragazza boy/girl (2); young man/young woman (2); boyfriend/girlfriend
il raggio ray
raggiungere (*p.p.* **raggiunto**) to arrive at, to reach
raggruppato grouped
la ragione reason; **avere ragione** to be right (1)
ragionevole reasonable
il ragno spider
il ragù meat sauce; **al ragù** with meat sauce (6)
rallegrare to cheer up
rapidamente rapidly
rapido rapid, fast
il rapporto relationship (7)
il/la rappresentante representative
rappresentare to represent
la rappresentazione representation; **la rappresentazione teatrale** play, performance (14)
raramente rarely
i ravioli ravioli
il razzismo racism (18)
il/la razzista (*m. pl.* **i razzisti**) racist
razzista *adj.* (*m. pl.* **razzisti**) racist
il re (*pl.* **i re**) king
***reagire (isc)** to react
reale real
il/la realista realist
realizzare to realize, achieve
la realizzazione realization, fulfilment
la realtà reality; **in realtà** in reality
la reazione reaction
la recensione review (8)
recensire (isc) to review (8)
recente recent; **di recente** recently
recentemente recently
il recipiente container (13)
reciproco (*m. pl.* **reciproci**) reciprocal
recitare to act (14); to play a part (14); to perform (14)
la recitazione acting
il redattore / la redattrice editor (8)
la redazione editorial staff (8)
regalare to give (*as a gift*) (6)
il regalo gift (6); **fare un regalo (a +** *person*) to give a present (*to someone*)

la regina queen
regionale regional
la regione region
il/la regista (*m. pl.* **i registi**) (*film or theater*) director (8)
il regno kingdom
la regola rule
regolare regular
la regolarità regularity
regolarizzare to regularize, legalize
regolarmente regularly
relativo *adj.* relative
il relax relaxation
la relazione paper, report (15)
la religione religion
religioso religious
rendere (*p.p.* **reso**) to return, give back (6); to make, cause to be
il reparto division
la Repubblica the Republic (Italy); **il Presidente della Repubblica** president (of the Republic) (16)
il requisito requirement
resettare to reset
residente *adj.* residing
la residenza residence
resistere (*p.p.* **resistito**) to resist
respirare to breathe
responsabile responsible (2)
***restare** to stay, remain; to be left (over)
restaurare to restore (15)
il restauro restoration (15)
restituire (isc) to give back
il resto the rest, change (*from a transaction*) (11)
la rete network (8); the Web; **in rete** online; **il sito della rete** website
reumatico rheumatic
riabilitare to rehabilitate
riassumere (*p.p.* **riassunto**) to summarize (15)
il riassunto summary (15)
la ricchezza wealth
il riccio (*pl.* **i ricci**) curl
riccio (*m. pl.* **ricci**) curly (2)
ricco (*m. pl.* **ricchi**) rich (2)
la ricerca research (15); **il motore di ricerca** search engine (15)
ricercato sought after
la ricetta recipe (6); prescription (9)
ricevere to receive (4)
il ricevimento reception
richiamare to call back
richiedere (*p.p.* **richiesto**) to require (11)
la richiesta demand
riciclabile recyclable
il riciclaggio recycling (13)
riciclare to recycle (13)
ricominciare to begin again
riconoscere (*p.p.* **riconosciuto**) to recognize
riconsegnare to redeliver, return
ricordare to remember (3); to remind; **ricordarsi di** to remember (*to do something*)
il ricordo memory
la ricotta ricotta cheese

ricreare to recreate
ridere (*p.p.* riso) to laugh (15)
ridurre (*p.p.* ridotto) to reduce
la riduzione reduction (16)
riempire to fill; riempire un modulo to fill out a form
*rientrare to return
rifare to redo
riferire (isc) to report (on); riferirsi (a) to refer (to)
il rifiuto garbage, trash; i rifiuti garbage (13)
il rifugio refuge, safety
la riforma reform
riguardare to regard, concern
riguardo a with regard to
rilassante relaxing
rilassarsi to relax (7)
la rima rhyme (15)
*rimanere (*p.p.* rimasto) to remain; to stay; *rimanere senza benzina to run out of gas (13)
rinascimentale *adj.* Renaissance
il Rinascimento Renaissance (15)
ringraziare to thank
rinnovarsi to renew oneself
riparare to fix
la riparazione repair
ripassare to review
il ripasso review
ripetere to repeat; ripeta, per favore please repeat; ripetete repeat
ripieno stuffed
riportare to bring back (6)
riposarsi to rest (18)
il ripostiglio utility room, closet
riprendere (*p.p.* ripreso) to resume; riprendere il lavoro to get back to work
risalente (a) dating back (to)
*risalire (a) to date back (to)
riscaldare to warm up
riscoprire (*p.p.* riscoperto) to rediscover
riscrivere (*p.p.* riscritto) to rewrite
il riscaldamento heat, heating (12)
la riserva reserve
il riso rice (6)
risoluto resolute
risolvere (*p.p.* risolto) to solve (13); to resolve
il Risorgimento the Risorgimento or Revival (movement for Italian political unity)
il risotto creamy rice dish (6)
risparmiare to save (10)
il risparmio saving
rispettare to respect (13); to obey (13); rispettare il limite di velocità to obey the speed limit
rispetto a with respect to, compared to
rispondere (*p.p.* risposto) to answer, reply (4); rispondere a un annuncio to answer an ad; rispondete! answer!
la risposta answer
il ristorante restaurant (1); *andare al ristorante to go to a restaurant (4)
ristretto strong

ristrutturare to restructure, remodel
il risultato result
il risveglio awakening
il ritardo delay; *essere in ritardo to be late; in ritardo late
ritirare to get, draw, withdraw
il rito rite, ritual
*ritornare to return, go back, come back (3)
il ritorno return; biglietto di andata e ritorno round-trip ticket
il/la ritrattista (*m. pl.* i ritrattisti) portrait artist
il ritratto portrait (15)
ritrovare to find, discover
la riunione meeting (16)
*riuscire (a + *inf.*) to succeed (14)
la riva bank, shore
la rivista magazine (4)
rivoluzionario revolutionary
la roba stuff (8)
la robaccia junk food
la roccia (*pl.* le rocce) rock; rock-climbing; rocce a picco sheer cliffs
romagnolo of/from Romagna (the region)
romano Roman
romantico (*m. pl.* romantici) romantic
il romanziere / la romanziera novelist
il romanzo novel (15)
rompersi (*p.p.* rotto) to break (a bone) (9)
la rosa rose
rosa *adj. inv.* pink
il rossetto lipstick; mettersi il rossetto to put on lipstick
rosso red (7); Cappuccetto Rosso Little Red Riding Hood; la Croce Rossa the Red Cross
rotondo round
rotto broken
rovinato fallen apart
le rovine ruins, remains (15)
la rubrica column, feature (*newspaper*)
i ruderi ruins, remains (15)
il rumore noise (12)
il ruolo role
il russo/la russa Russian person; il russo Russian language
russo *adj.* Russian (2)

S

il sabato Saturday (P); sabato sera Saturday evening
la sabbia sand
il sacchetto small bag; sacchetto di plastica plastic bag
il sacco bag; un sacco (di) a lot (of), lots (of) (10)
il saggio essay
la sala room; hall; sala da pranzo dining room (5); sala d'aspetto waiting room
il salame salami
il salario (*pl.* i salari) wage (16)
i salatini snacks, crackers, munchies (5)
salato salted
il saldo sale; in saldo on sale (11)
il sale salt
salernitano of/from Salerno

†salire to get on; to climb up
il salmone salmon
il salotto living room (5)
la salsiccia (*pl.* le salsicce) sausage
la salumeria delicatessen (11)
i salumi cold cuts (6)
il salumiere / la salumiera delicatessen clerk (11)
salutare to greet (3); to say hello to; to say goodbye to
salutare *adj.* healthy
la salute health (9)
saluto greetings; distinti saluti best regards
salvare to save
salve hi, hello (P)
il sangue blood
sanitario (*m. pl.* sanitari) sanitary, related to health; l'assistenza sanitaria nazionale national health care; il sistema sanitario nazionale national health care
sano healthy (9)
santo holy, blessed; santo cielo! good heavens!; tutta la santa sera the whole blessed evening
il santo / la santa saint
il santuario sanctuary, shrine
sapere to know (5); to have knowledge of (5); to find out (*in past tenses*) (5); sapere + *inf.* to know how to (*do something*) (5)
saporito tasty
sardo Sardinian
il sasso stone
il sassofono saxophone
sbagliarsi to make a mistake (7)
lo sbaglio error, mistake
sbarcato disembarked
lo sbarco de-boarding (10)
sbattere to beat
scaduto expired
lo scaffale shelf (12); lo scaffale per i libri bookshelf (12)
la scala staircase; le scale stairs, staircase (12)
scalare to climb
scaldare to warm up
la scalinata staircase
lo scalino step (*of stairs*)
scaltro shrewd; crafty
scambiare to exchange
lo scambio (*pl.* gli scambi) exchange
lo scampo prawn
scapolo *adj.* bachelor
scaricare to unload (13); to discharge (13)
lo scarico exhaust (13); discharge (13)
la scarpa shoe; le scarpe (7)
scarso scarce; poor
la scatola box
scavato carved
lo scavo excavation; lo scavo archeologico archeological dig (15)
scegliere (*p.p.* scelto) to choose (6)
la scelta choice (8)
scemo foolish, stupid
la scena scene; mettere in scena to stage, put on, produce (14)

lo scenario scenery, background

scendere to descend; to go down; to get off

lo schema (pl. gli schemi) chart

lo scenografo / la scenografa set designer

la scenografia set, scenery

lo schermo screen (8)

scherzare to joke, tease

lo schiavo slave

la schiena back (9)

lo schieramento alignment

lo sci skiing (4); sci di fondo cross-country skiing; sci acquatico/nautico waterskiing

sciare to ski (3)

la sciarpa scarf (7)

lo sciatore / la sciatrice skier

scientifico (m. pl. scientifici) scientific; il liceo scientifico high school for the sciences

la scienza science (3); scienze politiche political science (3)

la sciocchezza silliness

scioperare to strike (16)

lo sciopero strike (16); *essere in sciopero to be on strike (16); fare sciopero to strike (16)

la scocciatura nuisance

la scodella bowl

lo scoglio (pl. gli scogli) cliff

scolpire (isc) to sculpt (15)

*scomparire (p.p. scomparso) to disappear

lo sconosciuto / la sconosciuta stranger (13)

lo sconto discount (11); fare uno sconto to give a discount (11)

lo scontrino receipt (5); fare lo scontrino to get a receipt (5)

lo scontro encounter, collision (15)

scontroso sullen

sconvolto upset

lo scooter (pl. gli scooter) scooter

la scoperta discovery

lo scopo aim; scope

scoprire (p.p. scoperto) to discover (10)

scorso adj. last (with time expressions) (5); l'estate scorsa last summer

scortese impolite, rude

scremato skin

gli scritti written exams

scritto adj. written

lo scrittore / la scrittrice writer (15)

la scrittura writing (in general) (15)

la scrivania desk (12)

scrivere (p.p. scritto) to write (4); scrivere a macchina to type; Come si scrive...? How do you write . . . ?; Scrivete! Write!

scrollare to scroll

la scuderia stable

lo scultore / la scultrice sculptor (15)

la scultura sculpture (in general and as an individual work) (15)

la scuola school (1); scuola media middle school; scuola superiore high school

la scusa excuse (9)

scusare to excuse

scusa excuse me (inform.) (P); la scusa excuse (9)

scusi excuse me (form.) (P)

se if (4); anche se even if; come se as if

sebbene although

il seccatore / la seccatrice bore, nuisance

il secolo century (15)

secondario (m. pl. secondari) secondary

secondo adj. second; la seconda guerra mondiale the Second World War; il secondo piano second floor (12); al secondo piano on the second floor (12)

il secondo (piatto) main course (6)

secondo prep. according to (2); secondo l'esempio according to the example; secondo me in my opinion; a seconda di depending on

la sede seat

sedersi to sit down

la sedia chair (2)

seducente seductive

seduto seated

il segnale sign (13); segnale stradale road sign

il segno sign; fare segno to indicate

il segretario (pl. i segretari) / la segretaria secretary

la segreteria telefonica answering machine

il segreto secret

seguente following

seguire to follow (4); to follow, watch (a program) regularly (8); seguire un corso to take a class (4)

seguito popular (14)

sei you are (inform.) (P)

selezionare to select

selvaggio wild

selvatico wild, untamed

la selvatichezza wildness

*sembrare to seem (16); sembra che it seems that; (mi) sembra it seems (to me)

il semestre semester

la semiotica semiotics

semplice simple (6)

la semplicità simplicity

sempre always (2); all the time (3); sempre dritto straight ahead (1); sempre più (+ adj.) increasingly (adj.)

il Senato Senate (upper house of Parliament) (16)

il senatore / la senatrice senator (16)

senese of/from Siena

sensibile sensitive (2)

il senso sense; meaning; senso dell'umorismo sense of humor

sentimentale sentimental

il sentimento sentiment, feeling

sentire to hear (4); farsi sentire to make oneself heard; sentire dire (di) to hear (about); sentire parlare (di) to hear (about) (15); sentirsi (bene / male / stanco / contento) to feel (good / bad / tired / happy) (7)

senza without; senz'altro of course, definitely; senza che without; la benzina senza piombo unleaded gas (13); *rimanere senza benzina to run out of gas (13)

il/la senzatetto (pl. i/le senzatetto) homeless person

separato separated

sepolto buried

la sera evening (3); buona sera good afternoon, good evening (P); di/la sera in the evening; ieri sera last night (5); ogni sera every night sabato sera Saturday night; tutta la santa sera the whole blessed evening

la serata evening (event)

il serbatoio gas tank

sereno calm; *essere sereno to be clear weather (4)

la serie (pl. le serie) series; la serie televisiva TV series (8)

serio (m. pl. seri) serious

serra: l'effetto serra greenhouse effect (13)

il server server

servire to serve (4); to be necessary

il servizio (pl. i servizi) cover charge (6); i servizi facilities (kitchen and bath) (12); la stazione di servizio gas station (13); service station (13)

sesto sixth

la seta silk

la sete thirst; avere sete to be thirsty (1)

settembre September (P)

settentrionale northern

la settimana week (P); alla settimana each week; *andare in settimana bianca to go on a week-long skiing vacation; una volta alla settimana once a week

il settimanale weekly publication (8)

settimanale weekly

il settore sector

severo severe

la sfilata fashion show

lo sfondo background

la sfortuna bad luck

lo sfortunato / la sfortunata unfortunate person

lo sfruttamento exploitation

sfruttare to exploit

sfuggire to escape from

sì yes (P)

si pron. yourself (form.); himself, herself; yourselves (pl. form.); themselves (m. and f.)

la sibilla sybil

siciliano Sicilian

sicuramente surely

la sicurezza safety; security; la cintura di sicurezza seatbelt (13)

sicuro secure (2); safe, certain, sure

la sigaretta cigarette (6)

significare to mean

il significato meaning

la signora lady; Mrs. (P)

il signore gentleman; lord; Mr. (P)

la signorina young lady; Miss (P)

il silenzio (pl. i silenzi) silence

silenzioso silent

simbolizzare to symbolize

il simbolo symbol

simile similar

la similarità similarity

simpatico (*m. pl.* **simpatici**) nice, likeable (2)
la sinagoga synagogue
sincero sincere
il sindacato labor union
la sinfonia symphony (14)
sinfonico (*m. pl.* **sinfonici**) symphonic
singolare singular
singolo single (12); **la camera singola** single room (10)
la sinistra left; **a sinistra** to/on the left (1); **di sinistra** left-wing (16)
sinistro *adj.* left (9)
il sinonimo synonym
il sistema (*pl.* **i sistemi**) system; **sistema operativo** operating system; **sistema politico** political system (16); **sistema sanitario nazionale** national health care
sistemare to arrange (12); **sistemarsi** to get settled (12)
la sistemazione accommodation (10); arrangement
la situazione situation
il sito site; **il sito Internet** website; **il sito della rete** website
lo skate *coll.* skateboarding
slavo Slavic
smarrirsi (isc) to get lost
smeraldo *adj.* emerald; **la Costa Smeralda** the Emerald Coast
smettere (di) (*p.p.* **smesso**) to stop (*doing something*) (7)
lo snò *coll.* snowboarding
sociale social; **il centro sociale** social-services center; **la classe sociale** social class (16); **la questione sociale** social issue; **il valore sociale** social value
il/la socialista (*m. pl.* **i socialisti**) socialist
la società (*pl.* **le società**) society
la sociologia sociology (3)
soddisfare to satisfy
soddisfatto (di) satisfied/happy (with)
la soddisfazione satisfaction
il sofà sofa (12)
la soffitta attic (12)
soffrire (di) (*p.p.* **sofferto**) to suffer (from)
il software (*pl.* **i software**) software
il soggetto subject
il soggiorno family room (12); **il permesso di soggiorno** residence permit
la sogliola sole (*fish*)
sognare to dream (about); **sognare (di** + *inf.*) to dream (*of doing something*) (8)
il sogno dream
solamente only
il soldato / la soldatessa soldier
i soldi money (2)
il sole sun; **al sole** in the sun; **la luce del sole** sunlight; **prendere il sole** to sunbathe
la solidarietà solidarity
solitario solitary
solito usual; **come al solito** as usual; **di solito** usually (4)
la solitudine loneliness; isolation
il sollevamento lifting; **fare sollevamento pesi** to lift weights (4)

solo *adv.*, only (1); *adj.* alone; single (4); **da solo/sola** alone (4)
soltanto only
la soluzione solution
il sondaggio (*pl.* **i sondaggi**) poll, survey (8)
il sonno sleepiness; **avere sonno** to be sleepy (1)
sono I am (P); **ci sono...** there are . . . ; **ci sono... ?** are there . . . ? (1); **sono di...** I'm from . . . (P); **sono nato/nata...** I was born . . . (P)
sonoro: la colonna sonora soundtrack (8)
sopportare to tolerate
sopra above, over (12)
il sopracciglio (*pl.* **le sopracciglia**) eyebrow
il soprannome nickname
il la soprano *m./f.* soprano (14)
soprattutto above all
*sopravvivere (*p.p.* **sopravvissuto**) to survive (9)
la sorella sister (3)
la sorellastra step-sister; half-sister
sorprendere (*p.p.* **sorpreso**) to surprise (16)
la sorpresa surprise; **la festa a sorpresa** surprise party
sorridere (*p.p.* **sorriso**) to smile
sospettare to suspect
la sosta pause; stop; **il divieto di sosta** no-parking zone (13)
sostenere to support
sostituire (isc) to substitute
i sottaceti pickled vegetables
sotto below, under (12)
sottolineare to underline
sottoporre (*p.p.* **sottoposto**) to subjugate
il sottotitolo subtitle (8)
sovrano *adj.* sovereign
sovvenzionare to subsidize
la sovvenzione subsidy
gli spaghetti spaghetti
lo spagnolo / la spagnola Spanish person; **lo spagnolo** Spanish language
spagnolo *adj.* Spanish (2)
sparso scattered
spaziale *adj.* space
lo spazio space (13)
lo specchio (*pl.* **gli specchi**) mirror (12)
speciale special; **niente di speciale** nothing special (10)
la specialità speciality
specializzarsi to specialize (7)
specializzato specialized
la specializzazione (in) major (in)
specialmente especially
la specie (*pl.* **le specie**) kind, sort; species
specificare to specify
specifico (*m. pl.* **specifici**) specific
spedire (isc) to send (14)
la spedizione expedition
spegnere (*p.p.* **spento**) to turn off
spendere (*p.p.* **speso**) to spend
la speranza hope
sperare to hope; **sperare (di** + *inf.*) to hope (*to do something*) (14)
sperimentale experimental

la spesa shopping; **fare la spesa** to go grocery shopping (11); **fare le spese** to go shopping (11)
spesso often (3)
spettacolare spectacular
lo spettacolo show (14); **allestire uno spettacolo** to stage a production (14)
lo spettatore / la spettatrice spectator (14)
spezzare to slice, chop
la spia spy
la spiaggia (*pl.* **le spiagge**) beach; ***andare in spiaggia** to go to the beach (10)
spiegare to explain (3)
la spiegazione explanation
gli spinaci spinach
spingere (a + *inf.*) (*p.p.* **spinto**) to push
lo spirito spirit
spiritoso witty
splendere to shine
splendido splendid
lo splendore splendor
lo sponsor (*pl.* **gli sponsor**) sponsor
sporco (*m. pl.* **sporchi**) dirty
lo sport (*pl.* **gli sport**) sport (4); **fare/praticare uno sport** to play a sport (4)
lo sportello ATM
sportivo athletic (2)
sposare to marry; **sposarsi** to get married (7)
sposato married
gli sposi newlyweds
spostare to move
spray: i prodotti spray aerosol products
la spremuta freshly squeezed juice (5)
spronare to spur (on)
sprovvisto unprovided, lacking
lo spumante sparkling wine
lo spumone spumone (*flavor of Italian ice cream*)
lo spunto cue
lo spuntino snack (5); **fare uno spuntino** to have a snack (5)
la squadra team (4)
squisito delicious
stabile *adj.* stable
lo stabilimento factory
stabilire (isc) to establish
lo stadio (*pl.* **gli stadi**) stadium (1)
la stagione season (P); **alta/bassa stagione** high/low season
stamattina this morning (3)
lo stambecco a type of mountain goat
la stampa press, the press (8)
la stampante printer
stampare to print (8); to publish
stancarsi to get tired
stanco (*m. pl.* **stanchi**) tired (2); **sentirsi stanco** to feel tired (7)
la stanza room (12); **il compagno / la compagna di stanza** roommate (2)
stanziare to allocate; **stanziare fondi** to allocate resources
*stare; to stay (3); ***stare attento** to pay attention; to be careful (3); ***stare bene/male** to be well/unwell; ***stare a casa / in casa** to stay at home; ***stare in piedi** to stand; ***stare zitto** to be/keep quiet

stasera tonight, this evening (3)
statale federal, of the state
statistico (*m. pl.* **statistici**) statistical
lo Stato the State (16); the federal government (16)
la statua statue (15)
statunitense of/from the United States
la statura height (2); **di media statura** of medium height
la stazione train station (1); **la stazione di servizio** gas station (13); service station (13); **la stazione termale** spa
la stella star
stendere (*p.p.* **steso**) to lay out
lo stereo stereo
lo stereotipo stereotype (14)
stesso same (2); **lo stesso** the same
lo stile style (14)
lo/la stilista stylist
lo stipendio (*pl.* **gli stipendi**) salary (16)
stirare to iron
lo stivale boot; **gli stivali** boots (11)
lo stomaco stomach (9); **avere mal di stomaco** to have a stomachache (9)
stonato off-key, out-of-tune; **stonato come una campana** tone-deaf
lo stop (*pl.* **gli stop**) stop sign
la storia history (3); story; **storia dell'arte** art history (3)
storico (*m. pl.* **storici**) historic (13)
storto awry
la strada street, road; **per strada** on the street; **strada facendo** on the way
stradale *adj.* road (13); **il segnale stradale** road sign
straniero foreign (3); **le lingue e letterature straniere** foreign languages and literatures (3)
lo straniero / la straniera foreigner
strano strange (12)
straordinario (*m. pl.* **straordinari**) extraordinary
strapazzato scrambled
la strega witch
lo stress stress
stressante stressful
stressato stressed (2)
stretto tight (11); narrow
lo strumento instrument (4); **suonare uno strumento** to play an instrument (4)
la struttura structure
lo studente / la studentessa student (P); **la casa dello studente** dormitory (3)
studiare to study (3)
gli studi studies (3)
lo studio (*pl.* **gli studi**) study, office (12); academic endeavor; **la borsa di studio** scholarship; **la materia di studio** subject matter (3)
stupendo stupendous
stupido stupid
su on, over; upon, above (5); **Su!** Come on! (11)
subito immediately, right away; **ecco subito!** right away!
****succedere** (*p.p.* **successo**) to happen (9)
successivo following

il successo success; **avere successo** to be successful
il succo d'arancia (*pl.* **i succhi**) orange juice (5)
il sud south (10)
sufficiente sufficient
il suffisso suffix
il suggerimento suggestion
suggerire (isc) to suggest
il sugo (*pl.* **i sughi**) sauce; **al sugo di pomodoro** with tomato sauce (6)
Suo your (*form.*); **suo** his/her/its
il suocero / la suocera father-in-law/mother-in-law
†**suonare** to play (*a musical instrument*) (3); to ring (*doorbell*); to sound; **suonare a orecchio** to play by ear; **suonare uno strumento** to play an instrument (4)
super: la benzina super super gasoline
superare to exceed (13)
superbo proud; haughty
la superficie area
superiore superior; upper, higher; **la scuola superiore** high school
il superlativo superlative (*gram.*)
il supermercato supermarket (1)
supersonico (*m. pl.* **supersonici**) supersonic
la sveglia alarm-clock
svegliare to wake up (*someone*); **svegliarsi** to wake up (7)
la svendita sale (11); **in svendita** on sale (11)
sviluppare to develop
lo sviluppo development
svolgere (*p.p.* **svolto**) to carry out
svolgersi (*p.p.* **svolto**) to take place (8)

T

la t-shirt t-shirt (7)
il tacchino turkey
il tacco heel
tagliare to cut
le tagliatelle noodles (*type of pasta*)
talvolta at times
tanto *adv.* so; *adj.* so much (8); so many, a lot (8); **così tanto** so much; **(tanto)... quanto** as . . . as, as much . . . as
la tappa stopover (10); leg (*of a journey*) (10)
il tappeto carpet
tardi *adv.* late (4); **fino a tardi** until late; **dormire fino a tardi** to sleep late; **più tardi** later
la targa (*pl.* **le targhe**) license plate (13)
la tasca pocket
la tassa tax; **le tasse** taxes
il tassì (*pl.* **i tassì**) taxi
la tastiera keyboard
la tavola table; **apparecchiare la tavola** to set the table (6); **pronto in tavola!** come and get it!
il tavolino small table; café table (5); **al tavolino** at a table (5)
il tavolo table (5)
la tazza cup (6)
il tè tea (1); tea party; **tè caldo** hot tea (5); **tè freddo** iced tea (5)

teatrale theatrical; **la rappresentazione teatrale** play, performance (14)
il teatro theater (1); ****andare a teatro** to go to the theater (4)
la tecnica technique
tecnico (*m. pl.* **tecnici**) technical
la tecnologia technology
il tedesco / la tedesca (*m. pl.* **i tedeschi**) German person; **il tedesco** German language
tedesco (*m. pl.* **tedeschi**) *adj.* German (2)
il tegame frying pan
il telefilm (*pl.* **i telefilm**) TV mini-series (8); made-for-TV movie
telefonare (a) to telephone, call (3)
la telefonata phone call
telefonico (*m. pl.* **telefonici**) *adj.* related to the telephone
il telefono telephone; **il numero di telefono** telephone number
il telegiornale TV news (8)
la telenovella soap opera
il telespettatore / la telespettatrice television viewer
la televisione (la TV) television (TV) (4); **dare in televisione** to show on television (8); **guardare la televisione (la TV)** to watch television (TV) (4)
televisivo *adj.* related to television, televised; **la fiction** TV series (8); **la serie televisiva** TV series (8)
il televisore television set
il tema (*pl.* **i temi**) theme (15)
temare to fear, be afraid of
il tempaccio bad weather
la temperatura temperature
il tempio temple
il tempo weather (3); time (4); **Che tempo fa?** How's the weather?, What's the weather like?; **da molto tempo** for a long time; **molto tempo fa** a long time ago; **da quanto tempo?** (for) how long? (7); **passare il tempo (a +** *inf.*) to spend time (*doing something*)
tenere to keep; to hold; **tenerci (a)** to care (about); **tenersi per mano** to hold hands
il tennis tennis (4); **giocare a tennis** to play tennis; **le scarpe da tennis** tennis shoes
il/la tennista tennis player
il tenore tenor (14)
la teoria theory
teorico theoretical
termale: la stazione termale spa
le terme baths
il termine term
la terra earth; **a terra** on the ground
il terrazzo balcony (12)
il terremoto earthquake
il terreno terrain, land
terrestre *adj.* land
terribile terrible
il territorio territory
il terrore terror
terzo third; **il terzo piano** the third floor (12); **al terzo piano** on the third floor (12)

la tesi (*pl.* **le tesi**) thesis
il tesoro treasure
tessile *adj.* related to textile
la testa head (9); **a testa** apiece; **avere mal di testa** to have a headache (9)
il testamento will; **Vecchio Testamento** Old Testament
il testo text
il tetto roof
ti *pron.* you (*inform.*); to/for you (*inform.*); yourself
tifare (per) to root for
timido shy
tipico (*m. pl.* **tipici**) typical
il tipo type, sort (14); guy
tipo like, similar to
il tiramisù *dessert of ladyfingers soaked in espresso and layered with cream cheese, whipped cream, and chocolate* (6)
tirare to pull; **tirare vento** to be windy (4)
il tirocinio internship
il titolo title
toccare to touch; **toccare a** (+ *person*) to be the turn of (*person*); **Tocca a me / te / lui / lei!** It's my / your / his / her turn!
togliere (*p.p.* **tolto**) to take away
tonico (*pl.* **tonici**) stressed; **il pronome tonico** disjunctive pronoun
il topo mouse
*tornare (a) to return (*to a place*) (3); to go back, come back
il torneo tournament
la torre tower; **la Torre Pendente** Leaning Tower (6)
la torta cake (6)
i tortellini type of pasta
la tosse cough (9)
il/la tossicodipendente drug addict
la tossicodipendenza drug addiction
tra between, among, in, within (+ *time expression*)
la traccia outline; track
la tradizione tradition
tradizionale traditional
tradizionalmente traditionally
tradurre (*p.p.* **tradotto**) to translate
la traduzione translation
il traffico traffic (12)
la tragedia tragedy (14)
il traghetto ferry
tragico tragic
trainato drawn, pulled
la trama plot
il tramezzino a multi-layered sandwich (5)
il tramonto sundown
tranquillo calm
trascurare to overlook
il trasferimento transfer
trasferirsi (isc) to move (*to another town, state, etc.*) (12)
trasformare to transform
la trasformazione transformation
traslocare to move (12)
il trasloco (*pl.* **i traslochi**) move; **fare il trasloco** to move (12)
trasmettere (*p.p.* **trasmesso**) to broadcast (8)

la trasmissione transmission, broadcast
la traspirazione perspiration
trasportare to transport
il trasporto transportation; **i mezzi di trasporto** means of transportation (1); **i mezzi pubblici di trasporto** public (*means of*) transportation (13)
trattare to treat; to deal with; **trattare/ trattarsi di** to be a matter of
la trattoria informal restaurant
la treccia (*pl.* **le trecce**) braid
tremendo terrible
il treno train (1); ***andare in treno** to go by train (3); **in treno** by train
la trigonometria trigonometry
il trimestre academic quarter, trimester
triste sad (2)
la tromba trumpet (14)
il trombone trombone
tropicale tropical
troppo *adj.* too much, too many (4); *adv.* too
trovare to find (3); to meet; ***andare/ *venire a trovare (una persona)** to visit (*a person*) (10); **trovarsi** to find oneself (*in a place*) (15)
truccarsi to put on makeup
il trullo *rural home in Puglia*
tu you (*inform.*) (P); **E tu?** And you? (*inform.*) (P)
tuo your (*inform.*)
il turismo tourism
il/la turista (*m. pl.* **i turisti**) tourist
turistico (*m. pl.* **turistici**) *adj.* related to tourism
il turno turn; **a turno** in turn
la tutela protection
tuttavia nonetheless
tutti/tutte *pron.* everybody, everyone (4); all; **tutti insieme** all together; **tutt'e due** both
tutto *inv.* all, everything; **tutto compreso** all costs included (10)
tutto all, every, the whole; **tutta la santa sera** the whole blessed evening; **di tutti i giorni** everyday (7); **in tutto il mondo** all over the world (14)
la TV TV

U

l'uccello bird
ucciso killed
ufficiale official
l'ufficio (*pl.* **gli uffici**) office; **ufficio cambio** currency exchange (1); **ufficio informazioni** tourist information service (1); **ufficio postale** post office (1); **ufficio prenotazioni** reservation bureau; **ufficio pubblico** public office
l'Ufo (*pl.* **gli Ufo**) UFO
l'uguaglianza equality
uguale equal
ugualmente equally
ultimamente lately, recently
ultimo last; **all'ultima moda** trendy; **per ultimo** lastly
ultravioletto ultraviolet

l'umanità humanity
umanitario humanitarian
umano *adj.* human
l'umiltà humility
l'umore humor, mood; **di cattivo/buon umore** in a bad/good mood
l'umorismo humor; **il senso dell'umorismo** sense of humor
un (uno, un', una) one, a; **un po' (di)** a little bit (of) (2)
unico (*m. pl.* **unici**) only (13)
l'unificazione *f.* unification
l'unione *f.* union
unire (isc) to unite, join
unito united (16)
universale: il giudizio universale the Last Judgment
l'università (*pl.* **le università**) university (1)
universitario (*m. pl.* **universitari**) *adj.* related to the university
l'uomo (*pl.* **gli uomini**) man
l'uovo (*pl.* **le uova**) egg
urgente urgent
urlare to scream
usare to use
*uscire to go out (4); to leave (4); ***uscire (con)** to go out (*with someone*) (4); **uscire di casa** to leave the house
l'uso use
utile useful (12)
utilizzare to use, utilize
l'uva grapes (11)

V

va bene OK, (2); **va bene?** is that OK? (1)
la vacanza vacation, holiday; ***andare in vacanza** to go on vacation (4); **fare le vacanze** to go on vacation (10)
valere (*p.p.* **valso**) to be worth; to be valid; **vale la pena** it's worth it
la valigia (*pl.* **le valige**) suitcase (1); **disfare le valige** to unpack one's bags (10); **fare le valige** to pack (10)
la valle valley
il valore value
la valutazione evaluation
il valzer waltz
il vantaggio advantage
il vaporetto water taxi
variare to vary
la varietà (*pl.* **le varietà**) variety
vario (*m. pl.* **vari**) various
la vasca da bagno bathtub
il vassoio tray
vasto vast
il Vaticano Vatican
il vecchio (*pl.* **i vecchi**) / **la vecchia** old person
vecchio (*m. pl.* **vecchi**) *adj.* old (2); **Vecchio Testamento** Old Testament
vedere (*p.p.* **veduto** or **visto**) to see (4); **fare vedere** to show; **non vedo l'ora** I can't wait; **ci vediamo** see you later (P)
il vedovo / la vedova widower/widow
vegetariano vegetarian
la vela sail; ***andare in barca a vela** to go sailing (4)

il **veleno** poison
veloce fast
velocemente fast; quickly
la **velocità** speed; **il limite di velocità** speed limit (13)
vendere to sell (11); **vendesi** for sale
la **vendita** sale; **in vendita** for sale (12)
il **venditore / la venditrice** vendor (11)
il **venerdì** Friday (P)
*venire to come (4); *venire a prendere to pick up (13); *venire a trovare to visit
il **vento** wind (4); **tirare il vento** to be windy (4)
veramente truly, really
verbale verbal; **espressioni verbali** verbal expressions
il **verbo** verb
verde green (7); **la benzina verde** unleaded gas (13)
la **verdura** vegetables (6); **il negozio di frutta e verdura** produce market (11)
vergine *adj.* virgin, virginal
la **verifica** verificazione, check
la **verità** truth (4)
vero true; **vero?** right?; **non è vero?** isn't that true?
la **versione** version
il **verso** verse; **in versi** in verse
verso toward
il **vescovo** bishop (15)
vestire to dress; **vestirsi** to get dressed (7); to dress (7)
il **vestito** dress (7); suit (7); **i vestiti** clothes (7)
la **vetrina** shop window (11)
il **vetro** glass (13)
vi *pron.* you (*pl. inform.*); to/for you (*m. and f. pl., inform.*); yourselves (*pl. inform.*)
la **via** street (1)
via *adv.* away; *andare via to get going, get out, go away (4); **buttare via** to throw away; **e così via** and so on
viaggiare to travel (4)
il **viaggio** trip (1); **il viaggio di nozze** honeymoon; **l'agenzia di viaggi** travel agency; **buon viaggio!** have a nice trip!; **fare un viaggio** to take a trip
il **viale** avenue

la **vicenda** event
vicino near (1); **vicino a** near, near to; **qui vicino** nearby (1)
la **videocassetta** videocassette (8)
il **videoregistratore** VCR (8)
vietare to forbid (13); to prohibit (13)
il/la **vigile** traffic officer (13)
la **villa** luxury home, country house (12)
il **villaggio** village
la **villetta** single-family house (12)
vincere (*p.p.* **vinto**) to win (4)
il **vincitore / la vincitrice** winner
il **vino** wine (1)
la **violenza** violence (18)
il **violino** violin (14)
la **virtù** (*pl.* **le virtù**) virtue
la **visita** visit; **il biglietto da visita** business card
visitare (un luogo) to visit (*a place*) (10); to examine (*a patient*) (9)
il **viso** face
la **vista** view (12); eyesight (9)
la **vita** life (9); **il costo della vita** cost of living; **la dolce vita** the easy life
la **vitamina** vitamin
la **vite** vine
il **vitello** veal (6)
il **vitto** food; **vitto e alloggio** food and lodging
la **vittoria** victory
viva! hurray!
vivace lively, vivacious
la **vivacità** liveliness
*vivere (*p.p.* **vissuto**) to live (9); **guadagnarsi da vivere** to earn a living
vivo alive; **dal vivo** live; **a viva voce** in person
il **vocabolario** (*pl.* **i vocabolari**) vocabulary, dictionary
la **vocale** vowel
la **voce** voice (14); **ad alta voce** out loud; **a viva voce** in person
la **voglia** desire; **avere voglia (di)** to want, feel like (1)
voi you (*pl. inform.*)
volante *adj.* flying
il **volantino** flyer, leaflet
*volare to fly
volentieri gladly, willingly (3)

volere to want; **volere** (+ *inf.*) to want (*to do something*) (4); *volerci (+ *time expression*) to take (*time*) (15)
il **volo** flight (10); **volo internazionale** international flight (10); **volo nazionale** domestic flight (10)
la **volontà** willingness
volontariato *adj.* volunteer
il **volontario** volunteer
la **volta** time (*occasion, incidence*) (4); **ancora una volta** one more time; **c'era una volta** once upon a time there was (8); **a volte** at times; **la prima volta** the first time (5); **qualche volta** sometimes; **quante volte?** how many times? (4); **una volta** some time ago (8); **una volta alla settimana** once a week; **una volta tanto** once and for all
il **volto** face
il **volume** volume
la **vongola** clam
vostro your (*pl.*)
votare to vote (16)
la **votazione** voting
il **voto** grade (2); vote (16)
il **vulcano** volcano
vuoto empty (6)

W

il **week-end** (*pl.* **i week-end**) weekend
il **windsurf** windsurfing

Y

lo **yoga** yoga; **fare lo yoga** to practice yoga
lo **yogurt** yogurt (5)

Z

lo **zaino** backpack (1)
lo **zafferano** saffron
lo **zio / la zia** (*m. pl.* **gli zii**) uncle/aunt (1)
zitto quiet; *stare zitto to be/keep quiet (3)
lo **zodiaco** (*pl.* **gli zodiaci**) zodiac
la **zona** zone; area
lo **zoo** zoo (1)
la **zucca** pumpkin, squash
lo **zucchero** sugar (5)
lo **zucchino / la zucchina** zucchini squash

English–Italian Vocabulary

A

a lot **molto** (2); a lot (of) **molto** (2); **un sacco (di)** (10)
able **bravo** (2); to be able to (*do something*) **potere** (+ *inf.*) (4)
about **circa** (4)
above **su** (5); **sopra** (12)
abroad **all'estero**; to go abroad ***andare all'estero** (10)
academic **accademico**; academic year **l'anno accademico** (3)
to accept **accettare** (**di** + *inf.*)
accident **l'incidente** *m.* (9)
accommodation **la sistemazione** (10)
according to **secondo** (2)
to act **recitare** (14)
actor **l'attore/l'attrice** (8)
ad **l'annuncio;** to answer an ad **rispondere a un annuncio**
addict: drug addict **il drogato / la drogata, il/la tossicodipendente**
addiction: drug addiction **la tossicodipendenza**
address **l'indirizzo** (12)
affairs **gli affari**
administration (*political*) **il Governo** (16); business administration **l'economia e commercio** (3)
to admire **ammirare** (15)
advertisement **la pubblicità** (8); employment ad **l'annuncio**
advertising **la pubblicità** (8)
advice **il consiglio** (10)
to advise (*to do something*) **consigliare** (**di** + *inf.*) (6)
aerobics **l'aerobica;** to do aerobics **fare aerobica** (4)
affectionate **affettoso**
affirmation **l'affermazione** *f.* (10)
afraid: to be afraid (of) **avere paura (di)** (1)
after **dopo** (3)
afternoon **il pomeriggio** (3); good afternoon **buon giorno, buona sera** (P); in the afternoon **di/il pomeriggio**
afterward **dopo**
again **ancora** (7)
against: to be against ***essere contro/contrario (a)**

age **l'età** *f.* (15); **l'epoca** (15)
ago **fa** (5)
to agree ***essere d'accordo** (3)
ahead: go ahead **pure** (11)
air conditioning **l'aria condizionata;** room with air conditioning **una camera con aria condizionata** (10)
airplane **l'aeroplano, l'aereo** (1)
airport **l'aeroporto** (1)
alarm clock **la sveglia**
alcoholism **l'alcolismo**
all **tutto, tutti/tutte** (12); all costs included **tutto compreso** (10); all over the world **in tutto il mondo** (14); all the time **sempre** (3); at all **per niente** (14)
to allow **permettere** (**di** + *inf.*) (14)
almost **quasi**
alone **da solo/sola** (4)
along: to get along ***andare d'accordo** (3)
already **già** (5)
also **anche** (2); I also **anch'io** (4)
although **benché, sebbene**
aluminum can **la lattina** (5)
always **sempre** (2)
amateur **dilettante** (14)
amusement **il passatempo** (4)
amusing **divertente** (2)
ancient **antico** (2)
and **e, ed** (*before vowels*) (P)
angry: to get angry **arrabbiarsi** (7)
to annoy **dare fastidio (a)**
annoyance **il fastidio**
annoying **fastidioso** (9)
another **un altro** (2)
to answer **rispondere** (4); to answer an ad **rispondere a un annuncio**
antique **antico** (2)
any **nessuno** (*in negative contexts*); **qualsiasi** (*inv.*); by any chance **per caso** (14)
anyhow **comunque** (14)
anyone **qualcuno** (12); no one **non... nessuno** (12)
anything: anything else **altro** (11)
apartment **l'appartamento** (12); studio apartment **il monolocale** (12); apartment building **il palazzo** (12)
appetizer **l'antipasto** (6)
to applaud **applaudire** (14)
apple **la mela** (11)

to apply **applicare** (16); to apply (*for a job*) **fare domanda**
appointment **l'appuntamento** (4); to make an appointment **fissare un appuntamento** (12)
to appreciate **apprezzare**
approximately **circa**
April **aprile** (P)
archeologist **l'archeologo/l'archeologa** (*pl.* **gli archeologi / le archeologhe**) (15)
archeology **l'archeologia** (15); archeological dig **lo scavo archeologico** (15)
architect **l'architetto** *m./f.* (15)
architecture **l'architettura** (3)
to argue **litigare**
aria (*opera*) **l'aria** (14)
arm **il braccio** (*pl.* **le braccia**) (9)
armchair **la poltrona** (12)
around **circa** (4); around there **da quelle parti** (12)
to arrange **sistemare** (12)
arrival **l'arrivo** (10)
to arrive ***arrivare** (3)
art history **la storia dell'arte** (3)
article **l'articolo** (8)
artist **l'artista** *m./f.* (*m. pl.* **gli artisti**) (15)
artwork **l'opera d'arte** (15)
as **come;** as if **come se;** as soon as **appena** (10); as... as **(così)... come, (tanto)... quanto**
aside **da parte**
to ask (for) **chiedere** (5); to ask **domandare** (6); to ask for a ride **chiedere un passaggio** (13); to ask a question **fare una domanda**
asleep: to fall asleep **addormentarsi** (7)
assignment **il compito** (P)
at **a;** at all **per niente;** at least **almeno** (8)
athletic **sportivo** (2)
to attach **allegare**
to attend (*a school, a class*) **frequentare;** (*an event*) **assistere**
attention: to pay attention (to) ***stare attento (a)**
attic **la mansarda, la soffitta** (12)
audience **il pubblico** (14)
August **agosto** (P)
aunt **la zia** (1)

author **l'autore/l'autrice** (14)
available **disponibile** (13)
avenue **il viale**

B

back (*part of the body*) **la schiena** (9)
backpack **lo zaino** (1)
backwards **indietro**
bad **cattivo** (2); **male** (P); not bad **non c'è male** (P); (it's) too bad (**è) peccato**
bag **la borsa** (1)
baggage **i bagagli**
baked **al forno** (6)
baker: bread baker **il panettiere / la panettiera** (11)
bakery: bread bakery **la panetteria** (11)
balcony **il balcone, il terrazzo** (12)
ball **la palla** (4)
ballet **il balletto** (14)
bank **la banca** (1); (river) bank **la riva**
banknote **la banconota** (16)
baptistery **il battistero**
bar **il bar** (1)
bar attendant **il/la barista** (5)
barbarian **il barbaro**
bargain **l'affare** *m.* (11); to get a bargain **fare un affare** (11)
baritone **il baritono** (14)
the Baroque period **il Barocco**
bartender **il/la barista** (5)
baseball cap **il berretto** (7)
basketball **la pallacanestro, il basket** (4)
bass **il basso** (14)
bathroom **il bagno** (12)
to be ***essere** (2); to be a + *profession* ***essere** + *professione*, **fare il/la** + *professione*; to be against ***essere contro/contrario (a)**; to be in favor (of) ***essere a favore (di)**; to be good ***essere bene** (14); to be politically engaged ***essere impegnato**; to be quiet ***stare zitto** (3); to be well/unwell ***stare bene/male** (3); How are you? **Come sta?** (*form.*), **Come stai?** (*inform.*) (P)
beach: to go to the beach ***andare in spiaggia** (10)
beans **i fagioli** (11)
beautiful **bello** (2)
because **perché** (2)
to become ***diventare** (5); to become informed (about) **informarsi (su)** (16)
bed **il letto** (3)
bed-and-breakfast **la pensione** (10)
bedroom **la camera da letto**
beef **il manzo** (6)
beer **la birra** (8)
before **prima di** (5); **prima che**
to begin **cominciare** (3)
behind **dietro (a/di)** (12); **indietro**
to believe **credere (di** + *inf.*) (14); to believe (*in something*) **credere (a** + *n.*) (11)
bell **la campana**
bell pepper **il peperone** (11)
below **sotto** (12)
belt **la cintura** (7)
benefits **i benefici**
beside **accanto (a), di lato (a)** (12)

besides **a parte** (12)
best **ottimo** (8)
better *adj.* **migliore** (9); *adv.* **meglio**
beverage **la bevanda** (5)
bicycle, bike **la bicicletta, la bici** (1); to ride a bike ***andare in bicicletta** (3); to go for a bike ride **fare un giro in bici** (4)
big **grande** (2); **grosso** (8)
bigger **maggiore** (9)
bike **la bici** (1)
bill **il conto** (5); to bring the bill **portare il conto** (6)
billion **il miliardo** (7)
biology **la biologia** (3)
birthday **il compleanno** (6)
bit: a little bit (of) **un po' (di)** (2)
black **nero** (7)
blond **biondo** (2)
blouse **la camicetta** (11)
blue, (sky) blue **azzurro**; blue-collar worker **l'operaio/l'operaia** (16)
board: full board (three meals a day) **la pensione completa** (10); half board (two meals a day: breakfast and lunch or dinner) **la mezza pensione** (10)
boarding **l'imbarco** (10)
boat **la barca** (10)
body **il corpo** (9)
bore **la scocciatura** (7)
to boo **fischiare** (14)
book **il libro** (2)
bookstore **la libreria** (3)
boots **gli stivali** (11)
border **la frontiera**
bored: to get bored **annoiarsi** (7)
boring **noioso** (2)
born: to be born ***nascere** (5); I was born . . . **sono nato/nata. . . ;** When were you born? **Quando sei nato/nata?** (*inform.*)
bother **il fastidio**
box **la scatola** (15)
boy **il ragazzo** (2); little boy **il bambino** (2)
brand **la marca** (13)
bread **il pane** (5); bread baker **il panettiere / la panettiera** (11); bread bakery **la panetteria** (11)
to break (*a bone*) **rompersi** (9)
breakfast **la colazione** (5); to have breakfast **fare colazione** (3)
to bring **portare** (3); to bring back **riportare** (6); to bring the bill **portare il conto** (6)
brioche **la brioche** (5)
to broadcast **mandare in onda, trasmettere** (8)
broadcast; live broadcast **in diretta** (8); tape-delayed, prerecorded broadcast **in differita** (8)
broth: in broth **in brodo** (6)
brother **il fratello** (3)
brown **castano** (*hair, eyes*), **marrone** (2)
to buckle **allacciare** (13)
to build **costruire** (15)
building **l'edificio** (13); apartment building **il palazzo** (12)
bulb: lightbulb **la lampadina**

bus **l'autobus, il bus;** (*coach*) **il pullman** (1); to go by bus ***andare in autobus** (3)
business **l'azienda, il commercio, la ditta; gli affari**
business administration **l'economia e commercio** (3)
busy **occupato** (4)
but **ma** (1)
butcher **il macellaio / la macellaia** (11); butcher shop **la macelleria** (11)
butter **il burro** (5)
button **il bottone** (7)
to buy **comprare** (3)
by: by (*a certain time*) **entro;** by all means **pure** (11); by any chance **per caso** (14)
bye **ciao** (*inform.*) (P); good-bye **arrivederci, arrivederLa** (*form.*) (P)

C

café **il bar, il caffè** (1)
cafeteria **la mensa**
cake **la torta** (6)
to call **telefonare (a)** (3); to call oneself **chiamarsi** (7)
calm **tranquillo**
camping **il campeggio;** to go camping ***andare in campeggio** (10)
can: aluminum can **la lattina** (5)
can: to be able to (*do something*) **potere (+** *inf.*) (4)
canapé **il crostino**
candidate **il candidato / la candidata** (16)
cap: baseball cap **il berretto** (7)
capable **bravo** (2); **in gamba**
capitalism **il capitalismo** (16)
cappuccino **il cappuccino**
car **l'automobile, l'auto** *f.* (*pl.* **le auto**), **la macchina** (1); to go by car ***andare in macchina** (3)
cardboard **il cartone** (13)
to care: to care for **curare** (9); to care (about) **tenerci (a);** to take care of oneself **curarsi** (9)
carrot **la carota** (11)
to carry **portare** (3)
case: in that case **allora** (8)
cashier **il cassiere / la cassiera** (5); cashier's desk **la cassa** (5)
to catch a cold **prendere il raffreddore** (9)
cat **il gatto** (2)
CD **il Cd** (4)
cellar **la cantina** (12)
center **il centro** (5)
centrist (*politics*) **di centro** (16)
century **il secolo** (15)
cereal **i cereali** (5)
chair **la sedia** (2)
chalk **il gesso** (2)
chalkboard **la lavagna** (2)
Chamber of Deputies (*lower house of Parliament*) **la Camera dei Deputati** (16)
to change **cambiare**
chance: by any chance **per caso** (14)
change **il cambiamento** (16); (*from a transaction*) **il resto** (11)
channel (TV) **il canale (televisivo)** (8)
character **il personaggio** (8)

charge: cover charge **il coperto, il servizio** (6)
to chat **fare due chiacchiere**
to check **controllare** (9); to check up on **controllare** (9)
check **il conto** (5)
check-up **il controllo** (13)
cheerful **allegro** (2)
cheese **il formaggio** (6)
chemistry **la chimica** (3)
chicken **il pollo** (6)
child **il bambino/la bambina** (2)
childhood **l'infanzia** (7)
Chinese **cinese** (2)
chocolate **la cioccolata** (5); hot chocolate **la cioccolata** (5)
choice **la scelta** (8)
choir **il coro** (14)
chorus **il coro** (14)
to choose **scegliere** (6)
Christmas **Natale** *m.* (10)
church **la chiesa** (1)
cigarette **la sigaretta** (6)
citizen **il cittadino / la cittadina** (16)
city **la città** (1); **il comune**
clarinet **il clarinetto** (14)
city hall **il comune**
class **la lezione** (1); (*group of students*) **la classe** (3); (*course of study*) **il corso** (3)
classmate **il compagno / la compagna** (3)
classroom **l'aula** (2)
to clean **pulire** (4)
clear **chiaro** (9)
clerk **l'impiegato** (1)
climate **il clima** (13)
to climb up **salire**
clock **l'orologio**
to close **chiudere** (4)
closet **l'armadio a muro** (12)
clothes **i vestiti** (7)
clothing **l'abbigliamento** (7); clothing store **il negozio di abbigliamento** (11)
coalition **la coalizione** (16)
coat **il cappotto** (7)
coffee **il caffè** (strong Italian coffee) (1)
coin **la moneta** (16)
cold: to be cold **avere freddo** (1); to be cold out **fare freddo** (3)
cold (*infection*) **il raffreddore** (9); to catch a cold **prendere il raffreddore** (9)
cold cuts **i salumi** (6)
colleague **il/la collega**
collision **lo scontro** (15)
to come ***venire** (4); Come on! **Avanti!, Dai!, Su!** (11)
comedy **la commedia** (14)
comfortable **comodo** (9)
compact disc **il Cd** (pl. **i Cd**) (4)
to compare **paragonare** (9)
competition **la gara** (4)
to complain (about) **lamentarsi (di)** (7)
to compose **comporre** (*p.p.* **composto**) (14)
composer **il compositore / la compositrice** (14)
computer **il computer** (4)
computer science **l'informatica** (3)

to concern oneself with **occuparsi di** (16)
concert **il concerto** (4)
to conduct **dirigere** (*p.p.* **diretto**) (14)
conductor **il direttore / la direttrice d'orchestra** (14)
confectioner **il pasticciere / la pasticciera** (11)
conservative (*person*) **il conservatore / la conservatrice** (16)
Constitution **la costituzione** (16)
consumerism **il consumismo**
contact lenses **le lenti a contatto** (9)
container **il recipiente** (13)
to continue (*doing something*) **continuare (a + inf.)** (8)
convenient **comodo** (9)
conversation **il discorso** (16)
to convince **convincere (a + inf.)** (*p.p.* **convinto**)
to cook **cucinare** (4)
cookbook **il libro di cucina** (6)
cooked **cotto** (6)
cookie **il biscotto** (5)
cooking **la cucina** (6)
to cost ***costare** (11)
cost: cost of living **il costo della vita** (17); all costs included **tutto compreso** (10)
cough **la tosse** (9)
could: it could be **può darsi**
Council of Ministers **il Consiglio dei Ministri** (16)
counter **il banco** (5); at the counter **al banco** (5)
country **il paese** (5); **la campagna**; to go to the country ***andare in campagna** (10)
couple **il paio** (pl. **le paia**) (5)
course (*of study*) **il corso** (3); to take a course **seguire un corso** (4); course (*meal*) **il piatto**; first course **il primo (piatto)** (6); main course **il secondo (piatto)** (6)
cousin **il cugino / la cugina** (1)
cover charge **il coperto, il servizio,** (6)
crackers **i salatini** (5)
crisis **la crisi** (16)
croissant **la brioche** (5)
cruise **la crociera**; to go on a cruise **fare una crociera** (10)
cuisine **la cucina** (6)
cup **la tazza** (6)
curly **riccio** (*m. pl.* **ricci**) (2)
currency **la moneta** (16); (*shared European currency*) **l'euro** (1); currency exchange **l'ufficio cambio** (1)
current **attuale** (16); **aggiornato**
current events **l'attualità** (8)
curriculum vitae **il curriculum**
customer **il/la cliente** (5)
cute **carino** (2)
CV **il curriculum**

D

dad **il papà** (3)
daddy **il babbo** (3)
daily **giornaliero, quotidiano**

daily newspaper **il quotidiano** (8)
dairy, dairy store **la latteria** (11)
to dance **ballare** (3)
dance **la danza** (14)
dancing **il ballo** (4)
dangerous **pericoloso** (9)
dark (*hair*) **bruno** (2)
date **l'appuntamento** (4)
daughter **la figlia** (3)
day **il giorno** (P); What day is it? **Che giorno è?** (P)
dear **caro** (2)
de-boarding **lo sbarco** (10)
December **dicembre** (P)
deforestation **il disboscamento** (13)
to delete **annullare**
delicatessen **la salumeria** (11)
delicatessen clerk **il salumiere / la salumiera** (11)
deluxe **di lusso** (10)
demand **la richiesta**
democracy **la democrazia** (16)
demonstration (*political*) **la manifestazione** (16)
to depart ***partire** (4)
department (*of a university*) **la facoltà** (3); (*of government*) **il ministero** (16); department store **il grande magazzino** (11)
departure **la partenza** (10)
to deserve **meritare** (16)
desk **il banco** (2); **la scrivania** (12); cashier's desk **la cassa** (5)
dessert **il dolce** (6); dessert of ladyfingers soaked in espresso and layered with cream cheese, whipped cream, and chocolate **il tiramisù** (6)
destination **la meta**
dictatorship **la dittatura** (16)
dictionary **il dizionario** (2)
to die ***morire** (5)
diet **la dieta**; to be on a diet ***essere a dieta** (5)
difficult **difficile** (3)
dining hall **la mensa**
dining room **la sala da pranzo** (5)
dinner **la cena** (6); to eat dinner **cenare** (4)
to direct **dirigere** (8)
director (*film or theater*) **il/la regista** (8)
disappointed **deluso** (18)
to discharge **scaricare** (13)
discharge **lo scarico** (13)
discount **lo sconto** (11); to give a discount **fare uno sconto** (16)
to discover **scoprire** (10)
to discuss **discutere (di)**
dish **il piatto** (6)
diskette **il dischetto**
distant **lontano** (1)
diversity **la diversità**
to do **fare** (3)
doctor **il dottore / la dottoressa**; **il medico** *m./f.* (9)
document **il documento** (1)
dog **il cane** (1)
domestic **casalingo**
door **la porta** (2)

dormitory **la casa dello studente**
double **doppio;** room with a double bed
   una camera matrimoniale (12)
to doubt **dubitare** (16)
downtown **in centro** (5)
to draw **disegnare** (4)
to dream **sognare;** to dream (*of doing
   something*) **sognare (di + inf.)** (8)
to dress, to get dressed **vestirsi** (7)
dress **l'abito, il vestito** (7)
to drink **bere** (4)
to drive **andare in macchina (3); **guidare**
drive: hard drive **il disco fisso**
driver **l'automobilista** *m./f.* (*m. pl.* **gli
   automobilisti**) (13)
driver's license **la patente** (13)
drug addict **il drogato / la drogata,
   il/la tossicodipendente**
drug addiction **la tossicodipendenza**
drugs **la droga**
drums **la batteria** (14)
to dub **doppiare** (8)
dubbing **il doppiaggio** (8)
dumplings **gli gnocchi** (6)
during **durante** (4)
duty **il dovere;** (*professional*) **la mansione**
DVD **il DVD** (*pl.* **i DVD**) (8); DVD player
   il lettore DVD (8)

E

each **ogni** (3); each one **ognuno/ognuna**
ear **l'orecchio** (*pl.* **le orecchie / gli
   orecchi**) (9)
early **presto** (3)
to earn **guadagnare;** to earn a living
   guadagnarsi da vivere
earnings **il guadagno** (16)
east **l'est** *m.* (10)
Easter **Pasqua** (10)
easy **facile** (3)
to eat **mangiare** (3); to eat dinner
   cenare (4); to eat lunch **pranzare** (4)
ecological **ecologico** (3)
editor **il redattore / la redattrice** (8)
editorial staff **la redazione** (8)
effort **la fatica**
eggplant **la melanzana** (11)
either . . . or **o... o** (10)
to elect **eleggere** (16)
election campaign **la campagna
   elettorale** (16)
elections **le elezioni** (16)
elevator **l'ascensore** *m.* (12)
to eliminate **eliminare**
e-mail **la posta elettronica, l'e-mail** *f.* (4);
   e-mail (message) **l'e-mail** *f.* (*pl.* **le
   e-mail**) (4)
to embrace (*each other*) **abbracciarsi** (7)
employer **il datore / la datrice di
   lavoro** (17)
empty **vuoto** (6)
to encourage **incoraggiare (a + inf.)**
end **la fine** (6)
energetic **energico** (*m. pl.* **energici**) (2)
to enforce **applicare** (16)
engaged: to get engaged (*to be married*)
   (to) **fidanzarsi (con)**

engineering **l'ingegneria** (3)
English **inglese** (2)
the Enlightenment **l'Illuminismo**
to enjoy oneself **divertirsi** (7)
enough **abbastanza** (2); it is enough
   basta (14)
to ensure **assicurare**
to enter **entrare (5)
entertaining **divertente**
entertainment **il divertimento** (2)
entrance **l'entrata, l'ingresso** (12);
   (*permission to enter*) **l'ingresso** (15)
entryway **l'entrata, l'ingresso** (12)
environment **l'ambiente** *m.* (13)
environmentalism **la protezione
   dell'ambiente** (13)
equal **uguale**
equality **l'uguaglianza**
era **l'epoca** (15)
espresso **il caffè** (5); espresso with a few
   drops of milk **il caffè macchiato** (5);
   espresso infused with steamed milk
   il cappuccino (5)
to establish oneself **affermarsi** (15)
ethnic **etnico**
ethic group **l'etnia**
ethnicity **l'etnicità**
euro (*shared European currency*) **l'euro** (1)
European **europeo** (16); European
   Community **la Comunità Europea**
   (16); currency of the EC **l'euro** (1);
   person from outside the EC
   l'extracomunitario/l'extracomunitaria
even though **anche se** (7)
evening **la sera** (3); good evening **buona
   sera** (P); in the evening **di/la sera;** this
   evening **stasera** (3)
ever **mai** (5)
every **ogni** (3); **tutto** (12)
everybody **tutti** (4); **tutti/tutte**
everyday *adj.* **giornaliero, di tutti i giorni**
everyone **tutti** (4); **tutti/tutte**
everything **tutto** (*inv.*)
everywhere **dappertutto** (12)
exam **l'esame** *m.* (3); oral exams **gli orali;**
   written exams **gli scritti**
to examine (*a patient*) **visitare** (9)
to exceed **superare** (13)
excellent **ottimo** (8)
excuse **la scusa** (9); excuse me **scusa**
   (*inform.*), **scusi** (*form.*) (P)
executive **il/la dirigente**
exhaust **lo scarico** (13)
exhibit **la mostra**
to expect **aspettarsi**
expensive **caro** (2)
to explain **spiegare** (3)
eye **l'occhio** (2)
eyeglasses **gli occhiali** (9)
eyesight **la vista** (9)

F

facade **la facciata**
face **la faccia** (*pl.* **le facce**) (9)
facilities (kitchen and bath) **i servizi** (12)
factory **la fabbrica** (16)
faith: to have faith (in) **fidarsi (di)**

fall (season) **l'autunno** (4)
to fall asleep **addormentarsi** (7); to fall in
   love (with) **innamorarsi (di)**
family **la famiglia** (3)
family room **il soggiorno** (12)
far **lontano** (1)
fashion **la moda** (7)
fast *adj.* **veloce;** *adv.* **velocemente**
fat **grasso** (2)
father **il padre** (3)
favor: to be in favor (of) **essere a favore (di)
favorite **preferito**
February **febbraio** (P)
to feel **sentirsi** (7); to feel like **avere
   voglia (di)** (1)
feminist **il/la femminista** (16)
fever **la febbre** (9)
few **poco** (*m. pl.* **pochi**) (3); a few
   alcuni/alcune, qualche (12)
field **il campo** (15)
to fill **riempire;** to fill out a form **riempire
   un modulo** (17); to fill up (the gas
   tank) **fare il pieno** (13)
to film **girare** (8)
to find **trovare** (3)
fine arts **le belle arti** (15)
finger **il dito** (*pl.* **le dita**) (9)
to finish **finire (isc)** (4)
to fire **licenziare**
firm **l'azienda, la ditta**
first **prima;** the first (*day of the month*) **il
   primo** (P); first course **il primo (piatto)**
   (6); the first time **la prima volta**
fish **il pesce** (6); fish market **la pescheria**
   (11); fishmonger **il pescivendolo / la
   pescivendola** (11)
fixed **fisso** (10)
flight **il volo** (10); international flight
   volo internazionale (10); domestic
   flight **volo nazionale** (10)
floor (*of a building*) **il piano;** first (second/
   third) floor **il primo (secondo/terzo)
   piano** (12); ground floor **il pianterreno**
   (12); on the first (second/third) floor **al
   primo (secondo/terzo) piano** (12); on
   the ground floor **a pianterreno** (12)
flower **il fiore** (6)
flute **il flauto** (14)
to fly **andare in aereo (3); **volare**
flyer **il volantino**
fog **la nebbia** (4)
to follow **seguire** (4); to follow (*a program*)
   regularly **seguire** (8)
food **il cibo** (6); **il vitto;** junk food **la
   robaccia**
foot **il piede** (9)
foolishness **la sciocchezza**
for **per**
to forbid **vietare** (13)
to force **forzare (a + inf.)** (14)
foreign **straniero** (3); foreign languages
   and literatures **le lingue e le
   letterature straniere** (3)
to forget **dimenticare** (3)
fork **la forchetta** (6)
form **il modulo;** to fill out a form
   riempire un modulo

free (unoccupied) **libero** (4)
French **francese** (2)
fresco **l'affresco** (15)
fresh **fresco** (6)
Friday **venerdì** (P)
fried **fritto** (6)
friend **l'amico/l'amica** (*pl.* **gli amici / le amiche**) (1)
friendship **l'amicizia**
from **da**
front: in front of **davanti a**
fruit **la frutta** (6); fruit vendor **il fruttivendolo / la fruttivendola** (11); fresh fruit cocktail **la macedonia** (6)
full **pieno**
fun **il divertimento** (2); fun-loving **divertente**
to function **funzionare** (13)
function **la mansione**
to furnish **ammobiliare, arredare** (12)
furnished **ammobiliato, arredato** (12)
furnishings **l'arredamento** (12)
furniture, piece of furniture **il mobile** (12)

G

game **la partita** (4)
garbage **i rifiuti** (13)
garden **il giardino** (12); vegetable garden **l'orto**
gasoline **la benzina** (13); unleaded gas **la benzina verde / senza piombo**; to get gas **fare benzina** (13); to fill up (the gas tank) **fare il pieno** (13); to run out of gas *rimanere senza benzina** (13); gas pump **il distributore di benzina** (13); gas station **la stazione di servizio** (13)
German **tedesco** (2)
to get on **salire**
to get up **alzarsi** (7)
gift **il regalo** (6)
girl **la ragazza** (2); little girl **la bambina** (2)
to give **dare** (3); to give (*as a gift*) **regalare** (6); to give back **rendere** (6); to give a ride **dare un passaggio** (13); to give one's resignation **dare le dimissioni** (16)
gladly **volentieri** (3)
glass **il vetro** (13); drinking glass **il bicchiere** (1)
gloves **i guanti** (7)
to go *andare** (3); to go (*to do something*) *andare** (*a* + *inf.*) (3); to go abroad *andare all'estero** (10); to go sailing *andare in barca a vela** (4); to go to the beach *andare in spiaggia** (10); to go to the country *andare in campagna** (10); to go away *andare via**; to go by bus *andare in autobus** (3); to go by car *andare in macchina** (3), to go to the gym *andare in palestra** (4); to go to the hospital *andare all'ospedale** (9); to go to the mountains *andare in montagna** (10); to go (*to a place*) often **frequentare;** to go out *uscire** (4); to go out (*with someone*) *uscire (con)** (4); to go to the seashore *andare al mare** (10); to go by train *andare in treno** (3); go ahead **pure** (11)

goat **la capra**
gold **l'oro**
good **buono** (1); **bravo** (2); good at (*a subject of study*) **bravo in** (3); good morning **buon giorno** (P); good afternoon **buon giorno, buona sera** (P); good evening **buona sera** (P); good night **buona notte** (P); pretty good **abbastanza bene** (P); it is good **é bene** (14)
good-bye **arrivederci, arrivederLa** (*form.*)
government **il Governo** (16)
grade **il voto** (2)
to graduate (*from high school*) **diplomarsi** (7); (*from college*) **laurearsi** (7)
granddaughter **la nipote** (3)
grandfather **il nonno** (3)
grandmother **la nonna** (3)
grandson **il nipote** (3)
grapes **l'uva** (11)
gray **grigio** (7)
great **grande** (2)
greater **maggiore** (9)
green **verde** (7)
greenhouse effect **l'effetto serra** (13)
to greet **salutare** (3)
grilled **alla griglia** (6)
grocery: to go grocery shopping **fare la spesa** (11); grocery store **il negozio di alimentari** (11)
ground: ground floor (*of a building*) **il pianterreno** (12); on the ground floor **a pianterreno** (12)
to grow *crescere** (16); to grow up *crescere**
guest **l'ospite** *m./f.* (12)
guitar **la chitarra** (4)
gym **la palestra**; to go to the gym *andare in palestra** (4)

H

hair **i capelli** (2)
half **mezzo, mezza** (4)
ham: cured ham **il prosciutto** (6)
hand **la mano** (*pl.* **le mani**) (9)
handsome **bello** (2)
to happen *succedere** (*p.p.* **successo**) (9)
happy **soddisfatto**
hard **difficile** (3); hard drive **il disco fisso**
hat **il cappello** (11)
to have **avere** (1); to have to (*do something*) **dovere** (+ *inf.*) (4)
he **lui**
head **la testa** (9)
headache **mal di testa**; to have a headache **avere mal di testa** (9)
to heal *guarire (isc)** (9)
health **la salute** (9); health insurance **l'assistenza medica**; national health care **l'assistenza sanitaria nazionale, il sistema sanitario nazionale**
healthy **sano** (9)
to hear **sentire** (4); to hear (*about*) **sentire parlare (di)** (15)
heart **il cuore** (9)
heat, heating **il riscaldamento** (12)

heavy **pesante** (11)
hello, **ciao** (*inform.*), **salve** (P)
to help (*each other*) **aiutarsi** (7)
her **la**; (to/for) her **le**; (*possessive*) **suo**
here **qui, qua** (1); here (it) is, here (they) are **ecco** (1)
hi **ciao, salve** (P)
to hide (oneself) **nascondersi** (12)
highway **l'autostrada** (13)
hill **il colle, la collina** (13)
him **lo**; (to/for) him **gli**
his **suo**
historic **storico** (13)
history **la storia** (3); art history **la storia dell'arte** (3)
to hitchhike **fare l'autostop**
hockey **l'hockey**
to hold **tenere**
home **la casa** (3); luxury home **la villa** (12)
home furnishings **l'arredamento** (12)
homeless person **il/la senzatetto**
homework assignment **il compito** (2)
honest **onesto**
honey **il miele** (5)
to hope (*to do something*) **sperare** (**di** + *inf.*) (14)
hospital **l'ospedale** (1); to go to the hospital *andare all'ospedale** (9); to be hospitalized *andare all'ospedale** (9)
hostel **l'ostello** (10)
hot **caldo**; to be hot **avere caldo** (1)
hotel **l'albergo** (1)
house **la casa** (3); country house **la villa** (12); single-family house **la villetta** (12)
how **come**; How are you? **Come sta?** (*form.*), **Come stai?** (*inform.*) (P); How's it going? **Come va?** (P); (for) how long? **da quanto tempo?** (7); how much? **quanto?**; how many? **quanti?**; how many times? **quante volte?** (4) How do you say . . . ? **Come si dice...?** (P); How old are you? **Quanti anni ha?** (*form.*), **Quanti anni hai?** (*inform.*) (P); How's the weather? **Che tempo fa?** (3); what is he/she/it like? **com'è?** (P); what are they like? **come sono?** (P)
to hug (*each other*) **abbracciarsi** (7)
hundred **cento**
hundred-thousand **centomila**
hungry: to be hungry **avere fame** (1)
hurry: to be in a hurry **avere fretta** (1); in a hurry **in fretta** (5)
to hurt oneself, get hurt **farsi male** (9); to hurt **fare male (a)** (9)
husband **il marito** (3)

I

I **io**; I am **sono** (P); I'm from . . . **sono di...** (P); I also **anch'io** (4)
ice **il ghiaccio** (5)
ice cream **il gelato** (1); ice cream maker/vendor **il gelataio / la gelataia** (11); ice cream parlor **la gelateria** (11)
if **se** (4); if only **magari**
illegal **abusivo**
illness **la malattia** (9)

to imagine **immaginare** (16)
immediately **subito**
immigrant **l'immigrato/l'immigrata**
immigration **l'immigrazione** *f.*
in **in; a**
included: all costs included **tutto compreso** (10)
income **il guadagno** (16)
to increase **aumentare, *crescere** (16)
increase **l'aumento** (16)
to indicate **indicare**
industry **l'industria** (17)
inequality **l'ineguaglianza**
inflation **l'inflazione** *f.* (17)
influx **l'afflusso**
information **l'informazione** *f.* (1)
informed **informato** (16); to become informed (about) **informarsi (su)** (16)
inhabitant **l'abitante** *m./f.* (15)
injustice **l'ingiustizia**
inn **la pensione** (10)
insecure **insicuro** (2)
insensitive **insensibile** (2)
to insist **esigere**
instead **invece** (4); **piuttosto** (5)
instrument (*musical*) **lo strumento** (4)
insurance: health insurance **l'assistenza medica**
to intend (to) **avere intenzione (di)** (10)
to interfere **interferire (isc)**
internship **il tirocinio**
interview **l'intervista** (8); **il colloquio**; to have an interview **avere un colloquio**; to set up an interview **fissare un colloquio**
intolerance **l'intolleranza**
to invite **invitare** (4)
to involve oneself (in) **occuparsi (di)** (16)
to be/get involved **impegnarsi**
Irish **irlandese** (2)
irresponsible **irresponsabile** (2)
iron **il ferro**
issue **la questione**
itinerary **l'itinerario** (10)

J

jacket **la giacca, il giubbotto**
jam **la marmellata** (5)
January **gennaio** (P); January 1st **il primo gennaio** (P)
Japanese **giapponese** (2)
jargon **il linguaggio** (8)
job **il lavoro** (1); to look for a job **cercare lavoro**
to join **iscriversi (a)**
joke **la barzelletta**
journalism **il giornalismo** (3)
journalist **il/la giornalista** (8)
to judge **giudicare**
juice **il succo**; orange juice **il succo d'arancia** (5); freshly squeezed juice **la spremuta** (5)
July **luglio** (P)
June **giugno** (P)
junk food **la robaccia**
just **proprio** (1); **appena** (10); just like **così come** (16)
justice **la giustizia**

K

to keep **tenere**; to keep quiet ***stare zitto**
key **la chiave** (4)
keyboard **la tastiera**
kilometer **il chilometro** (13)
kind **gentile** (2)
to kiss (*each other*) **baciarsi** (7)
kitchen **la cucina** (5)
knife **il coltello** (6)
to knock **bussare**
to know **conoscere** (5); **sapere** (5); to know how to (*do something*) **sapere** (+ *inf.*) (5)
knowledge: to have knowledge of **sapere** (5)

L

labor **la mano d'opera**; labor union **il sindacato**
lady **signora** (P)
lake **il lago** (*pl.* **i laghi**) (13)
lamb **l'agnello** (11)
land **il terreno**
landlord **il padrone di casa** (12)
landlady **la padrona di casa** (12)
landscape **il paesaggio** (10)
language **la lingua** (3); foreign languages and literatures **le lingue e le letterature straniere** (3)
last (*with time expressions*) **passato, scorso**; last night **ieri sera** (5)
late **tardi** (4)
to laugh **ridere** (15)
laundry **il bucato** (7); to do laundry **fare il bucato** (7)
laundry room **la lavanderia**
law **la giurisprudenza, la legge** (3)
lazy **pigro** (2)
leading lady **la diva** (14)
to learn **imparare** (3)
least: at least **almeno** (9)
to leave ***partire** (4); to leave (*something, someone*) behind **lasciare**; to leave a deposit **lasciare un deposito** (10)
left **sinistra**; to/on the left **a sinistra** (1)
left *adj.* **sinistro** (9); left-wing **di sinistra** (16)
leg **la gamba** (9)
lemon **il limone** (5)
to lend **imprestare, prestare** (6)
lenses: contact lenses **le lenti a contatto** (9)
less **meno** (3); less than **meno… di (che)**; lesser **minore** (9)
lesson **la lezione** (1)
letter **la lettera** (4)
liberal arts **le lettere** (3)
library **la biblioteca** (2)
license (*driver's*) **la patente** (13)
license plate **la targa** (13)
lie **la bugia** (2)
life **la vita** (9)
to lift weights **fare sollevamento pesi** (4)
light *adj.* **leggero**
lightbulb **la lampadina** (15)

to like **piacere** (+ *indirect object*) (6); What's he/she like? **Com'è?** (2); What are they like? **Come sono?** (2)
likeable **simpatico** (*m. pl.* **simpatici**) (2)
limit **il limite**; speed limit **il limite di velocità** (13)
line **la fila**
list **l'elenco**
to listen, listen to **ascoltare** (3), to listen to music **ascoltare la musica** (4)
literature **la letteratura** (3); foreign languages and literatures **le lingue e letterature straniere** (3)
little **piccolo** (2); **poco** (3); a little bit (of) **un po' (di)** (2)
to live (*in a place*) **abitare** (3); ***vivere** (9)
live *adj.*, live broadcast **in diretta** (8)
living room **il salotto** (5)
lodging **l'alloggio**; food and lodging **vitto e alloggio**
loneliness **la solitudine**
long **lungo** (*m. pl.* **lunghi**) (2)
to look at **guardare** (3); to look for **cercare** (3); to look for a job **cercare lavoro**; to look good **fare bella figura** (7)
to lose **perdere** (4)
lost: to get lost **smarrirsi**
lot: a lot **molto** (2)
to love **amare** (3); to fall in love (with) **innamorarsi (di)**
lucky: Lucky you! **Beato/Beata te!** (3)
lunch **il pranzo** (5); to eat lunch **pranzare** (4)
lung **il polmone** (9)
lumberjack **il boscaiolo**

M

magazine **la rivista** (4)
mail **la posta**; mail carrier **il postino / la postina**
mainly **principalmente** (15)
major (in) (*at a university*) **la specializzazione (in)**
to make **fare** (3); to make an appointment **fissare un appuntamento** (12); to make friends **fare amicizia**; to make a mistake **sbagliarsi** (7); to make oneself heard **farsi sentire** (16); to make plans **fare un programma** (4), **fare programmi** (10); to make a reservation **fare una prenotazione** (6)
man **l'uomo** (*pl.* **gli uomini**); man of letters **il letterato** (15); young man **il ragazzo** (2)
manager **il/la dirigente**
many **molto** (2); too many **troppo** (4); how many? **quanto? (quanti?)** (6); how many times? **quante volte?** (4)
map **la mappa** (12)
March **marzo** (P)
May **maggio** (P)
marginalization **l'emarginazione** *f.*
to marginalize **emarginare**
market **il mercato** (11)
marmalade **la marmellata** (5)
to marry **sposare**; to get married **sposarsi** (7)
martial arts **le arti marziali** (4)

masterpiece **il capolavoro** (15)

match (*sports*) **la gara, la partita** (4)

materialism **il materialismo**

mathematics **la matematica** (3)

maybe **forse** (10)

me **mi;** (to/for) me **mi**

meal **il pasto** (6)

mean **cattivo** (2); What does . . . mean? **Cosa vuol dire... ?** (P)

means: by all means **pure** (11); means of transportation **i mezzi di trasporto** (1); in the meantime **intanto** (16)

meat **la carne** (6)

mechanic **il meccanico / la meccanica** (13)

medicine **la medicina** (3)

the Medieval period **il Medioevo**

to meet **incontrare;** to meet (*past tense*) **conoscere** (5); pleased to meet you **piacere** (P)

meeting **la riunione** (16)

melon **il melone** (6)

messy **disordinato**

Mexican **messicano** (2)

the Middle Ages **il Medioevo**

midnight **mezzanotte;** it's midnight **è mezzanotte**

milk **il latte** (1)

milkman **il lattaio** (11)

milkwoman **la lattaia** (11)

million **il milione** (7)

minister (*in government*) **il ministro** *m./f.* (16); prime minister **il Presidente del Consiglio, il primo ministro** (16)

mirror **lo specchio** (12)

Miss **signorina** (P)

to miss (*a train, bus, plane, etc.*) **perdere** (4); to miss, to be missing **mancare

mistake: to make a mistake **sbagliarsi** (7)

mixed **misto** (6)

the modern period **l'età moderna, la modernità**

mom **la mamma** (3)

Monday **lunedì** (P)

money **i soldi** (2)

month **il mese** (P)

monthly **mensile;** monthly publication **il mensile** (8)

moped **il motorino** (1)

more **più;** more than **più... di (che)**

morning **la mattina** (3); good morning **buon giorno** (P); in the morning **di/la mattina;** this morning **stamattina** (3)

mosaic **il mosaico** (15)

mother **la madre** (3)

motorcycle **la motocicletta, la moto** (1)

motorist **l'automobilista** *m./f.* (13)

motorscooter **il motorino** (1)

mouse **il topo**

mouth **la bocca** (9)

to move (*household*) **cambiare casa, fare un trasloco, traslocare** (12); to move (*to another town, state, etc.*) **trasferirsi** (12)

movie theater **il cinema** (1)

mozzarella **la mozzarella** (6)

Mr. **signore** (P)

Mrs. **signora** (P)

much **molto** (2); too much **troppo** (4); how much? **quanto?** (6); as much . . . as **(tanto)... quanto** (9)

museum **il museo** (1)

music **la musica** (4); pop music **la musica leggera, il pop**

musical (*production*) **il musical** (14)

musician **il/la musicista** (14)

my **mio**

myself **mi**

must (*have to*) (*do something*) **dovere** (+ *inf.*) (4)

N

name: first name **il nome** (1); last name **cognome** (1); my name is . . . **mi chiamo... ;** What's your name? **Come si chiama?** (*form.*), **Come ti chiami?** (*inform.*); to be named **chiamarsi** (7)

to narrate **raccontare** (3)

naughty **cattivo** (2)

near **vicino** (1)

nearby **qui vicino** (1)

necessary: (*adj.*) **necessario** (12); to be necessary **bisognare; it is necessary **bisogna** (14)

to need **avere bisogno (di)** (1)

to negotiate **contrattare** (16)

neither . . . nor **né... né**

nephew **il nipote** (3)

nervous **nervoso**

network **la rete** (8)

never **non... mai** (1)

new **nuovo** (2); New Year's Day **Capodanno** (10)

news **le notizie** (8); local news **la cronaca** (8)

newspaper **il giornale** (4)

next (to) **accanto (a), di lato (a)** (12)

nice **simpatico** (2); (*thing*) **bello** (2)

niece **la nipote** (3)

night **la notte;** at night **di/la notte;** good night **buona notte** (P); last night **ieri sera** (5)

nightgown **la camicia da notte** (7)

no **no** (P); no longer **non... più** (7); no one **(non...) nessuno** (12)

nobody **(non...) nessuno** (12)

noise **il rumore** (1)

noon **mezzogiorno;** it's noon **è mezzogiorno**

north **il nord** (10)

nose **il naso** (9)

not **non** (1); not anymore **non... più;** not yet **non... ancora** (12)

notebook **il quaderno** (2)

notes **gli appunti** (7)

notwithstanding **nonostante**

noun **il nome** (1)

nothing (non...) **niente/nulla;** nothing special **niente di speciale** (10)

novel **il romanzo** (15)

November **novembre** (P)

now **adesso** (4); **ora** (7); right now **ora** (7)

nuisance **la scocciatura**

nurse **l'infermiere/l'infermiera** (9)

nutrition **l'alimentazione** *f.* (9)

O

to obligate **obbligare** (a + *inf.*) (14)

obligatory **obbligatorio, d'obbligo**

occupation **il mestiere, la professione**

October **ottobre** (P)

of **di**

off-key **stonato**

to offer **offrire** (4); to offer (to pay) **offrire** (5)

offer **l'offerta**

officer: traffic officer **il/la vigile** (13)

often **spesso** (3)

oil **l'olio** (13)

OK **va bene** (2); is that OK? **va bene?** (1)

old **vecchio** (2); (*people*) **anziano;** very old **antico** (2); How old are you? **Quanti anni ha?** (*form.*), **Quanti anni hai?** (*inform.*) (P); I'm . . . years old **ho... anni** (P)

older **maggiore** (9)

on **su**

once upon a time (there was) **c'era una volta** (8)

online **in linea, online**

only **solo** (1); **solamente; unico** (13)

to open **aprire** (4)

opera **il melodramma, l'opera**

operatic **lirico**

or **o;** either . . . or **o... o** (10)

oral exams **gli orali**

orange **l'arancia** (11); orange juice **il succo d'arancia** (5); orange soda **l'aranciata** (1)

to order **ordinare** (5)

to organize **organizzare** (16)

other **altro** (2)

our **nostro**

ourselves **ci**

out **fuori** (6); out of place **fuori luogo**

outside **fuori** (6)

outskirts: on the outskirts **in periferia** (12)

over **su; sopra** (12)

ozone layer **la fascia di ozono** (13)

P

to pack **fare le valige** (10)

pain **il dolore** (9)

to paint **dipingere** (4)

painter **il pittore / la pittrice** (15)

painting (*individual work*) **il dipinto, il quadro** (15); (*in general*) **la pittura** (15)

pair **il paio** (*pl.* **le paia**) (5)

paper **la carta** (8); (report) **la relazione** (15); sheet of paper **il foglio di carta** (P)

pardon: I beg your pardon? **Come?** (P)

parents **genitori** (3)

to park **parcheggiare** (13)

parking: no-parking zone **il divieto di sosta** (13); parking space **il parcheggio** (13)

Parliament **il Parlamento** (16)

parmesan il **parmigiano** (6)
party la **festa** (3)
party (*political*) il **partito politico** (16)
to pass (by) *****passare**
passage il **brano** (15)
passport il **passaporto** (1)
pasta la **pasta** (6)
pastime il **passatempo** (4)
pastry la **pasta** (5); pastry cook il **pasticciere / la pasticciera** (11); pastry shop la **pasticceria** (5)
patient il/la **paziente** (9)
to pay **pagare** (5); to pay for **pagare** (5); to pay (with a credit card / by check / in cash) **pagare (con la carta di credito / con un assegno / in contanti)** (5); to pay attention *****stare attento**; to pay the bill **pagare il conto** (6); to pay a deposit **pagare un deposito** (10)
peanut la **nocciolina**
pear la **pera** (11)
pen la **penna** (2)
pencil la **matita** (2)
peninsula la **penisola** (15)
pension la **pensione** (16)
people la **gente** (5)
to perform **recitare** (14)
to persuade **persuadere** (a + *inf.*)
pharmacy la **farmacia** (1)
philosophy la **filosofia** (3)
photograph, photo la **fotografia**, la **foto** (1); to take a picture (photo) **fare una fotografia** (3)
physics la **fisica** (3)
piano il **piano** (4)
to pick up *****andare/*venire a prendere** (13)
pie la **crostata** (6)
place il **luogo** (1); il **posto** (10); out of place **fuori luogo**; to take place **svolgersi** (8), **avere luogo** (14)
to place **mettere** (4)
to plan **fare un programma** (4); to have plans **avere programmi** (10); to make plans **fare un programma** (4), **fare programmi** (10); to plan (*to do something*) **pensare** (di + *inf.*) (14)
plan il **programma** (4)
plastic la **plastica**
plate il **piatto** (6)
to play (*a game or sport*) **giocare (a)** (3); (*a sport*) **fare/praticare uno sport** (4); (*a musical instrument*) **suonare** (3); (*a part*) **recitare** (14); to play on the computer **giocare con il computer** (4)
play la **rappresentazione teatrale** (14)
player il **giocatore / la giocatrice** (4)
pleasant **piacevole** (12)
please **per favore, per piacere** (P); pleased to meet you **piacere** (P)
to please: to be pleasing *****piacere** (6)
pleasure il **piacere** (7)
poem la **poesia** (15)
poet il **poeta / la poetessa** (15)
poetry la **poesia** (4)
to point out **indicare** (12)
polite **educato**

political: political party il **partito politico** (16); political science le **scienze politiche** (3); political system il **sistema politico** (16); to be politically engaged *****essere impegnato**
politics la **politica** (16)
poll il **sondaggio** (8)
to pollute **inquinare** (13)
pollution l'**inquinamento** (13)
poor **povero**; Poor me! **Povero me!**
pop: pop musica la **musica leggera**, il **pop**
Pope il **Papa** (15)
popular **seguito** (14)
pork il **maiale** (6)
portrait il **ritratto** (15)
possibility la **possibilità**
post office l'**ufficio postale** (1); post office (*service*) la **posta**
postcard la **cartolina** (10)
postmodern il **postmoderno**
potato la **patata** (6)
potato chips le **patatine**
poverty la **povertà** (16); la **miseria**
to practice **praticare**
prank il **capriccio**
to prefer (*to do something*) **preferire (isc)** (+ *inf.*) (4)
preferred **preferito**
prejudice il **pregiudizio**
premiere la **prima** (14)
to prepare **preparare** (6)
prescription la **ricetta** (9)
president (*of the Republic*) il **presidente (della Repubblica)** (16)
press la **stampa** (8); the press la **stampa** (8)
pretty **carino** (2)
price il **prezzo** (7)
primarily **principalmente** (15)
prime minister il **Presidente del Consiglio**, il **primo ministro** (16)
to print **stampare** (8)
printer la **stampante**
problem il **problema** (13)
to produce **produrre** (8); **mettere in scena** (14)
produce market il **negozio di frutta e verdura** (11)
producer il **produttore / la produttrice** (8)
profession il **mestiere, la professione**
professional **di professione, professionista** (14)
professor il **professore / la professoressa** (P)
program (*TV or radio*) il **programma** (8)
progressive il/la **progressista** (*m. pl.* i **progressisti**) (16)
prohibition il **divieto**
to promise **promettere** (di + *inf.*) (14)
to promote **promuovere**
protagonist il/la **protagonista** (15)
to protect **proteggere** (13)
protest la **manifestazione** (16)
proud **orgoglioso**; (*haughty*) **superbo**
provided that **a condizione che, purché**
psychology la **psicologia** (3)
public **pubblico**; public transportation i **mezzi pubblici di trasporto** (13)

publication la **pubblicazione** (8)
to publish **pubblicare** (8)
pullover il **maglione** (11)
to purify **depurare** (13)
to push **spingere** (a + *inf.*)
to put **mettere** (4); to put on (*clothes*) **mettersi** (7); to put on (a production) **mettere in scena** (14)

Q

quarter il **quarto** (4)
question la **domanda** (2)
quiet: to be/keep quiet *****stare zitto**
to quit (*a job*) **licenziarsi**
quotation la **citazione** (15)
to quote **citare** (15)

R

racism il **razzismo**
racist il/la **razzista**
racist *adj.* **razzista**
radio la **radio** (8); radio station la **radio** (8)
to rain **piovere** (4)
rain la **pioggia** (4)
raincoat l'**impermeabile** *m.* (7)
rain forest la **foresta pluviale** (13)
to raise **aumentare** (16)
raise l'**aumento** (16)
rather **piuttosto** (5)
to read **leggere** (4)
ready **pronto** (6)
really **davvero** (15); **proprio** (1)
reason il **motivo** (8)
receipt lo **scontrino** (5); to get a receipt **fare lo scontrino** (5)
to receive **ricevere** (4)
recipe la **ricetta** (6)
to recommend **consigliare** (6)
recovery la **guarigione** (9)
to recycle **riciclare** (13)
recycling il **riciclaggio** (13)
red **rosso** (7)
to reduce **diminuire (isc)** (16)
reduction la **diminuzione, la riduzione** (16)
refrigerator il **frigo** (*from* **frigorifero**)
refuge il **rifugio**
relationship il **rapporto** (7)
relative il/la **parente** (3)
to relax **rilassarsi** (7)
to remain *****rimanere**
remains le **rovine, i ruderi** (15)
to remember **ricordare** (5)
Renaissance il **Rinascimento** (15)
to rent **affittare** (12); to rent (a house) **affittare, prendere in affitto** (10); to rent (a car / a boat) **noleggiare, prendere a nolo**; for rent **affittasi, in affitto** (12)
rent l'**affitto** (12)
to reply **rispondere** (4)
report la **relazione** (15)
reporter il/la **cronista** (8)
representative (*in the lower house of Parliament*) il **deputato / la deputata** (16)
to require **richiedere** (11)
requirement il **requisito**
research la **ricerca** (15)
reservation la **prenotazione**

reservation bureau l'**ufficio prenotazioni**
to reserve **prenotare** (6)
residence l'**abitazione** *f.* (12)
to resign (*from office*) **dimettersi**
to resist **resistere**
to resolve **risolvere**
to respect **rispettare** (13)
responsible **responsabile** (2)
to rest **riposarsi**
rest (*remainder*) **il resto** (11)
restaurant **il ristorante** (1)
to restore **restaurare** (15)
résumé **il curriculum**
to retire ***andare in pensione** (16); to be retired ***essere in pensione** (16)
retired person **il pensionato / la pensionata** (16)
to return (*to a place*) *(**ri)tornare** (3); (*to give back*) **rendere** (6)
to review **ripassare; recensire** (8)
review **la recensione** (8)
the Revival (*movement for Italian political unity*) **il Risorgimento** (15)
rhyme **la rima** (15)
rice **il riso** (6); creamy rice dish **il risotto** (6)
rich **ricco** (2)
to ride a bicycle ***andare in bicicletta** (3)
ride **il passaggio**; to ask for a ride **chiedere un passaggio** (13); to give a ride **dare un passaggio** (13)
right (*legal*) **il diritto** (16); rights **i diritti** (8)
right *adj.* **destro** (9); to/on the right **a destra** (1)
right: to be right **avere ragione** (1); you're right **già**; Right! **Giusto!** (P); it is right **è giusto** (14)
right-wing **di destra** (16)
the Risorgimento (*movement for Italian political unity*) **il Risorgimento** (15)
river **il fiume** (13)
roast l'**arrosto** (6)
roll: sweet roll **la brioche, il cornetto** (5); hard roll **il panino** (1)
room **la camera** (10); **la stanza** (12); room with air conditioning / bath / shower **la camera con aria condizionata / bagno / doccia** (10); double room **la camera doppia/matrimoniale** (10); single room **la camera singola** (10)
roommate **il compagno / la compagna di stanza** (2)
row **la fila**
ruins **le rovine, i ruderi** (15)
to run ⁺**correre** (4); to run into (*each other*) **incontrarsi** (7); to run out of gas *rimanere senza benzina** (13)
Russian **russo** (2)

S

sad **triste** (2)
saffron **lo zafferano**
salad l'**insalata** (6)
salary **lo stipendio** (16)
sale **la svendita** (11); for sale **in vendita, vendesi**
salesperson **il commesso / la commessa** (11)
same **stesso** (2)

sandwich **il panino** (1); multi-layered sandwich on thin bread **il tramezzino** (5)
satisfied (with) **soddisfatto (di)**
Saturday **sabato** (P)
sauce **il sugo**; with meat sauce **al ragù, alla bolognese** (6); with tomato sauce **al sugo di pomodoro** (6); with a sauce of basil, garlic, parmesan, and pine nuts **al pesto** (6); with a sauce of eggs, bacon, and grated cheese **alla carbonara** (6)
to save **risparmiare** (10); **salvare**
saxophone **il sassofono**
to say **dire** (4); How do you say . . . ? **Come si dice… ?** (P)
scarf **la sciarpa** (11)
school **la scuola** (1); school (*within a university*) **la facoltà** (3)
science **la scienza** (3); political science **le scienze politiche** (3)
scooter **lo scooter**
screen **lo schermo** (8)
to sculpt **scolpire (isc)** (15)
sculptor **lo scultore / la scultrice** (15)
sculpture **la scultura** (*in general and as an individual work*) (15)
season **la stagione** (P)
secure **sicuro** (2)
search engine **il motore di ricerca**
seatbelt **la cintura di sicurezza** (13)
to see **vedere** (4); see you soon **a presto** (P); see you tomorrow **a domani** (P); see you later **ci vediamo** (P)
to seem *sembrare** (16); it seems (to me) **(mi) pare, (mi) sembra**
to sell **vendere** (11)
senate (*upper house of Parliament*) **il Senato** (16)
senator **il senatore / la senatrice** (16)
to send **mandare** (6)
sensitive **sensibile** (2)
September **settembre** (P)
serious **grave** (9)
to serve **servire** (4)
to set the table **apparecchiare la tavola** (6)
to set up an interview **fissare un colloquio**
set **fisso** (10)
settled: to get settled **sistemarsi** (12)
to share (*a residence*) **condividere** (12)
she **lei**
sheep **la pecora**
sheep-raising **la pastorizia**; *adj.* **pastorale**
sheet: sheet of paper **il foglio di carta** (2)
shelf **lo scaffale** (12); bookshelf **lo scaffale per i libri** (12)
shirt **la camicia** (7)
shoes **le scarpe** (7)
to shoot (*a film*) **girare** (8)
shop **il negozio** (1)
shopkeeper **il/la negoziante** (11)
shopping: to go shopping **fare le spese / le compere** (11); to go grocery shopping **fare la spesa** (11)
shop window **la vetrina** (11)
short (*in height*) **basso** (2); (*in length*) **corto** (2)
short story **il racconto** (4); **la novella** (15)

to show **mostrare** (6); to show (on TV) **dare (in televisione)** (8)
show **lo spettacolo** (14)
shrine **il santuario**
sick **ammalato** (5); **malato** (9); to get sick **ammalarsi** (9)
side dish **il contorno** (6)
silverware **le posate** (6)
simple **semplice** (6)
to sing **cantare** (3)
singer **il/la cantante** (14)
singer-songwriter **il cantautore / la cantautrice** (14)
single **singolo** (12)
sister **la sorella** (3)
site **il sito**
skateboarding **lo skate**
skating **il pattinaggio** (4)
to ski **sciare** (3) to go cross-country skiing **fare lo sci di fondo** (4); to go water-skiing **fare lo sci acquatico/nautico**
skirt **la gonna** (11)
to sleep **dormire** (4); to fall asleep **addormentarsi** (7)
sleepy: to be sleepy **avere sonno** (1)
slice **la fetta** (5)
slight **leggero**
slow **lento**
small **piccolo** (2); smaller **minore** (9)
to smile **sorridere**
to smoke **fumare**
smoker **il fumatore / la fumatrice** (14)
snack **lo spuntino** (5); (*mid-afternoon snack*) **la merenda** (5); snacks **i salatini** (5); to have a snack **fare uno spuntino** (5)
to snow **nevicare** (4)
snow **la neve** (4)
snowboarding **lo snò**
so **così** (7); (*in that case*) **allora** (8); so-so **così così** (P); so much **tanto** (8); so many **tanto** (8); so that **affinché**
soccer **il calcio** (4)
sociology **la sociologia** (3)
socks **i calzini** (7)
soda **la bibita** (5)
sofa **il divano, il sofà** (12)
soft drink **la bibita** (5)
to solve **risolvere** (13)
some **alcuni/alcune, qualche, qualcuno/qualcuna, un po' di**; some time ago **una volta** (8)
someone **qualcuno/qualcuna**
something **qualcosa (di)**; something to drink / to eat **qualcosa da bere / da mangiare** (5)
sometimes **qualche volta** (4)
son **il figlio** (3)
song **la canzone** (14); popular song **la canzonetta** (14)
soon **presto**; see you soon **a presto** (P)
soprano **il soprano** *m./f.* (14)
sorry: to be sorry *dispiacere** (6)
sort (*type*) **il tipo** (14)
soundtrack **la colonna sonora** (8)
soup **la zuppa**; hearty vegetable soup **il minestrone** (6); soup bowl **il piatto fondo** (6)

South **il sud** (10)
space **lo spazio** (13)
Spanish **spagnolo** (2)
to speak **parlare** (3)
spectator **lo spettatore / la spettatrice** (14)
speech **il discorso** (16)
speed limit **il limite di velocità** (13)
spoken **parlato** (15)
spoon **il cucchiaio** (6)
sport **lo sport** (4)
spring **la primavera** (4)
square **la piazza** (1)
stadium **lo stadio** (1)
staff: editorial staff **la redazione** (8)
to stage **mettere in scena, allestire (isc) (uno spettacolo)** (14)
stage **il palcoscenico** (14)
staircase **le scale** (12)
stairs **le scale** (12)
stall (*of vendor*) **la bancarella** (11)
to stand up **alzarsi** (7)
stand (*of vendor*) **la bancarella** (11)
to start **cominciare** (3); to start (*a car, a machine*) **mettersi in moto** (10)
the State **lo Stato** (16)
statement **l'affermazione** *f.*
station **la stazione** (1)
statue **la statua** (15)
to stay *****stare** (3); *****rimanere**
steak **la bistecca** (6)
stereotype **lo stereotipo** (14)
still **ancora** (7)
stomach **lo stomaco** (9)
to stop (*moving*) **fermarsi** (7); to stop (*doing something*) **smettere (di)** (7)
stopover **la tappa** (10)
store **il negozio** (1); clothing store **il negozio di abbigliamento** (11); grocery store **il negozio di alimentari** (11)
story: short story **il racconto** (4); **la novella** (15)
straight (*hair*) **liscio** (2); (*direction*) **dritto** (1); straight ahead **sempre dritto** (1)
strange **strano** (12)
stranger **lo sconosciuto / la sconosciuta** (13)
street **la via** (1)
stressed **stressato** (2)
to strike **fare sciopero, scioperare** (16); to be on strike *****essere in sciopero** (16)
strike **lo sciopero**
strong **forte** (9)
student **lo studente / la studentessa** (P)
studies **gli studi** (3)
studio apartment **il monolocale** (12)
to study **studiare** (3)
study **lo studio** (12)
stuff **la roba** (8)
style **lo stile** (15); **la moda** (11)
subject **l'argomento** (15); subject matter **la materia (di studio)** (3)
subtitle **il sottotitolo** (8)
suburbs: in the suburbs **in periferia** (12)
to succeed *****riuscire** (a + *inf.*) (14)
to suffer (from) **soffrire (di)**
sugar **lo zucchero** (5)
suggestion **il suggerimento**

suit **l'abito, il vestito** (7)
suitcase **la valigia** (1)
to summarize **riassumere** (15)
summary **il riassunto** (15)
summer **l'estate** *f.* (4); *adj.* **estivo**
to sunbathe **prendere il sole**
Sunday **domenica** (P)
supermarket **il supermercato** (1)
surrounded **circondato**
survey **il sondaggio** (8)
to survive *****sopravvivere** (9)
sweater **il golf** (3); **la maglia** (7)
sweatshirt **la felpa** (7)
sweatsuit **la felpa** (7)
sweets **i dolci** (5)
to swim **nuotare** (3)
swimming **il nuoto** (4)
swimming pool **la piscina** (3)
symphony **la sinfonia** (14)
system **il sistema**; the political system **il sistema politico** (16)

T

t-shirt **la maglietta, la t-shirt** (7)
table **il tavolo** (5); small table, café table **il tavolino** (5); at a table (*in a café*) **al tavolino** (5); to set the table **apparecchiare la tavola** (6)
to take **prendere** (4); to take care of oneself **curarsi** (9); to take a course **seguire un corso** (4); to take part (in) **fare parte (di)** (15); to take a picture (photo) **fare una foto**; to take place **svolgersi** (8); **avere luogo** (14); to take a test **dare un esame** (3); to take (*time*) **metterci** (+ *time expressions*), *****volerci** (+ *time expressions*) (15); to take a walk **fare una passeggiata** (4)
to talk **parlare** (3)
tall **alto** (2)
task **l'incarico** (8)
taste **il gusto** (13)
to taste **degustare**
tasty **saporito**
taxes **le tasse**
tea **il tè** (1); hot tea **il tè caldo** (5); iced tea **il tè freddo** (5)
to teach **insegnare** (3)
teacher **l'insegnante** *m./f.* (3)
team **la squadra** (4)
to telephone **telefonare (a)** (3)
television **la televisione** (4)
television news **il telegiornale** (8)
to tell **dire** (4); **raccontare** (3); to tell the truth **a dire il vero** (10)
tenant **l'inquilino/l'inquilina** (12)
tennis **il tennis** (4)
tenor **il tenore** (14)
terrain **il terreno**
test **l'esame** (3); (*medical*) **il controllo** (9); to take a test **dare un esame** (3)
to thank **ringraziare** (18); thank you **grazie** (P); thanks **grazie** (P); Thank goodness! **Meno male!** (12)
that **quello; cui**; that which **ciò che, quello che**

theater **il teatro** (1); movie theater **il cinema** (*inv.*) (1)
their **loro**
them *m.* **li**; *f.* **le**; (to/for) them **gli (loro)**
theme **il tema** (15)
then **poi** (1)
there **lì, là** (1); there (it) is . . . /there (they) are . . . **ecco…** (1); there is **c'è** (1); there are **ci sono** (1)
they **loro**
thin **magro** (2)
to think **pensare**; to think (*about something*) **pensare (a** + *n.*) (11)
thirsty: to be thirsty **avere sete** (1)
this **questo**
throat **la gola** (9)
through **per**
Thursday **giovedì** (P)
ticket (*theater, train*) **il biglietto** (1); ticket (*fine*) **la multa** (13); to get a ticket **prendere la multa** (13)
tie **la cravatta** (7)
tight **stretto** (11)
time **il tempo** (4); (*of day*) **l'ora** (4); (*occasion, incidence*) **volta** (4); at what time? **a che ora?**; it's time **è ora** (16); on time **puntuale** (3); to take (*time*) **metterci/ *****volerci** (+ *time expressions*) (15); what time is it? **che ora è? / che ore sono?**
tip **la mancia** (5)
tire **la gomma** (13)
tired **stanco** (2)
tiring **faticoso** (9)
to **a, in** (1)
today **oggi** (P); What is today's date? **Quanti ne abbiamo oggi?** (11)
together **insieme** (4)
to tolerate **sopportare**
tomato **il pomodoro** (6)
tomorrow **domani** (P); see you tomorrow **a domani** (P)
tonight **stasera** (3)
too **anche** (2); too much **troppo** (4); too many **troppo** (4); me too **anch'io** (4)
tooth **il dente** (9)
toothache: to have a toothache **avere mal di denti** (9)
topic **l'argomento** (15)
totality: the totality of **l'insieme di** (8)
tourist information office **l'ufficio informazioni** (1)
town square **la piazza** (1)
trade **il commercio**; (*profession*) il **mestiere, la professione**
traffic **il traffico** (13); traffic officer **il/la vigile** (13)
tragedy **la tragedia** (14)
train **il treno** (1)
train station **la stazione** (1)
transfer **il trasferimento**
transportation: means of transportation **i mezzi di trasporto** (1); public transportation **i mezzi pubblici di trasporto** (13)
to travel **viaggiare** (4)
to treat **curare** (9)
treatment **la cura** (9)

tree l'albero (12)
trip il viaggio (1)
trumpet la tromba (14)
to trust fidarsi (di)
truth la verità (4); to tell the truth a dire il vero (10)
to try provare (6); to try (to do something) provare (a + inf.); to try (to) cercare (di) (9)
Tuesday martedì (P)
tune-up il controllo (13)
turn: to be the turn of (a person) toccare a (qualcuno); it's my / your / his / her turn! Tocca a me / te / lui / lei!
TV la TV (4); TV channel il canale televisivo (8); TV mini-series il telefilm (8); TV news il telegiornale (8); TV series la fiction, la serie televisiva (8)
twins i gemelli / le gemelle (9)
to type battere, scrivere a macchina
type il tipo (14)
typical tipico

U

ugly brutto (2)
unbearable insopportabile
uncle lo zio (1)
under sotto (12)
to understand capire (4)
unemployed disoccupato (16)
unemployment la disoccupazione (16)
unfortunate povero (2)
unfortunately purtroppo (5)
unfriendly antipatico (2)
unhappy (with) insoddisfatto (di)
union: labor union il sindacato
united unito (16)
university l'università (1)
unless a meno che... non
unlikeable antipatico (2)
to unload scaricare (13)
unoccupied (room, seat, etc.) libero (10)
to unpack disfare le valige (10)
unsatisfied (with) insoddisfatto (di)
until fino a
unusual insolito
unwell: to be unwell *stare male (3)
up-to-date aggiornato; informato (16)
us ci; (to/for) us ci
used: to get used to (something or doing something) abituarsi a
useful utile (12)
useless inutile (12)
usual solito
usually di solito (4)

V

vacation la vacanza; to go on vacation *andare in vacanza (4); *andare in ferie (10); fare le ferie / le vacanze (10)
value il valore
VCR il videoregistratore (8)
veal il vitello (6)
vegetables la verdura (6); vegetable garden l'orto (12); hearty vegetable soup il minestrone (6)
vendor il venditore / la venditrice (11)

very molto (2)
videocassette la videocassetta (8)
view la vista (12)
violence la violenza (18)
violin il violino (14)
to visit (a person) trovare (10); (a place) visitare (10)
voice la voce (14)
volunteer il volontario
to vote votare (16)
vote il voto (16)

W

wage il salario (16)
to wait, wait for aspettare (3)
waiter il cameriere (5)
waitress la cameriera (5)
to wake up svegliarsi (7)
to walk *andare a piedi (3)
to want (to do something) volere (+ inf.) (4); to want (feel like) avere voglia (di) (1)
wanted cercasi (12)
warm: to be warm avere caldo (1)
to wash (oneself) lavarsi (7)
washing machine la lavatrice (12)
to waste perdere (4)
to watch guardare (3)
watch l'orologio
water (mineral/carbonated/non-carbonated) l'acqua (minerale/gassata/naturale) (5)
water taxi il vaporetto
we noi
wealth la ricchezza
to wear portare (7)
weather il tempo (3); to be nice/bad weather fare bello/brutto; to be foggy/clear weather *essere nebbioso/sereno (4)
the Web la rete
website il sito della rete, il sito Internet
Wednesday mercoledì (P)
week la settimana (P)
weekly settimanale; weekly publication il settimanale (8)
welcome: you're welcome prego (P)
well bene (P)
well: to be well *stare bene (3)
west l'ovest m. (10)
what che (1); (che) cosa? (3); what kind of? che?; What does . . . mean? Cosa vuol dire... ? (P); what time is it? che ora è? / che ore sono? (4); at what time? a che ora? (4); What? Come? (P)
whatever adj. qualunque; pron. qualunque cosa
when? quando?
where dove (1); where is? dov'è? (2); where are you from? di dove sei? (inform.); where is he/she from? di dov'è?
wherever dovunque
which quale; che; cui; which one(s)? quale? (quali?)
white bianco (2); white-collar worker l'impiegato/l'impiegata (16)
who chi (2); che; whose is . . . ? / whose are . . . ? di chi è... ? / di chi sono... ?; Who knows! Chissà! (10)

whoever chiunque
whom chi; che, cui
whomever chiunque
why perché (3)
wide largo (2)
wife la moglie (3)
willingly volentieri (3)
to win vincere (4)
wind il vento (4)
windsurfing il windsurf
windy: to be windy tirare vento (4)
window la finestra (4)
wine il vino (1); red wine il vino rosso (6); white wine il vino bianco (6)
winter l'inverno (4)
with con
"with it" in gamba
within entro
without senza; senza che
woman la donna; young woman la ragazza (2); woman of letters la letterata (15)
word la parola (2)
to work lavorare (3); funzionare (13)
work il lavoro (1); (art, writing, etc.; individual work) l'opera (15)
worker il lavoratore / la lavoratrice; blue-collar worker l'operaio/l'operaia (16); white-collar worker l'impiegato/l'impiegata
world il mondo (14)
to worry (about) preoccuparsi (di)
worse adj. peggiore (9); adv. peggio
to wrap incartare (11)
to write scrivere (4)
writer lo scrittore / la scrittrice (15)
writing (in general) la scrittura (15)
written exams gli scritti

Y

year l'anno (P); academic year l'anno academico (3); New Year's Day Capodanno (10); to be . . . years old avere... anni (1); I am . . . years old ho... anni
yellow giallo (7)
yes sì (P)
yesterday ieri (5)
yogurt lo yogurt (5)
you tu (inform.), Lei (form.), vi (pl. inform.), Loro (pl., form.); pron. ti (inform.), La (form.), vi (pl. inform.), Li (m. pl., form.), Le (f. pl., form.); (to/for) you ti (inform.), vi (pl. inform.), Gli (Loro) (m. pl., form.), Le (f. pl., form.); And you? È Lei? (form.), E tu? (inform.) (P)
you're welcome prego (P)
young giovane (2)
younger minore (9)
your tuo (inform.), Suo (form.), vostro (pl. inform.), Loro (pl. form.)
yourself ti (inform.), si (form.); yourselves vi (inform.), si (form.)
youth la gioventù (8)

Z

zoo lo zoo (1)

About the Authors

Graziana Lazzarino, a native of Genoa, received her Laurea cum laude from the University of Genoa and is currently Professor of Italian at the University of Colorado in Boulder. She has taught at numerous European schools and American colleges and universities, including Wellesley College, Middlebury College, Central Connecticut State College, and the University of Nebraska. She is also the lead author of *Prego! An Invitation to Italian, Da Capo,* and *Per tutti i gusti.* She was knighted in June 2004 by the Italian government for her contribution to the teaching of Italian language and culture.

Maria Cristina Peccianti, a native of Siena, received her Laurea from the University of Florence and currently teaches at the University for Foreigners of Siena. She has written and edited books on linguistic education, including *Grammatica italiana per la scuola media* and Italian as a second language, including *Grammatica d'uso della lingua italiana.* She was a co-author of the fifth and sixth editions of *Prego! An Invitation to Italian.*

Andrea Dini, a native of Prato, received his Laurea cum laude from the University of Florence and his Ph.D. in Italian Literature from the University of Wisconsin-Madison, with a minor in Second-Language Acquisition. He is currently an Assistant Professor of Italian at Montclair State University. He was a co-author of the fifth and sixth editions of *Prego! An Invitation to Italian.*

Index